JN431692

해양관광론

김성귀 저

보문각

해양관광론

2판 발행 2023년 1월 12일
초판발행 2019년 1월 22일

지은이 김성귀
펴낸이 이호동
발행처 보문각
블로그 http://bomungak.blog.me
e-mail bomungak@naver.com
주소 서울시 서초구 바우뫼로7길 8
등록번호 302-2003-00085
전화 02)468-0457
팩스 02)468-0458

값 29,000원

ISBN 978-89-6220-456-8 93320

* 잘못된 책은 교환해 드립니다.
* 본서의 무단 전재나 복제를 금합니다.

머리말

관광은 지구촌 최대의 산업으로 많은 고용과 소득을 창출하는 미래형 산업이다. 이러한 관광은 우리나라에서도 주52시간 근무제 도입과 소득의 증가로 인하여 더욱 발전할 것으로 예상된다. 특히 다양한 테마를 찾는 관광 추세의 변화로 전통적 관광에서 생태형, 체험형, 모험형 등으로의 다변화가 예상된다. 아울러 농촌을 배경으로 하는 그린투어리즘, 어촌을 배경으로 하는 체험관광뿐만 아니라 해양을 집중적으로 활용하는 본격적인 블루투어리즘의 활성화도 예견된다. 이러한 추세에 맞추어 해양 관광에 대한 체계적 연구의 필요성이 그 어느 때보다도 절실해지고 있다.

그런데 해양관광에 대한 연구 서적이나 교과서는 전 세계적으로도 드문 상황이다. 일부 환경적 측면에서 해양관광을 논하거나 아니면 해수욕장, 해양스포츠 측면에서 논한 서적은 있다. 그러나 해양관광의 전반적인 문제를 고려하여 해양관광에 대한 이해를 도모케 하고 이를 이론적인 측면에서 종합적으로 분석한 해양관광 서적은 드문 편이다. 특히 우리나라의 경우, 해수욕장을 방문하는 여행객이 매년 1억여 명에 달하고, 국제크루즈, 바다낚시 등이 급격히 활성화되고 있으나, 학문적 측면에서 접근하여 해양관광을 종합적으로 이해하고 이를 체계적으로 분석한 서적은 부족한 편이다.

이 책은 이러한 국내외의 현실을 고려하여 저자가 십수 년에 걸쳐 모은 자료, 정부 정책 보고서, 각종 세미나 및 회의의 프로시딩 등을 활용하고 국내외의 사례 등을 수집 · 정리 · 분석하여 발간한 것이다. 특히 해양관광의 분야는 해양환경, 기후, 각종 시설, 건축물, 공간 구조, 활동 내역 등 너무도 다양한 분야가 관계되는 것으로서 필자가 그 동안 수집하여 모은 자료와 사진이 모두 활용되었다. 그러나 아직도 저자의 개인적 역량이 모자라는 부분은 향후 추가 개정판을 준비하면서 지속적으로 분석 · 정리할 예정이다. 그 동안 필자는 레저 잠수 자격증도 따고 윈드서핑, 수상오토바이, 요트 등도 타보면서 공부해야 할 분야가 너무도 많구나 하는 것을 느꼈다.

이 책은 강의실이나 정부부처, 회사 등에서 많이 이용되길 바라면서 집필하였다. 각 장마다 선정된 주제를 이론체계에 따라 볼 수 있도록 하였고, 특히 국내외 사례를 중간에 많이 넣어 사례 이해를 통해 실전적인 폭을 넓힐 수 있도록 하였다. 그러나 사례의 양이 많다고 느낄 경우에는 생략하고 건너뛰어 읽어도 무방할 것이다.

특히 이 책은 제목에 제시된 바와 같이 해양개발이용론 강의에도 이용될 수 있도록 각종 해양 관련 이론과 사례를 많이 넣었다. 따라서 해양개발론의 강좌교재나 실무에서도 동시에 활용될 수 있을 것이다.

이 책은 해양관광론의 한 학기 혹은 두 학기 정도를 염두에 두고 강의에 활용될 수 있을 것이다. 먼저 한 학기 강좌용으로 쓰일 때는 1장부터 6장까지, 그리고 9장, 11장, 13장, 14장 정도를 강의하는 것이 좋을 것으로 보이며 나머지 부분은 두 번째 학기에 다루는 것이 좋을 것이다. 또한 해양개발론 강의나 실무에서는 각 장에서 제시하는 바와 같이 해양관광, 도서개발, 어촌관광, 해양보존지역관리운영, 갯벌생태개발, 친수공간개발, 해양리조트, 해양문화시설 등 제목별로 별도 활용이 가능할 것이다.

해양수산부와 한국해양수산개발원(KMI)의 많은 자료와 분석 자료가 본 책의 이론적 근거로서 활용되었다는 것을 밝히며 관계자 여러분들께 심심한 감사를 표하고자 한다.

마지막으로 이 책의 출판에 적극적으로 힘을 써 주신 현학사 송도영 사장님과 관계자 여러분의 노고에 심심한 감사를 표하고자 한다. 또한 이 책을 집필하고 정리하느라 시간을 함께 해 주지 못했으나 그럼에도 많은 성원을 보내준 가족들에게 고마움을 표하고자 한다.

미진한 내용이지만 조그만 결실을 거두게 해 주신 하나님께 모든 영광을 돌리고자 한다.

저자

바다와 거기 충만한 것과 세계와 그 중에 거주하는 자는 다 외칠지어다

여호와 앞에서 큰 물이 박수하며 산악이 함께 즐거이 노래할찌어다

[시편 98:7~8]

Contents

차 례

Contents

차 례

Contents

제 14 장 해양관광 사업의 추진

제 15 장 해양관광 서비스 관리 및 해양관광의 발전방향

제 1 장

관광산업과 여건 변화

본 장에서는 해양관광을 둘러싼 생활여건, 소득, 여가시간, 기후변화 등 해양관광에 영향을 미치는 여러 가지 여건 변화를 살펴보고자 한다.

1. 산업구조 변화와 관광

우리나라의 산업 중 제조업은 일부 첨단부문을 제외하고는 경쟁력이 뚜렷이 향상되지 못하고 있고 그나마 있던 제조업들도 중국, 동남아 등으로 많이 이전하여 산업공동화 현상이 일어나 새로운 성장 동력 확보와 일자리 창출이 시급하다. 즉 이제는 제조업 위주에서 벗어나 새로운 산업 구조로의 전환이 요구되는 상황에 처해 있다. 특히 앞으로는 제조업에서 관광과 같은 서비스 산업으로의 전환이 크게 요구된다. 특히 전 세계적으로 관광 산업 생산은 전체 산업의 10%('16)를 차지하는 것으로 나타나고 있으나, 우리나라는 아직도 이 비율이 5.1%('16)로 낮아 개발의 여지가 큰 편이다. 2004년 주5일 근무제 도입과 2018년 주52시간 근무제 실시로 인하여 전국적으로 펜션업 등 숙박시설 증설, 골프장 등 고급 스포츠 시설의 개발이 급증할 것이다.

서비스 산업의 종류는 금융, 물류, 관광, 영화, 광고, 국제회의, 호텔, 복지, 교육시설 등이고, 이들 산업은 고용 창출 효과가 큰 산업이다. 미국 등 OECD선진국들은 전체 산업 구조에서 제3차 서비스 산업이 75% 정도를 차지한다.[1] 미국은 산업 고도화 과정 중 서비스 산업에서 성장의 엔진을 키워 왔다. 반면에 우리나라는 서비스 산업이 약 59%(부가가치기준)로서 아직 산업상의 비중이 낮은 편이다.[2] 미국은 각종 국제회의 산업, 뉴욕 등 금융 중심지, 시카고 등 곡물 거래 중심지 등 각종 서비스 산업이 경제를 주도해 왔고, 대학도 유학생들을 통하여 외화를 벌어들이는 교육 서비스 산업으로 번창하여 왔다. 또한 할리우드식의 영화 산업, 디즈니 등의 테마파크 등이나 각종 호텔 산업들이 관광 서비스 산업의 중심을 이루어 오며 많은 고용을 창출해 왔다.

특히 앞으로 관광은 소득 증대에 따라서 해양, 골프, 항공 레포츠 등 고급 레저가 주류를 이룰 것이기 때문에 이에 대한 대비가 크게 요구된다. 특히 해양관광은 선진국에서 전체 관

1) 파이낸셜 뉴스, 2017.11.7.

2) *Ibid*.

광의 절반을 차지할 정도로 중요한 비중을 차지하고 있고 우리나라에서도 전체 관광 수요 대비 60% 수준에 달한다. 그러나 우리나라의 해양관광을 위한 여러 가지 기반은 아직 잘 구축되지 못한 상황으로 앞으로 해양관광에 대한 정확한 이해를 토대로 준비를 꾸준히 해 나가야 할 것이다. 이를 위해 본 장에서는 먼저 국내 관광산업의 변화 여건을 검토하고 이에 따른 해양관광의 여건 변화도 아울러 검토하고자 한다.

2. 관광 레저 환경을 둘러싼 사회 조건의 변화

앞에서 언급된 변화 외에 다음과 같이 사회적인 변화도 예상된다.

가. 국민들의 관광레저에 대한 개념 변화

선진국이 되어갈수록 다음과 같이 관광레저에 대한 개념이 변화된다.

- 일보다 레저를 중시하는 레저 중시파 비중 증가
- 관광레저를 자기계발과 창조적인 활동을 추구하는 것이라는 적극적인 의식 변화
- 의식주가 해결되어 때 몸과 마음에 좋은 것을 찾아 소비하는 웰빙 개념 추구
- 자녀들의 호기심과 창의력을 발휘하기 위한 레저 활동 요구 증대
- 여행을 홀로 떠나는 YOLO(You Only Live Once)족 증가

나. 소득수준의 변화

연도별 월평균 실질소득 및 소비지출 추이를 살펴보면 매년 실질소득이 증가하면서 실질 소비지출도 증가하고 교육 · 오락비의 절대액 증가도 예상된다.

1인당 GDP가 2018년 3만 달러로 진입하며 앞으로 4만 달러시대에 대비한 관광 레저 방안의 도출이 요망된다.

표 1-1 우리나라 1인당 국민소득 현황과 전망

년도	1인당 GDP($)	비고
1999	9,576	
2001	10,222	
2004	13,625	
2006	19,722	
2007	21,695	
2008	19,295	금융 위기
2009	17,175	금융 위기
2010	20,510	
2013	26,250	
2015	27,270	
2016	27,600	
2017	29,743	

자료: 한국은행, 통계청.

다. 여가시간의 증가

노동시간의 감소와 소득 증대로 여가 시간은 더욱 증대될 전망이다. 현재 2012년부터 초중고교 학교의 토요일 휴무로 완전한 주5일 근무제가 정착되고, 2018년 주52시간 근무제가 도입되면서 가족형 레저 활동이 크게 늘어날 것으로 예상된다.

라. 가치관의 변화

예전에는 높은 연봉이 꿈의 직장이었다면 소득 3만 불 시대가 도래하면서 이제는 복지가 좋은 직장이 꿈의 직장이다. 이러한 변화에 따라 등장한 것이 '워라밸(Work-Life-Balance)'이다. 일(work)과 개인의 삶(life)의 균형을 추구하는 '워라밸(Work-Life-Balance)'이 트렌드로 자리 잡았다.

이렇다 보니 직장인도, 기업도, 정부도 워라밸에서 새로운 활로를 모색하기 위해 분주하다. 정부는 '일 · 가정 양립과 업무 생산성 향상을 위한 근무혁신 10대 제안'을 제시하면서 워라밸의 확산을 독려하고, 기업들은 유연근무제, 재택근무제, 원격근무제 등을 도입해 직장인의 업무 능률을 제고하고 있다. 직장인은 '저녁이 있는 삶'에서 새로운 소비 패턴을 만들어 낼 것으로 예상된다.

그러나 여가 시간을 확보한다고 해서 삶의 행복을 보장하지는 않는다. 여가 시간에 자신이 진정 즐거워할 수 있는 일을 찾는 것, 그것은 가치관의 소관이다. 왜 사는지도 모르는 사람, 가치관도 없는 사람은 여가 시간이 늘어났다고 행복해지지 않는다.

소비	욜로(YOLO), 온라인 구매
일	워라밸, 노동 감소, 여가 증대
소통/기술	SNS, AI, 로봇
환경	기후온난화, 환경 중시
사회	1-2인가구, 혼밥/혼술, 고령화

자료: 필자 작성. 욜로(You Only Live Once의 줄임말, YOLO)

〈그림 1-1〉 미래 사회 트렌드 변화

마. 인구구조의 변화

현재보다 고령화 인구 비율[3]이 높아지고 연금 수령 연령이 증가되면 선진국과 같이 연금 수령층의 관광레저가 활성화될 것이다. 그러나 우리나라는 국민연금 수령액이 작고 지불구조가 취약하며 고령화 이전 자녀교육비, 결혼비 부담이 높아 고령화 시기의 가처분 소득이 낮기 때문에, 선진국과 유사한 패턴을 보이기는 어려울 것이다. 하지만 지속적인 고령화로 고령층의 여가활동 비중이 늘어날 것만은 확실하다.

3) 인구주택센서스에 의하면 '17년 현재 고령화 비율을 나타내는 65세 이상 인구는 7%를 넘어 14.2%로 고령화 사회(14%)로 넘어 가고 있다.

바. 자동차 보급의 확대

2017년 10월 현재 2,238만 대를 돌파한 차량 수나 레저용 차량(RV)의 비율 증가를 고려하고 국내의 9×7[4]의 고속도로 체계완성을 고려하면 앞으로 야외나 연안으로 나갈 때 차량 이용 가능성이 높아지고, 이에 따른 레저 활동 반경은 더욱 넓어질 것으로 판단된다.

3. 국내외 레저 관광산업의 변화

관광 패턴은 현재 여러 가지로 변하고 있다. 세계관광기구(WTO)에서 전망하는 21세기 관광환경 조류는 세계화에서 지역화로의 변화, 신속 · 편리한 여행 구축, 해외여행의 일상화와 3Es(Entertainment, Excitement, Education)를 결합한 주제별 관광이다. 따라서 미래의 관광시장은 자연환경과 고유문화 등을 보전하면서 체험하는 대안관광(Alternative Tourism)으로서 자연추구형 관광, 문화체험형 관광, 테마관광 및 크루즈 관광 등이 주를 이룰 것으로 전망된다. 이러한 세계 여행 추세 속에서 우리나라의 여행 유형도 다양하게 변화할 것으로 전망된다. 우리나라에서는 근로시간의 점진적 감소, 주5일 근무 제도의 정착, 소득 3만 달러 시대의 도래 등으로 다양한 관광과 여가활동이 보편화되고 있다. 이하에서 자세한 내용을 살펴보면 다음과 같다.

가. 관광산업의 전망

관광산업은 단일산업으로 세계 최대의 산업이며 세계 최고의 고용산업으로 평가되고 있다. 전 세계 GDP의 10%에 이를 만큼 세계 경제에 미치는 영향이 큰 산업으로 성장하였다. 따라서 세계 각국은 관광산업을 21세기 국가 전략산업으로 육성하고자 다양한 관광 상품 개발과 관광인프라 확충 등 관광 진흥정책을 수립하여 추진하고 있다.

---

4) 우리나라 국토를 남북으로 9개의 고속도로 노선, 동서로 7개 노선이 구축되는 4차 국토계획상의 계획을 의미한다. 현재 거의 구간별로 공사가 완공되었다.

세계 관광산업 규모는 2009년 국제여행객 도착기준으로 8.8억명에서 연평균 5% 이상씩 성장하여 2017년에는 13.2억 명(1.34조 달러)에 달하였다.[5] 특히 아시아/태평양 지역은 2016년 현재 전세계의 25%를 차지하며 빠른 경제 성장으로 관광 산업도 빠르게 성장해 갈 것으로 전망된다.

특히 '10년 중국인 아웃바운드(5,000만명)의 3% 정도가 한국을 방문한 이래로 사드 사태 이후에도 지속적으로 증가 중이고 급격한 경제 성장에 따라 많은 동남아인들의 방문이 예상되어 숙박시설 증대, 관광 다양화 등 이에 따른 적절한 대비가 필요할 것이다.

우리나라에서는 관광이 2016년 현재 국가 GDP에서 5%를 약간 상회하고 있으나 앞으로 점진적으로 늘어날 전망이다. 이에 따라 앞으로 관광에 대한 투자나 고용 기여도 상승할 것으로 전망된다.

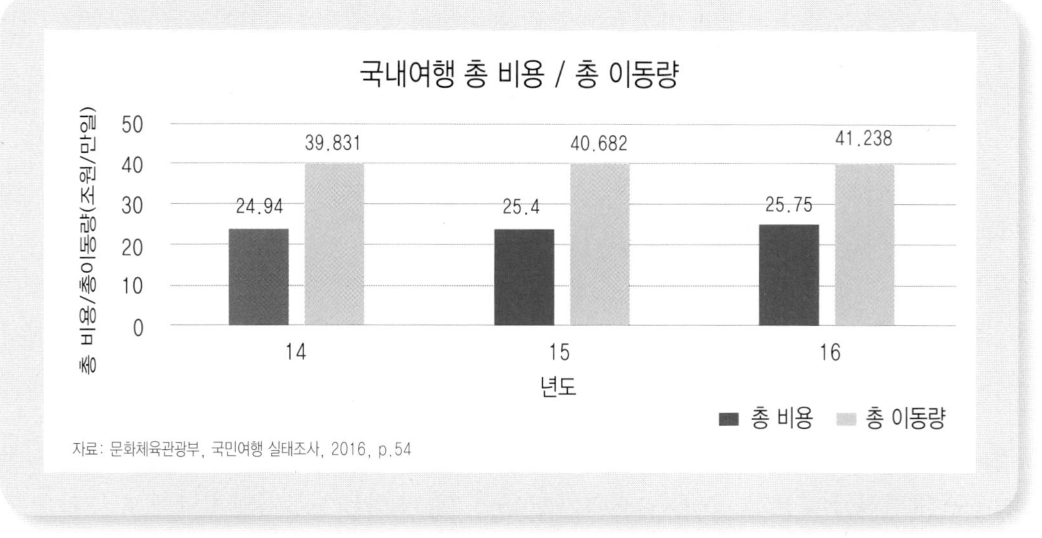

〈그림 1-2〉 국민여행이동총량 현황

5) UNWTO(United Nations World Tourism Organization) 자료

표 1-2 국내여행 기초 통계

구분	국내 여행 참가율(%)	참가인원(만명)	참가 횟수(만회)	여행 이동총량(만일)
2012	85.2		21,347	36,528
2014	89.5	3,806	22,782	39,831
2015	87.9	3,831	23,830	40,682
2016	86.4	3,929	24,175	41,238

자료: 문화체육관광부, 국민여행 실태조사, 2016, p.54

국내 관광활동은 주5일근무제, 교통여건 개선 등으로 지속적으로 증가하고 있으며, '12년 국내여행이동총량*은 3억6천만일에서 '16년 4억천만일로 늘어났다. 참가율은 84%('14)에서 89%로, 총 참가인원은 3,806만인('14)에서 3,929만인('16)으로 증가하였다.

나. 친환경적 관광 레저 개발

환경오염의 증가와 문화재 자원보존에 대한 인식이 증가하여 친환경적 관광, 생태관광, 문화관광, 자연관광, 녹색관광 등이 각광받고 있으며 체험성 및 모험성 관광이 증가할 것으로 예상되고 있다.

다. 노동시간 단축에 따른 여가 다양화

최근 도입된 주 52시간 근무제로 단축 근무를 시행하는 직장인 가운데 절반 이상이 실제 여가시간 증가를 체감하는 것으로 파악되었다. 한국문화관광연구원이 2018년 10월 공개한 300인 이상 사업장과 공공기관 직원 대상 '노동시간 단축에 따른 문화여가생활 변화 실태' 설문조사 결과에 따르면, 응답자 73.9%가 2018년 7월 도입된 노동시간 단축제도 도입을 긍정적으로 평가했다.[6] 또한 단축 근무를 시행하는 직장인 가운데 51.3%가 실제 여가시간이 증가했다고 답했다. 근무 외 시간에는 현재 '건강 · 휴식 활동', '취미오락 활동', '가사와 육아'를 주로 하며, 앞으로는 '문화예술 관람', '국내 관광' 등을 통해 더욱 다양한 여가활동을 할 것으로 예상했다.

6) MBC 뉴스, 2018.10.5

4 미래 레저스포츠 생활의 변화

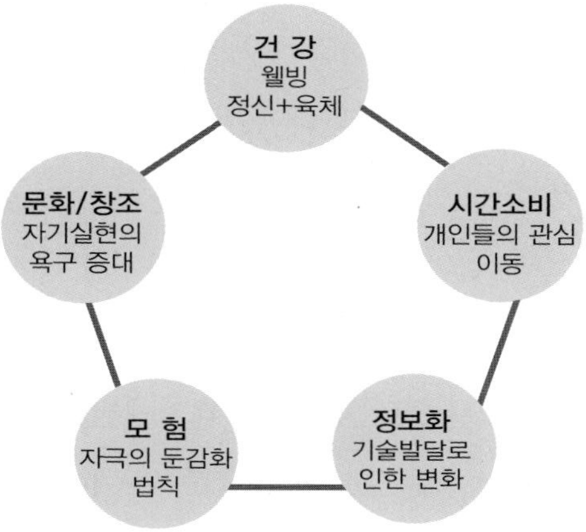

자료: 한국레저산업연구소, 「레저백서」, 2004.

〈그림 1-3〉 미래 레저스포츠 생활의 변화

가. 건강지향형 레저활동

최근 들어 우리 사회 전반에 웰빙(Well-Being)과 건강이 키워드가 되고 있으며 육체적인 건강뿐만 아니라, 정신적인 건강에 대한 관심도 높아지고 있다. 비록 주52시간 근무제가 실시되고 있지만 그만큼 노동 강도가 세어지고 생존 경쟁이 치열해지다 보니 현대인들이 느끼는 체감 스트레스는 크게 증가하고 있다. 또한 사람들이 단순히 달리고 땀내는 것뿐만 아니라 정신건강까지 챙겨 주는 운동을 선호하고 있고, 주52시간 근무제와 맞물려 웰빙 현상은 상당 기간 지속될 것으로 예상된다.

나. 시간 소비형 레저 활동

과거에는 레저패턴이 비용 지불의 크기나 효용의 극대화라는 측면에서 결정되었으나 여가시간의 확대는 지출규모보다는 시간소비 패턴에 더 많은 관심을 두고 있다. 점차 늘어나고 있는 여가시간을 잘 활용함으로써 레저생활을 더욱 충실히 누리고 더 나아가서는 자기개발 목표를 달성하려는 입장으로 변화하고 있다. 앞으로는 개인들의 관심이 시간절약을 포인트로 하는 '시간창조형 생활'에서, 시간의 소비에 더 큰 관심을 보이는 이른바 '시간소비형 생활'로 이동할 것이다.

다. 고도 정보화 시대의 레저

휴대전화, 인터넷의 급속한 보급으로 앞으로의 레저생활은 크게 변화될 것으로 예상되고, 인터넷의 발달, 기업의 감량경영 등으로 SOHO(Small-Office Home-Office)가 크게 늘어날 것이다. 유럽등 선진국의 경우 직장인의 10~20%가 재택근무를 하고 있으며, 재택근무자 수는 매년 높은 증가율을 보인다. 우리 국민들도 재택근무가 확산될 경우, 보다 많은 시간을 레저생활에 할애할 수 있게 될 것이다.

라. 해양모험 레저의 확산

세계의 모험여행 시장규모는 2013년 2630억 달러에 달하고, 여행객의 42%가 모험여행을 즐긴다고 한다.[7] 또한 전 세계 크루즈 여행객은 '16년에 2,420만 명 선이며, 2020년에는 3,110만 명에 달할 전망이다.[8]

마. 체험 문화형 레저 관광

물질생활이 풍요로워질수록 사람들의 자기실현을 위한 지적 욕구가 증대되고 문화적 목

---

7) UNWTO, Global Report on Adventure Tourism, 2014.9.11.

8) CLIA, 「2017 CLIA State of the Industry」, 2017.

표가 생활의 중심으로 등장하고 있다. 레저생활도 개성이나 창조성의 발휘를 통해 자아실현 및 자기개발을 추구하는 유형이 주목받을 것이다.

2012년부터 주 5일 교육제와 최근 자유학기제 등의 도입으로 학생들의 여가시간이 증가되어 자연생태체험과 사회체험을 할 수 있는 기회를 증대시킬 것으로 예상된다.

여러 여건의 변화에 따라 관광 패턴이 '보는 관광'에서 직접 참여하는 '체험관광'의 행태로 변하는 등 다양하게 변모되어 가고 있다. 예를 들어 남성위주에서 여성위주 여행 증대, 단체여행에서 개별여행으로 전환, 청 · 장년층 중심에서 노년층 수요 증대(호화 유람선 등), 보는 관광에서 활동 및 체험형 관광(체육, 오락, 휴양 등)으로 변모해 가고 있다.

초기의 탐험가들 이래로 모험 여행은 세계 문화의 일부가 되었다. 미국여행협회(The National Tour Association)에 따르면 모험 여행은 '래프팅, 하이킹, 혹은 산타기, 행글라이딩 등과 같은 모험스러운 활동을 중심으로 이루어지는 여행'으로 정의되고 있다. 해양에서도 서핑이나 레저 잠수다이빙 등도 모험 여행에 속하지만 이들 중에서도 더 고난도의 활동인 해저 동굴 다이빙, 300m정도로 심해 잠수정 타고 내려가기, 상어나 고래상어 체험 다이빙, 패러세일링 등 새롭고 더 모험적인 활동들이 속속 도입되고 있다. 특히 최근에는 영화 '아바타'의 제작자인 제임즈 카메론 감독이 유인잠수정을 타고 11,000 m의 해저를 탐험한 모험적인 여행도 소개되고 있어 이러한 해양모험 레저에 대한 관심도 늘어날 것으로 전망된다. 따라서 향후 관광의 주된 상품도 아래와 같은 4가지 유형이 될 것으로 예측되고 있다.

- 새롭고 다양한 장거리 목적지
- 주문에 의한 기획 상품
- 모험이 있는 여행(환경, 자연, 체력단련, 오락 중 2개 이상 요소 결합)
- 일과 가정으로부터 벗어나 휴양을 즐기는 여행

이러한 관광 패턴의 변화와 요구 상품의 질적인 변화에 대비하기 위해서는 이에 부응하는 프로그램이 일반 관광산업에서나 해양관광에서 마련되어야 할 것이다.

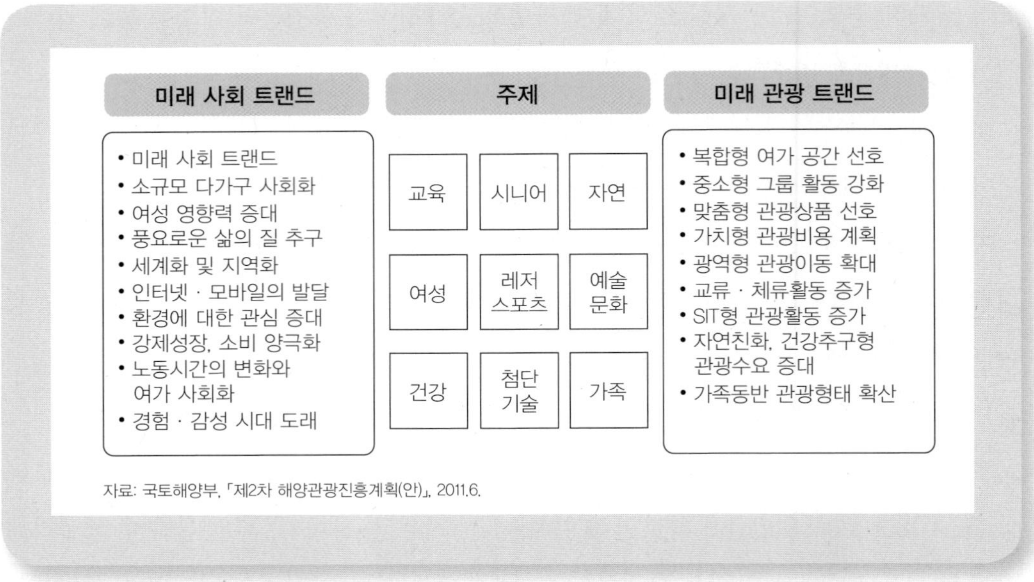

자료: 국토해양부, 「제2차 해양관광진흥계획(안)」, 2011.6.

〈그림 1-4〉 미래 사회 변화와 관광 트렌드

표 1-3 관광산업의 경제적 기여도

분야	21세기 패러다임	해양관광에 미치는 영향
저출산 · 고령화	실버 및 의료산업이 중요 산업으로 등장, 지식 · 기술 중심 성장	해양자원 수요증대, 해양기술 발달, 해양개발 강화
소비지향적 대중 문화 확산 및 정착	다양한 동적 문화가 더욱 보편화, 여성이 담당하는 여성 소비 주도권 강화	– '체험적 소비자'(Trysumer), 크레슈머(Cresumer) 등 체험활동을 중시하는 관광자 증가: 해양레저스포츠 증대 – 여성을 중심으로 하는 가족형 관광 증대
정보화, 융합화, 네트워크 진전	– 정보의 즉시 충족 욕구 증대 – 쌍방향 커뮤니케이션 시대	해양산업 기장비의 유비쿼터스적 개발 · 활용 증대(해양관광 현장의 정보 검색, 현장 상황을 모바일로 검색하고 이용)
노동 시간 감소	휴식, 명상, 치유 등과 관련된 도서, 종교, 관광, 스포츠에 대한 관심 및 활동 증가	해양관광에 대한 증대 및 해양 레저 활동 증대
웰빙의 확산	삶의 질 증대 방안을 다방면으로 모색	– 해양관광 및 해양 레저산업 발달 촉진: 관광 겸 웰빙인 걷기, 자전거, 요트 등 해양레저스포츠 증대 – Slow Food를 포함하여 친환경적 해양식품 선호: 치유 목적의 해변 방문 증대
기후변화 등 환경요인의 영향력 증대	해변의 해양 재해 사업 증대	– 지구온난화로 해양관광을 위한 기간 연장 – 해양 재난을 대비하기 위한 연안 정비 시설을 하면서 해양레저 시설 설치
녹색 산업화의 물결	이산화탄소 절감형 산업화 추진	– 동력기구보다는 해안 걷기, 사이클, 전기보트 등 선호 – 풍력/태양열 이용, 에너지 절감형 해양 리조트 건설

5 해양산업의 여건 변화

가. 해양 이용 변화

과거 우리나라의 전통적인 관광이 주로 산악, 호수 등 내륙 지향적이었다면 지금은 해양에 대한 수요도 서서히 증대되어 가고 있다. 전체 국립공원 대비 해양국립공원 탐방객 비율은 1994년의 15.7%에서 2016년 27%로 증가하였다.[9] 이러한 해상국립공원 내방객 수의 변화나 최근의 잠수관광객, 윈드서핑 등의 수요 변화에서도 해양에 대한 상당한 새로운 수요 증가가 감지되고 있다.[10] 우리나라 해양은 〈표 1-4〉, 〈표 1-5〉 에 제시된 바와 같이 전통적으로 주류를 이루던 수산업이나 항만이용에서 앞으로 My Yacht시대의 도래 등으로 관광 휴양적 수요와 이용이 늘어날 것으로 전망된다.

표 1-4 해양개발의 분류

종류	해양개발의 내용
해양자원의 이용	• 수산자원 • 광물자원: 석유, 천연가스, 고체광물 등 • 해수: 냉각용, 담수호, 해수성분(식염 · 금속 등) • 생태: 갯벌, 철새, 고래 등
해양공간의 이용	• 해상교통: 해운, 조선 • 인공섬, 작업대: 호텔 등 관광시설, 공항, 발전소, 공장 등 • 연안: 매립, 교통시설(항만 · 교량 등), 관광 · 레크레이션 장소
해양에너지 이용	• 조석에 의한 발전 • 파랑에 의한 발전 • 온도차에 의한 발전

9) 표12-9 참조 요망

10) 최근 윈드서핑, 레저잠수, 요트타기 등에서 상당한 참여자들의 증가가 있는 것으로 업계에서 보고되고 있다.

표 1-5 21세기 해양수산 패러다임의 변화

구분	20세기	21세기
해양이용	해양자유이용	해양분할주권
해양환경	사후적 대응체제	사전적 · 예방적 관리체제
수산업	잡는 어업 중심	관리형 어업 중심
해운산업	대형동맹선사 중심	핵심거대선사 중심
항만산업	H/W중심의 양적 성장 (항만시설 확충)	S/W중심의 질적 성장 (정보화, 자동화)
해양과학기술	파급효과가 적고 폐쇄적 기술	전후방 효과가 크고 종합적 기술
해양조사	조사선 중심의 1차원적 조사	드론, 인공위성 이용 3차원적 조사
자원개발	육상중심	해양중심
생활기반	육지도시 중심	해양지향도시
생활양식	My Car	My Yacht

이러한 것은 특히 해외의 개발에서 잘 나타나고 있다. 1980년대 중반 일본 코베 시에서 포트아일랜드라는 대규모 인공섬을 개발하여 택지, 항만, 상업시설, 관광 시설로 이용하는 등 세계 각국은 바다의 종합적인 이용과 개발에 박차를 가하고 있다. 2000년 초 이후부터는 아랍의 두바이 등 걸프해 해상에 인공섬, 대형 마리나, 호텔 등 각종 해양관광 시설 개발 계획이 추진되어 왔다.[11)]

〈그림 1-5〉 마리나와 비치를 갖춘 두바이 주메이라 비치 호텔

자료: http://aedi.tistory.com/749 (2018.1.9)

11)「중앙일보」, 2005.5.14, p.14.

〈그림 1-6〉 두바이 매립 인공섬 더 팜 아일랜드의 전체 모습(좌)/매립된 모습(우)

자료: http://aedi.tistory.com/749 (2018.1.9)

나. 해양관광 여건 변화

최근의 일반 관광과 해양관광 패턴에 영향을 크게 미치는 요인은 연안 교통망의 확충, 주 52시간 근무제, 소득 증대, 기후 온난화 현상 등으로 요약된다. 이를 요인별로 살펴보면 다음과 같다.

1) 교통망 확충

앞에서 언급된 바와 같이 자가용의 증대로 이루어진 관광 활성화는 이제는 연안 교통망의 발달로 더욱 증대될 전망이다. 특히 2002년 서해안고속도로의 개통 이후 9×7의 내륙 고속도로 체계 완비, 그리고 2004년 경부선을 필두로 2010년 이후 호남선 · 전라선 등의 고속철도 완전 개통으로 그 동안 접근이 어려웠던 서남해안지역에 대한 관광 개발에 상당한 기여를 하고 있다.

2) 소득 변화

소득이 해양관광에 미치는 영향을 보면 먼저 우리나라의 1인당 국민 소득은 2007년에 2만 달러 수준을 달성한 이후 2018년에 3만 달러를 달성하였다. 이렇게 되면 해양스포츠, 모험 레포츠 등 고소득 수준에 맞는 고급 레저스포츠가 더욱 각광받을 것으로 예상되고 있다.

따라서 요트 등 해상스포츠와 레저잠수 등 해중스포츠의 증대가 예상되어 마리나, 수변리조트 등 다양한 관광기반 시설이 필요할 것으로 전망된다.

3) 기후 온난화

최근의 지구온난화 등 기상 변화가 해양관광에 미치는 영향을 보면 먼저 CO_2 과다 발생 등 지구온난화로 한반도 주변의 수온이 지난 100년간 1.5℃ 가량 증가한 것으로 평가되고 있다. 지구 온난화로 지난 100년 동안 서울의 겨울은 30일 짧아지고 여름이 20일 길어졌다고도 한다.[12] 이로 인해 일반 대기 기온의 상승과 추운 겨울의 부재, 아열대성 기후 특성 강화, 열대야(熱帶夜) 기간의 연장, 일부 지역 홍수 현상 빈발, 태풍 위력 증대 등 다양한 기상 현상이 일어나고 있다.

대개 연 평균 기온 13℃를 기준으로 온대와 아열대성 기후가 나뉘는데 우리나라의 남부 해안 지역이 개략 연 평균 14℃의 전후의 아열대성 기후 경계지구로 동백 등 아열대 식물이 남해안에 자생하고 있다. 몇 년 전에 어떤 식물학자가 지구 온난화 현상으로 10년 후엔 서울에 동백나무 등 아열대 식물이 자생할 것으로 예상하였는데 최근 필자는 서울지역 산에서 동백나무가 자생하고 대나무 군락이 발달하는 것을 목격하였다. 이는 아열대 기후의 북상으로 아열대 식물의 자생 한계가 북상하고 있다는 증거이다.

이러한 온난화 현상이 해양관광에 미치는 영향으로 4월말~5월쯤이면 벌써 한 낮 기온이 25도를 넘는 날이 발생하면서 해수욕장에 관광객이 몰리거나 아이들이 물놀이하는 것이 목격된다. 전반적으로 기온 상승으로 해양스포츠 기간이 늘어나고 물을 즐기는 레저에 대한 선호도가 증대하고 있다. 또한 온난한 기간의 증대로 해변 여행도 여름에서 봄, 가을로 확산되는 경향이 증대되고 있다. 이러한 경향은 해양관광 시설의 계절성을 크게 완화시켜 주는 등 해양관광 관련 비즈니스의 사업성을 높여 주는 결과를 가져오고 있다.

---

12) 2005년 4월 28일 강원도 강릉대에서 열린 2005년도 한국기상학회 봄철 학술대회에서 서울대 지구환경과학부 강인식 교수팀은 1909~2003년 사이의 기온을 조사해 분석한 결과 겨울은 조사 초기에 비해 30일 정도, 한겨울은 25일쯤 줄었고, 반면 여름은 20일 가량, 한여름도 10일 정도 증가했다고 한다.

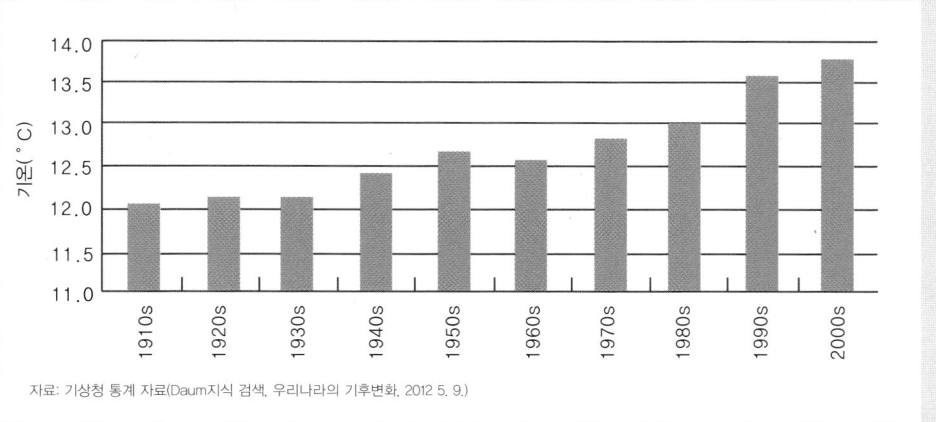

〈그림 1-7〉 한반도 반도 6개 지점의 10년 단위 평균 기온 추세(1912–2008)

4) 주52시간 근무제

2004년 7월부터 주5일 근무제가 도입된 이래로 2018년부터는 주52시간 근무제가 도입되어 관광 수요 측면에서도 상당한 변화가 일어나고 있다. 특히 이보다 노동시간이 단축된 주당 40시간 노동제는 프랑스가 처음으로 1936년도에 도입한 후 선진 각국에서 시행해 오고 있고, 이웃나라 일본도 1987년부터 실시 중이다.[13] 이에 따라 사람들의 가치관이 이전의 물질적 풍요에서 정신적 풍요 추구로 바뀌어 여가생활을 중시하는 인구 비중이 대폭 높아졌다고 한다. 이로써 다음과 같은 효과가 기대된다.

가) 사회적인 연대 증대

여가시간이 늘어남에 따라 레저에 대한 기대도 크게 바뀌어 그 기능이 휴양, 기분전환, 자기개발 등 개인적인 것에만 머물지 않고 여가를 통하여 사회적인 연계를 모색하는 등 새로운 사회 참가의 형태로 변모된다. 자기가 살고 있는 거주지에서 떨어져 있는 농촌, 어촌, 산촌, 연안, 도서 등 특수한 환경여건을 갖는 지역에 대한 관심이 늘어나 이들과의 사회적

13) 「중앙일보」, 2000.10.26일자, p.37.

연대를 원하게 된다.

나) 여행의 증대

주5일 근무제가 실시되어 연간 120일 전후의 휴일이 생기고 2018년 주52시간제가 도입되어 여가시간 활용 형태 중 '여행 및 관광'이 이전보다 크게 증가될 것으로 예상된다. 이로 인해 해양환경 · 생태관광, 해양레저 및 스포츠 등 해양관련 활동 참가, 해양휴양 단지에 대한 수요 증가도 예상된다.

다) 가족단위 활동 증대와 숙박형 관광 증대

가족단위 중심의 활동 강화로 가족단위 행사가 증가하여 가족단위 해양활동 증가도 예상된다. 가정 이외에서의 활동 증대로 국민보급형 중저가 숙박시설, 고급 별장, 휴가촌, 새로운 숙박시설 수요 증대로 대중형 해변 숙박단지 수요 증대가 예상된다.

라) 낙후지역 개발수요 증대

또한 기존의 관광지 위주에서 탈피하여 농어촌 등으로 관광객이 확산되면 낙후된 농어촌지역 개발로 지역균형 개발에도 도움이 될 것이다. 이러한 효과를 극대화시키기 위해서는 프랑스가 1960년 말부터 지중해 지역을 국민관광지로 개발, 세계적인 연안휴양지로 만든 것을 본받아 해양 · 어촌지역 관광자원에 대한 국가적 차원의 합리적 이용 방안 수립과 추진이 요망된다.

다. 해양레저 스포츠의 수요증대[14)]

1) 선진국의 해양레저 스포츠 수요

선진국들의 해양관광 동향은 우리에게도 많은 시사점을 줄 수 있어 세계 각국의 경우를 살펴보면 다음과 같다.

---

14) 종합정보지「수상레저」(2004),「한국해양과학총서」(2004) 등의 내용을 정리.

세계 각국의 해양관광 동향

- 과거 → 내륙관광 중심, 현재 · 미래 → 해양관광 중심
- 선진국 해양관광 참여 비율 : 40~50%(유럽과 미국 등)
- 선진국의 경우 크루즈를 비롯하여 레저잠수, 윈드서핑, 요트 등 해양탐방 및 해양스포츠형이 높은 비중 차지
- 지구촌 선진도시의 공통점 : Water Front 개발을 통한 선진 해양관광 개발
- 해양관광 활용거점 : 비치(해수욕장), 마리나, 크루즈 터미널
- 해양관광활동패턴 : 해수욕에서 점차 해상 · 해중 · 해저로 해양관광 공간적 범위 확대 추세
- 해양관광에 레크리에이션 요소가 강조되면서 다양화 · 개성화 · 복잡화 추세

자료: 중소조선연구원, 「해양레저클러스터 세미나 프로시딩」, 2005.10.6.

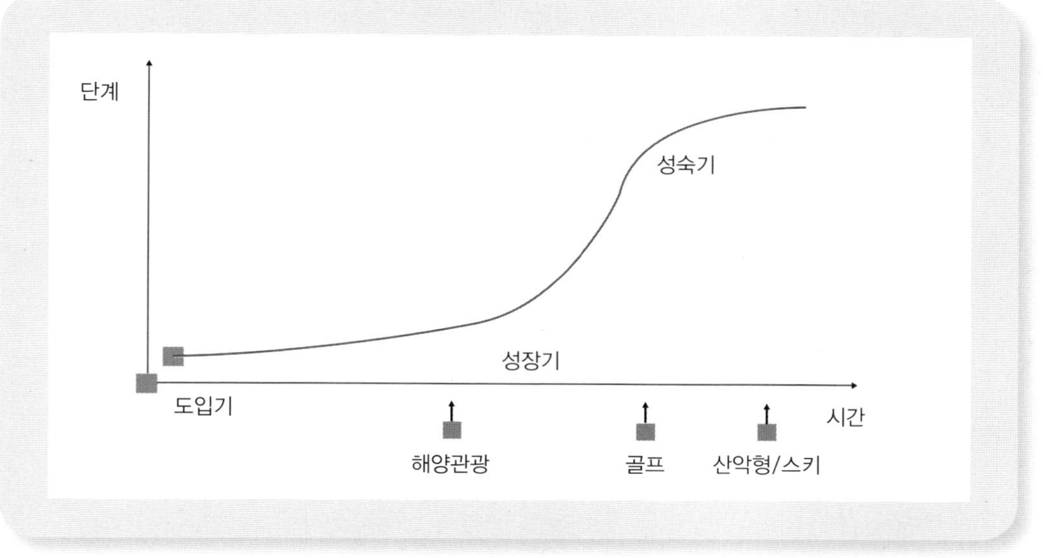

〈그림 1-8〉 우리나라 관광상품의 라이프사이클상의 위치

2) 국내

국내의 경우에도 2000년 이후 상당한 변화가 이루어지고 있다. 현재 우리나라의 관광레저가 등산 등 산악→스키→골프→해양 등으로 변모하는 과정에 있다. 상품 라이프 사이클상으로 본다면 산악형관광은 성숙기를 지나고 있다고 볼 수 있고, '90년대 초반부터 시작된

스키는 성장단계를 지나 성숙되어가고 그 동안 급격히 늘어난 골프도 성숙단계에 도달했다고 볼 수 있다. 이와 더불어 성숙기에 도달한 전통적인 해양관광인 해수욕, 낚시 등을 제외한 윈드서핑, 레저잠수 등 역동적인 스포츠형 해양관광도 도입기를 지나 성장기로 향하고 있다.

제 2 장

해양관광의 개념과 현황

본 장에서는 해양관광의 정의, 개념, 유형, 참여 현황, 기상 등 자연 여건, 기타 관련 지식에 대해 살펴보고자 한다.

1. 해양관광의 정의와 개념

가. 레저와 관광의 정의

해양관광을 정의하기 위해서는 먼저 관광이라는 용어가 어떻게 정의되고 있는지를 살펴보아야 한다. 관광이라는 용어는 레저, 레크리에이션 등과 혼용되어 사용되므로 먼저 레저, 레크리에이션 정의와 이들이 관광과 어떠한 연관성을 갖고 있는가를 이해하는 것이 필요하다.

레저(Leisure)란 여가시간에 무엇인가 자유스러운 활동이나 기회를 갖는 것을 말한다. 즉, 일에서 해방되어 자유로운 시간을 가지며 여기에 어떠한 목적, 가치 및 수단적 의미를 부여할 때 이를 레저라고 한다.[1] 여가는 그 활용 상태에 따라 관광, 레크리에이션, 스포츠, 놀이 등 다양한 활동 형태로 나타난다.

레크리에이션(Recreation)이란 인간이 여가 시간 중에 영위하는 활동으로 일반적으로는 기분전환, 휴양, 오락 등을 말하고 인간에 대해 기분 좋은 활력을 만들어 내는 자극적인 활동이다.[2] 레크리에이션 활동은 개인적으로 유익해야 할 뿐만 아니라 사회적으로도 유익해야 하며 여기에는 놀이를 포함하는 동시에 여행, 문화활동 등 비놀이적인 활동도 포함하고 있다.

여가의 한 형태인 스포츠(Sport)의 어원은 Disport에서 유래하여 '본래의 일에서 전환한다'는 의미이고 오락이나 기분전환의 의미도 포함한다. 현재는 레저나 레크리에이션 중에서 신체적 활동에 한정되는 경향이 있다.

반면에 관광은 "자신의 일상 거주지를 벗어나 16km 이상(또는 시, 군 등 행정구역을 벗어나) 여행하는 것이며, 그 목적은 여가 활동(위락, 휴가, 건강, 연구, 신앙, 스포츠 등)이나 사업, 가족관계, 업무수행, 회합에 참가하기 위한 행위"라고 한국관광공사에서 정의하고 있다.

---

1) 엄서호, 「레저산업론」, 학현사, 1998, pp.5-9, 야후백과사전, http://kr.dic.yahoo.com/search/enc/result.html?pk=12987800&p=%B7%B9%C0%FA&field=id&type=enc

2) 야후백과사전, http://kr.dic.yahoo.com/search/enc//result.html?pk=12990300&p=%B7%B9%C5%A9%B8%AE%BF%A1%C0%CC%BC%C7&field=id&type=enc

세계관광기구(World Tourism Organization)에서는 "유흥, 국내적 사정, 건강, 과학, 행정, 외교, 종교, 체육 및 사업 목적으로 타국을 여행하거나 체류하는 행위"로 규정하고 있다.

이와 같이 관광의 정의는 다양하지만, 결국 여가 시간을 기초로 하는 타 지역에서의 레저 활동이라고 할 수 있다.

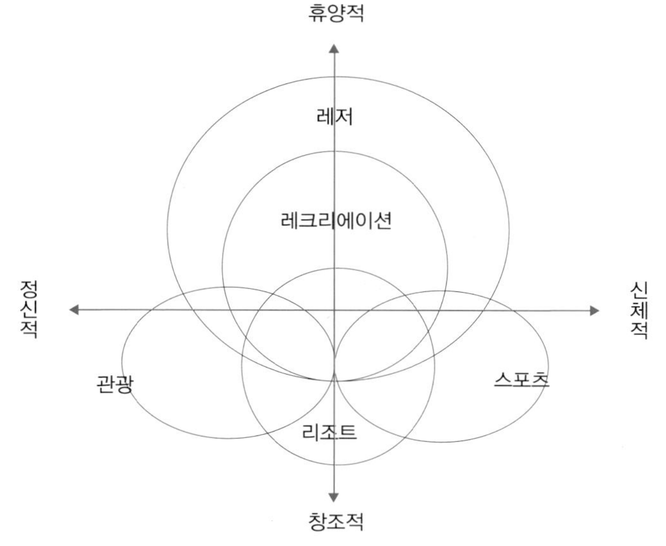

자료: Akio Kuroyanagi 원저, 김남형, 이한석 공역, 「해양성 레크리에이션 시설」, 도서출판 과학기술, 1999, p.24.

〈그림 2-1〉 관광레저 등의 정의

나. 해양관광

1) 해양관광의 정의

해양관광은 관광의 개념에서 정의된 바와 같이 기본적으로 일상생활을 벗어나 변화를 추구하기 위한 행위이며(목적), 해역과 연안에 접한 단위 지역 사회에서 일어나는 관광 목적의 활동이고(공간), 직 · 간접적으로 해양공간에 의존하거나 연관된 활동(행태)이다.

해양과 도서, 어촌, 해변 등을 포함하는 공간에 부존하는 자원을 활용하여 일어나는 관광 목적의 모든 활동이고 해역과 해안선에 인접하여 해양환경의 영향을 받는 영역에서 이루어지는 관광활동이다. 또한 바다를 바탕으로 이루어지는 관광활동이다.

따라서 해양관광은 바다를 배경으로 하여 해양스포츠, 레저활동을 가능케 하는 해양성 자원을 대상으로 한다. 해양관광의 주요 자원으로서 통상 3'S라 하여 광대한 바다(Sea), 해변의 모래(Sand), 작렬하는 태양(Sun) 등을 든다. 바다는 외해, 내해에 따라 기상여건과 해상여건이 달라 이용하는 방법이 서로 다르다. 내만, 곶, 도서 등 해역에 인접한 육지의 형상에 따라 활용방법도 다르게 된다.

해변의 모래가 해양관광에 중요하다고 보는 것은 해양관광 발전 초기에 모래가 많은 해수욕장을 중심으로 해양관광이 발전하였기 때문이다. 해양관광에서 해수욕장이나 모래사장의 비중이 과거보다 줄어든 것이 사실이나 여전히 중요한 자원임에는 변함이 없다.

작렬하는 태양은 온도를 높여 물가로 가고 싶은 충동을 느끼게 하므로 기온 상승이 해양관광을 활성화시키기도 한다. 기온이 높을수록 각종 해양관광이 활성화되고 활동량을 증대시키므로 온도는 해양관광에 가장 큰 영향을 미치는 요소이다. 기상과 해양관광과의 관계는 [그림 2-2]와 같다. 일반적으로 기온이 상승하면 해수욕, 해양스포츠, 크루즈, 레저잠수 등의 활동량은 급격히 늘어난다. 해수욕 등은 기온이 24~25°C 이상에서 활성화되며 다른 해양스포츠도 대개 기온이 10℃ 이상 되면 크게 활성화된다. 그러나 해변 연관형이나 생태관광은 기온 상승과 그다지 큰 영향이 없는 경우가 많다.

이러한 기본 요소 외에 바다의 기상, 해풍, 맑은 공기, 바다 색깔, 주위 환경, 바다 경관 등이 해양관광 활동량에 많이 영향을 미치기도 한다. 특히 태풍, 폭풍 등 기상특보가 발효되면 전 해상활동이 중단되는 등 해양관광에는 치명적인 영향을 미친다.

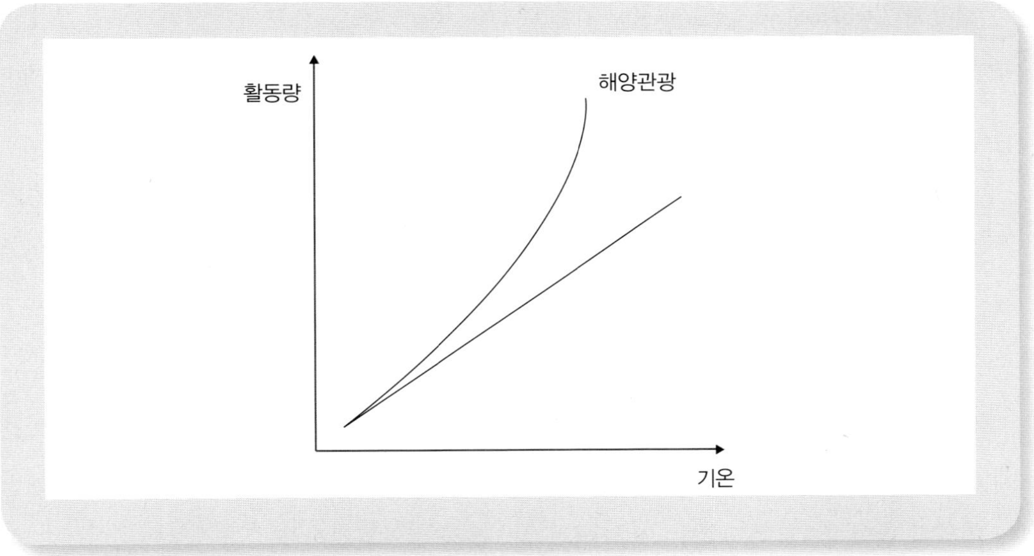

〈그림 2-2〉 일반적인 해양관광 활동량과 기온의 관계

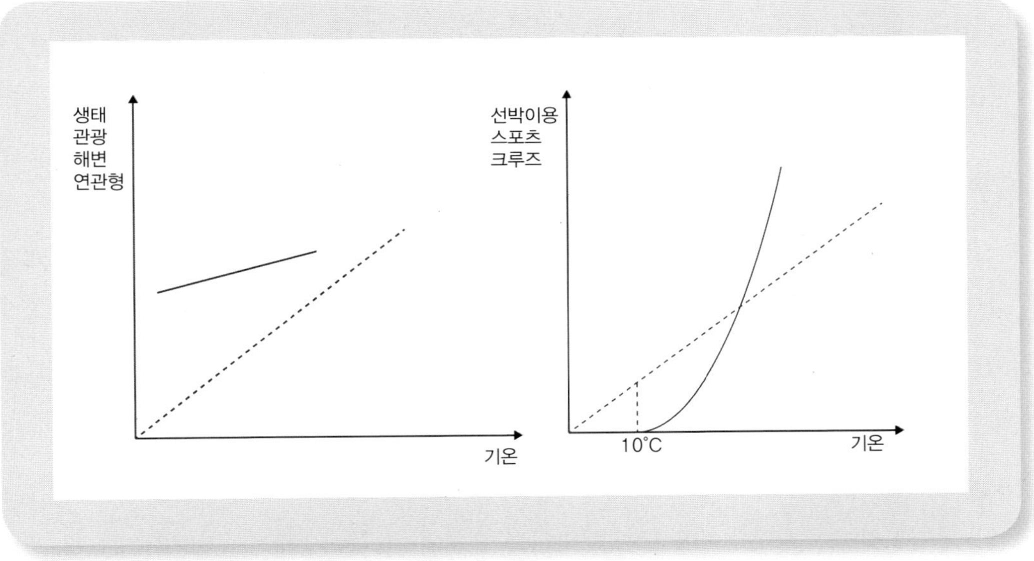

〈그림 2-3〉 각 해양 관광활동들과 기온과의 관계

표 2-1 해양관광과 내륙관광의 비교

형태	해양관광	내륙 관광	비고
안전성	격변하는 해양환경과 더불어 안전이 일차적인 목표임	해양보다 변화가 덜한 내륙 환경상 관광시설의 안전 우선순위는 다소 떨어짐	
시설의 내구성	바다의 파도, 바람 등에 견디기 위하여는 내구성이 크게 요구됨	육상의 일반적인 상황에서 견딜 수 있는 내구성 필요	
시설 투자비	바다의 환경에서 견디기 위하여 투자비가 크게 요구됨	일반적인 투자비 수준	
계절성	기온, 수온 등의 영향을 많이 받아 계절성이 높음	계절성이 있으나 해양관광만큼 심하지 않음	

해양관광의 공간적 범위 중 해양은 해변, 해상, 해중 및 해저를 포함하는 것이고, 도서는 해양 내의 육지이므로 해양관광의 범위에 속한다.[3] 한편 해양관광이 일어나는 어촌등 해변의 범위를 일의적으로 설정하는 것은 어렵지만 통상 해양환경이 직 · 간접적으로 영향을 미치는 영역으로 정의할 수 있다. 이러한 여러 가지 검토 내용을 바탕으로 내린 해양관광에 대한 정의와 그 특징을 보면 다음과 같다.

해양관광(marine tourism)은 해양과 도서, 어촌, 해변 등을 포함하는 공간에 부존하는 자원을 활용하여 일어나는 관광 목적의 모든 활동을 의미하는 것으로 정의될 수 있다.

■ 특징

① 레크리에이션 활동 : 일상생활을 벗어나 스포츠, 휴양과 오락을 통해 정신적 · 육체적 변화를 추구(레크리에이션 요소)

② 해양공간에서 이루어지는 활동 : 직 · 간접적으로 해양공간에 의존하거나 연관된 활동임(해양 공간적 요소)

③ 행태 : 해역과 해변에 접한 단위지역 사회에서 일어나는 관광목적의 활동

④ 환경친화적인 활동 : 연안 해변은 바다와 육지가 만나는 생태적인 점이지대로서 많은 생물종이 서식하고 파괴되기 쉬운 생태환경을 가지므로 환경친화적인 개발과 활동이 필요(생태관광적 요소)

3) 이러한 점에서 해양관광은 해안관광과 다르다. 해안관광은 주로 해안가, 해변 등이 주무대인 점에 비하여 해양관광은 해상, 해표면, 해중을 모두 이용한다.

2) 역사

레크리에이션이나 관광의 목적하에 이루어진 해양관광의 유형은 휴양, 수상레저스포츠, 탐험 및 각종 이벤트 등으로 다양해졌지만, 원래 로마시대의 목욕문화까지 거슬러 올라 갈 수 있으나 근대들어 온천이용과 더불어 해수욕이 해양관광의 시초라고 할 수 있다. 온천 이용과 더불어 해수욕은 해안을 휴양지로 인식하게 하였으며, 따라서 해양관광지의 발전과정은 휴양의 발전과정과 맥을 같이 한다.[4)]

휴양적 성격의 해양관광활동은 먼저 유럽의 관광활동에서 시작되었으며, 이를 시기적으로 보면 다음과 같다. 먼저 16세기 이전에는 크리스트교 순례자가 순례 도중 숙박으로 이용한 온천장이 휴양관광지가 되었고, 18세기 이전에도 독일의 바덴바덴(Baden Baden)과 영국의 바스(Bath) 등 온천지역이 상류계층의 휴양지로 이용된 것이 그 시초이다. 특히 18세기에는 영국이 최초로 체육보건향상에 효과가 크다고 하여 수영을 일반화하였고 그 대상지인 바다에서의 해수욕을 중심으로 해양관광이 본격화되었다고 볼 수 있다.

중세 말기부터 발달한 피서 · 피한 관광활동은 아름다운 자연과 따뜻한 기후가 갖추어진 지역에서 휴양 목적하에 이루어진 활동이다. 이러한 의미에 의해 해양활동은 초기에는 상류계급의 전용이었으나 철도의 발달 및 산업화로 중산계급 · 노동계급으로까지 확대 · 보급되었다. 유럽대륙에서는 해양관광 활동을 하기에 적합한 기후와 해양 조건을 갖춘 남프랑스 리비에라(Riviera) 지방을 중심으로 활발히 이루어지게 되었다. 19세기 말에 이어 20세기에 들어 휴가제도의 정착으로 일반대중의 휴양이 활성화되면서 해변관광지가 대규모로 그리고 다양하게 개발되기 시작하였다.

해수욕을 중심으로 시작된 해양관광은 1950년대 후반부터 소득증대, 자유시간 증가, 교통망의 정비 등에 의하여 수요가 증대되었다. 그리고 관광욕구도 다양화되어 단순 휴식 · 휴양형에서 보다 적극적이고 모험적인 해양활동형으로 변화되기 시작하였다. 이후 사회적 · 경제적 여건이 성숙되어 해양관광 활동은 수상 레저스포츠나 어촌문화체험, 각종 이벤

---

4) 해양관광을 블루투어리즘이라고도 하는데 이는 프랑스에서 관광이 일어나는 특성에 따라 푸른 해안에서의 관광을 'blue tourism', 눈덮인 산악지역에서의 관광을 'white tourism', 녹은 짙은 전원에서의 관광을 'green tourism'이라 부른 데서 연유하였다.

트 등으로 확산되면서 세계적으로 활발하게 이루어지고 있다. 따라서 현재에는 해양관광이 다양한 목적의 체재형 관광활동의 중심적 역할을 하고 있고, 이러한 해양관광 수요증대에 대응하기 위한 각종 해양관광개발이 이루어지게 되었다. 이러한 개발사업은 단순한 해양관광만의 개발에서 나아가 인근 어촌이나 해안지역의 사회 · 경제적 구조변화를 초래하였다.

우리나라에서는 1960년대 교통이 편리하고 배후의 대규모 도시를 배경으로 부산 해운대 등 대도시 해수욕장이 개장되면서 해양관광이 활성화되었다고 할 수 있다. 그러나 1960~1970년대에는 낮은 소득과 휴가시간의 부족으로 해양관광의 여건이 미처 조성되지 못하였다. 따라서 이 시기에는 주로 휴가철 해수욕 위주의 단순한 해양관광 활동만을 해 왔다.

1970년대 후반에 이어 1980년대에 들어서서 서서히 국민소득이 향상되고 여가시간이 늘면서 국민관광 수요가 급증하게 되었고, 이어 관광활동 욕구도 다양해지기 시작하였다. 이에 정부 차원에서는 국민의 휴양 · 휴식형 관광활동이 필요하다는 전제하에 대규모 해양관광 개발이 필요하여 제주 중문단지 등 해변 및 해양관광 시설의 건설에 착수하게 되었다.

1980년대 이어 1990년대에는 국민관광의 수요가 대외적 · 대내적으로 매우 활발하게 이루어진 시기이다. 이 시기에 해외관광도 소득증대와 더불어 시작되었고, 해수욕이 하계 관광활동의 중심이 되었으며 보트, 요트, 스킨스쿠버 등의 수상 레저스포츠형 해양관광 활동이나 해변관광 활동이 활발해지게 되었다. 해남 화원관광지나 경주 보문단지 내의 감포 해양관광단지 개발계획도 이 시기에 착수되었다. 아울러 환경에 대한 관심 고조로 해저나 갯벌 등의 생태체험도 활성화되기 시작하였다.

2000년대 들어서는 태안관광기업도시, 영암의 J-프로젝트, 남해안 관광벨트조성이 연안에서 추진되었고 2010년 전후 하여 정부주도로 남해안 선벨트 사업 등 동서남해안권 발전계획이 시행되어 오고 있다.

2. 해양관광자원의 정의 및 분류

가. 해양관광자원의 정의

관광자원은 "관광객의 욕구와 동기를 충족시켜 줄 수 있는 매력성과 흡인력을 지닌 유형 · 무형의 모든 소재적 자원"으로 정의된다. 그러나 이와 같이 정의된 관광자원은 개인의 주관이나 취향, 시대적 변화에 따라 그 범위와 가치가 달라지는 상대성과 가변성을 갖게 된다. 따라서 관광자원을 정의하거나 분류하는 절대적인 기준은 존재하지 않으며, 관광자원의 상품적 가치는 오직 시장에 의해 결정된다고 할 수 있다. 본서에서 '관광자원'은 시장에서 그 가치가 인식되고 인정된 자원만을 대상으로 한다.

따라서 '해양' 관광자원은 주로 연안이나 해역에 부존하는 관광자원으로서, 해양 의존적이거나 해양연관형 관광활동에 이용되는 가치 있는 관광자원을 의미한다. 이하에서 그 종류를 살펴보자.[5)]

나. 해양관광자원의 분류

관광자원은 크게 자연자원과 인문자원으로 구분되며 이중 자연자원은 자연으로부터 얻어지는 관광대상으로서, 주로 경관미와 위락적 기능을 갖는 자원이다. 자연자원에 포함되는 해양관광자원으로는 해수욕장, 천연적인 바다낚시터, 철새도래지(探鳥地), 해안 경관지 등이 있다.

인문자원은 인간에 의해 만들어지거나 가공된 유 · 무형의 관광대상을 의미하며, 다시 사회문화적 자원과 산업자원으로 분류된다. 사회문화적 자원은 한 지역의 생활양식이나 가치관, 문화 등을 반영하는 규범적 · 문화적 · 예술적 자원을 의미하며, 산업자원은 산업활동에 이용되는 시설 중 관광의 소재가 될 수 있는 자원을 의미한다. 인문자원에 포함되는 해양관광자원으로는 사회문화자원인 해양박물관, 해양관련 지역축제, 지역 고유의 바다음식 등이 있고 산업적으로 이용되는 어항, 항만, 마리나 등을 들 수 있다.

5) 미야자키 미쓰히로 등(원저), 강신겸 등(번역), 「녹색관광」, 일신사, 1997.11, p.12.

표 2-2 해양관광자원의 분류

구 분		내 용
자연자원		해수욕장, 철새도래지, 해안경관지, 도서 해양스포츠 공간, 천연적인 바다낚시터, 해중공간
인문자원	사회문화적 자원	해양관련 전시관, 수족관, 지역축제, 지역 고유의 바다음식, 어구어법, 해양관련 사적지
	산업자원	어항, 항만, 마리나

다. 해양관광자원의 잠재력

공간측면에서 보면 삼면이 바다로 둘러싸여 있는 우리나라바다는 육지면적의 4.5배에 달하는 44만7,000㎢에 달하는 영해 및 EEZ와 3,358여 개의 도서가 있다. 또한 약 1만1,542㎞에 이르는 해안선과 수심 20m 내외의 해역만도 국토의 1/3에 해당되는 등 풍부한 해양자원을 보유하고 있다. 우리나라의 분류별 해양관광 자원을 자세히 살펴보면 〈표 2-3〉과 같다.

표 2-3 해양관광자원의 분류별 현황

분류	자원명		내 용	비 고
자연자원	해수욕장		총 256개소	동해 101개소 등
	철새도래지		국제적으로 중요한 철새 3종 이상 연안 도래지 20개소	생태관광
	갯 벌		2,487.2㎢ (세계 5대 갯벌의 하나)	〃
	해양스포츠 장소		요트장 등 종목별 보유	
	해안경관지		해상(안) 국립공원 3,332.85㎢ 일출/일몰지, 도서(3,348여개), 기암괴석, 해중경관 등	
	바다낚시터		전국 연안	
	기 타		바다길 갈라짐(전국13개소), 고래관광	
인문자원	사회문화자원	수 족 관 해양전시관	수족관 14, 기타 각종 해양수산과학관, 어촌민속관, 목포해양유물전시관 등	부록 참조
		지역축제	각 연안지역 별 72개	해양축제, 영등제, 풍어제 등
		바다음식	각 연안지역별 소재 다양	
		어구어법	〃	
		어촌사적지	〃	해양 문화 지표조사 중
		어 촌	4,000여 개의 자연부락 어촌	
	산업자원	어 항	국가 어항 110개 · 지방 어항 281개소, 어촌정주어항 614개소, 마을공동어항 1개소	
		어 장	각 연안지선(수산자원보호구역, 양식산란장, 회유로 등)	
		유어선 (바다낚시선)	4,500여 척 ('16년말)	

자료: 해양수산부, 국토해양부, 농림수산식품부. 등

우리나라의 해양관광자원을 보유하는 해역별 자연여건을 보면 〈표 2-4〉와 같다. 우리나라 삼면의 해역은 수심, 조차, 해류 등 여러 측면에서 크게 상이하므로 이에 따른 개발가능 관광자원의 성격도 틀리고 관광적인 이용 방향도 크게 다르다. 따라서 해역별 개발자원의 특성을 고려한 적절한 개발 계획의 수립과 이용이 이루어져야 한다.

표 2-4 우리나라의 해안별 개발여건 비교

구 분	동해안	남해안	서해안
해 변	· 이용가능한 평탄지가 비교적 협소 · 파도, 파랑의 영향이 다소 큼	· 평탄한 배후지가 지역에 따라 다소 협소 · 태풍의 영향권에 있는 지역이 많음	· 평탄한 배후지가 넓어 개발과 이용에 유리 · 갯벌이 발달하여 체험학습장 개발에 유리
해 상	· 수심여건은 양호하나 파도, 파랑의 영향으로 방파제 등 구조물 설치에 비용이 많이 소요	· 적절한 수심과 도서, 만이 발달하여 개발에 유리	· 낮은 수심이 제약이 되는 경우도 있으나 상대적으로 파고, 파랑이 작아 유리
해중/해저	· 수심이 깊고 급경사로 다소 개발이 어려우나 수질이 양호하고 시야 확보가 용이	· 특히 양식장이 발달하여 활동에 따른 지역주민과의 마찰이 우려	· 낮은 탁도로 인하여 해중, 해저활동은 다소 어려운 경우도 있음

자료: 상게서.

해역별로 특성을 고려해 본다면 서해안은 수심이 낮고 해변지역의 갯벌 등의 발달이 우세하므로 이러한 자원의 개발이 우선되어야 한다. 반면에 동해안은 수심이 깊고 물이 맑고 모래사장도 발달하여 다양한 해변, 해중 이용이 가능할 것이다. 남해안은 이들의 중간적인 성격을 띠므로 동서해 이용방안을 절충하여 적절히 이용해야 할 것이다. 해안의 공간적 이용가능성은 [그림 2-4]와 같다.

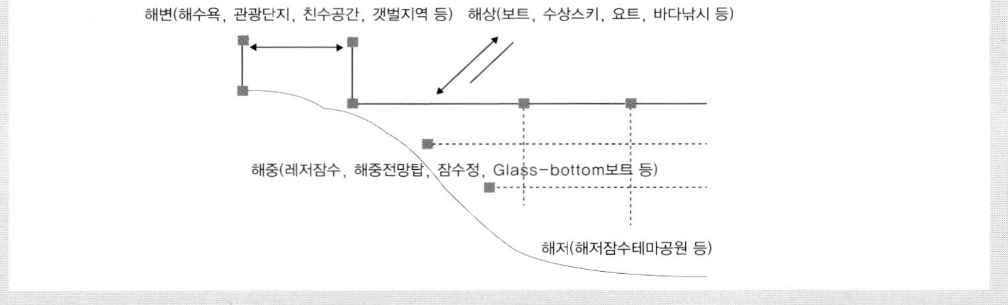

〈그림 2-4〉 해양공간별 관광적 이용방안

이와 유사한 공간적 이용 분류를 다시 수심과 해안선에서의 거리를 따라 분류하면 [그림 2-5] 와 같다.

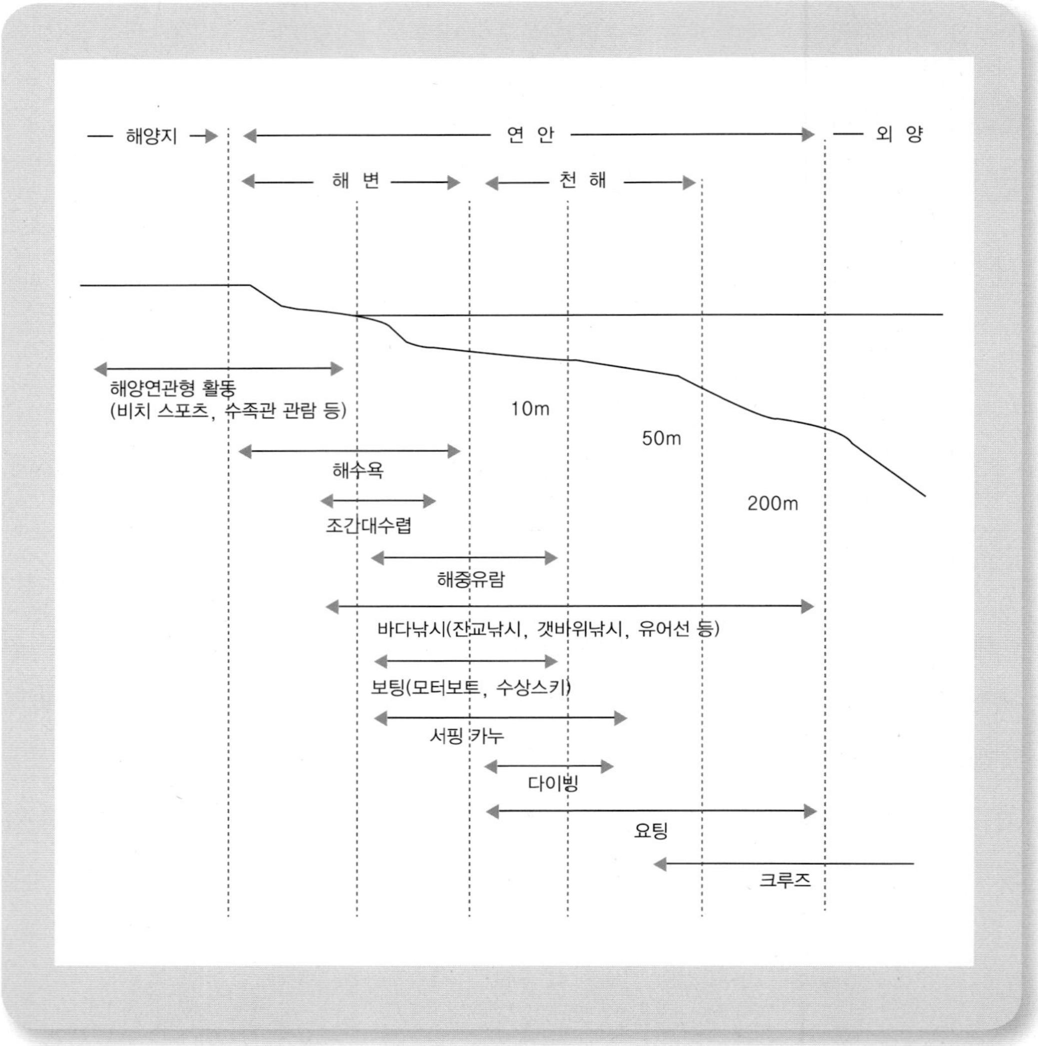

〈그림 2-5〉 해양관광 활동의 공간적 분류

자료: 畔柳昭雄, 「해양관광계획론」, 1997, p.20.

표 2-5 해양성 위락활동과 이용 공간

이용공간 / 활동	배후지	해안				해면	해중
		단애	암초	백사장	호안		
해수욕				○		○	
조개잡기				○		○	
서핑				○		○	
보트젓기				○		○	
카약				○		○	
요트					○	○	
보트					○	○	
수상스키					○	○	
스킨다이빙			○		○	○	○
스쿠버다이빙			○		○	○	○
해안낚시			○	○	○	○	
그물던지기				○		○	
물놀이			○				
생물채집			○				
야영	○			○		○	
모래스키				○			
풍경탐사	○	○	○	○		○	
해중탐사					○	○	○
관람 · 견학	○						

자료: 일본관광협회, 「관광계획수법」, 1979.

해양관광의 이용공간은 기술적 수준과 궤를 같이 한다. 해수욕 등 단순한 휴양형에서 시작되어 레저보트와의 기구 발달에 따라 해표면 이용이 늘어나며 해중기술의 확보에 따라 해중관광으로 발전하게 된다.

3. 해양관광의 유형 및 참여현황

가. 해양관광의 유형

해양관광은 여러 가지 관점에 따라 분류방법도 〈표 2-6〉과 같이 다양하다. 그러나 분류를 통해 다양한 관광행태 간에 확연한 구분이 가능하고 상호 중복되지 않거나 애매하지 않는 것이 분류방법으로 적합하다고 본다. 본서에서는 먼저 해양에 대하여 의존성이 어느 정도 높은가의 여부에 따라 분류하고 이 중 해양활동 구분이 가장 잘 되어 있는 해양수산부의 분류를 따르고자 한다.

표 2-6 해양관광 활동유형

구분 연구자	해양관광 활동유형
日本觀光協會 (1987)	스포츠형 활동, 대중 레저형 활동, 해안지역의 관광활동
作田岩穗 (1987)	해양관광, 관련관광, 관련활동
이태우 (1996)	스포츠형, 레저형, 관광형
한국해운신문 (1998)	해양스포츠형, 전통적 레저형, 외항 크루즈
최도석 (1998)	스포츠형, 해양관람 및 유람형
해양수산부 (2000)	해양의존형(스포츠형, 휴양형, 유람형), 해양연관형
이상춘 · 여호근 (2001)	경관감상형, 수상스포츠형, 해양축제구경형, 미식추구형, 지식추구형, 승선/유람형, 친수놀이형, 해변기구놀이형, 해변스포츠형

자료: 이상춘 외, 「해양관광의 이해」, 2004, p.27.

이 분류에 따르면 해양관광의 유형은 [그림 2-6]과 같이 해양과 직접 연관되는 해양의존형과 간접적으로 연관되는 해양연관형 활동이 있다. 해양의존형의 경우에는 다시 스포츠형, 휴양형, 유람형으로 나뉜다.

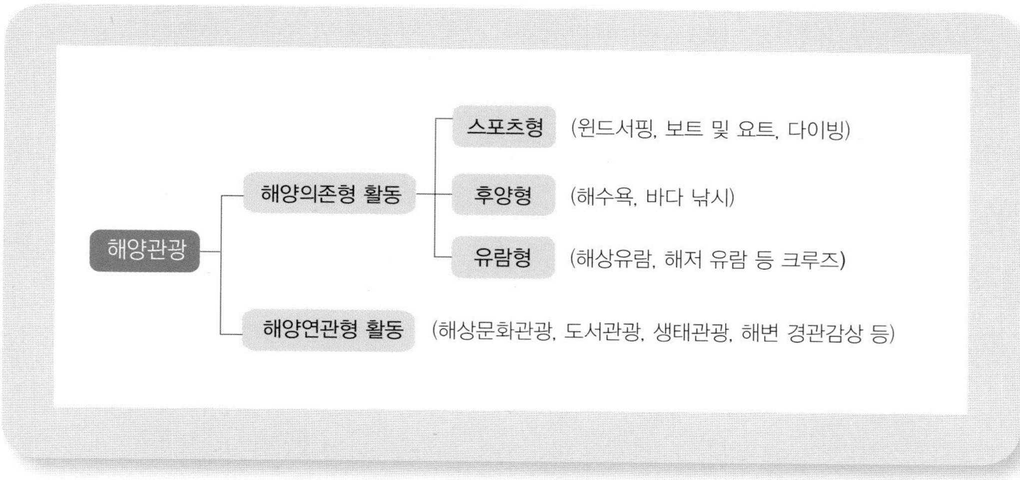

〈그림 2-6〉 해양관광 유형 분류

1) 해양의존형

가) 스포츠형 해양관광

해상 공간에서 바람, 파도, 해류의 흐름 등 역동적인 자연조건을 활용하는, 수면 및 수중 공간에서의 운동으로 요트 및 보트, 수상스키, 제트스키, 윈드서핑, 스노클링, 스쿠버다이빙 등이 이에 속한다. 이러한 해상스포츠는 장비나 보조기구의 도움이 필요하며 때로는 기본 강습을 이수해야 하는 등 기본경비가 필요하기 때문에 소득수준이 높아져야 일반화될 수 있다. 이러한 유형의 관광은 역동적인 특성으로 인하여 주로 젊은 층이 선호한다.

나) 휴양형 해양관광

한여름 폭서기를 전후해 휴양과 휴식을 목적으로 하는 해양관광은 주로 해변가에서의 해수욕, 모래찜질, 해변캠프, 해변학교 등이 주류를 이루고 조개잡이, 갯벌생태관광 등도 부수적인 활동이 되고 있다. 또한 계절에 관계없이 즐길 수 있는 조간대(tidal flats) 수렵 및 바다 낚시도 휴양형 해양관광의 일종으로 개발되고 있다.

다) 유람형 해양관광

해양유람(Cruise)은 미국, 유럽, 일본 등에서 가장 성장속도가 빠른 관광여행 상품으로서 정년퇴직 후 여유시간과 연금 등의 여유자금이 있는 계층이 선호하는 상품이나 젊은 층을 겨냥한 값싼 상품도 개발되고 있다. 국내에는 금강산 방문시 크루즈 선이 활용되는 것을 계기로 시작되었으며 한국과 중국을 내왕하는 크루즈선이 늘어나면서 이 부문의 활성화가 기대된다.

표 2-7 해양관광활동의 종류 및 내용

<table>
<tr><th colspan="2">형태</th><th colspan="2">종류</th><th>내용</th></tr>
<tr><td rowspan="11">해양
의존형</td><td rowspan="6">스포츠형</td><td rowspan="2">보딩</td><td>서핑</td><td>· 길이 2m 전후의 보트를 조절하여 파도의 경사면을 타고서 오르락내리락하는 파도타기 스포츠</td></tr>
<tr><td>윈드
서핑</td><td>· 파도가 없어도 서프보트(Surf Boat)로 즐기려는 욕구를 만족시키는 것. 서핑보트에 돛을 달아서 바람을 따라 나아가는 것</td></tr>
<tr><td rowspan="3">요트
및
보트</td><td>세일링
요트</td><td>· 선실이 있는 크루저 요트는 외양에서 돛을 올려 항해(대형요트)
· 선실이 없는 단기급 요트는 1~2인승 정도로서 바람을 받는 돛을 통해 옆으로 흐르는 힘에 대한 선체의 저항력을 전진력으로 바꾸어 주는 원리로 진행하며 승무원의 체중 이동에 의해 균형을 취함</td></tr>
<tr><td>동력
요트</td><td>· 러너보트라는 선실이 없는 개방형과 크루저라고 불리는 선실이 있는 것이 있으며 해상일주, 낚시, 수상스키 등에 이용</td></tr>
<tr><td>제트
스키</td><td>· 워터제트 추진을 이용한 오토바이 타입의 소형 모터보트</td></tr>
<tr><td colspan="2">해양다이빙</td><td>· 수중의 아름다움을 만끽하면서 물고기들과 친숙해지려는 것 〈스킨다이빙 : 스노클링〉
– 스노클, 잠안경, 잠수발을 사용한 간단한 잠수기구로 10m 수심 미만의 얕은 지역을 잠수 〈스쿠버다이빙〉
– 압축공기탱크와 호흡기를 착용하고 수심10~30m에서 수중 활동</td></tr>
<tr><td rowspan="3">휴양형</td><td colspan="2">해 수 욕</td><td>· 여름철 모래찜질, 해변캠프, 해변학교 등 우리나라의 대표적인 휴식성 해양관광</td></tr>
<tr><td colspan="2">조 간 대
수 렵</td><td>· 물때에 맞추어 일정구역의 조간대를 학생과 일반인들에게 제공하고 바다의 생태계를 접하게 하여 산 교육의 기회 제공
– 조개잡이 등 해변 동식물 채취</td></tr>
<tr><td colspan="2">바다낚시</td><td>· 유어선, 잔교낚시, 암벽낚시 등</td></tr>
<tr><td rowspan="2">유람형</td><td colspan="2">크 루 즈</td><td>· 유람선에 승선하여 해안을 순항하는 탐방형 관광</td></tr>
<tr><td colspan="2">해중유람</td><td>· 해중전망탑, 관광잠수정 등</td></tr>
<tr><td colspan="2">해양연관형</td><td colspan="2">연수시설
체육시설
문화시설
해변
놀이시설 등</td><td>· 해변학교, 연수원 등
· 해변 배구장, 수구장, 수영장 등
· 박물관, 전시장, 특산품점 등
· 바이킹, 공원, 산책시설</td></tr>
</table>

자료: 다음 자료에서 재편집. 김성귀, 「우리나라 해양관광 현황 및 개발방향에 관한 연구」, 한국해양연구원, 1992.

2) 해양연관형

해양연관형으로는 수족관 및 해양 박물관 관람, 해변에서의 각종 게임, 사이클링, 일광욕, 산책, 수산물 시장에서의 쇼핑, 일출 · 일물 등 경관감상 등 매우 다양한 활동 유형이 존재한다. 이에 속하는 해양문화관광은 해양문화적인 것을 상품화시키는 것으로서 여기에는 해양박물관, 해양수족관, 어촌민속관, 연어전시관 등 생태전시관, 해저유물전시관 등이 그 것이다. 아울러 갯벌 및 철새 등 생태자원을 중심으로 관광활동이 이루어지는 경우도 많이 나타난다. 경관감상에 있어서는 일출 · 일몰, 섬과 섬 사이의 바다가 갈라지는 일명 '모세의 기적' 현상, 해상국립공원 등의 경관감상 등이 포함될 수 있을 것이다.

나. 해양관광개발의 특성[6)]

해양관광개발은 사회 · 경제적 측면에서 볼 때 일반관광과 동일한 특성을 지니고 있으나 자원, 입지, 자연환경에 미치는 영향 등에서 일반관광과는 구별되는 특성을 지니고 있다.

1) 자연조건에 대한 높은 의존도

해양관광은 기온상 주로 하계에 집중되고 태풍, 파랑주의보 등 기후에 크게 지배되므로 해양이라는 자연환경에의 의존도가 절대적이라 할 수 있다.

해양스포츠, 해수욕 등은 25℃ 이상의 높은 대기온도와 수온일수록 활동에 유리하다. 나머지 레저잠수, 크루즈, 바다낚시 등을 즐기기 위해서도 적어도 10℃ 이상의 대기온도를 요구하며 수온도 가급적 높은 편을 요구한다. 해수욕이 활성화되려면 해수욕 시즌에 강수 일수가 적은 것이 유리하고 장마 등이 없거나 짧을수록 유리하다.

이들 해양관광은 천기로 보아 맑은 날에 많은 활동이 이루어지며, 선박이나 장비를 이용한 해상활동을 해야 하는 경우에는 높은 파도나 폭풍, 태풍이 없는 잔잔한 날일수록 활동에 유리하다. 선박크루즈, 관광잠수정, 레저잠수 등의 경우에는 폭풍주의보 등 각종 예보에 의해 지역적으로 제한을 받게 된다.

---

6) 부산발전연구원, 「부산의 해양관광 실태분석 및 발전방안에 관한 연구」, 2004, pp.64-66.

마리나 등 해양관광 시설용 계류장의 경우나 해중전망탑, 해상호텔 등의 해안시설은 파랑과 폭풍을 적당히 견딜 수 있는 지역에 건설하여야 한다. 서핑과 윈드서핑의 경우 전자는 상당한 파도를 요구하며 후자는 요트와 같이 바람이 많이 부는 날씨가 오히려 활동에 유리하다.

2) 지역사회와의 마찰 가능성

임해지역은 수산자원이 부존하는 경우 해역에는 어업권이 산재해 있어 해양관광 활동에 필수적인 해역의 확보가 쉽지 않다. 또한 대부분의 연안이 협착하여 가용용지가 많이 부족한 편이다.

이에 따라 해양관광지 조성을 위한 공유수면 매립이 수반되는 경우가 많아 어업인 등 이해관계자와 마찰이 생기기 쉽다. 따라서 공유자산인 해양자원 관리차원에서 개발여부 등 중요한 정책적 판단이 요구되며 아울러 개발시 지역주민의 참여와 협조가 절대적으로 필요하게 된다.

해양관광개발은 해당 임해지역 주민이익의 경시, 외지자본에 의한 지역사회에 대한 개발이익 환원 미비, 지역환경 훼손, 지역내 불균형 성장 등의 사회적 갈등을 조장하는 요인으로 작용할 수 있고, 특히 고유한 생활문화를 보유한 어촌지역에서는 해양관광개발에 따른 부작용이 심각하게 대두될 수도 있다.

따라서 오늘날 관광이 경제적 · 사회적 그리고 문화적인 측면에서 지역사회의 변화를 촉진시키는 중요한 요인 중의 하나임을 고려할 때, 해양관광 개발 시 수익성 못지않게 임해지역 주민의 요구와 편익을 외면하는 개발방식은 지양되어야 할 것이다.

3) 해양환경 및 어메니티 수준에 의한 제약

해양관광의 경쟁력을 결정하는 중요한 요소는 환경이다. 환경의 질은 관광 만족도에 큰 영향을 주는 어메니티(amenity) 수준과 밀접한 관계를 갖고 있다. 실제 관광 목적지 결정에 있어서 해당 관광지의 환경과 어메니티 수준이 매우 중요한 요소가 되고 있다.

과거에 인기가 높았던 해양관광지가 원자력 발전소나 공단건설 등에 의해 어메니티 수준이 크게 떨어지면서 급격히 쇠퇴하는 경우도 쉽게 찾아볼 수 있다.

또한 해양관광에서는 경관 감상이 차지하는 비중이 매우 높다. 관광지 경관은 일차적으로 자연조건에 의해 결정되지만, 관광객을 수용하기 위한 인위적 시설물에 의해서도 큰 영향을 받는다. 그러나 국내의 경우 현재 관광개발을 추진하는 사업자가 비용절감과 내구성 등을 이유로 주변 자연조건과의 조화를 고려하지 않는 시설물을 축조하여 경관을 저해하는 경우가 적지 않다.

4) 접근성에 의한 제약

해양관광사업의 성공은 관광지까지의 접근성이 매우 주요한 요소로 작용한다. 해양관광은 도시에서 비교적 멀리 떨어져 있어서 접근성이 불량한 경우가 많다. 따라서 빠르고 편리한 교통수단에 익숙한 현대인의 생활양식에 부응한 해양관광지의 접근성 향상 방안이 마련되어야 할 것이다.

다. 해양관광개발의 유형[7)]

개발측면에서 보면 〈표 2-8〉과 같이 자연자원을 그대로 이용 · 개발하는 것, 사회문화적 자원을 약간의 개발을 통하여 이용하는 것이 있을 수 있다. 나아가 기존의 연안에만 존재하는 산업자원 등을 이용한 개발이 있을 수 있으며, 테마파크처럼 아예 새로운 것을 연안이나 해양에 창출하는 이용 · 개발도 있다. 이의 자세한 내용은 제11장의 해양관광 리조트 개발 부분을 참고하기 바란다.

표 2-8 해양관광개발의 유형

구분	내용
자연자원 개발형	· 자연적 형태의 관광자원을 이용하여 해양관광활동을 할 수 있도록 관광자원을 개발하는 형태 · 자연환경이나 생태계를 보호 · 보전하는 측면이 강조된 환경친화적 개발 형태
사회 · 문화자원 개발형	· 어촌의 일상생활 중심으로 하여 지역 고유축제와 역사유적지 및 고유관습 · 향토음식 · 언어 등의 관광자원 가치 제고 측면의 개발 형태

7) 마문식 · 황기형, 「주민참여에 의한 어촌관광개발 활성화 방안」, 1999, pp.11-13.

산업자원 개발형	· 바다를 거점으로 한 산업, 곧 조선소나 제철소 등을 시찰하는 등의 해양성 관광산업자원을 개발하는 형태 · 지역경제와 직결되는 개발 형태로 다른 관광자원과 연계되는 차원에서 개발하는 형태
인위적 자원 개발형	· 관광대상 창조형으로서 새로운 매력물인 관광대상을 개발하는 무에서 유로서의 창조 형태 · 교육적 측면, 스포츠 · 레크레이션 측면, 관광적 측면으로 구분하여 개발하는 형태

라. 참여 현황

표 2-9 국내 국민여행 중 해양관광의 비율(2016)

구분	국내 국민여행(A)	해양관광(B)	B/A × 100%
1인당 평균 여행 횟수(회)	5.5	4.02	73.1
1인당 평균 여행 비용(만원)	58.65	34	58.0
1인당 평균 여행 일수	9.4	–	–

자료: 문화체육관광부, 국민여행 실태조사, 2016, p.54; 한국해양수산개발원(KMI), 「동향분석」Vol.10, 2017.1, p.62

전체 국내 국민 여행 중 해양관광 목적은 대체로 보아 전체 여행의 58~73% 수준에서 이루어지는 것으로 나타나고 있다. 즉 전체 여행 중 1/2~2/3가 해양관광 여행이라는 것이다. 그리고 해양관광 여행은 해변경관감상/해수욕이 전체의 43%[8]로 주로 여름철을 중심으로 이루어지는 특징을 가지고 있다.

1) 유형별 참여 현황

이하에서는 유형 분류에 따라 해양관광 활동을 체계적으로 살펴보고자 한다. 서해안의 경우에는 해양의존형 중에서 백령도, 홍도 등 도서 주변 경관을 주유하는 크루즈형이 높게 평가되고 갯벌 등이 많이 분포하여 해양연관형 중 생태자원 중심의 관광활동이 두드러진다. 반면에 동해안의 경우에는 해수욕장이 발달하여 휴양형과 아울러 일출 감상 등을 중심으로 하는 해양연관형의 활동도 우세한 편이다. 남해안은 이러한 양 해안의 중간적인 성격이 강해 다양한 관광 활동이 일어난다.

8) 한국해양수산개발원(KMI), 「동향분석」 Vol.10, 2017.1, p.62

표 2-10 해양관광 유형별 참여 현황

분 류	종 목	국내현황	비고
스포츠형	레저 잠수	C카드 소지자 30만 명	적극 참여자 12만명
	윈드서핑	3만 명	호수, 내만 등 다수
	세일링, 보우팅, 기타	조종면허 총 취득자 21.6만 명('17)	30여 개의 마리나
해양휴양형	해 수 욕	연 참여인원 7,504만 명('16)	346개 해수욕장
	갯벌체험	해양레포츠 참가자의 27%가 참여	어촌관광과 연계
	바다낚시	참가인 343만명('15)	전 연안
유 람 형	국제유람선	부산, 인천, 제주등 정기 기항	
	국내연안선 관 광	연안여객선 탑승자 약 1,542만 명('16)	도서지역 연계
	해저관광선	제주 서귀포, 성산포, 사계리 등 운항 중	

자료: 상게서 및 한국해양수산개발원, 「해운통계요람」, 각년도 등.

유형상으로 볼 때 선진국의 경우 요트타기, 레저잠수, 윈드서핑 등 해양스포츠형이 가장 높은 비중을 차지하나 아직 우리나라의 경우 해수욕이 중심이 되는 해양휴양형 위주의 관광이며 스포츠형, 유람형은 초기단계이다.

참고로 해양관광에 관련되는 주요 시설의 수준을 이웃 일본과 비교하여 볼 때 아직은 초기 단계의 시설만을 보유한 것으로 평가되어 향후 시설 도입 · 개발 · 이용의 여지가 상당히 많은 것으로 평가된다.

표 2-11 한일간 해양관광 관련시설 보유 및 시설능력

시설/활동명	일 본	한 국	비 고
해중공원	지정 · 운영 중	없음	정부 지정 구상
해중전망탑	7개소	1개소	
해상낚시터	전국 연안 시 주변	전남 장흥 등	
수족관	70여 개소	20여 개소	
마리나	570여 개소	요트장 30개소	50여 개소 계획
유선 (요트, 모터보트 등)	26만 척('12)	2.5만 척('17)	
해저잠수정 건조 및 운영	건조 및 운항	제주 운항	서귀포 등에서 운항
크루즈 선	건조능력 보유	건조 구상 중	
워터파크	다수	다수	
해상호텔 등 해상 플로팅 레저시설	각지에 보유(식당, 전시, 수족관, 호텔)	기존 군함 등 전시 (관람, 카페 등)	선박, 구조물 등 이용
경정장	다수 보유	한강 미사리 운영 중	각 지자체 구상 중

자료: 필자 작성

2) 해양관광 참여 현황

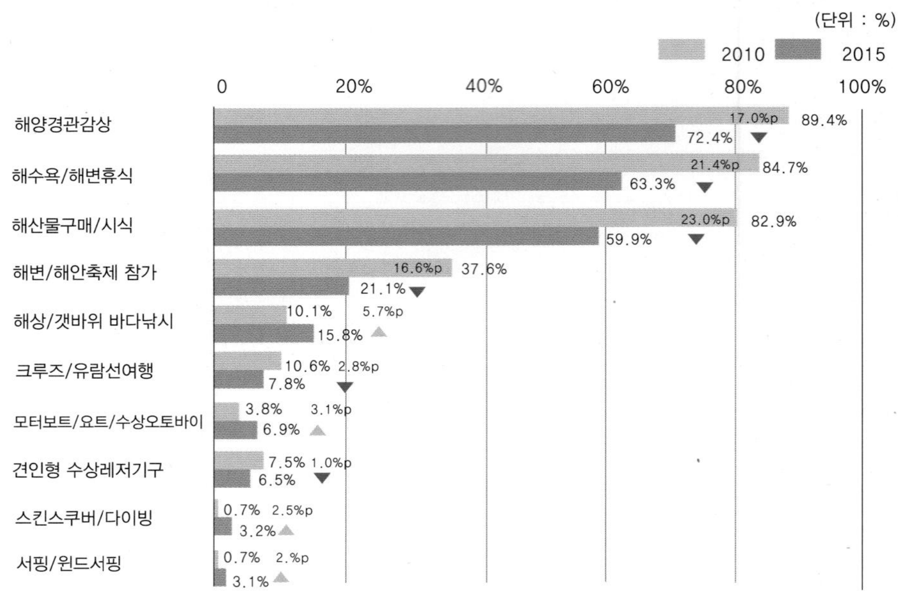

자료: 홍장원 등, "국내 해수욕장 관리, 패러다임 변화 모색 필요", 『KMI 주간 동향분석』Vol.38, 2017.7, p.8, 원전: 국토해양부(2011) 등 재구성

〈그림 2-7〉 최근 1년 동안 경험한 해양관광 · 레저 활동(2010, 2015년)

가) 1년간 경험한 해양 레저 · 스포츠[9)]

해양관광 활동 경험자를 대상으로 2015년 참여해 본 해양 레저 · 스포츠 활동에 대하여 분석한 결과, 해양경관감상이 전체의 72.4%로 상당히 높은 비중을 차지하고 다음으로 해수욕/해변휴식(63.3%), 수산물 구매시식(59.9%), 해안축제참가(21.1%), 바다낚시(15.8%), 크

9) 본 조사는 한국해양수산개발원에서 국내 해양관광의 실태파악을 위해 전국의 만 19세 이상의 일반 국민 1,000명을 대상으로 2010년 9월 중 인구비례 할당표집을 통하여 선정된 표본대상의 설문조사 내용이다. 자료: 국토해양부, 「해양관광 통계기반 구축 및 프로그램 개발 연구 용역」, 2011.2. pp.26-29.및 홍장원 외(2015),「해양레저관광의 사회 · 경제적 파급효과와 지표 개발에 관한 연구」를 바탕으로 재구성함.

루즈 등(7.8%), 모터보트/요트타기(6.9%) 견인형 수상레저기구(6.5%), 레저잠수(3.2%), 서핑/윈드서핑(3.1%)등의 순으로 나타났다.

우리나라의 해양관광은 주로 해수욕, 생태관광, 연안크루즈, 바다낚시 등이 주류를 이루며 해양스포츠 등은 비율이 아직 낮은 편임을 알 수 있다. 다만 2010년과 비교하여 바다낚시, 모터보트, 요트, 레저잠수, 서핑/윈드서핑이 늘어나 스포츠형 해양관광이 늘어나는 추세를 보이고 있다.

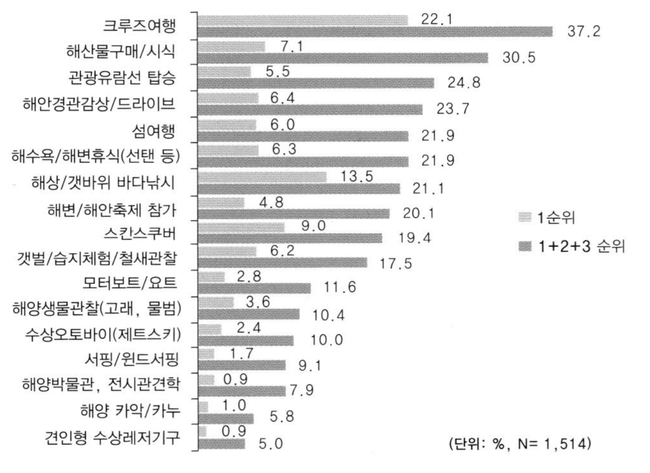

자료: 홍장원, 『해양레저 · 관광의 사회경제적 파급효과와 지표개발에 관한 연구』, KMI, 2015.12., p.53

〈그림 2-8〉 향후 3년 내 참여 희망 활동

나) 향후 3년 내에 참여해 보고 싶은 해양레저 · 스포츠 활동

향후 해안지역에서 경험하고 싶은 희망활동에 대한 분석결과를 1순위 위주로 살펴보면, 크루즈(22.1%), 스킨스쿠버(9.0%), 수산물 구매시식(7.1%), 해안경관감상(6.4%), 해수욕 · 해변휴식(6.3%), 갯벌습지체험(6.2%) 등이 높게 나타났다. 그외에 관광유람선, 섬여행, 축제참여, 해양생물관찰 등 휴양이나 해양 연관형 활동의 증가가 예상된다. 해양 스포츠형은 3% 이내의 희망율을 보이고 있으나 소득증가와 더불어 꾸준한 증가가 예상된다.

3순위까지 고려하면 크루즈(37.2%), 수산물 구매/시식(30.5%), 관광유람선(24.8%), 해안 경관감상(23.7%), 섬여행(21.9%), 해수욕(21.9%) 등의 순으로 나타나고 있다.

표 2-12 해양관광 특징 변화('05-'15)

<table>
<tr><th colspan="2">구분</th><th>2005년</th><th>2010년</th><th>2015</th><th>비고</th></tr>
<tr><td colspan="2">해안지역 관광 경험</td><td>89.2%</td><td>98.3%</td><td></td><td>증가 추세</td></tr>
<tr><td colspan="2">최근 1년간 해안지역 관광 경험</td><td>49.4%</td><td>69.1%</td><td>80%</td><td>대폭 증가</td></tr>
<tr><td colspan="2">당일 여행 횟수/평균지출 비용</td><td>평균: 1.5회
평균: 4.9만원</td><td>평균: 1.96회
평균: 9만원</td><td rowspan="2">평균여행 횟수: 4.33회
년간총지출비용: 30.7만원</td><td>여행 횟수/평균지출 비용 증가</td></tr>
<tr><td colspan="2">숙박 여행 횟수/평균지출 비용</td><td>평균: 1.1회
평균: 9.9만원</td><td>평균: 1.17회
평균: 13.4만원</td><td>여행 횟수/평균지출 비용 증가</td></tr>
<tr><td rowspan="2">당일 여행</td><td>방문 시기</td><td>-8월: 26.6%
-7월: 16.1%
*전체의 42.7%</td><td>-8월: 32.7%
-7월: 23.5%
*전체의 56.2%</td><td rowspan="4">방문시기
-7월: 17.0%
-8월: 23.0%
*전체의 40%
방문지역
-부산: 17.4%
- 강원도: 16.8%
- 경기인천: 13.2%
*전체의 47.4%</td><td>하계 집중도 높음</td></tr>
<tr><td>방문 지역</td><td>-충남: 16.9%
-강원: 15.2%
-경인: 12.4%
*전체의 44.5%</td><td>-충남: 18.8%
-강원: 15.5%
-경인: 14.9%
*전체의 49.2%</td><td>대도시 배후권의 당일 여행비중 높음</td></tr>
<tr><td rowspan="2">숙박 여행</td><td>방문 시기</td><td>-8월: 42.5%
-7월: 17.3%
*전체의 59.8%</td><td>-8월: 51.7%
-7월: 29.4%
*전체의 81.1%</td><td>하계 집중도 심화</td></tr>
<tr><td>방문 지역</td><td>-강원: 28.4%
-충남: 20.1%
-전남: 11.1%
*전체의 59.6%</td><td>-강원: 33.0%
-충남: 16.9%
-제주: 10.3%
*전체의 59.2%</td><td>해수욕장을 중심으로 한 여름 휴가객 방문 비중 높음</td></tr>
</table>

자료: 국토해양부, 「해양관광 통계 기반 구축 및 프로그램 개발 연구용역」, 2010, p.45; 홍장원, 「해양레저 · 관광의 사회경제적 파급효과와 지표개발에 관한 연구」, KMI, 2015.12., pp.58-83

2015년 1년간 해변 여행을 한 경험이 있는 자가 80%에 달하여 2010년의 69%에 비하여 10%포인트 증가했고 평균 여행횟수로도 4.33회로서 2010년의 약 3회(당일+숙박)보다 증가한 것으로 나타났다. 전체적으로 방문 시기는 7-8월에 집중된 것은 비슷하나 주방문 지역이 고속도로, KTX 등 교통 발달로 부산, 경남 지역 등[10] 원거리 방문이 크게 늘어난 것으로 나타났다. 그리고 해양관광을 위한 이동 거리는 240.7km로 나타났고, 주 교통 수단은 자가

10) 홍장원, 「해양레저 · 관광의 사회경제적 파급효과와 지표개발에 관한 연구」, KMI, 2015.12., pp.58-83

용(63.8%), 버스(13.3%), 비행기(8.9%), 기차(7.7%), 연안여객선(3.6%) 순으로 나타났다.[11]

표 2-13 해양관광 방문 횟수 및 지출 비용

구분	연간 방문 횟수	1인당 지출비용(만원)	해변경관감상/해수욕	비고
2015	4.33회	30만6천원	47%	
2016	4.02회	34만원	43%	

자료: 한국해양수산개발원(KMI), 『동향분석』 Vol.10, 2017.1, p.62

4. 자연현상과 해양레저의 관계

가. 검토해야 할 자연여건

해양레저는 자연여건에 많은 영향을 받는다. 따라서 이에 대한 사전 지식을 가지고 해양레저에 임하는 것이 중요하다. 검토될 수 있는 자연조건으로는 앞에서 언급된 기온 이외에, 수온, 파도, 바람, 수질 등 다양하다. 특히 수온에는 우리나라에 흐르는 해류가 결정적인 영향을 미친다. 해류는 주기적인 해수면 상하운동인 조류, 폭풍 또는 지진에 의한 해일, 부진동, 연안류, 파랑 등 여러 요인의 복합적인 작용의 결과로 일어난다. 특히 해류(Ocean Current, 海流)는 방향과 속도가 정상적인 해수의 유동을 말한다. 지구를 구성하는 바닷물은 기온이 급격히 상승하는 것을 방지하여 태양으로부터 복사열을 흡수하고, 해류에 의해 시 · 공간적으로 멀리 대기로 습기를 방출시키게 된다. 이러한 과정에서 바다가 대기 중의 열과 습기를 조절하여 기후 형태를 결정하고, 바닷가 레저와 레크리에이션의 패턴도 결정한다. 먼저 해류에 대하여 알아본 후 수온에 대하여 알아본다.

먼저 우리나라에 가장 영향을 미치는 해류 중 큰 해류는 세계적으로 유명한 쿠로시오(黑潮)로서 특히 남해에 크게 영향을 미치며, 이것은 대한난류(대마난류)로서 동해에 들어가

11) 홍장원, 상게서, p.50.

수온과 날씨에 영향을 크게 미치고, 서해 등에 들어가 다른 해류와 섞여 간접적인 영향을 미친다.

나. 바다의 수온

수온은 해양의 상황을 좌우할 뿐만 아니라 날씨와 기후의 형성에도 많은 영향을 미치고 있다. 바닷물의 하한 온도는 어는 점 온도인 약 -2°C 인데, 바다에서는 과냉각이 생기는 일은 거의 없으므로 -2°C보다 낮은 수온이 관측되는 일은 거의 없다.

또 상온도 30°C로 한정되어 있다. 전 해양의 평균 표면 수온은 약 17.5°C(북반구 19°C, 남반구 16°C)이다. 우리나라에서 가장 낮은 2월과 가장 높은 8월의 수온 분포는 다음과 같다.

표 2-14 우리나라의 해역별 수온 분포

해역	2월(℃)	8월(℃)	특성	이유
동해	8~13	23~26	3,000m 넘는 분지 발달	표층은 남쪽에 더운물, 북쪽에 찬물, 심해는 층마다 다른 수괴형상
서해	4~8	23~26	계절에 따라 수온 변화 심함	수심이 얕고 육지로 둘러싸여 쉽게 가열·냉각됨.
남해	8~15	25~27	계절에 따라 수온변화가 심하지 않음	남쪽에서 올라오는 난류성 쿠로시오의 영향을 직접 받음

해수욕은 목욕과는 달리 사람의 체온 이하의 수온인 바닷물에 들어가는 일이기 때문에 세심한 준비가 필요하다. 해수욕에 적당한 수온은 어른이 23°C 이상, 어린이의 경우 25°C는 되어야 한다.

수온이 적당하다고 해도 체온과는 10여 도 이상 차이가 있으므로 처음부터 오랫동안 물에 들어가 있는 것은 체온조절에 어려움이 따르게 되므로 좋지 않다. 따라서 처음에는 아주 짧게 3~4분 정도 물에 있다가, 어느 정도 적응이 될 경우 최대 15분 정도 해수욕을 한 뒤 쉬었다가 다시 들어가는 과정을 거치는 것이 좋다.

흔히들 바다의 수온이 24°C가 되는 등치선을 '비키니 전선'이라고 부르면서 이 전선이 도달할 때부터 해수욕을 시작하도록 권장하고 있다.[12] 해수욕의 절정기인 7월 하순부터 8월 초 사이에 우리나라 연안의 평균수온을 살펴보면, 서해안이 섭씨 24~25°C, 남해안이 23~25°C이고, 동해안은 22~23°C로 제일 낮다. 그러므로 특히 동해안에서 해수욕을 할 때는 수온의 변화에 신경을 써야만 건강을 지킬 수 있다.

잠수의 경우에는 통상 수온 10°C 이상에서 하게 되고 수온 24°C 이하의 물속에서는 춥기 때문에 잠수복을 입어야 하는데, 우리나라의 경우에는 사시사철 언제나 잠수복 착용이 필요하다. 또한 육상에서의 기온이 고온이라도 항상 모자를 착용한 후 바다에 입수하는 것이 좋다. 이는 수중에서 머리부분에서 체온 손실이 매우 크기 때문이다.

수온은 윈드서핑이나 요트 등을 할 때도 중요한 요인이 된다. 윈드서핑시 초보자는 자주 물에 빠지며 따라서 체온 유지를 위하여 수온이 어느 정도 높아야 하며 요트를 타는 경우에도 조난시의 체온 유지를 고려한다면 바다 수온이 최소 10°C 이상은 유지되어야 한다.

지구 온난화로 지난 133년간(1880~2012년) 지구 평균기온은 0.85℃ 상승하였고, 지구 평균 해수면은 110년간(1901~2010년) 19cm 상승했으며(IPCC 5차 평가보고서) 우리나라는 지난 100년간 기온이 1.5℃ 상승하였고 이에 따라 해수온도도 최근 40년간 약 1.03℃ 상승한 것으로 나타났다. 지난 100년간 동해의 표층수온은 섭씨 2℃나 상승했고 이에 따라 지난 30년간 연안 해수면도 매년 3.2㎜씩 올라갔다.[13]

이와같이 바다 수온이 크게 오르면서 최근 해파리 떼가 자주 해수욕장 피서객을 공격하는가 하면 서해에 주로 출몰했던 식인상어가 남해안에서 발견되기도 한다. 남해의 유해성 적조는 발생 시기가 해마다 빨라지고 동해에선 명태, 정어리 등 한류(寒流) 어종이 급감하면서 난류성 어종인 오징어가 급증해 왔다. 해양 전문가들은 지구 온난화에 따른 수온 상승으로 바다 생태계가 바뀌면서 생기는 현상으로 보고 있다.

---

12) 대개 수온 20℃ 이상에서 해수욕이 가능한 것으로 보고 있다. 우리나라에서는 이러한 날수가 30~40일 정도이나 최근 온난화 현상으로 개폐장시기가 다소 길어지고 있다.

13) 서울신문, 2008.8.4., 원본: 한국해양과학기술원 홈페이지 인용

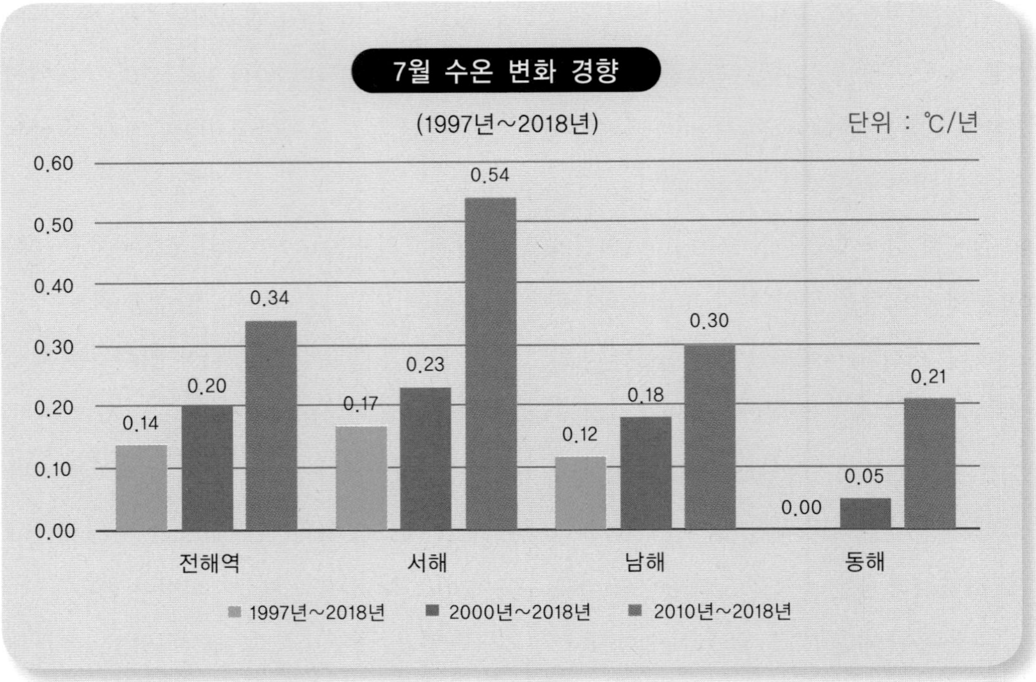

〈그림 2-9〉 우리나라 연근해 표층 수온변화

자료: 기상청

이러한 이상 기온의 출현으로 어업뿐만 아니라 바다낚시 등에서의 어종 변화 등이 예상되고 온난화에 다른 해양레저의 시작 시기도 한층 더 빨라질 수 있다. 윈드서핑, 수상스키, 해수욕 등 각종 해양 관광이 보다 더 빨리 시작되고 레저잠수도 수온 상승으로 전보다 일찍 시즌이 시작되고 있다.

다. 조석간만의 차

바다에서 조석간만의 차이가 일어나는 것은 주로 달의 인력 때문이고 약간은 태양 때문이기도 하나 그 영향은 다소 약하다.[14] 달의 질량은 지구의 약 81.3분의 1밖에 안 되지만 지

14) 태양도 지구에 기조력을 미치며, 그 크기는 태양까지의 거리가 워낙 멀기 때문에 달에 의한 기조력의 약 9분의 4밖에 되지 않는다.

구와 가장 가까운 천체이기 때문에 여러 가지 영향이 나타나는데, 가장 중요한 것이 바다에서 생기는 조석간만의 차이이다.

이러한 조석현상을 일으키는 힘을 기조력이라고 한다. 바닷물은 지표상에서 달의 방향과 같은 방향이나 반대방향으로 몰려 해면이 높아지는 만조(밀물)가 되고, 이에 직각인 방향에서는 간조(썰물)가 되는데 기조력은 지구의 중력에 비하면 극히 작으므로, 해수면이 불어 오르는 정도는 약 80cm밖에 되지 않는다.

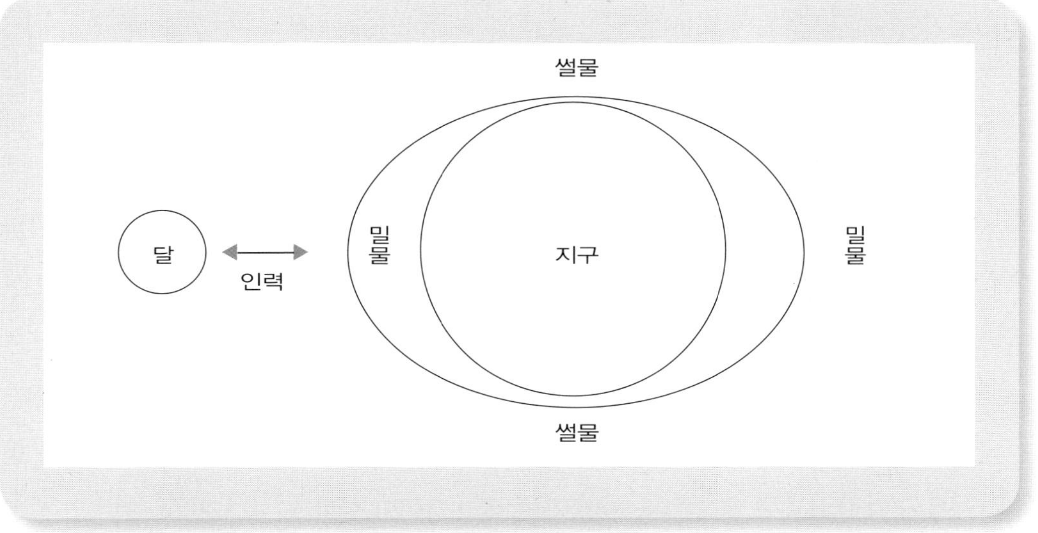

〈그림 2-10〉 지구-달의 위치와 간만조 현상

그런데 얕은 바다일수록 달의 인력에 크게 영향을 받아 바닷물의 수위가 크게 변한다. 우리나라의 서해는 삼면이 바다로 둘러싸여 있고 수심이 얕아 해안선의 드나듦이 복잡하기 때문에 간만의 차가 6m 이상으로 크게 나타난다. 간만의 차는 6시간만큼 번갈아 일어나지만, 대륙, 반도, 섬 등의 분포와 해안선의 모양에 따라서 그 시각과 간만의 차이가 크게 다르게 나타난다.

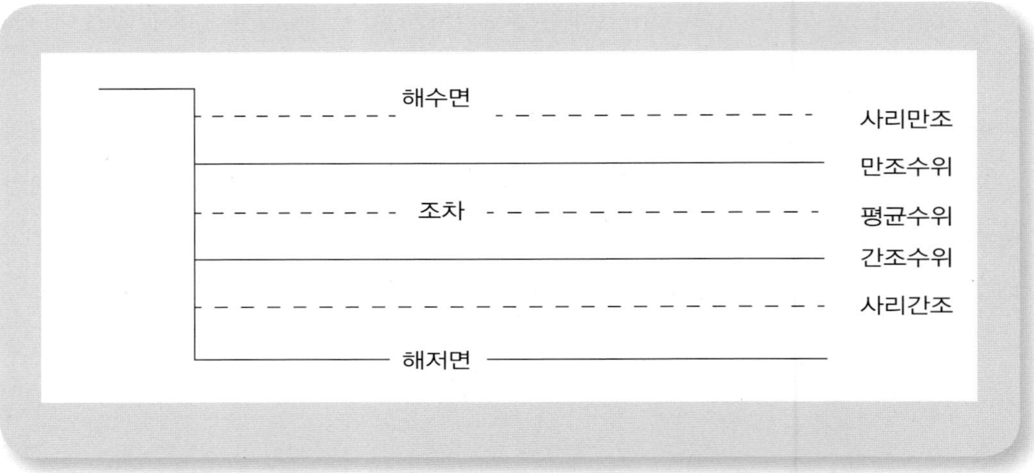

〈그림 2-11〉 간만의 차이

달과 지구와 태양이 일직선이 되는 합삭(초승)이나 망월(보름)의 경우에는 태양과 달의 두 기조력이 합쳐서 간만의 차가 가장 커지는 대조, 즉 사리를 이루게 되고[15], 그 반대인 상현 또는 하현의 경우에는 간만의 차가 가장 작아지는 소조, 즉 조금을 이루게 되는 것이다. 특히 백중사리란 1년 중, 백중 무렵(음력 7월 15일)에 밀물 수위가 가장 높아지는 상태를 말한다.

이러한 간만조의 영향은 6시간 단위로 반복되어(즉 하루에 두 번 만조, 두 번 간조가 발생) 이를 고려한 물때를 계산하여 해양레저를 준비하여야 한다. 즉 조차가 8m 전후인 인천 등 서해안에서 오전 6시쯤에 만조이었다면 12시간 후인 오후 6시쯤에 다시 만조가 생겨 바닷물이 많이 들어와 어항 등 레저항에서의 선박 입출항이 가능해진다. 반면 12시쯤에는 물이 빠지는 간조 시간으로서 갯벌체험이라든지 해변활동이 가능해진다. 간만조 시간의 사이는 물이 들어오거나 나가는 중이므로 이러한 것을 고려하여 시간대를 선정하여 해양레저 활동을 해야 할 것이다.

동해안에서는 조차가 1미터 이하로서 작아 이러한 영향을 거의 받지 않고 남해안에서는 목포 3.1m, 여수 2.5m, 부산 1.2m 등 지역마다 조차가 틀리고 조차도 비교적 커서 상당한 영

15) 태양과 달과 지구의 위치가 일직선상에 있으면서 달과 지구가 가장 가까운 거리에 있을 때 발생되며, 그 시기는 음력 7월 15일(백중) 전후로 3~4일간 평소보다 바닷물의 높이가 높아진다. 백중사리 때는 바닷물의 높이가 높아지면서 제방이 유실되거나, 바닷물이 제방위로 넘쳐흘러 논과 밭에 피해를 주는 경우가 가끔 생긴다. 특히 진도 등에서는 도서와 육지 간에 길이 열려 관광에 활용되고 있다.

향을 받을 수 있으므로 역시 이를 고려하여 레저시간을 선택하여야 한다. 즉 지역마다 물때에 다소 차이가 있으므로 지역 조석예보표(일명 물때표)를 입수하여 이를 사전에 검토하여 관광 활동 시간을 정해야 한다.

또한 음력 월초(초승달)나 보름(만월시) 전후에는 사리 때로서 물살이 빨라 어업활동에 좋으나 뻘물이 일어나 갯바위 바다낚시 등에 안좋다. 반면 상월, 하월 등 반달 시기는 조금 때로서 고기가 잘 안 잡히고 선상낚시 등도 나쁜 영향을 받을 수 있다. 특히, 서남해안에서는 항에서의 레저선박 입출항에도 크게 영향을 줄 수 있다. 해양레저 시기를 잡을 때 이러한 사정을 충분히 고려하여야 할 것이다.

표 2-15 2010년 08월 조석표(충남 ○○지역 조석예보표)

고조 : ▲, 저조 : ▼ 단위(cm)

월령	날짜	h:m(height)	h:m(height)	h:m(height)	h:m(height)	음력
	1	01:43(185)▼	07:43(557)▲	14:05(164)▼	20:18(584)▲	07/8
◐	2	02:24(229)▼	08:18(539)▲	14:44(184)▼	21:11(529)▲	07/9
	3	03:18(274)▼	09:05(499)▲	15:39(205)▼	22:22(518)▲	07/10
	4	04:40(307)▼	10:15(466)▲	16:54(214)▼	23:52(527)▲	07/11
	5	06:25(306)▼	11:49(457)▲	18:17(200)▼		07/12
	6	01:11(561)▲	07:48(272)▼	13:12(477)▲	19:28(163)▼	07/13
	7	02:13(606)▲	08:45(227)▼	14:14(514)▲	20:28(117)▼	07/14
	8	03:03(651)▲	09:34(180)▼	15:06(555)▲	21:20(073)▼	07/15
○	9	03:48(688)▲	10:17(137)▼	15:53(592)▲	22:09(037)▼	07/16
	10	04:30(713)▲	10:58(102)▼	16:37(624)▲	22:54(016)▼	07/17
	11	05:11(723)▲	11:37(075)▼	17:22(647)▲	23:38(015)▼	07/18
	12	05:49(717)▲	12:14(060)▼	18:05(659)▲		07/19
	13	00:21(034)▼	06:27(696)▲	12:51(058)▼	18:50(656)▲	07/20
	14	01:04(073)▼	07:03(660)▲	13:27(071)▼	19:35(642)▲	07/21
	15	01:48(130)▼	07:42(612)▲	14:07(098)▼	20:26(613)▲	07/22
◑	16	02:38(197)▼	08:24(556)▲	14:52(137)▼	21:28(577)▲	07/23
	17	03:41(262)▼	09:21(499)▲	15:54(180)▼	22:51(548)▲	07/24
	18	05:19(302)▼	10:45(455)▲	17:22(206)▼		07/25
	19	00:27(548)▼	07:11(294)▼	12:32(451)▲	18:54(200)▼	07/26
	20	01:52(574)▲	08:24(255)▼	13:53(481)▲	20:04(171)▼	07/27
	21	02:46(604)▲	09:12(215)▼	14:46(519)▲	20:55(138)▼	07/28
	22	03:26(627)▲	09:48(181)▼	15:25(553)▲	21:36(111)▼	07/29
	23	03:59(643)▲	10:19(154)▼	16:00(575)▲	22:10(093)▼	07/30
●	24	04:24(651)▲	10:46(134)▼	16:30(596)▲	22:41(083)▼	07/1
	25	04:50(654)▲	11:11(119)▼	16:59(608)▲	23:10(082)▼	07/2
	26	05:15(651)▲	11:36(108)▼	17:28(614)▲	23:39(092)▼	07/3
	27	05:41(642)▲	11:59(104)▼	17:57(614)▲		07/4
	28	00:09(111)▼	06:06(625)▲	12:23(107)▼	18:27(608)▲	07/5

자료: http://blog.naver.com/macrotin?Redirect=Log&logNo=90006950512, 예시 자료임.

위 표의 2일을 예로 들면 14시 44분에 저조▼(간조)가 184cm이고 이것은 물이 다 빠졌을 때의 시각과 조위를 표시한다. 21시 11분에 고조▲(만조)는 529cm이고 이는 물이 다 들어왔을 때의 시각과 조위를 표시한다. 저조에서 만조 간격은 대략 6시간 10분 정도이다.[16)]

갯벌체험 등은 이 지역에서 (간조시간 ± 2시간)에 가능하므로 대략 12:44 -16:44 사이에 가능하다고 보면 된다. 이때는 고조차가 양력 9일이나 24일 등 사리 때보다 작은 조금 때이다. 즉 이때는 고조차가 3.5m(529~184cm) 이내로 작고 사리 때인 9일에는 5.5m(688~137cm)로 크게 나타난다.

레저보트로 입출항할 때는 이용되는 지역의 특성을 고려하여 간만조에 심하게 영향을 받는 레저항인 경우에는 정확한 물때를 계산하여 움직여야 한다. 특히 간조시 항의 바닥이 드러나 수심이 확보되지 못하는 서해안의 경우에는 이를 특별히 고려하여 입출항 계획을 수립해야 한다.

진도 등 도서와 육지가 연결되는 모세의 기적은 우리나라 10여 곳 이상에서 일어나는데, 이는 사리 때 중에서도 조차가 가장 큰 백중사리 때에 나타난다. 백중사리라는 것은 연중 해수면이 가장 높아지는 것을 말하는데, 달과 태양과 지구의 위치가 일직선상에 있으면서 달과 지구가 가장 가까운 거리에 있을 때 발생되며, 그 시기는 음력 7월 15일(백중) 전후로 3~4일간이다. 해수면이 가장 높아져 연안의 제방을 많이 무너뜨리나 반면 해수면이 가장 낮아져 육지와 도서가 연결되는 현상(일명 모세의 기적)이 일어나는 것이다.

라. 파도

1) 바람의 영향

바람이 해면이나 수면 위에서 불 때 생기는 파도를 '풍랑'이라 하고, 어느 해역에서 발생한 풍랑이 바람이 없는 다른 해역까지 진행하여 감쇠하여 생긴 것을 '너울'이라 한다. 이렇게 만들어진 파도는 모든 방향으로 전파되며 해안을 향해 먼 거리를 전파해 오게 된다. 너

16) 조위의 기준면은 그 항만의 약최저저조면으로 국립해양조사원에서 간행하는 해도의 기본수준면과 일치한다.

울은 풍랑(바람에 의해 생기는 파도)에서 전파되어 온 파도이기 때문에 바람이 없더라도 생길 수 있으며, 바람의 직접적인 영향을 받지 않는다. 파도가 해안에 접근함에 따라 거의 일정한 주기와 긴 파장을 갖는 '너울'로 바뀌게 되며, 해안 가까이에 이르러 수심이 얕아지면 해저면의 영향을 받아 변형되면서 파도가 크게 일어나게 된다. 최근 강원도 연안에서 이러한 너울 현상에 의해 해변지역이 크게 피해를 보기도 하였다.

그러나 해안가에서 바람이 강하게 불고 있다면 연안에도 불규칙한 파도가 나타나며, 이러한 불규칙한 파도의 변형은 매우 복잡하게 나타난다.

2) 조석운동 영향

조류는 하루 두 번 반복되는 조석에 의한 조류와 항상 일정한 방향으로 흐르는 해류가 있다. 이러한 조류에 의한 파도에 휩쓸려 조난을 당하는 수도 많이 있으므로 앞에서 언급한 바와 같이 물때표를 보고 이를 고려하여야 한다.

3) 화산폭발에 의한 쓰나미

해일은 지진이 일어나는 지역에서 많이 나타나는데, 1933년 일본의 산리쿠 쓰나미는 파고가 20m 이상이었으며, 1972년 마유야마산 지진으로 발생한 해일은 1만 4,920명의 사망자와 함께 막대한 재산의 손실을 가져왔다. 1958년 알래스카의 리트야만에서 산사태로 인해 발생한 해일은 높이가 251m에 달했던 것으로 기록되어 있다. 인도네시아의 부디아디푸트로 아체 주에서는 2004년 말 지진에 따른 해일이 발생하여 해변도시와 리조트가 완전히 와해되고 10여 만 명이 사망하는 사건도 있었다. 한국에서 발생하는 해일은 주로 바람에 의한 폭풍해일이지만, 드물게는 지진해일이 나타나기도 한다.

바람이 불 때 바다 표면과 바람 사이에는 마찰이 생겨 물은 밀리게 되는데 이것이 파도이나 앞에서 말한 조류 즉 밀물, 썰물이나 해류와 부딪히면 더욱 큰 마찰로 더욱 높은(큰) 파도가 될 수 있다. 바람이 세게 불면 불수록 마찰과 충돌은 커지므로서 파도는 더욱 커지게 된다.

따라서 바다에 나갈 때는 미리 기상예보를 파악하여 이러한 바람의 세기와 방향을 고려하고 파도에 대한 예보도 고려하여 이에 대한 준비를 하여야 한다.

마리나 등의 설계시에는 일정한 파고를 고려하여 대개 마리나 등 레저항 내의 파도를 평상시에는 30cm 이하, 황천시에는 50cm 이하로 유지하여야 선박을 정박시킬 수 있는 여건이 된다.

서핑의 경우에는 오히려 파도의 발생이 필요한데, 대개 주기적인 파도 발생이 있어야 이를 이용한 서핑이 가능하게 된다.

마. 바람

1) 하루 동안의 육해풍 발생

낮과 밤에 바람의 방향이 거의 반대가 되는데, 낮에는 해상에서 육지를 향하여 해풍이 불고, 밤에는 육지에서 해상을 향하여 육풍이 분다. 맑은 날 일출 후 1~2시간은 거의 무풍(無風)상태가 되었다가 태양의 고도가 높아짐에 따라 해상 쪽에서 바람이 불기 시작하여 오후 1~3시에 가장 강한 바람이 분다. 일몰 후 일시적으로 무풍상태가 되었다가 거꾸로 육상에서 해상을 향하여 바람이 불기 시작하여 이튿날 아침까지 계속된다.

낮에 나타나는 해풍은 일반적으로 육풍보다 강하여 풍속은 보통 5~6m/s가 되나 해안의 지형에 따라서는 7~8m/s까지 부는 경우가 있고 내륙으로 들어감에 따라서 약해진다. 반면에 밤에 나타나는 육풍은 2~3m/s 밖에 되지 않는다. 해풍은 비교적 강하여 해안선에서 내륙 20~50km의 거리까지 불고, 육풍의 범위는 7~10km이다. 고도는 200~700m이나 해안의 지형에 따라 다른 경우가 있고, 열대지방에는 1~2km까지 달하기도 한다.

해륙풍의 원인은 맑은 날은 일사(日射)가 강하여 해면보다 육지 쪽이 고온이 되는데, 이것은 해상보다 육지의 열용량이 작고 해상에는 어느 정도의 깊이까지 열의 전도 및 대류작용(對流作用)이 일어나서 해면이 육지에 비하여 저온이 되기 때문이다. 육상의 기온이 올라가면 육상의 공기는 팽창하여 상층의 등압면(等壓面)은 육상에서 해상을 향하여 기울어진다. 이러한 결과로 상층에는 육상에서 해상 쪽으로 공기의 흐름이 생기고 그 공기는 해상 쪽으로 운반되어 해면상의 기압이 올라가고 육상에는 기압이 내려간다. 따라서 하층에는 기압 차에 의한 기압경도가 생겨 해상에서 육상을 향하여 해풍이 분다. 밤에는 야간복사·냉각작용으로 육지가 해상보다 빨리 냉각되어 육상공기가 해상공기보다 수축되므로, 야간의 기압경도가 낮과 반대방향이 되어, 육상에서 해상을 향하여 육풍이 분다.

장애물이 없는 해상에서는 공기의 유동이 쉽고, 해상과 육상의 기온 차가 대체로 낮에 크기 때문에 해풍은 강해지고 육풍은 지형이나 지면마찰의 영향을 받아 그렇게 강하지 못하다. 낮에 대기상층에는 육지에서 해상을 향하여 공기의 흐름이 있고, 하층에는 해풍이 불어 일종의 순환계(循環系)를 형성한다.

통상적으로 이러한 해풍은 하루의 흐름에 의해 생기나 계절적인 계절풍이 혼합되어 나타나는 경우도 있어 이를 고려하여야 한다. 특히 저녁시간대에는 해풍이 줄거나 없어지거나 하면 요트 등의 운항이 어려울 수 도 있어 요트 운항시 이를 감안하여야 한다.

2) 계절풍

계절풍은 겨울과 여름의 대륙과 해양의 온도차로 인해서 생긴다. 즉 겨울에는 대륙과 대양이 다같이 냉각되나, 비열(比熱)이 작은 대륙의 냉각이 더 커서, 이로 인해 대륙 위의 공기가 극도로 냉각되므로 밀도가 높아지고, 이것이 퇴적하여 큰 고기압이 발생된다.

한편 비교적 온도가 높은 대양 위에서는 오히려 저압부(低壓部)가 발생한다. 이 큰 고기압에서 대양 위의 저압부를 향해 흐르는 한랭한 기류가 겨울의 북서계절풍이다. 이와 반대로 여름에는 대륙과 대양이 모두 따뜻해지나, 대양은 비교적 낮은 온도에서 고기압을 발생시키고, 이것이 중위도 고기압을 강화하여 큰 고기압이 발생한다. 한편 대륙은 온도가 매우 높아지므로 저압부를 발생시킨다. 이 저압부를 향해 대양 위의 고기압이 흘러들어오는 기류가 여름의 남동계절풍이다.

일반적으로 대륙과 대양의 온도차는 겨울에 현저하고 여름에는 비교적 적어, 겨울의 계절풍은 여름의 계절풍에 비하여 훨씬 강하다. 그러나 계절풍이 교체되는 봄, 가을의 일정기간에는 이와 같은 일정한 풍향의 바람은 불지 않을 수 있으니 유의해야 한다.

대륙과 대양 사이에서는 어디든지 계절풍이 불지만 지역에 따라 차이가 크다. 계절풍은 계절 좋은 여름과 겨울에 대륙과 해양의 온도차로 인해서 반년 주기로 풍향이 바뀌는 바람이다. 대륙과 해양 사이에서는 어디서나 불지만 지역에 따른 차이가 크며 극동지역과 인도 지방에서 뚜렷하게 나타난다. 한국에서는 계절풍으로 겨울에 북서풍이 불고 여름에는 남동풍이 두드러지게 나타난다.

이러한 바람 차이를 이용하는 해양레저는 요트로서, 하루간의 변화와 계절적인 요인을 고려한 풍향과 풍속의 파악이 항행에 절대적으로 중요한 요소이다. 또한 요트가 정박하는 마리나 등의 시설에서도 이러한 요인을 고려한 설계가 이루어져야 한다. 마리나의 입구나 방파제의 높이는 이러한 바람의 방향과 바람에 의한 파도 등의 높이를 고려하여 설계하는 것이 바람직하다. 윈드서핑 등도 이러한 적당한 바람이 불어야 움직임이 가능하므로 적당한 수온, 바람이 윈드서핑의 필수요건이라고 볼 수 있다.

우리나라에서는 봄, 가을 등 계절풍의 방향이 바뀌는 시기에 일정기간 무풍기간이 있으며 하루 중에도 해풍, 육풍이 바뀌는 시간대에 무풍시간대가 있어 이러한 때에는 요트나 윈드서핑과 같이 돛을 이용하는 레저는 어려울 수 있으므로 이에 유의해야 한다.

바. 수질

해양레저는 인체의 건강에 유해하지 않은 해역에서 하여야 한다. 해양의 유해성을 나타내는 지표로는 대표적으로 해수의 수질이 있다. 〈표 2-16〉은 지금은 적용하지 않지만 과거에 정부가 설정 · 고시한 해수욕장 수질 조사 항목 평가 기준으로서 참고할만하다.

표 2-16 과거 해수욕장 수질기준을 위한 조사항목별 점수표

점 수	조사항목			
	부유물질량 (mg/l)(서해안)	화학적 산소요구량 (mg/l)	암모니아질소 (mg/l)	총인 (mg/l)
1	10 이하(20이하)	1 이하	0.15 이하	0.03 이하
2	20 이하(30 이하)	2 이하	0.3 이하	0.05 이하
3	30 이하(40이하)	4 이하	0.5 이하	0.09 이하
4	30 초과(40초과)	4 초과	0.5 초과	0.09 초과

자료: 해수욕장수질기준운용지침(국토해양부 훈령 제402호, 2009 8 4), 판정 기준: 4–8 적합, 9–12 관리요망, 13–16 부적합 등(단, 조사기간 중에 조사된 대장균군수 평균이 1000MPN/100ml 이상인 경우는 산술 평균된 점수와 상관없이 해수욕장의 수질로서 부적합한 것으로 한다)

현재 광역시도 보건환경연구원은 해수욕장 개장 2개월 이전과 개장 기간 중에 별도의 기준(제4장 참고)으로 평가하여 관리 요망 이상의 등급만 개장하게 된다. 따라서 해수욕이나 레저잠수, 요트, 윈드서핑 등을 즐기는 해역에서는 최소한 이 정도의 수질을 만족하여야 마음 놓고 레저를 즐길 수 있다. 특히 최근에는 해수욕장에 유해성 해파리 등이 등장하여 피부병을 유발하거나 독소 감염을 시켜 레저객들에게 상당한 피해를 주고 있어 주의해야 한다.

해양수질 기준은 아니나 바닷물의 흐린 정도와 시야를 나타내는 투명도(탁도, 부유물질 수준)도 중요한 지표가 된다. 특히 레저잠수의 경우에는 바닷물이 흐려 시야가 확보되지 못하면 잠수를 즐기기 어렵다. 최근 우리나라 연안 바다의 시야가 점차 흐려지고 있어 레저잠수를 즐기기에 어려움이 가중되고 있다. 해역별로 보면 동해에서는 투명도가 다소 높아 문제가 없으며 남해안은 가까운 바다는 투명도가 떨어져 주로 먼 바다에서 레저잠수를 즐기기에 적당하다. 서해연안의 경우에는 조차가 큰 관계로 바닷물의 유동으로 인해 부유물질이 일어나 탁도를 높여 레저잠수를 즐기기가 쉽지 않다.

적조란 플랑크톤이 번식하기에 알맞은 환경을 만나 대량 번식한 결과, 산소결핍으로 죽으면서 나타나는 현상으로서 이들이 가지고 있는 다양한 색소로 인하여 해수의 색깔이 변화하는 것을 말한다. 흔히 해수의 색깔이 붉게, 혹은 녹색, 갈색으로 변하게 될 때 우리는 이런 현상을 각각 적조(赤潮), 녹조(綠潮), 갈조(褐潮)라 부르며, 통칭 적조라 부르고 있다. 통상 수온이 올라가는 여름철에 많이 일어나는 현상으로서 유독성 플랑크톤의 번식에 의한 것이 많다. 따라서 이러한 수역은 여러 가지 환경적으로 오염된 해역이므로 해양레저시 가급적 피하도록 한다.

적조가 발행하게 되는 요건으로는 첫째, 지형적으로 내만성이고 외양과의 해수교환이 적은 폐쇄성 해역이고, 둘째 물리적 측면에서 볼 때, 적조생물의 생활수온인 15~20℃가 유지될 수 있는 여름철이다. 셋째, 육지로부터 강우 등에 의하여 적조생물의 성장과 번식에 필요한 생활하수나 비료성분인 질산염, 인산염 등 영양염류가 유입되어 바닷물 속에 풍부하게 녹아 있어야 한다.

이러한 적조 현상으로 인해 물속의 산소가 고갈되어 물고기가 집단 폐사하기도 하며 유독성 플랑크톤까지 번식하여 이것을 먹은 물고기가 사람에게까지 피해를 입힐 수 있다. 특히 이러한 해역에서는 유독성 플랑크톤이 증식하는 상황이므로 해양레저를 즐길 경우 상당한 피해를 입을 수 있어 주의가 요구된다.

사. 종합적인 자연여건 평가

각종 자연 여건이 해양레포츠에 미치는 영향을 살펴보면 다음과 같다.

표 2-17 해양 레포츠와 자연 여건과의 관계

구분		해수욕	레저잠수	요트	윈드서핑	서핑	모터보트	바다낚시
파도		○		○	○	○	○	
바람				○	○			
기온	어느정도 영향		○	○	○	○		
	크게 영향	○						
수온	어느정도 영향			○	○	○		○(아열대이남)
	크게 영향	○	○					○(온대이북)
안개				○	○	○	○	
천기 (맑고 흐리고 비)		○						

* ○; 영향 있음.

파도의 크기가 클수록 서핑을 즐기기에 좋고 반면에 해수욕, 모터보트, 요트, 윈드서핑 등은 운항에 장애를 받는다. 바람이 어느 정도 불어야 요트나 윈드서핑은 타기에 좋다. 그러나 너무 바람이 심하게 불거나 바람이 없으면 탈 수 없는 경우도 발생한다. 기온은 올라갈수록 대부분의 해양관광 활동을 활성화시키나 특히 해수욕은 비키니 전선라고 하는 24°C 이상의 일정 기온에서 할 수 있고 수온도 따뜻해야 하므로 기온, 수온과의 연관성이 가장 크다.

레저잠수는 스노클링의 경우 해수욕과 유사하지만 스킨스쿠버는 수트(Suit)를 착용하므로 이보다 수온이 다소 낮아져도 활동이 가능하나 수온 저하시 체온의 유실 등이 커서 역시 수온이 높은 것이 크게 선호된다. 해상레포츠나 바다낚시 등의 활동도 수온 저하시 활동이 줄어들어 수온에 어느 정도 영향을 받는 편이다. 선박이나 기구를 이용한 해상레포츠는 안개가 끼면 활동상에 큰 장애가 예상되며 천기가 나쁘면 모든 활동이 줄어드나 특히 해수욕에의 영향이 상당히 크다. 바다낚시는 열대, 아열대 등 수온 변화가 적은 곳은 비교적 영향이 적으나 특히 온대 이북 지방은 수온 변화에 따른 어장 변화, 어종 변화 등 영향을 크게 받는다.

기후대와 관련하여 보면 열대에서는 수온 등이 적당하여 거의 모든 해양레저 활동이 가능하나 기후대가 고위도로 올라 갈수록 가능한 해양레저의 종류는 상당히 줄어들게 된다. 마찬가지로 활동가능한 시간이나 일수도 열대에서는 거의 연중 해양레저 활동이 가능하나 고위도로 갈수록 가능한 시간대는 크게 줄게 된다. 결론적으로 보면 고위도지방으로 갈수록 가능한 해양레저의 종류와 시간은 크게 줄게 되고 저위도 지방으로 갈수록 그 종류와 시간은 늘어나게 된다.

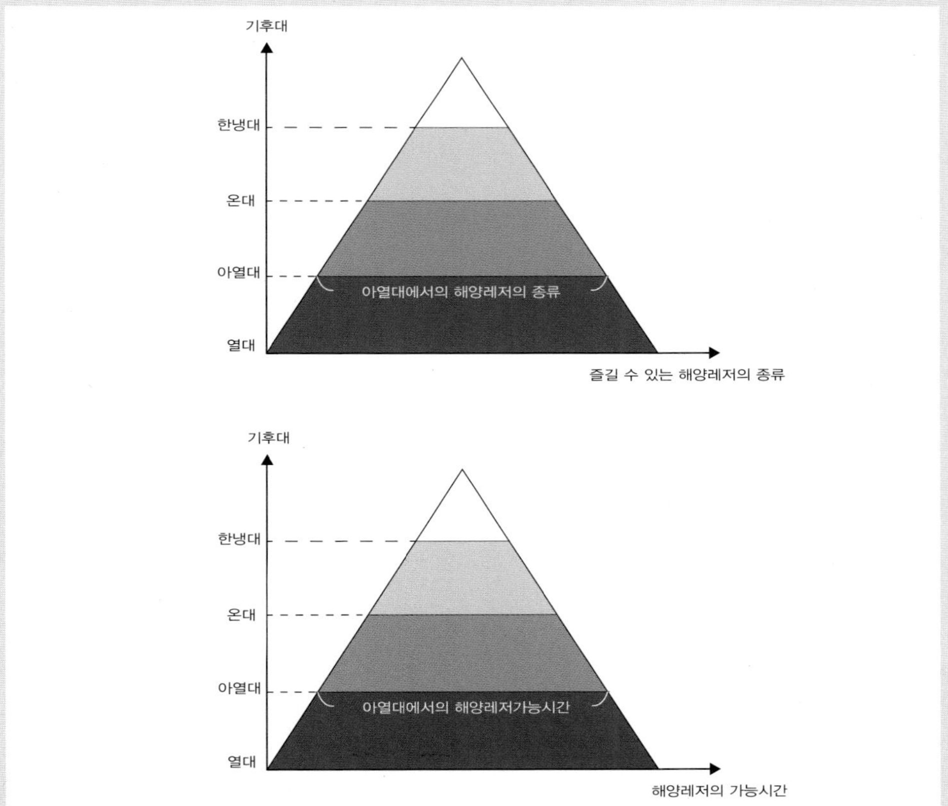

〈그림 2-12〉 기후대와 해양레저의 종류 및 시간

제3장

해양스포츠형 관광활동

이하에서는 해양관광 분류에 따라 해양관광 활동을 해양의존형, 해양연관형으로 나누어 체계적으로 살펴보고자 한다. 먼저 본장에서는 해양의존형 중 선박이나 기구를 이용한 해양스포츠형 관광 활동과 해중레저 활동에 대하여 알아보고자 한다.

1. 선박기구이용 해양스포츠 관광활동

가. 분류

해양레저시 사용되는 장비 중 가장 중요한 것은 해양레저스포츠용(이하 해양레포츠)[1] 선박이다. 이에 따라 먼저 레포츠용 선박에 대하여 알아보고 관련 활동 현황을 살펴보고자 한다. 먼저 동력 장착 여부에 따라 이들 해양레포츠 선박을 나누면 〈표 3-1〉과 같다.

표 3-1 해양레포츠 장비의 분류

구분	유형
동력 해양스포츠 기구	모터보트, 수상오토바이, 고무보트, 호버크래프트, 스쿠터
무동력 해양스포츠 기구	세일딩기요트, 조정, 카약, 카누, 수상자전거, 윈드서핑, 노보트
피견인 해양스포츠 기구	수상스키, 워터슬레이드, 패러세일링

자료: 반석호, '해양레저 장비 기술개발 현황', 「해양레저장비기술연구회 정기세미나 프로시딩」, 부산, 2003.12.8.

이를 다시 해양레포츠시 이용되는 선박의 형태별로 나누면 크게 다음과 같이 분류된다.

표 3-2 해양레포츠시 이용되는 선박의 형태

<table>
<tr><th colspan="3">레저 선박의 종류</th><th>특징</th></tr>
<tr><td rowspan="5">레저보트
(Leisure Boat)</td><td rowspan="2">모터보트
(Motor Boat)</td><td>런어바우트
(Run-about Boat)</td><td>선실없는 대표적인 소형 고속정으로 경기용, 해양레저, 어업활동 등 다용도 목적으로 이용</td></tr>
<tr><td>크루저급
(Cruiser)</td><td>런어바우트보다 대형으로 브리지와 선실을 갖추고 있으며 크루징과 낚시 등의 목적으로 이용</td></tr>
<tr><td rowspan="2">요트
(Yacht)</td><td>딩기
(Dinghy)</td><td>전장 3~6m, 1개 마스트와 1~2개의 세일로 구성되는 소형 요트로 올림픽 경기 등에서 이용</td></tr>
<tr><td>크루저요트
(Cruiser)</td><td>어메리카스 컵(America's Cup) 등의 경기에서 사용되는 요트와 거주설비 등을 갖추고 대양항해 등에 사용되는 중대형 요트</td></tr>
<tr><td colspan="2">수상오토바이(PWC)</td><td>승선자의 적절한 신체 밸런스 조정 및 핸들조작으로 작동되는 오토바이형 선박</td></tr>
</table>

자료: 상게서.

1) 해양에서 선박이나 기구를 이용한 경우 레저용과 경기에 쓰이는 스포츠형 등이 혼재되어 있어 이를 결합한 '레포츠'란 용어를 쓴 것이다.

표 3-3 엔진 설치 위치에 따른 선박 분류

레저 선박의 종류	특징	모습(구조)
선외기 (Outboard) 선박	엔진을 선미의 선외에 설치한 선박으로 소형 Motor Boat에 많음	
선내기선 (Inboard 선박)	엔진이 선박의 거의 중앙에 설치되어 있으며 프로펠러 샤프트가 선저를 관통하여 연결되어 프로펠러를 회전시키는 선박으로 대형 선박에 많이 이용됨. 큰 어선과 대형선박	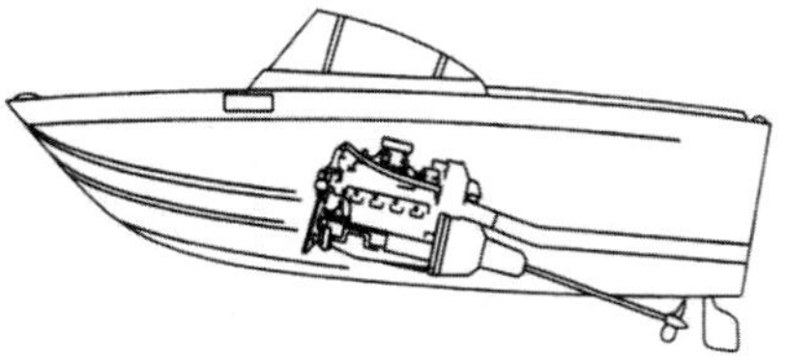
선내외기선 (Inboard-Outboard 선박 혹은 Stern drive 선박)	엔진을 선미의 선내에 설치하고 프로펠러를 포함한 드라이브 유닛트가 선외에 설치된 선박	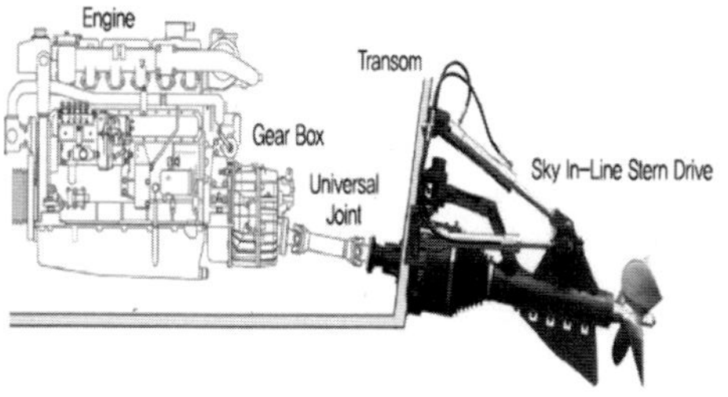

자료: 상게서.

나. 선박이용 해양레포츠

1) 종류별 현황

가) 모터보트

모터보트(Motor Boat)란 모터를 주기관으로 사용하여 추진하는 소형 선박을 말한다. 주로 큰 호수나 바다에서 수상레저용으로 흔히 볼 수 있으며, 해상에서 쾌속 질주의 경험을 즐길 수 있고, 낚시, 윈드서핑, 스킨스쿠버, 수상스키 등의 다른 레포츠를 함께 즐길 수 있는 장점이 있다.

모터보트는 [그림 3-1]과 같이 내부 거주시설의 유무에 따라 선실이 없는 개방형인 런어바우트 보트(Run-About Boat)와 선실이 있는 크루저급 보트(Cruiser Boat)로 나눌 수 있다. 런어바우트 보트는 바다낚시, 경주용 등이나 제트스키 견인용 등으로 많이 쓰인다. 크루저급 보트는 침실, 응접실, 주방, 화장실, TV, 에어컨 등을 갖추고 있어 바다 위에서 숙식하며 낚시와 수상스키, 연안 크루즈 등을 즐길 수 있는 보트이다.

〈그림 3-1〉 모터보트(좌: 런어바우트형, 우: 크루저형)

모터보트는 1885년 독일의 다이뮬러가 자신이 직접 설계한 고속 엔진을 보트에 장착하면서 발명되었으며, 이후 엔진과 선체가 개량되면서 1903년 아일랜드에서 '해임즈 워스배', 1904년 허드슨 강에서 '아메리카 모터보트협회 선수권대회'가 개최되면서 본격적으로 활성화되었다. 오늘날 미국이나 유럽에서는 주말이나 여가시간에 가까운 강이나 바다에서 요트, 모터보트로 즐기는 것이 보편화되어있다. 이와같은 수상레저기구 운전을 위해서 모터보트는 동력수상레저기구조종면허 중 조종면허 1, 2급을 따서 즐길 수 있고, 요트는 요트조종면허를 취득하여야 즐길 수 있다.

모터보트 등에 사용되는 모터(motor)의 경우 선박내부에 장착된 선내기도 있고 상당수는 고무보트 및 소형 해양레포츠용 보트의 선미측에 부착하여(선외기 형태) 사용할 수 있기 때문에 그 용도가 매우 다양하다. 그러나 현재 선외기형 모터는 전량 수입에 의존하여 사용되고 있다.[2)]

2) 국내에서 사용되고 있는 고무보트 및 소형 모터보트의 선외기 엔진은 에빈루드, 존슨, 머큐리, 야마하, 스즈키, 다이하츠 등 전량 외국산 제품이 사용되고 있다. 가격은 3.3마력(Hp), 배기량 78cc(약 118만 원)에서부터 40마력(Hp), 배기량 737cc(약 570만 원)까지 다양하다.

고무보트(Inflatable Boat)의 경우는 모선(母船)에 관련된 자선(子船)용으로 대형보트가 뭍에서 떨어져 있고 뭍에 접안이 불가능할 시에 뭍과 본선을 오가는 데 이용가능 할뿐만 아니라 강이나 하천 등지에서 해양스포츠 활동용으로 많이 사용된다. 또한 급류타기용과 레저잠수 포인트 수송용, 인명 구조용 등으로 널리 사용되고 있다.

〈그림 3-2〉 각종 고무보트

나) 수상오토바이(Personal Water Craft)[3]

수상오토바이(PWC, Personal Water Craft)는 워터제트 추진을 이용한 오토바이 타입의 소형 모터보트를 말하며 1960년경에 고안[4]되어 구미 각국에서 널리 보급되고 있다. 수상오토바이(PWC)는 제트 펌프로 흡입된 물을 분사 추진하는 원리로 수면을 활주하는 오토바이 타입의 소형 제트 모터보트이다.[5]

이 밖의 미국 크래프트(Craft) 사의 웨트 제트(Wet Jet), 캐나다 봄바디에(Bombardier) 사의 시두(Sea Doo), 미국의 제트 비트(Jet Bit) 사의 폴라리스(Polaris) 같은 유명한 제품들이

3) 이상춘 외, 「해양관광의 이해」, 2004, p.108.

4) 세계 최초의 수상오토바이를 개발한 것은 1968년 캐나다 봄바디에 그룹(Bombardier. Corp. Ltd.)이고 그의 상표명은 시두(Sea Doo)이다. 이 제품에 32마력의 로텍스 엔진(Rotex Engine)을 장착하여 시장에 선을 보였는데 별로 호응을 얻지 못했고, 마케팅에 실패하였다고 한다.

5) 수상오토바이를 일반적으로 제트스키(Jet Ski)라고도 부르는데 이것은 일본 카와사키(Kawasaki)의 상품명으로서 올바른 용어가 아니다.

생산되고 있다. 수상오토바이에는 서서 타는(Stand up) 타입과 앉아서 타는(Sit down) 타입의 두 가지가 있다.

〈그림 3-3〉 수상오토바이

다) 수상스키(Water Ski)[6]

수상스키(Water Ski)는 하천 · 강 · 호수 등에서 모터보트의 뒷면에 물 위에서 탈 수 있는 스키를 부착하여 모터보트의 이동에 따라 물 위를 달리는 스키 형태이다. 처음에 외발(One Design Ski)이었던 수상스키는 미국의 18세 소년인 랄프 사무엘슨(R. Samuelson)에 의하여 창안되었다. 모험심이 많던 그는 수상스키의 기술을 여러 가지 형태로 발전시켰으며, 점프대를 설치하여 점프를 시도하였고, 마침내 모터보트가 쾌속으로 끌어주는 스키로 발전하게 되었다.

초기에는 아쿠아플레인(Aquaplane)이라는 장방형의 판자를 타고 낮은 속도로 끌어주는 비행정에 이끌려 타다가 쾌속정의 모터보트와 길고 폭이 좁은 스키 및 핸들, 로프가 출시되고 수상스키 경기가 개최되면서 급속한 발전을 하게 되었다.

6) 정석중 외, 「해양관광론」, 2004. p.425..

〈그림 3-4〉 수상스키 타는 전경

수상스키대회가 처음 개최된 곳은 1920년경 프랑스이다. 그러나 정식으로 수상스키대회가 개최되기 시작한 것은 제2차 세계대전 이후이다. 제2차 세계대전까지 수상스키 타는 방법과 기술 그리고 경기규칙들이 시행착오를 겪으면서 서서히 발전되어 오다가 제2차 세계대전 후인 1946년에야 비로소 유럽의 여러 국가를 중심으로 세계수상스키연맹이 창설되었다.

라) 패러세일링(para sailing)[7)]

패러세일링이란 특별히 제작된 낙하산을 휴대한 사람을 자동차나 모터보트에 긴 줄로 연결하여 끌고 가면서 낙하산에 공기압이 생기면 떠오르는 원리를 이용하여 공중 비행을 즐

〈그림 3-5〉 패러세일링 장면

7) 이상춘 외, 「해양관광의 이해」, 2004. p.425..

길 수 있도록 고안된 레포츠이다. 1960년대 중반 무렵, 미국의 나사(NASA) 연구소에서 원형인 패러포일이 발명되었는데, 초기에는 군사적 목적의 고공침투용으로 개발되었다가 1980년대 초기 대중화되기 시작하였다. 우리나라에서는 1985년 충남 태안군 몽금포 해수욕장에서 해양레저클럽 '셀파'가 패러세일의 첫선을 보인 것으로 전해지고 있고 현재 제주도 중문, 협재 등 몇 곳에서 이루어지고 있다.

마) 요트

17세기 네덜란드에서 시작된 범선형 레저형 소형 선박 '야크'에서 시작되었다. 19세기 이전에는 돛 단 범선이 상업용 선박이었지만, 증기선이 출현한 이후 더 이상 상업용으로는 쓰이지 않고 크기에 상관없이 요트라 불리며 레저용으로만 쓰이게 되었다. 세일요트는 선체(hull), 킬(keel, 혹은 센터보드[8]), 러더(rudder, 방향 키), 마스트(mast, 돛대), 세일(sail, 돛)을 갖추고 있으며, 이외에 선실, 화장실, 주방 등 구비하고 있다. 특히 세일요트에는 모터요트와 비교 시 세일(sail, 돛)로 항해를 하면서 옆에서 부는 바람과 파도에 대하여 배의 하단에 있는 킬(keel, 혹은 센터보드)로 선박의 균형을 유지에 편리해 복원력이 높아 전복 위험을 크게 줄여 안정감있게 운항할 수 있는 것이 특징이다. 길이 9m 이하의 소형 동력선은 '모터보트'로 불리고 그 이상의 모터 달린 고급 레저용 선박은 '모터요트'로 불린다.

표 3-4 요트의 분류

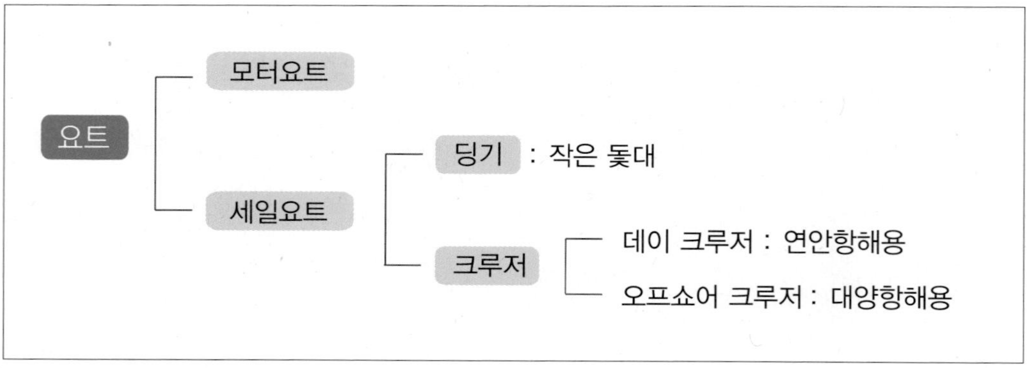

자료: http://www.myseatory.com/home/crui.htm, 2003.

8) 세일요트가 작은 경우에는 배의 밑에 센터보드(center board), 규모가 큰 크루저급 요트의 경우에는 선저에 킬(keel)이라는 것이 달려 있어 배의 균형을 잡아줘 복원력을 이루게 해준다..

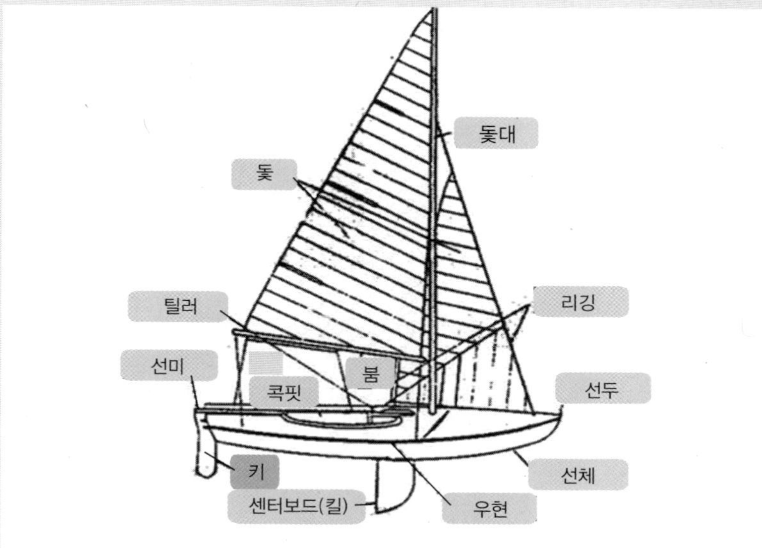

〈그림 3-6〉 세일요트 각 부의 명칭

표 3-5 세일 요트(Sail Yaoht)의 구분

구분	길이	승선인	시설편의	엔진	용도	비고
Dinghy	8~20ft	1~3명	경기 필수품	없음	주로 경기용	
Day Cruiser	20~30ft	3~6명	간이 취사 · 주거	선외기	연안항해	
Offshore Cruiser	30ft 이상	6명 이상	주거시설 완비	고정엔진	장거리항해	

자료: 상게서.

앞의 〈표 3-4〉에서 보는 바와 같이 요트는 크게 돛으로 움직이는 세일(Sail)요트와 엔진의 힘으로 추진하는 모터요트로 나뉘며, 세일요트는 크게 크루저(Cruise)요트와 딩기(Dingy)요트로 나뉜다. 전자는 다시 연안크루저(Day Cruiser)와 대양크루저(Offshore Cruise)로 나뉜다.

소형인 딩기요트는 1, 2, 3인승 등 소형이 주종을 이루며 경기용으로 많이 쓰이고 딩기요트는 선실이 없는 요트로서 바람을 받는 돛을 통해 옆으로 흐르는 힘에 대한 선체의 저항력을 전진력으로 바꾸어 주는 원리로 진행하고 승무원의 체중에 의해 균형을 잡는다. 육지로부터 그리 멀지 않은 연안 해역에서 많이 이용된다.

〈그림 3-7〉 요트(좌: 딩기요트, 우: 크루저요트).

크루저는 선실이 있는 중대형 요트로서 장거리 크루즈에 적합하고 선내에 간단한 침대 및 취사시설이 있으며 주로 연안이나 외양에서 돛을 올려 항해한다.

모터보트나 요트 등의 유람용 보트는 대개 총톤수 20톤 미만인 것이며 앞에서 언급한 대로 운항을 위해서는 수상레저법에 의해 조종면허를 따야 한다.[9] 요트의 일반적인 특성은 다음과 같다.

① 안전성/복원성

딩기요트와 이보다 더 큰 세일요트의 경우 복원 능력이 서로 다르다. 딩기요트는 자주 전복되고, 전복(Capsize) 되었을 때의 조치법을 먼저 배워야 한다. 이는 배 밑에 균형을 잡는 센터보트(킬) 없어 바람에 따라 적절한 조치를 하지 않으면 쉽게 전복되기 때문이다. 센터보드나 킬(Keel)이 있는 요트는 자체 문제만 없다면 전복사고는 거의 일어나지 않는다. 특히 크루저 요트의 킬 무게는 대략 배의 자체 무게와 같기 때문에 다른 문제가 없다면 황천 항해에서도 오뚝이처럼 복원된다.

---

9) 20톤 이상의 선박은 선박법에 의해 선박 운항면허를 취득해야 한다.

② 바람과 엔진

크루저요트가 장거리 항해가 가능한 것은 바람의 힘이다. 대양 항해라도 전적으로 바람의 힘에 의해서 이루어지고 엔진은 단지 배터리 충전, 입출항 및 비상용으로 필수적으로 갖추고 있다. 마력 수는 배의 형태에 따라 가감이 있으나 대략 배의 길이(피트) 수와 같으면 충분하다. 바람으로 장거리 항해시 하루(24시간) 평균 항해거리는 100마일(182km)로 계산되고, 속도는 보통 상태에서 5노트(9km) 정도이다.

③ 주거성

일반적인 크루저 요트는 주거시설이 완비되어 있어 중간 보급 없이 장거리 항해도 가능하다. 여기서 개인적 경제능력과 인원, 목적에 따라 배의 크기가 결정되나 단독 항해는 30~35피트, 가족용이라면 35~50피트 크기이면 되고 통신, 기관, 해도, 주방, 거실, 침대, 화장실, 창고 등이 완비되어 있다. 그러나 항해목적이나 배의 형태에 따라 가끔 배의 크기가 무시되기도 한다.

〈그림 3-8〉 모터요트

주: Coral Island호, 80m, 1,870마력, 사우디 부호의 개인 요트.

2) 이용 여건

지금까지 각종 요트대회는 선수들 위주로 참여가 이루어져 일반인들의 많은 참여는 이루어지지 못하였다. 소득이 늘어나면서 요트에 대한 관심과 수요가 커지고 있지만 우리나라의 요트 인구가 늘어나는 데는 제약 요인이 많다. 그 동안 수입되는 요트에 관세 및 특별소비세가 부과되어 요트가격이 높게 형성되었으나, 2004년에 요트를 포함한 해양레포츠 장비의 특별소비세는 일부 폐지되었다. 또한 요트 활동을 일부 부유층의 과소비 행위로 보는 사회의 부정적인 인식도 있어 보급에 어려움이 있었다.

요트를 즐기기 위해서는 〈표 3-6〉과 같이 풍속, 수심, 수온 등의 일정한 조건이 요구된다.

- 풍속 : 요트 중에는 순수하게 바람에 의해 움직이는 세일링 요트가 높은 비중을 차지하기 때문에 요트장 개발에는 5~10m/초 정도의 풍속이 요구된다. 단, 우리나라에는 무풍기간이 있어서 요트 활동에 장애가 되고 있다.
- 수심 : 큰 요트의 경우 구조상 선저에 킬이 있어 대형 요트의 해면 정박을 위해서는 7m 이상의 수심이 요구되기도 하나 우리나라의 경우 일본처럼 소형 요트 위주로 구성되어 대개 수심 2~3m 이상이면 가능하다.
- 수온 : 요트의 전복사고 시 구조에 걸리는 시간을 고려할 때 요트 승객의 안전을 위해서는 25℃ 정도의 수온을 유지하는 것이 좋으나 일반 운항은 대개 15℃ 이상이면 가능하다.

표 3-6 요트 활동에 적합한 자연여건

구분	최 적	한 도
풍 속	소형 5m/초, 대형 10m/초	소형 15m/초, 대형 25m/초 이하
정박장 수심	7m 이상	소형요트일 경우 3m 이상
수 온	25℃ 이상	15℃ 이상
간만의 차	적을수록 유리	1.5m 이하

자료: 해양수산부, 「해양관광 진흥을 위한 종합계획 수립연구」, 2000.4..

우리나라에서는 요트장 개발 여건에 해역별로 다음과 같이 차이가 있다.

- 서해안은 간만의 차가 커서 요트장을 개발하기에 적합하지 않고 동해안은 개방성 해역이 많아 파도 등이 심해 요트장을 개발할 수 있는 공간이 매우 한정되어 있다. 이들 지역은 기존에 개발된 어항 등의 개조 · 이용이 적절해 보인다.
- 다도해 지형으로 이루어진 남해안은 지형적 조건이나 기후로 보아 요트를 즐기기 위한

최적의 자연조건을 가지고 있다. 그러나 이 지역에는 수산 양식업이 발달하고 수심이 얕거나 조차가 큰 지역이 많아 요트장 개발과 요트 타기에 제약요인이 되고 있다.

이러한 선박을 이용한 레저를 즐길 경우 기상등 다양한 해양의 상태(이를 줄여서 海象이라고 함)를 고려하여야 하고 또한 해상이 항시 변하기 때문에 안전에 상당히 유의하여야 한다. 선박을 이용한 해양레포츠를 즐길 경우에 필요한 유의 사항은 다음과 같다.

선박 안전을 위한 기본 10원칙

- 기상이 좋지 않을 때는 레이더를 활용하여 주변해상의 상황을 파악할 것.
- 선박교통이 복잡한 해역에서는 될 수 있는 대로 다른 선박을 추월하지 말 것.
- 해상충돌예방규칙, 안전항법 등을 준수하고 라디오, 무전기를 청취하여 지시사항을 준수할 것.
- 어로 중인 선박이나 해상공사, 작업선 등에 접근하여 항행하지 말 것.
- 시계불량시에는 적절한 신호를 하고 저속항행 또는 시계가 회복될 때까지 항행을 미룰 것.
- 최신의 기상, 해상정보를 입수하고 기상 악화가 우려되면 일찍 피항 또는 피박(정박지로 피항)할 것.
- 조석, 파랑 등에 주의하여 강한 조류 시에는 항행을 피할 것.
- 처음으로 항행하는 해역에서는 안내인을 승선하여 항행할 것.
- 수로정보, 항행경보를 입수하고 최신의 해도를 활용하여 항행할 것.
- 충돌, 좌초, 표류 등 해양사고 발생시에는 즉시 조난통신을 발신하여 구조기관에 구조를 요청할 것.

3) 이용 현황

모터보트나 요트 등의 레포츠 선박을 이용하려면 5마력급 이상은 〈표 3-7〉과 같이 수상레저안전법에 따라 선박조종 면허를 획득하여야 한다.

표 3-7 레저 선박 조종 면허 종류

면허 종류	대상자	필기 시험과목	실기시험
일반조종면허 1급	조종면허 시험대행기관 및 지도자, 수상레저사업자 또는 종사자	수상레저안전(20%), 운항 및 운용(20%), 기관(10%), 법규(50%)	코스시험 (조종능력 평가)
일반조종면허 2급	수상레저사업 종사자, 5마력 이상의 동력수상레저기구 조종자		
요트조종면허	요트조종면허 시험대행기관 및 시험관, 기타 요트를 조종하고자 하는 자	요트활동개요(10%), 요트(20%), 항해 및 범주(20%), 법규(50%)	코스시험 (조종능력 평가)

자료: 상게서.

실제로 이러한 법률에 의거하여 레저선박 조종면허를 획득한 인원은 매년 1만~1만5천명 씩 늘어 총 2017년 말까지 약20만명으로 나타나고 있으나 일본의 270만 명에 비하면 아직 초기단계라고 할 수 있다. 레저 선박도 매년 2천척 이상씩 늘어나고 있다.

표 3-8 해양레저 관련통계

구분	2011	2012	2013	2014	2015	2017
레저보트 등록 척 수(척)	6,500	8,095	10,257	12,985	15,172	24,971
조종 면허 취득자 수(명)	111,931	126,164	140,137	153,559	168,618	206,725

자료: 해양수산부 내부 자료 및 한경비즈니스, 2018.8.28.

수상레저 활동인구(내수면 포함)는 2012년에 수상레저 사업장에서 477만 명의 연인원이 참여하였고, 개인이 30만 명 등 총 392만 명(해양 30만, 내수면 298만)이 참여한 것으로 집계되고 있다.[10)]

실제로 수상레저기구[11)]는 수상레저업체가 보유하거나 개인이 보유하고 있다. 수상레저업체는 1999년에 제정된 수상레저안전법에 의거하여 등록하도록 되어 있어 레저 장비의 숫자가 파악되고 있으나 기존 법에 개인 소지 선박은 신고나 등록이 필요하지 않아 파악이 어려웠다. 개인의 경우는 개정된 수상레저안전법에 의해 2006년부터 등록제도가 생겨 보험이나 재산권 행사, 안전성 확보 등 여러 가지 문제가 해결될 수 있게 되고 2004년 특소세 폐지, 2005년 등록세 · 취득세 등 지방세 부담 완화, 기타 선박 통계 정비 등 제도가 개선되었다.

요트는 국내에 이를 수용할 마리나 시설이 부족하고 대부분 외국에서 수입되어 고가로 판매되어 저변확대에 장애가 되고 있다. 따라서 국내 해양레포츠의 활성화를 위해 저가 요트 개발 등 해양레포츠 선박 국산화가 요망된다.

레저 보트 척당 인구로 미국은 약 24명, 프랑스는 약 125명의 해양 레포츠 선박지표를 나타내고 있으나, 우리나라는 척당 3,353명으로 낮게 나타나고 있다.(〈표 3-9〉 참조). 미국의 경우 2010년 7천 5백만 명 가량이 레저보트 활동에 참여하여 이로 인해 32만 명의 직간접적

---

10) 해경통계연보, 2011, pp.132-133.

11) 수상레저기구는 해양 및 담수(강, 호소) 등에서의 모든 수상 레저 기구를 총칭함

일자리가 창출되고 연 59억 달러 이상의 경제적 이득을 누리는 것으로 알려졌다.[12] 하지만 우리나라도 최근 국민소득 증가와 주5일 근무제 확산과 함께 여가활동에 대한 관심이 높아지면서 단체 및 가족 레포츠로 요트, 모터보트를 즐기는 사람들이 늘어나고 낚시어선을 비롯한 모터보트의 수요가 증가하는 추세이다.

표 3-9 세계 해양레저지구 및 마리나 현황('12)

국가별	인구(만명)	마리나항만(개소)	레저기구 보유(천척)	레저기구 보유비중	비고
미국	31,770	11,000	13,091	척/24명	
일본	12,710	570	326	척/390명	
독일	8,090	2,700	506	척/160명	
영국	6,450	565	552	척/117명	
프랑스	6,410	370	514	척/125명	
호주	2,350	450	958	척/25명	
스웨덴	970	1,500	881	척/11명	
한국	5,029	30	15	척/3,353명	'15 기준

자료: ICOMIA, Boating Industry Statistics 2013, 한국마리나산업협회 홈페이지

제2장 설문조사에서 나타난 바와 같이 요트, 보트, 수상 오토바이 타기 참여율은 2015년 현재 6.9%이나 향후 참여 희망율이 21.6%(1,2,3순위 포함)로 높게 나타나고 있어 급격한 수요 증가가 예상한다. 국민소득 증대로 쾌적하고 다이나믹한 해양 레저에 대한 욕구가 증가하고, 그 대표적인 것이 요트이다. 특히 요트 타기는 단순한 해양 레저로서 끝나는 것이 아니라, 아메리카컵 등 세계 최고 권위 대회 레이스 우승은 해양 선진국임을 나타내 주고 첨단 요트 제조기술 등 자국의 첨단과학을 전세계에 알릴 수 있는 좋은 기회이다. 아메리카컵(America's Cup)의 경우 과거 일본이 참가를 해 왔으나 예선 초반 탈락 등 극심한 부진을 보이자 2006년(32회 대회) 이후에는 참가하지 않았고 대신 중국과 우리나라가 참가하고 있다.

2006년 중국은 일본의 전철을 밟지 않으려고 요트와 승무원(크루라고 지칭) 전부를 뉴질랜드에서 임대하여 중국 요트조종자(요티라고 지칭) 1명을 포함, 아메리카컵의 지역예선에 참가시켰으나 예선 탈락하였다. 우리나라의 경우 요트에서는 2014-2015년(209일간) 김승진 선장의 세계 단독 횡단 기록이 있었으나 세계의 주요 요트 레이스에 참여한 전례가 없었다.

12) ICOMIA 2010 및 강승철(SEA&), 미래의 블루오션 해양레저산업, 2011.8.8.

최근 민간에서 '팀 코리아'를 창단하여 2013년의 34회 아메리카컵 대회 예선부터 참여하였다. 앞으로 조선 1~2위 국가로서의 해양선진국 면모를 과시하기 위해 이러한 세계대회에 적극 참여하여 국위를 선양하여 국민들이 해양 강국으로서 자긍심을 갖도록 하여야 할 것이다.

표 3-10 세계 5대 요트 대회

대회명	주최국	주최기관	시작	형식	코스	성격	아시아국 성적	주기
방데그로브	프랑스	방데위원회	1983	국가+개인 복합	세계일주	무기항 단독	없음	매4년
볼보오션 레이스	스웨덴	볼보팀	1973	기업+클럽	세계일주	기항 크루	없음	매4년
Velux 5 Ocean	스페인	기업	1982	국가+개인 복합	세계일주	기항 단독	일본-오픈 50 우승(1회) 일본-오픈 50 준우승(6회)	매4년
Route de Rhum	프랑스	pen dick법인	1978	개인+클럽	대서양 횡단	무기항 단독	없음	매4년
아메리카컵	우승국가	미국뉴욕 요트팀	1851	국가	지정된 해역	크루	일-예선 탈락 중국-매치 예선 탈락	매4년

자료: 해양수산부, 미래해양전략 자료, 2007.1.

4) 마리나

모터보트, 요트와 관련하여 우리가 많이 듣는 용어인 마리나(Marina)라 함은 "레포츠 선박을 위한 정박지 또는 중계항으로서의 시설 및 관리체계를 갖춘 곳"을 말한다. 미국 NAEBM(National Association of Engine and Manufactures)의 정의에 따르면 "Pleasure boat[13]를 위한 수변(해변, 강변, 호변) 시설을 총칭(광의)"한다고 하며, 일본항만협회는 "유선(Pleasure boat)을 안전하고 확실하게 수용하고 동시에 유선(Pleasure boat)을 매체로 하여 해안레크레이션을 즐기는데 필요한 각종 서비스를 제공함으로써 행동적 해안레크레이션 장소가 되는 항만"을 말한다고 규정하고 있다. 마리나는 요트하버(Yacht harbor)로 불리기도 하나 요트만을 계류하는 곳은 아니고 레포츠 관련 선박을 계류하기 때문에 보트계류장

13) Pleasure boat는 유선이라 번역되며 해양레포츠를 위한 선박을 의미함.

이라고 하는 것이 적절하다고 본다.

마리나의 기본적 시설에는 선박출입을 위한 회랑시설, 정박지, 계류시설, 선박보관시설(艇庫 - 배를 넣어 보관하는 장소), 급유 · 급수시설, 수리장, 구난사무소, 관리사무소, 정화시설 및 각종 유관설비가 있다. 여기에 수용되는 레포츠 보트는 범선(요트), 동력선(모터보트), 카누, 견인선(로우보트), 수상스키 등이고 각종 정보제공(기상예보 포함), 샤워장, 세탁소, 상점(음료수, 얼음, 낚시미끼, 낚시도구), 스낵바 및 안내, 시설이용 등 편의시설이 함께 갖추어져야 한다.

표 3-11 마리나 구성 시설

분류	시설
프레져 보트의 수용 및 이용에 관한 시설	– 기본시설: 외곽시설(방파제, 호안), 수역시설(항로, 정박지, 회항장) 계류시설(계선안, 고정잔교, 부잔교, 계선말뚝, 계선 부표 등) 보관시설(보트야드, 선박창고, 랙) – 상하가 시설: 경사로, 크레인, 레일인치, 포크리프트, 보트리프터 – 보트 작업용 시설: 급유시설, 급수, 전기시설, 수리공장, 야드, 세정시설 등 – 관리 운영시설: 클럽하우스, 연수시설 등 – 임항 교통시설: 주차장, 도로, 교량, 헬리포트 등
서비스 시설	– 숙박시설: 호텔, 맨션, 별장, 펜션 등 – 상업시설: 레스토랑, 쇼핑센터 등
관련 시설	낚시터, 캠프장, 풀(Pool), 유원지, 수족관, 박물관, 자료관, 해사박물관 등

자료: 김남형, 이한석 역, Akio Kuroyanagi 원저, 「해양성 레크리에이션 시설」, 도서출판 과학기술, 1999.

마리나 이용은 선진국에서는 날로 증가하고 있다. 특히 전 세계에는 2만여개의 마리나가 있으며 그중 11,000여개의 마리나가 있는 미국의 경우 마리나를 이용한 해양성 관광이 크게 성행하고 있다.

미국에서는 레포츠 선박과 관계된 지출경비는 야구관람, 골프, 기타 레크리에이션 경비의 합계보다도 많다고 한다. 육상레저에는 자가용차가 주축을 이루듯이 해상 레저에서는 보트가 주축을 이루고 있기 때문이다.

마리나 설치에 있어서 가장 중요한 기본요소는 위치, 성격, 규모, 시설 내용, 시설 배치 등이다. 마리나 적지 선정에 있어서 검토해야 할 조건으로는 자연조건과 사회조건이 있다. 구체적인 조건은 다음과 같다.

마리나 개발은 해안선이 길고 파도를 막아 줄 수 있는 만 등 적지가 많으면 별다른 문제가 없으나 배후지가 협소하고 적지가 별로 없을 때는 인공적으로 만들어야 하므로 개발에 상당한 비용이 들게 된다. 조수 간만의 차가 심하거나 인근 지역에 오염원이 많은 공장이나 큰 배가 많이 다니는 항구가 있을 때는 레저객의 안전에도 위협을 준다. 천연의 적지가 없는 경우에는 상항, 어항 등 기존 항을 공유하는 경우와 불모지를 매립하여 개발하는 경우도 있다. 불모지를 매립하는 경우 마리나 건설비중 30~80%가 매립에 투입되므로 상당한 경비가 추가적으로 소요된다.

표 3-12 개발형태별로 본 마리나 시설 분류

분류방법	분류내용	비고
입지조건	· 자연지형을 이용한 형태와 매립: 신규개발형 · 기본의 어항을 이용: 재개발형	· 민간자본 · 투자비를 고려하여 재개발형 활성화 필요함
설치주체	· 공공개발형 · 민간개발형	· 어항, 항만 이용 · 관광단지
기능	· 보트의 보관, 계류, 수리 등의 기본 기능 수행: 기본기능형 · 기본기능 외에 숙박시설, 레스토랑, 각종 레저시설 비치: 복합형	· 통영도남단지, 중문단지

각국의 마리나 보유와 레포츠 보트의 보유 척 수는 국민소득, 민족의 해양지양성 등 크게 두 가지 요인에 의해 좌우되고 국민소득에 비례한다.

세계적으로 마리나가 잘 개발되어 있는 지역은 '카리브'연안의 도서국('바하마' 등) 및 미국 '플로리다'주, '멕시코만', 그리고 태평양지역의 '캘리포니아'주, '하와이' 등이다. 아시아에서는 일본이 비교적 잘 갖추어져 총 570개소가 운영 중이며, 이 중 공공 마리나는 57개항(2만 척 수용)이며, 유럽에서는 영국, 프랑스, 스웨덴이 마리나 시설이 잘 구비되어 있다. 참고로 전 세계의 마리나 등 해양레포츠 시설현황은 앞의 〈표 3-9〉를 참고하기 바란다.

일본의 예를 보면 소득의 증가에 따라 보트, 요트 등 레포츠 선박의 수도 크게 증가하였으며, 이것이 마리나 증가에 크게 영향을 미쳤다. 특히 1964년 도쿄 올림픽 이후 1970년대에 레저보트의 수가 급격히 증가하였다.

표 3-13 일본의 레저 보트 보유 척 수 추이

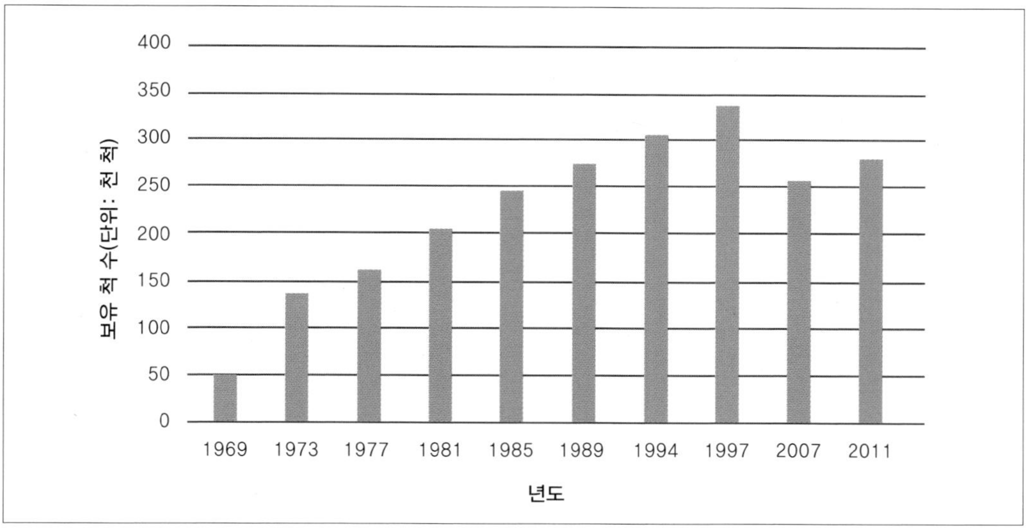

자료: 日本海事廣報協會(1969–1997), 기타 ICOMIA, 레저보트는 요트 및 모터보트 합계

미국의 경우 세계에게 가장 많은 11,000여개의 마리나를 보유하고 있고, 그 중 LA에는 세계최대의 '마리나 델 레이'(Marina Del Ley)가 있다. 이는 원래 항만계획지였으나 계획을 수정하여 1만 척 이상의 요트를 계류하는 세계 최대의 마리나 단지로 개발되었다. 프랑스의 랑독루시옹은 거대한 지중해 해양관광단지이며, 해안거리 30마일마다 규모가 큰 거점마리나를 개발하고, 그 중간 중간에 10마일 정도마다 소규모 마리나를 건설하여 중간 휴식, 파랑 등 긴급시 피항이 가능하게 배려하고 있다. 일본도 570여개의 마리나 중에서 140여개의 마리나를 '바다의 역' 으로 선정하여 선박의 정박, 휴게, 보급, 정비 등 지역 거점 마리나로

〈그림 3-9〉 미국 LA 마리나 델 레이 전경

서의 기능을 수행토록 하고 있다. 따라서 우리나라에서도 이와 유사하게 재난 대비와 중간 휴식을 위한 전국적인 마리나 시스템의 구축이 향후에 요망된다.

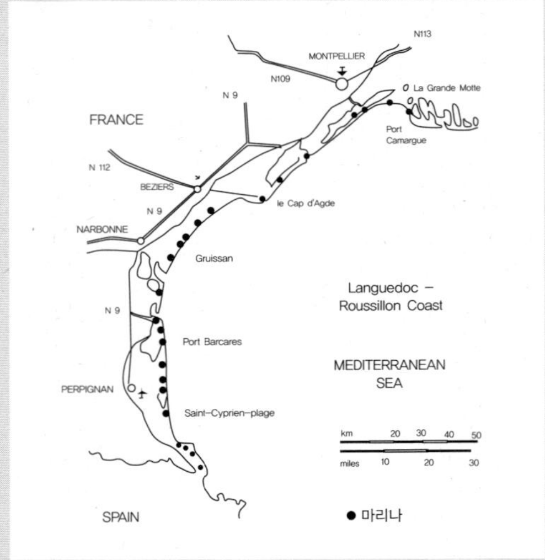

〈그림 3-10〉 프랑스 랑독루시옹 지방의 마리나 배치도

자료: 染谷昭夫, 藤森泰明, 森繁 泉 著, 「마리나의 계획」, 鹿島出版會, 1992.

마리나 개발을 역사적으로 보면 마리나 시설은 수익성이 약하여 2차 대전이후 선진국들이 항만 재개발지 등에 마리나 건설 계획을 수립하여 개발하는 등 선도투자를 하였다. 이후 나중에 시장이 형성되면서 수요 증가에 따라 민간이 마리나 건설에 참여 하는 방식으로 이루어졌다.[14)]

일본에서는 요트 등 해양스포츠 동호인들이 어항을 이용할 때 기존 어항 이용자인 어업인들과 마찰이 많이 야기하게 되어 1980년대 말부터 어항구와 마리나 구를 별도로 분리한 어항을 개발하면서 이러한 관광어항을 '피셔리나'라고 부르고 있다. 현재까지 일본 전국에 27개소의 피셔리나 어항이 완공되어 이용되고 있으며 13여 개소가 추가로 개발되고 있다.

14) 김성귀 "항만내 마리나 개발 방안", 한국 해운물류학회, 해운물류 학회지, Vol.25(No.1).2009.3. pp.145-166.

이러한 피셔리나에는 인공해수욕장, 해변공원, 수산물 유통시장 등이 겸비되어 해변 종합 공원 역할을 충실히 하고 있다.

〈그림 3-11〉 일본의 피셔리나(和歌浦어항)

우리나라에는 2010년 제정된 「마리나항만의 조성 및 관리에 관한 법」에 의거, 제 1차 마리나 계획이 수립되어 개발이 이루어지고 있다. 이미 30여 개의 해안 마리나가 개발되어 해상 정박시설과 소형 요트 등의 육상 보관시설을 갖추고 있으며, 일부 해양스포츠 경기장으로 쓰이고 있다.(부록참조) 이 계획에 의거해 전국에 60여개소가 지정 · 개발되고 있는데 주로 100~300척 규모이다.

앞에서 언급 한대로 우리나라에는 공식 요트경기에 쓰이는 7~8개의 공공 마리나 시설 외에 주로 지자체 등의 공공 마리나 건립이 주류를 이루고 있다. 1990년대 개발된 통영 도남 마리나 단지가 최초의 사설 마리나이나 최근 민간부분에서도 전국 각지에 마리나 시설을 조성하였거나 조성을 추진 중이다.

최근에는 우리나라에서도 어항 내에서 어업인들과 레저인들의 사이에 커지고 있는 마찰을 줄이면서 새로운 해양관광 수요증대에 대비하기 위하여 일본의 피셔리나와 유사한 다기능 어항의 개발을 2005년부터 본격화하고 있다. 기존에 다기능어항으로 13개소가 지정되어 개발되었고 다기능어항 10개소, 아름다운 어항 4개소, 마리나역 16개소가 추가적으로 지정 · 개발되고 있어 향후 마리나 시설을 갖춘 어항이 상당히 확보될 것으로 예상되고 있다.[15)]

---

15) 해양수산부, 2017년 업무계획.

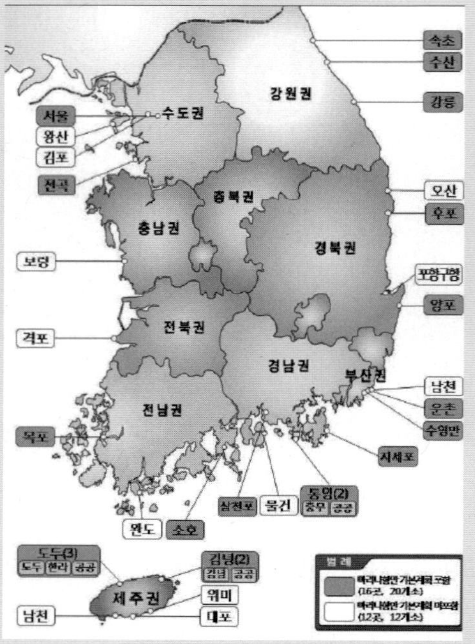

〈그림 3-12〉 마리나항만 개발 계획 대상지 위치

자료: 국토해양부, 내부 자료.

〈그림 3-13〉 통영 마리나 시설

마리나는 바다의 파도를 막아 평상시 파도 30cm 이하의 정온수역이 확보될 수 있어야 한다. 따라서 정온 수역 확보를 위해 바다에서는 일반적으로 외곽에 파도를 막는 방파제를

〈그림 3-14〉 일본 사카이하마 부유식 마리나

조성하여 마리나로 활용한다.

특히 갯벌이 발달한 내만지역, 내수면, 호수 등 잔잔한 곳에서는 물에 뜨는 부유식 방파제를 이용하여 부유식 마리나를 조성하기도 한다.

다. 윈드서핑 및 서핑

길이 2m 전후의 보드를 조절하여 파도의 경사면을 타고서 오르락내리락 하는 서핑은 20세기 중반에 레포츠로서 보급되었다. 서핑(surfing)은 주로 파도가 밀어닥치는 해안에서 하는 레포츠이다. 혼자서 보드 위에 서서 하는 것이 일반적이지만, 카누처럼 패들(Paddle, 노)을 다루는 서프스키(Surf Ski)나 4명이 타는 서프보트(Surf Boat) 등도 있다. 경기에서는 파도타기의 테크닉을 겨루지만, 대중에게는 기술보다는 스릴을 즐기는 해양레포츠로서 인기가 있다.

서핑에서 중요한 기술은 해안에서 판자 위에 엎드려 팔로 저어 나가든지, 판자 위에 앉아 노를 저어 파도가 일어나는 바다로 200~400m 나간 다음, 밀려드는 파도에 올라타고 몸의 균형을 잘 유지하면서 파도와 파도 사이를 뚫고 나오는 것으로, 정확한 타이밍이 중요하다.[16]

높은 파도를 필요로 하는 서핑은 파도가 높은 미국 하와이 주에서 1950년대 후반 처음 시

16) 정석중 외, 전게서, p.428.

〈그림 3-15〉 서핑을 즐기는 모습

작되어 세계 각지로 보급되었다. 1956년 오스트레일리아 토케이 해안에서 제1회 국제서핑 카니발이 열려 영국을 비롯한 여러 나라들이 참가하여 성황을 이루었다.

〈그림 3-16〉 윈드서핑 각 부 명칭

현재 서핑이 활발하게 이루어지고 있는 나라는 미국, 호주, 영국 등이고, 일본에서도 수요가 크게 증가하고 있다. 그러나 우리나라에서는 큰 파도가 있는 해안을 중심으로 최근 크게 활성화되고 있다. 최근 2-3년 사이에 국내 서퍼 인구도 크게 늘어 약 10만명에 달한다.[17)]

보드세일링이라고도 하는 윈드서핑은 파도가 없어도 서프보트(Surf Boat)로 즐기려는 욕구를 만족시키려는 것으로 1968년 미국의 요트맨 호일 슈바이쳐(Hoyle Schweitzer)와 초음속기 설계사인 짐 드레이크(Jim Drake)가 공동으로 고안해냈다. 국내에는 '75년경 처음 도입되어 '80년 초부터 일반에게 보급되기 시작하였다. 1인용 돛단배라고 할 수 있으며 미풍에서 강풍까지 어떠한 풍속에서도 즐길 수 있으므로 특별한 해상조건을 필요로 하지 않는다. 보드(Board) 위에 360도 회전이 가능한 돛을 걸어 세운 뒤 양손으로 돛을 움직여 바람을 타면서 달린다. 즉 바람을 따라 나아가는 것으로 방향타가 없이 돛과 보트의 조작으로 진로를 변경하고 돛의 곡면을 스치는 바람이 양력을 만들어 주는 것을 이용하여 움직여 나간다. 45도 방향으로 지그재그로 진행하면 맞바람도 거슬러 나갈 수 있다. 바람의 세기에 따라 최고 시속 80km까지 속도가 나는 스피드형 레포츠이다. 바람을 직접 맞고 달리기 때문에 체감 속도는 실제보다 훨씬 더하다.

우리나라의 윈드서핑의 최적지는 제주도 섭지코지 부근의 신양해수욕장으로 알려져 있다. 그 외 윈드서핑 활동이 많이 이루어지고 있는 지역은 인천 을왕리 해수욕장, 충남의 대천해수욕장을 중심으로 한 지역 일대, 전남 무안 홀통 해수욕장, 거제도 지세포 지역, 부산 태종대 지역, 울산 진하해수욕장, 강원도 속초해수욕장, 제주도 이호해수욕장 등을 들 수 있다. 이외에도 한강 등 강과 호수 등에서 즐기는 경우도 있으며, 향후 적절한 여건만 갖추면 윈드서핑은 어느 지역에서든 즐길 수 있다. 다만 아직 초보자가 많은 국내 현실에 비추어 볼 때 당분간 바람이 약한 만이나 폐쇄형 해역, 한강 등 큰 하천 등이 윈드서핑에 보다 적절한 지역이라고 할 수 있다.

최근 젊은 층을 중심으로 윈드서핑 인구가 급격히 증가하여 현재 서울에만 66개, 전국적으로 300여 개의 동호인 클럽이 있다. 동호인은 전국적으로 3~4만 명에 이르는 것으로 알려

---

17) MBC 뉴스, 2017.7.14.

지고 있으며 그 중 15%가 여성이다. 하계에는 내수면과 전국 해수욕장 등에서 윈드서핑 강습이 활발하게 이루어지고 있어 윈드서핑 인구는 앞으로도 급증할 전망이다.

2. 해중레저활동-해양다이빙 및 해중 경관감상

1) 해양다이빙

해양다이빙은 수중의 아름다움을 만끽하면서 물고기등 해중환경과 친숙해지려는 것이다. 즉 다이빙은 수중에서 호흡하도록 고안된 장비를 이용하여 일반인들이 아름다운 해중세계를 즐기는 레저이다. 이 중에서도 스킨다이빙(Skin Diving)은 스노클(Snorkel), 잠안경, 잠수발을 사용한 간단한 잠수 기구로 10m미만의 얕은 지역을 잠수하는 것을 말하며, 스노클이라는 장비를 이용하여 잠수하기 때문에 스노클링(Snorkeling)이라고 부르기도 한다. 스쿠버다이빙은 압축공기 탱크와 호흡기를 착용하고 수중활동을 하는 다이빙으로서 수심 15~30m에서 30~40분 정도의 잠수가 가능하다. 참고로 다이빙 장비를 보다 자세히 설명하면 〈표 3-14〉와 같다.

표 3-14 다이빙의 기본장비

장비명	내 용
마스크 (Mask)	· 다양한 다이빙 장비 가운데 가장 기초적이며 중요한 장비 · 마스크를 착용하면 눈앞에 일정한 공기공간을 형성하여 시야를 정상적으로 확보할 수 있도록 만들어야 함 · 코까지 덮도록 설계하여 다이버가 코를 잡고서 이퀄라이징을 편히 할 수 있도록 설계되어 있음
스노클 (Snorkel)	· 다이버가 머리를 수면 위로 들지 않고서도 숨을 쉬면서 물 속을 관찰할 수 있도록 도와주는 장비 · 스노클을 이용하여 머리를 물에 넣고 호흡하면 힘을 전혀 쓰지 않고서도 편안하게 유영을 할 수 있음
오리발	· 물에서 사람이 움직일 수 있는 추진력을 제공하는 기본적인 기능과 함께 항상 안정적인 자세를 취할 수 있도록 도와주는 장비
수트 (Wet Suit)	· 발포 네오프렌(Foam Neoprene)에 라이크라 등의 직물을 붙인 소재를 주로 사용 · 다이버의 몸에 잘 맞도록 제작하여 일단 신체와 수트 사이에 들어 온 물이 순환하지 않게 하여 열손실을 줄여 줌 · 최근에는 라이크라 이외에도 다양한 직물을 수트에 적용시켜 보온력과 착용감을 향상시키고 있음

자료: 정석중 외, 「해양관광론」, 2004, pp.378~379의 내용을 필자가 정리함.

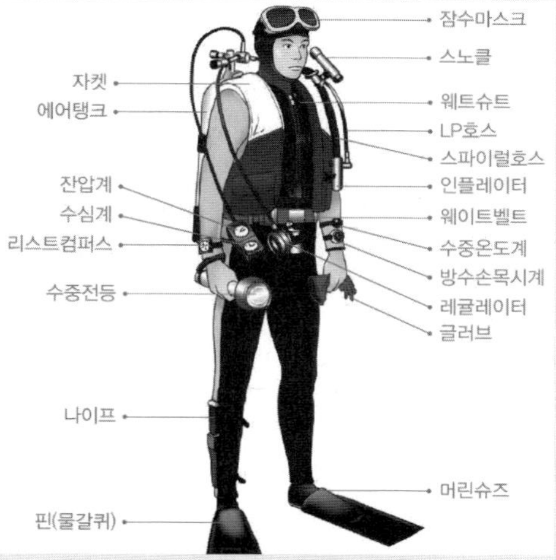

〈그림 3-17〉 레저다이빙 장비

표 3-15 다이빙의 종류

구분	내 용
보트 다이빙	· 아름다운 바다 위에서 눈부신 햇살과 상쾌한 바다바람을 맞으며 다이빙 포인트 지점까지 보트로 이동하여 하강 및 상승하는 안전한 다이빙 · 다이빙 포인트까지 배를 타고 이동하기 때문에 무거운 장비를 운반할 필요가 없고, 포인트까지 수영할 필요가 없다는 점에서 편리하고, 포인트에 도달했을 때 바다상황에 따라 다른 지점으로 이동하기에 수월함. 따라서 비교적 일반적인 다이빙 형태임
대심도 다이빙	· 스포츠 다이빙에서는 통상적으로 18m(60ft)를 넘는 다이빙을 대심도라 정의하며, 그 활동영역을 40m까지로 (교육 단체에 따라서는 30m) 제한
침몰선 다이빙	· 수중에 가라앉아 있는 침몰선을 탐사하는 다이빙활동 · 다이빙인구가 늘어나면서 최근에는 침몰선 다이빙을 위하여 인위적으로 낡은 선박을 수장시키는 일도 세계적인 흐름임 · 바닷물과 생물들은 아무리 튼튼한 철선이라고 해도 빠른 시간에 낡게 만들고, 더욱 세월이 오래 지나면 원래 배의 모습과는 전혀 다르게 느껴지는 바다 속 생태계를 만들어 신비를 자아내게 됨
야간 다이빙	· 어둠 속에서 진행되는 만큼 반드시 주간에 여러 번 다이빙을 통하여 익숙해진 지형에서 실시해야 함 · 낮동안의 탐사를 통해 시야, 조류, 수온 등을 확인하여야 하며, 입출수를 진행할 장소와 다이빙 지점의 방위 및 지형지물들을 충분히 검토해야 함 · 비상시의 접근성과 철수시의 문제 등도 고려되어야 함
동굴 다이빙	· 수중에 있는 동굴 속으로 다이빙하는 것을 말함 · 동굴은 야간뿐만 아니라 주간에도 빛이 차단되어 시야가 좁아지게 되고, 공간이 협소하며, 동굴 안의 형태를 미리 예측하지 못하는 경우 위험할 수 있음. 따라서 동굴 다이빙에 필요한 지식과 충분한 훈련이 요구됨

자료: 상게서, pp.382~387의 내용을 필자가 정리함.

현재 해양레저스포츠 중에서 장래에 가장 희망하는 종목이 해중레저로 나타나고 있다(제2장 3절 참조). 해양에서의 레저다이빙 사업은 다이버(Diver)를 양성하는 교육기관, 기기 메이커, 기기 관리, 다이빙 장소의 제공자들로 구성되며 무엇보다도 교육 후 받는 라이센스인 C(Certificate) 카드라고 하는 발행기관(훈련기관)들이 이 산업의 지도적인 역할을 담당하고 있다. 이들은 아름다운 바다를 다이빙 스포츠 장으로 확보하여 다이버들에게 교육을 시키는 기관으로 교육 후 C카드를 발행하여 준다. 이것은 국제적인 면허로서 세계의 어느 바다에서라도 다이빙을 즐길 수 있는 ID카드로서 인정받는다. 우리나라에도 C카드를 발급하는 기관들이 해외에서 들어 와 활동하고 있고 순수한 국내 설립 기관들도 있다.

전세계적으로 1950년대부터 다이버 양성 기관이나 단체들이 설립되면서 점차 레저 잠수가 활성화되어 왔고 PADI(국제잠수전문교육기관)에 따르면 2010년까지 약 19백만명 정도가 다이빙 자격증(Certificate Card, 일명 C카드)를 발급받은 것으로 추정되고 있다. 세계관광 기구(UNWTO)가 발표한 'TOURISM VISION 2020'에 따르면 전세계에서 600만명 정도가 해중레저 활동에 참여하고 있으며 전체 활동의 1/3이 유럽인으로 분석되고 있다고 한다. 전세계 시장 규모는 연간 40-60억 달러 규모로 추정되고 물론 이중에서 남성의 비율이 66%(2010)로 상대적으로 높다. 카리브, 홍해, 호주 등 산호초가 풍부한지역에서 활발하게 진행 되고 있다.[18] 현재 국내에서 레저를 목적으로 수중다이버 자격증인 C카드를 소지하고 있는 사람은 대략 34만 명으로 추정되고 있고, 수중 레저 활동에 2015년 75만명, 2016년 108만명, 2017년 115만명이 참여했다.[19] 또한 국내에는 2010년 현재 약 189개의 스쿠버 다이빙 관련업체가 전국에 분포하여 있다(〈표 3-16〉참조).

국내에서 잠수 교육은 국제교육기관(PADI, SSI, NAUI, YMCA, BSAC, TDI/SDI, NASDS, SEA 등)과 한국잠수협회(KUDA), 대한수중협회(KUA) 등 10여개가 넘는 기관을 통하여 이루어지고 있고 초보자를 위한 전용 다이빙 풀도 서울의 6개소를 비롯하여 전국에 30여개소가

18) 홍장원, 「해중레저 시장 활성화를 위한 정책방향 연구」, KMI 기본연구보고서, 2012.12.

19) 홍장원, 상게서, pp.81-82: Newsis, 2018.10.2, 원전; 해양수산부 내부자료

있다.[20] 이들 교육기관이 국내에서 교육한 다이버 배출 현황을 보면 2010년까지 약 34만명 정도가 배출된 것으로 나타나고 2010년에만도 신규 오픈워터 2만명, 기타 자격증 1만5,986명이 교육에 참여하여 자격증을 취득한 것으로 나타나고 있다.[21] 우리나라에서 초보 교육을 받은 다이버들은 해외로도 많이 진출하는데 현재 매년 6만명의 해외 투어 수요가 있다고 한다.

표 3-16 전국 스킨스쿠버 업체 및 동호회 현황(해경서별)

구분		스쿠버 업체	동호회	회원 수(명)	연간 이용자	업체당 평균 이용자
부산서		10	20	2,258	3,470	347.0
경남(통영서)		31	30	654	17,295	557.9
전남	여수서	9	13	133	4,250	303.6
	목포서	23	14	590		
	완도서	2	0	0		
강원	속초서	28	2	800	55,880	1,164.2
	동해서	20	3	77		
경북(포항서)		37	9	148	20,890	564.6
울산(울산서)		2	5	240	850	425.0
전북(군산서)		13	12	2,098	680	52.3
제주(제주서)		3	4	237	12,740	553.9
충남(태안서)		11	6	85	6,430	584.5
합계		189	118	7,311	122,485	648.1

자료: 국토해양부, 제2차 해양관광진흥계획(안), 2011.6, p.159 및 홍장원, 『해중레저 활성화 방안 연구』, KMI 기본연구보고서, 2012.12.

잠수 교육은 초보(오픈워터), 어드밴스드, 마스터 등의 순으로 단계별 교육이 이루어지는데 다음 표에서 보듯이 레벨0, 레벨1은 초보 잠수자 교육이고 그다음이 어드밴스트(레벨2)와 마스터(레벨3) 과정의 교육 내용이다. 한 잠수 교육기관에서 초보 교육 후 C카드를 받으면 이 후 타 교육 기관의 어드밴스트, 마스터 교육도 순차적으로 받을 수 있게 된다. C카드가 있으면 어느 나라 해변 리조트에서든지 이 C카드를 제시하면 잠수 장비를 대여 받을 수 있게 되어 레저잠수를 즐길 수 있게 된다.

---

20) 임채현 등, 전게서, p.65

21) 국토해양부, 전게서, p.160 및 홍장원, 전게서.

표 3-17 국제잠수업체인 PADI의 단계별 잠수 교육 훈련 내용

레벨 0	레벨 1	레벨 2	레벨 3
베이직	프리다이빙	어드밴스드	마스터
제한수역(수영장) –수중 적용 –호흡법 –이퀄라이징 –피리이머전(5m) –덕다이브 –수직하강(5m) –다이나믹(25m) –스태틱(1분30초) –이론 교육	개방수역(해양) –수중 적응 –호흡법 –이퀄라이징 –피리이머전(10–16m) –덕다이브 –수직하강(10–16m) –다이나믹(25m) –스태틱(1분30초) –레스큐(수면)	제한수역+개방수역 –이퀄라이징(프렌첼) –프리플링 –프리이머전(20–30m) –수직하강(20–30m) –다이나믹(50m) –핀킥훈련/턴 훈련 –스태틱(2분30초) –레스큐(수중) –레스큐다이빙(10–15m) –세이프티 다이빙(10–15m)	제한수역+개방수역 –이퀄라이징(마우스필) –빈호흡 스트레칭 –프리이머전(30–40m) –수직하강(30–40m) –레스큐다이빙(15–25m) –다이나믹(70m) –수평 잠영CO2 테이블 2,3 –노핀 입수/잠영 –세이프티 감독 –다이빙 장비 설치

자료: http://blog.naver.com/nisnomonos/221128622292 (2017.12.13.)

해양다이빙을 즐길 수 있는 해양공간의 조건은 ①조류가 심하지 않아야 하고, ②기온 및 해수의 온도가 높아야 하며, ③해저에 암반, 수초, 해양생물 등 볼거리가 풍부하고, ④해수가 맑아 해중에서의 시계가 충분히 확보되어야 한다. 우리나라의 해역별로 보면 서해안 해역은 조수간만의 차이가 크기 때문에 해중경관을 감상하는 데 제약요인이 많다. 또한 남해안도 조수간만의 차이가 커서 바닷물이 출입하면서 바닥의 뻘이 일어나 해중투명도가 크게 떨어져 연안지역은 시계가 안 좋고 거문도, 백도와 같이 해안에서 상당히 떨어진 지역으로 나가야 해중 시야가 확보된다. 동해안의 경우에는 조수간만의 차가 적고 물이 맑으나 어장과 군사시설보호지역으로 구획된 곳 때문에 잠수객의 접근이 제한되는 장소가 비교적 많다.

우리나라에는 해중생물이 풍부하여 다이빙 활동을 즐기기에 적합한 연안공간에 거의 대부분 마을어장이 조성되어 있어, 다이버와 어업인들과 갈등이 잦아 크게 제약을 받고 있다. 일본에서는 어촌계와 해양다이빙 업체와의 계약에 의하여 상호공존하는 경우가 많다. 최근 우리나라에서도 해양다이빙 공간의 확보를 위해 어촌계와의 일정기간 계약에 의해 레저공간 확보가 이루어지는 경우가 늘어나고 있다. 이 경우 특정 해양생물의 채취를 금하기로 약속하고 어촌계에 일정한 임대료를 지불하는 방식으로 이루어지고 있다. 제주도(9개도), 강

릉 사군진 등 어촌계에서는 각각 유어장, 스쿠버 체험마을으로 지정하여 제도적으로 잠수객들이 잠수체험을 하도록 하여 지역 소득 증대에도 기여하고 있다.[22]

레저 잠수를 동호인들을 잠수 사이트로 이동시키는데는 현재 고무보트나 낚시어선이 많이 활용되는 것으로 나타나고 있다. 법적으로는 유도선업법에 의해 등록된 유선을 이용하도록 되어 있다. 그러나 실제로 유선을 이용하는 것이 어렵기 때문에 현지 낚시어선을 이용하는 경우가 전체의 20%로 많으나 법적으로는 이것이 불법이 되어 레저자들로부터 많은 민원이 야기되고 있다. 잠수객 이동에 고무보트, 모터보트(선외기)등이 있어 이것도 불법으로 안전에 제약이 많이 따른다.[23]

일본에서는 어선을 이용한 잠수 장소 이동이 합법적으로 가능하다 하니 우리나라도 앞으로 동호인들을 안전하게 레저잠수 사이트까지 이동시켜줄 수 있는 제도 개선이 요망된다.

표 3-18 다이빙 포인트 이동 수단

년도/단위	합계	고무보트	모터보트(선외기)	FRP	콤비보트	다이빙보트	고속보트	유도선	자가선박	낚시어선대여	모름	기타
2010(척)	248	77	43	34	17	4	2	1	1	50		17
2012(%)	100	31	18	14	7	2	1	0	0	20	4	3 (차량)

자료: 2010년은 척 수로 통계를 잡은 것으로 해양경찰청 등의 자료이고 2012년 자료는 홍장원(「해중레저 활성화를 위한 정책 방안 연구」, KMI, 2012.12., p.28)의 설문 자료로 응답율(%)로 조사된 자료임.

「연안사고 예방에 관한 법률」(이하 연안사고예방법, 2014년 5월 21일 제정)은 2013년 7월 충남 태안에서 발생한 사설 해병대 캠프에서 학생 5명이 사망한 사고를 계기로 제정되었다. 연안사고예방법은 '연안체험활동'에 수중레저활동을 포함하고 있다. 또 규칙을 통해 △수중레저활동 14일 전에 지방자치단체에 신고서를 제출, 아울러 △사고자 배상 등을 위한 보험에 의무적으로 가입할 것 △참가자 5명 당 1명 이상의 안전관리요원을 배치할 것 △

22) 홍장원, 전게서, p.37.

23) 레저잠수객들의 이동은 자가선박이나 유도선법에 의한 선박에 의해서만 가능하며 따라서 낚시어선, 일반고무보트, 선외기 등에 의한 이동은 모두 불법이다.

수중레저활동 참가자와 동일한 인원이 승선 가능한 비상구조선이 대기할 것 △선상에 8명당 1명씩 안전요원 대기할 것 등을 의무적으로 규정하고 있다.[24] 연안사고예방법은 당초에 과다한 규제라고 스쿠버다이빙업계의 반발이 계속 되었으나 해경에 따르면 2016년 한 해 동안 총 3,940건, 4만 6천여 명이 사전 신고 후 연안체험활동을 실시하여[25] 정착되어가고 있다.

이외에 「수중레저의 안전 및 활성화 등에 관한 법률」은 2016년 5월 19대 국회에서 제정된 법안으로 스쿠버다이빙 업체가 영업을 하기 위해 △해양수산부에 신규 등록을 해야 하고 △선박운행과 다이빙 교육, 각종 장비 임대를 위해서는 수중레저활성화법을 충족해야 하며 △수중레저활성화법에서 공기통을 고압가스로 규정해 「고압가스 안전관리법」을 적용하며, △잠수선박 안전시설 등을 새로이 요구하고 있다.[26] 또한 "수중레저사업자와 수산업협동조합법 제15조에 따른 어촌계는 상호 이익의 증진을 위하여 필요한 경우 협약을 체결할 수 있다"는 제6조 '자발적 협약' 조항에도 크게 반발해 왔다.[27] 이미 잠수업체들은 기존에도 각 사항별로 수상레저법과 유 · 도선법, 낚시관리육성법, 연안사고 예방법 등 여러 법을 적용받고 있다. 따라서 이러한 과도한 규제는 해중레저의 발전을 오히려 저해할 여지가 있다. 잠수는 현장에서 생명이 오가는 모험레저 중의 하나이라서 전문가 자신들의 안전 의식은 상당히 높은 편이며 점진적 고도화 훈련 과정의 적용, 짝 잠수 등 다양한 안전 수칙을 최우선으로 하는 것이 업계의 관행이다. 다른 모험 레저에 비하여 과도하게 규제가 이루어지면 오히려 업계의 활동을 저해할 수 있어 적정한 규제 정비가 필요하다.

다이버들이 많이 찾는 코스는 먼저 수도권의 경우 초보자들은 강원도에서 많이 배우고 여기에서 익숙해지면 제주도 등으로 많이 간다. 레저 잠수 활동지를 보면 강원도가 활동자가 가장 많고 그다음이 경북과 경남으로 국내 스킨스쿠버 활동은 주고 동해와 동남권을 중

---

24) http://www.iantd.kr/index.php?mid=gongji&document_srl=29901 (2018.1.10.)

25) 청와대 정책브리핑, 2017.6.8., http://www.korea.kr/policy/pressReleaseView.do?newsId=156208507 (2017.12.22.). 스킨과 프리다이빙 등 수상형은 10명당 1명, 갯벌체험 등 기타형은 20명당 1명 필요

26) 원주 MBC, 2017.6.19.

27) 연합뉴스, 2017.5.26.

심으로 많이 이루어지는 것으로 나타나고 있다. 아울러 숙련자의 경우에는 태평양의 괌, 사이판, 필리핀 등 해외 투어를 많이 한다.

국내에서는 강원도 연안지역 이외에 제주도(문섬, 차귀도, 자귀도, 섶섬, 범섬 등), 여수~거문도(백도, 소산부도 등), 통영(국도, 얼피도, 파사리도 등) 등 물이 맑고 해저경관이 좋은 곳들이 인기 있는 지역으로 꼽힌다. 참고로 우수한 자연 해중경관지는 〈표 3-19〉와 같이 전국적으로 분포되어 있으며, 다이버들이 즐겨 찾는 포인트로서 많이 이용되고 있다.

표 3-19 우리나라 해중경관 우수지역의 개요

지역		수심(m)	해중시계(m)	특징	주요 경관자원
제주도	문섬	10~30	10~20	주상절리 조면암 생태계 보전지역	파식대, 연산호, 갯돔, 자리돔, 쥐치, 범돔, 줄도화돔, 문어, 해삼, 해초류 등
	범섬	10~30	〃	서귀포항 인접 생태계 보전지역	산호군락지, 아치, 다양한 어류, 지형
	섶섬	8~24	〃	생태계 보전지역	물산호 꽃동산, 회귀성 어류, 산호 등
	성산포 자리영	5~27	〃	해녀 작업장	감태밭, 직벽의 웅장한 모습
	어영	5~30	〃	복잡한 지형	수중아치, 지형에 따른 경관 수려
	형제섬	10~20	〃	2개 대형아치 3개 소형아치	연산호 군락, 자리돔, 뱅어돔, 다금바리
	송악산	10~15	〃	수중아치모래밭	연산호 군락, 라이온 피쉬, 파랑돔, 자리돔 떼, 수중아치
	차귀도	10~30	〃	해녀 작업장	많은 종류의 산호, 어류
		20~30	〃	유어장(작살피싱)	동굴(아치), 해송, 산호군락, 부채산호
남해	거제도 일대	10~30	10~20	성태 (왜구 침입 막기위한 성) 크고 작은 섬 겨울철 14℃	열대성 해양생물, 회유성 대형 어류, 수중에 아기자기한 '여' 발달 연산호 군락, 해초, 해송, 어패류 등
	매물도	6~40	평균 20m	'여'발달, 외도 (해양공원) 연계	연산호, 화려한 색상의 수중 고착생물, 돌돔, 자리돔, 쥐치, 볼장어, 바닷가재
	백도 일대	5~24	10~20	다도해해상국립공원	수직 벽, 수중 고착생물, 부채산호, 연산호 군락, 돌돔, 뱅어돔 등
	거문도	20~30	10~20	해마보호 要	동굴(아치), 해송, 산호군락,부채산호
서해	격렬 비열도	10~30	10~20	서해안 특성 (갯벌)	줄돔, 우럭, 농어, 방어 떼, 서해안 특유의 무척추동물(낙지, 문어)
	홍도 일대	15~20	10~20	다도해해상국립공원 여름과 겨울 대조	자리돔, 논쟁이, 나비고기, 능성어, 만타 가오리, 방어와 농어 떼, 독특한 구조로 형성된 바닥과 암초, 작은 동굴, 붉은 산호
	가거도	10~23	10~20	대소의 다양한 섬과 청정해역, 수중 사냥 금지	수중아치, 붉은 부채산호, 동굴, 터널우럭, 돌돔, 농어, 연산호 등

동해	포항 월포 등	20~30	10~20	난파선, 폐선 투하로 인위적 해중경관	난파선에 의한 인위적 해중경관형성, 정착성 어류, 해조류, 불상, 남근석, 사자상, 십자가 등
	고성 봉포	20~30	10~20	해저 골짜기	해저 암반 등

자료: 상게서. 동해지역은 이외에도 많으나 생략한다.

또한 레저 잠수를 위해 인위적으로 해중공원 등 해중경관이 조성되기도 하는데 이하에서는 이러한 해중경관이 조성된 지구에 대한 사례를 살펴보고자 한다. 경북 울진군에서 관광어업복합형 바다목장화 사업으로 투하되는 해군 숙영정은 3800톤급 퇴역 함정으로 숙영정에 '대왕 오징어' 및 '대게' 모형물을 부착한 다음 바다 밑에 설치되고 주변해역에 기차를 이용한 어초, 어초블럭, 폐어선 등을 넣어 수중테마공원으로 설치될 계획이다. 사업은 울진군 후포면 후포리와 기성면 구산리까지 총면적 2100ha에 지난 2003년부터 2012년까지 총 600억원(국비 355, 지방비 45, 기타 20)을 들여 어업과 관광복합형 사업으로 진행되었다. 이 사업으로 현재까지 강도다리, 넙치 등 어린고기 61만4000마리를 방류하고 해중림 인공어초 129개를 투하했으며 전복, 해삼 등 수산종묘 75만 마리와 강제어초 및 해중림 인공어초 등이 추가 투하되었다. 이 곳에서 23km 떨어진 해상에 위치한 왕돌초에는 총 165종의 다양한 해양생물이 서식하고 있어 이곳과 연계하여 해중레저의 메카로서 성장할 수 있다.[28]

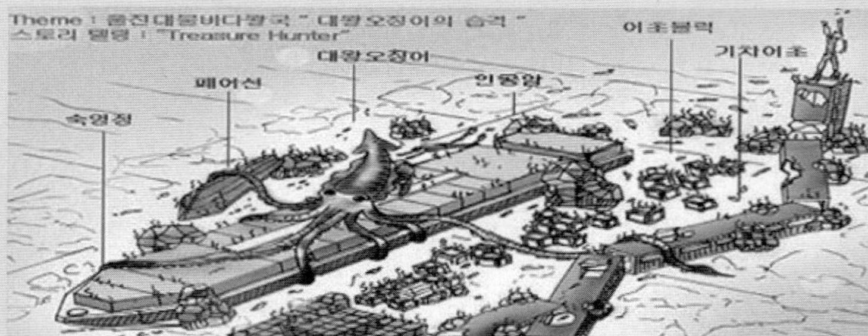

〈그림 3-18〉 수중테마공원(경북 울진군)조감도

28) 데일리안, 2008.6.19일자, http://www.dailian.co.kr/news/news_view.htm?id=114223 (2012.5.22.)

강릉 경포 인근 해중에는 3.5km 해상, 수심 30~40m에 바다 생물의 보금자리가 될 어초인 팔각 별 모양의 거대한 철제 구조물이 바닷속으로 투하되었다.[29] 이 어초는 우주선 모양을 하고 있어서 다이버들에게 좋은 볼거리를 제공하고 격실 구조를 형성하고 있어 어류를 모으는 데 뛰어난 어초이다. 지금까지 설치된 인공어초는 50여 개, 앞으로 110여 개를 더 설치할 계획이다. 또한 인근에는 다이버들에게 다양한 볼거리를 제공하기 위해 기름을 미리 제거한 8백t 규모의 어선을 침몰시켜 해중레저 자원화 하였다. 2018년에는 2,400톤급 대형 선박 한 척이 더 투하된다. 이 바닷속 공원은 축구장 160개를 합친 면적에 달한다. 해저관광을 목적으로 대규모 해중공원을 만들게 되어 울진과 더불어 국내 최고의 해중공원이 될 것이다.

사이판, 괌 해외 등에서는 2차 대전 때 침몰한 비행기가 좋은 잠수 포인트가 되고 있고, 심지어는 폐유를 빼낸 큰 여객선이나 군함을 침몰시켜 해중경관지로 조성하기도 한다.

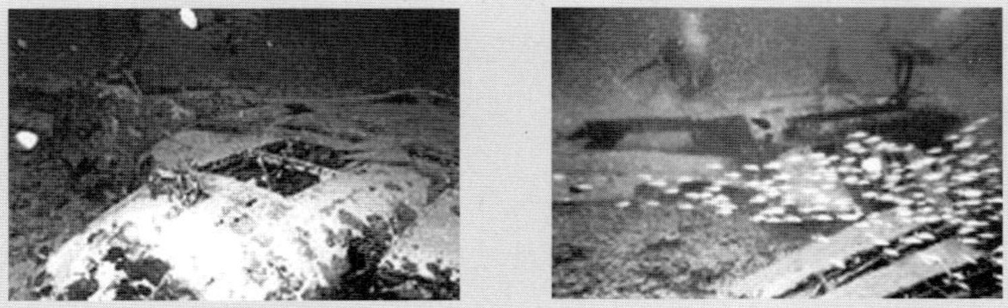

〈그림 3-19〉 바다 속의 비행기 침몰 사이트(수심65-95피트, 하와이 오하우섬 인근)

29) YTN, 2017.12.2

2) 해중전망탑

해중전망탑이란 해저에 시설물을 설치하여 특별한 장비나 준비가 필요없이 바로 해저의 비경을 보다 안전하게 관람할 수 있도록 한 시설물을 말한다. 우리나라에는 없지만 일본에서 국립공원 내 해중공원 지구에 설치된 해중전망탑은 6~7개소 정도이고 기타, 관 등지에도 만들어져 관광객들의 반응이 좋아 세계 여러 곳에서 건설이 이루어지고 있다. 형식은 일반적으로 전망탑 본체와 연결교량, 또는 수중전망터널 등의 형태로 이루어지며, 육상에서 모듈별로 만들어 해상으로 운송하여 해중 조립되는 공법이 이용되고 있다. 탑의 설치 위치는 일반적으로 해안선에서 100m 이내에 설치되며 수심 10m 내외의 해저를 관람할 수 있게 만들어져 있다. 해저바닥에 고정된 형태뿐만이 아니라 물 위에 띄운 형태의 해중전망탑도 소개되고 있다.

해중전망탑이 설치되는 장소는 육상과는 현저히 다른 환경 조건하에 설치되기 때문에 다음과 같은 4가지 조건을 고려하여 설계가 이루어진다. ①안전성, ②이용객이 편안한 가운데서 신비스러움을 느낄 수 있도록 설계할 것, ③충분한 수초 암석, 어류 등이 있는 곳과 투명도가 우수한 해역을 택할 것, ④경제적인 가치가 충분해야 할 것 등이다. 해중전망탑 설치 장소는 해중투명도가 양호하고 해중생물, 해저지형 등의 해중경관이 우수한 곳이 대상이 되며, 육지에서의 접근이 쉬우며, 해저지반이 적절한 곳을 선택하여야 한다.

해중전망탑에 작용하는 외력은 파도, 조류, 수압, 부력, 바람, 지진 등이 있으며, 그 중에서 파도에 의한 영향이 가장 크다고 할 수 있다. 해양에서의 파도는 해중전망탑체에 작용할 때는 파도의 모양이 날카로운 쇄파의 형태로 작용하는데, 쇄파란 수중파가 수심의 영향을 받아 급격히 그 형상이 붕괴될 때 커다란 에너지의 발산이 일어나는 현상을 말한다. 따라서 구조나 기초는 쇄파력의 크기를 고려해야 하는데, 탑의 형상은 쇄파력을 직접 받는 중간 원통부의 직경을 작게 하고 수중전망실과 해상전망실은 용도에 맞추어 크기를 확대하여 만든다.

〈그림 3-20〉 괌 피시아이 해중전망탑

〈그림 3-21〉 일본 큐슈의 해중전망탑(우측의 것은 가쓰우라지역)

해중전망탑은 주로 일본에서 발달하고 있으며, 와카야마 현의 시라하마와 쿠시모도, 오키나와 현, 사가 현의 찐제이쪼우, 치바 현의 가쓰우라, 고우찌의 아시즈리 등 6개소에 설치되어 있다.[30)]

또한 해중전망탑이 해양관광상품으로서 가장 잘 갖추어진 곳은 괌의 피시아이(Fisheye)로 다양한 볼거리가 제공되어 많은 관광객이 방문하고 있다. 피시아이 해중전망대는 괌의 피티(Piti)만에 자리하고 있으며 피시아이 해양공원 안의 해저 9.5m에 자리 잡아 많은 관광객들이 방문하고 있다. 피시아이 해중전망대는 마이크로네시아에서는 처음으로 건설된 해중시설물이다. 제2차 세계대전 때 폭탄으로 인해 바다에 웅덩이가 생긴 지역인 피티 밤 홀(Piti Bomb Hole)에 자리하고 인근에 산호초들이 매우 발달되어 있으며, 특히 열대어들도 많이 서식하고 있어 해중전망탑의 적지라고 볼 수 있다.

---

30) 정석중 외, 전게서, pp.371~372.

피시아이 해양공원은 피시아이라는 기업이 주체가 되어 보호 · 보존 · 관리하는 해양관광지이고, 또한 초보자들이 산소투구를 쓰고 해저 잠수체험을 하는 씨 워킹(Sea Walking)이 인근에서 이루어지는 곳이기도 하다.

3) 기타 해중레저 시설

위에서 언급된 것 이외에 해중에서의 레저를 위한 시설은 다음과 같다.

가) 해중호텔/해중레스토랑

미국 플로리다 키 라르고(Key Largo) 지역 해중에는 과거에 실험실로 이용되던 해중시설을 호텔로 개조하여 10m 해중에 Jule's Under Sea Lodge라는 해중호텔을 설치하였다. 두 개의 침실, 두 개의 화장실을 갖는 600평방ft2(16.7평) 정도의 스위트 룸으로서 1인당 350달러 혹은 별채로 독점적 사용시 1,495달러를 받고 있다고 한다.[31)]

이외에 피지 섬에 개설된 포세이돈 해중리조트는 50ft(15m) 해저에서 물고기와 함께 5성급 호텔에서 잘 수 있는 기회를 주려는 것이다. 해중을 들여다 볼 수 있게 아클릴로 선저 창을 부착한 550ft2(15.3평)의 룸으로 구성되며 육상 리셉션데스크로부터 터널 형식으로 들어갈 수 있다. 각 방들은 자쿠치(Jacuzzi, 물치료 시설)들이 부착되어 있고 부부가 하룻밤 자는데 3만달러까지 소요된다고 한다.[32)]

이외에 감압실을 겸한 해중 레스토랑으로, 눈앞에 고기가 헤엄치거나 바위가 있는 곳에서 조개류가 서식하는 것을 가까이서 보면서 식사를 할 수 있는 구상도 있다.[33)] 이는 눈앞에서 채취하여 바로 요리할 수 있는 시설로 사람들에게는 즐거운 볼거리 대상이다. 수중에 감압실(레스토랑, 휴게실 등)을 설치하여 스쿠버다이빙 도중 휴식공간으로 이용된다. 잠수를 하지 않고 해상으로부터의 통로를 이용해 물을 접촉하지 않고 도착하는 방법도 고려되고 있다.

---

31) 「Boating」, Sept, 2005, p.109. 2014년에 부부가 최장 73일을 머문 기록이 있음(연합뉴스 2014.12.8)

32) The Korea Herald, 2011.1.6., 원전 : NewYork Times

33) 정석중 외, 전게서, p.275.

〈그림 3-22〉 해중주거시설(좌: Jule's Undersea Lodge 우: Poseidon Undersea Resort)

자료: 「Boating」, Sept. 2005.

나) 해중산책(Sea Walking)

해저의 지형을 이용한 산책길로서 바다골짜기인 해구를 건너는 현수교와 산호숲 및 해조숲 등을 연결하는 산책길이다. 고압압축공기가 들어 스스로 산소를 공급하는 자급식(自給式) 수중호흡기계인 아쿠아렁(aqualung)을 착용하며, 물 속에 잠수하면서 해면을 걸을 때 여기에서 나오는 압축공기로 호흡하면서 수중활동을 전개한다. 현재 괌의 피시아이 해중전망탑 지역과 오키나와에서 이러한 형태의 관광사업이 이루어지고 있다.

〈그림 3-23〉 산소가 연결된 투구를 쓰고 바다 물속에 들어간 모습

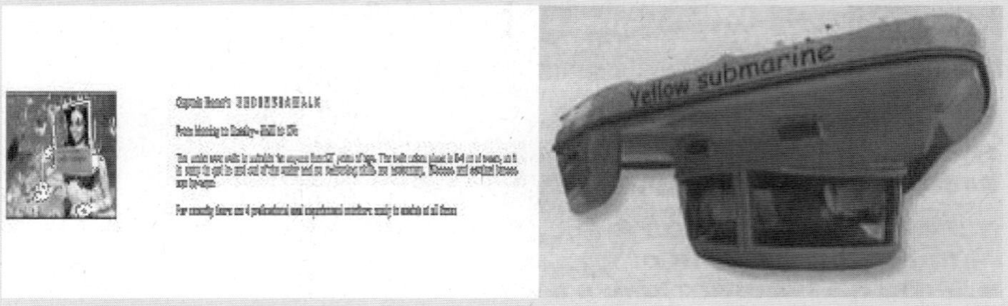

〈그림 3-24〉 수중 산책도구를 이용한 해중산책 기구

(좌: 투명수중탐사기구, 우: 해저관광잠수정, 시속 3.5마일, 투자비 1만 7,000천달러)

다) 투명 튜브

해양표면과 해중에 투명 튜브를 설치하여 수중에서 걸으면서 관찰 · 관람케 한다.[34] 동일한 시설로서 호안이나 방파제 내부에 해중을 볼 수 있도록 유리부분을 설치하는 방법도 있다. 육지에서 해저로 향하는 완만한 경사지에 투명 튜브를 설치하여 해저까지 접근하게 하는 방법도 있다.

〈그림 3-25〉 아크릴을 부착하여 해저를 탐사하면서 스스로 운행가능한 해저활동 기구

(시속 3마일, 최대잠수가능 수심 500m, 가격 35만 천달러)

34) 정석중 외, 상게서, p.275.

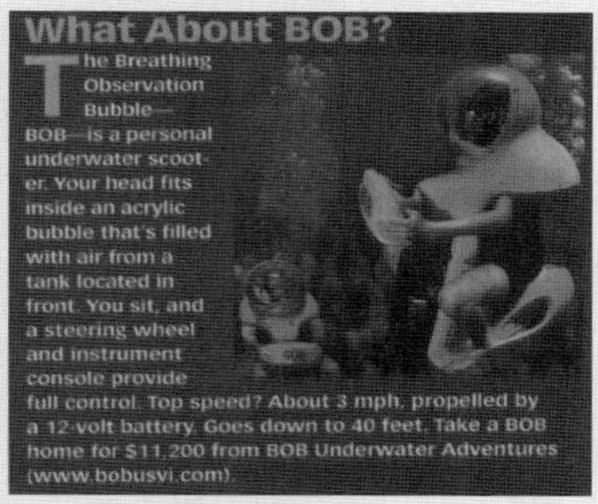

What About BOB?

The Breathing Observation Bubble—BOB—is a personal underwater scooter. Your head fits inside an acrylic bubble that's filled with air from a tank located in front. You sit, and a steering wheel and instrument console provide full control. Top speed? About 3 mph, propelled by a 12-volt battery. Goes down to 40 feet. Take a BOB home for $11,200 from BOB Underwater Adventures (www.bobusvi.com).

〈그림 3-26〉 해저관찰시설(BOB)

주: 가슴 앞에 산소통이 부착된 아크릴로 된 헤드마스크를 쓰고 3마일의 속도로 운전하여 해저를 여행하는 시설.

Students practicing in the FAU.Boat for the annual human powered submarine competition

〈그림 3-27〉 잠수 기구를 이용한 해중활동 모습(미국)

이상과 같은 해중레저 시설들은 아직도 기술적 안정성 때문에 상업화에 어려움도 있으나 시도는 많이 이루어지고 있다.

세계의 해저에서 레스토랑이 운영되는 곳은 몰디브와 이스라엘 등 2개소가 있다. 몰디브의 진주라는 뜻의 '이타 해저레스토랑(Ithaa Underwater Restaurant)'은 바다 속 깊이 6m에 위치하고 두께 12.5m이 투명 아크릴판으로 지붕과 벽을 만들어 270도 각에서 해저 전망이 가능토록 되어 있다.

〈그림 3-28〉 6m 해저 'Ithaa'레스토랑(몰디브)와

'The Red Sea Star'레스토랑(수심 7m, 1999, 이스라엘)

기타 해중 경관 감상과 관련되는 관광잠수정에 대해서는 제5장 크루즈 부분을 참고하기 바라고, 국내의 해양보전 지역 이용 및 관리시에 나오는 해중이용 사례는 제12장을 참고하기 바란다.

제 4 장

해양휴양형 관광활동

본 장에서는 해양휴양형 관광활동중 해수욕장, 바다낚시 등에 대하여 살펴보고자 한다.

1. 해수욕장

가. 현황

바다관광의 3요소(3'S)의 하나인 비치(Sand)의 발달과 더불어 해수욕이 발전하여 왔다. 이러한 해수욕장의 요건은 〈표 4-1〉과 같이 요약될 수 있다. 좋은 해수욕장은 수질이 깨끗하고 백사장이 완경사로 해수욕하기에 안전하며 수온이 해수욕에 적합하여야 한다.

표 4-1 해수욕장의 조건

활동 / 자연조건	해수욕	비고
파도의 상태	파고는 50㎝ 이내가 가장 적당하며, 1m 이상일 때는 위험	파고가 낮아서 위험성이 없음
조류	수영 한계 유속 : 50㎝/sec 수영 주의 유속 : 20~30㎝	관련성이 적다
수온	수영 한계 수온 : 20℃ 이상	
수질	대장균 수가 1,000MPN/100㎖ 이하 또는 유막을 느낄 수 없을 정도, 투시도 30㎝ 이상, pH 7.8~8.3, 바다찌꺼기, 먼지 등의 부유물이 적을 것	심한 제약은 없으나 수질이 좋으면 적합성이 높음
해저상태	진흙과 암석이 없을 것, 입경은 2㎜ 이내의 모래가 적합, 해저 경사는 2~10%가 적당하고, 수영 가능한 수심은 1.5m가 적합	
수제선	길이는 500m 이상이 적절하며, 폭은 1.5m이상	넓고 개방적인 해안이 적당
해양생물	사람에게 유해한 생물이 적을 것	수면이 맑고 바다생물 관측이 용이한 곳
배후여건	배후지에 수림지, 구릉지가 있고 좋은 햇볕과 유입하천이 없을 것	
기온	24℃ 이상일 것	추위를 느낄 정도(10℃)가 아니면 적합, 20℃ 이상이 적합함
천기	맑은 날이 많고 한 여름날이 2주간 이상 지속	맑은 날이 적합함
바람	풍력 5m/sec 이하가 좋음	강풍(10m/sec)은 적합치 않음

자료: 일본관광협회, 「해양성 관광지계획의 안내」, 1987.

참고로 우리나라의 해수욕장 여건은 〈표 4-2〉와 같으며 동해안의 경우 해수욕장이 잘 발달되어 있으나 물이 차고 개장기간이 짧은 편이다. 서해안은 갯벌의 발달로 충남 태안, 보령 등 일부 지역에서만 모래해수욕장이 발달하였고 수온은 다소 높은 편이다. 남해안은 주로 외해에 위치한 도서지역에 해수욕장이 많이 발달하여 다소 이용이 저조한 편이다.

우리나라에는 현재 약 250여 개의 크고 작은 해수욕장이 분포하며, 강원도 92여 개소 등 동해안에 100여 개소가 밀집되어 있고 기타 서해안, 남해안 지역 순이다.

표 4-2 우리나라 해안별 특성과 주요 해수욕장

구분	동해안	서해안	남해안	제주도
특징	– 해안이 완만하나 파도 등 해상여건이 불량 – 수온이 낮고 해수욕 기간이 짧음	– 기후가 온화, 우수한 주변 경관 – 대부분 이용객 수가 많지 않은 소형 해수욕장, 도서에 다수 분포 – 갯벌, 탐조지, 낙조 등 연계가능 – 해수가 다소 탁함	– 해수가 맑고 양질의 모래, 수심이 깊음	–해수가 맑고 기후가 따뜻, 남국풍의 이국적 경관 – 화산해안으로 흑색해안이 대부분임
수심	급경사를 이루어 수심이 깊은 곳이 많은 편임	평균심도는 약 44m의 얕은 바다임	동해안과 서해안의 중간 정도의 수심임	남해안과 비슷한 정도임
모래질	모래, 자갈밭이 많음	규사로 이루어진 고운 백사장이 많음	고운 모래사장이 있는 지역이 많은 편임	고운 백사장 지역이 넓은 편임
조수 간만의 차	작음	큼	동해안과 서해안의 중간 형임	남해안과 비슷한 편임
해수욕장 개수	137개	96개	94개	16개
해당지역	강원, 경북, 울산	경기, 인천, 충남, 전북, 전남	부산, 경남, 전남	제주 전역
운영시기	6월 중순 정도 ~8월 중순	5월 말 정도 ~8월 말	5월 말 정도 ~8월 말	5월 말 정도 ~8월 말
대표적 해수욕장	망상해수욕장 경포해수욕장 화진포해수욕장 맹방해수욕장	송도해수욕장 연포해수욕장 대천해수욕장 변산해수욕장 톱머리해수욕장	해운대해수욕장 몽돌해수욕장 비진도해수욕장 상주해수욕장	중문해수욕장 곽지해수욕장

해수욕장은 대개 백색의 모래, 자갈 등으로 이루어진 해변을 이용하게 되나, 여수 만성리, 제주 삼양리 등의 해수욕장은 흑사로 이루어져 건강욕을 하는 데 상당한 도움이 된다. 또한 거제 학동, 완도 구계등 해수욕장 등은 몽돌로 이루어진 해수욕장이며 제주 우도 해수욕장은 산호로 이루어져 인기가 높다.

해수욕장의 잠재력은 주로 폭과 길이 등에 의해 피크시 수용인원 등 이용 규모가 결정되

며 배후의 송림, 주차장, 화장실, 숙박 등 편의시설의 유무에 따라 시설의 쾌적성과 안락성이 결정된다. 특히 해수욕 시즌에는 모터보트, 바나나보트, 패러세일링 등 수상레저 시설이 인근에서 함께 운영되기도 하며, 이때는 수영객과의 충돌을 막기 위하여 해수면이나 이동공간을 분리 · 운영해야 된다.

해수욕장은 주로 하계 휴가철에 해수욕 등으로 많이 이용될 뿐만 아니라 윈드서핑, 비치스포츠, 경관감상 등 다양한 해양 레크리에이션 활동이 인근에서 함께 이루어지기도 한다. 현재까지는 부산 해운대 해수욕장이 제일 집객력이 높은 해수욕장이나, 도로교통, KTX 개통 등으로 대천, 강릉 경포대 등에 수도권 주민들의 방문이 늘어나 이에 필적하고 있다. 특히 이들 해수욕장은 여름철 이외에도 산책 코스 등으로 이용되는 등 사계절 관광지화 하고 있다.

〈표 4-3〉과 같이 '16년에 연인원 1억명 이상이 해수욕에 참여하고 있고 연간 이루어지는 국내 해양관광 활동 중 대부분이 해수욕장을 중심으로 이루어지고 있어서 해수욕장은 해양관광을 위한 가장 중요한 자원이라고 할 수 있다.

표 4-3 해수욕장 이용객 추이

1998	2008	2010	2012	2013	2014	2015	2016
39,739	87,944	90,830	75,230	87,783	69,555	99,855	103,278

자료: 해양수산부, 주5일 근무제 대책자료, 2002: 2010년 해경 실적 집계 자료(264개 해수욕장): 홍장원 등, "국내 해수욕장 관리, 패러다임 변화 모색 필요", KMI 동향분석 38호, July 2017, p.3

미국의 경우 2000년 총세대의 37%가 해수욕에 참여하고 특히 6천 370만명이 참여하여 8억 8천만 일을 비치에서 보냈다. 캘리포니아의 경우 비치에서 1,260만명이 1억 5천만 일을 보냈고(170억 달러 소비, 37만개의 일자리), 플로리다의 경우 1,520만명이 1억 8천 만 일을 보냄으로써 비치가 연안 주들의 경제에 큰 기여를 하고 있다.[1)]

2016년 집계된 265개소 해수욕장 중 부산,강원,충남 해수욕장 방문객은 전체 방문객의 약 87%를 차지한다. 특히 10대 해수욕장이 전체의 70% 이상을 차지하는 등 관광지로 지정된

1) NOAA, Economic Statistics for NOAA(5th E.), April 2006, p.35

해수욕장이나, 도심에 인접한 해수욕장에 방문객이 집중되고 있다. 계절적으로는 수온이 20℃를 상회하는 7~8월에 해수욕장 방문이 집중되나, 최근에는 해변경관 감상, 해변 · 해양 레저 스포츠 활동, 여가시간 휴식을 위한 친수활동 등 해수욕장을 찾는 목적이 다양해지면서 방문시기가 확대되고 있다. 그래서 일부 지방자치단체에서는 해수욕장의 사계절 이용을 위한 노력의 일환으로 명칭을 '해변'으로 바꾸기도 하였다.

표 4-4 2016년 해수욕장 이용 현황

지역	해수욕장		방문객	
	개수	비중(%)	인원 수(천인)	비중(%)
부산	7	2.7	46,797	45.3
울산	2	0.8	2,243	2.2
강원	92	35.9	24,446	23.7
충남	33	12.9	18,254	17.7
전북	8	3.1	346	0.3
전남	54	21.1	1,544	1.5
경북	25	9.8	5,528	5.4
경남	24	9.4	781	0.8
제주	11	4.3	3,341	3.2
합계	256	100.0	103,278	100.0

주: 2016년 기준, 경기, 인천은 모두 해수욕장 미지정 상태로 통계 산입이 안 됨.
자료: 해양수산부 내부 자료를 이용하여 재구성

표 4-5 해수욕장 방문객 수 기준 상위 10대 해수욕장 현황

(단위: 천 명,%)

2015				2016			
순위	해수욕장명	방문객 수	전체 대비(%)	순위	해수욕장명	방문객 수	전체 대비(%)
1	해운대	16,085	16.1	1	해운대	14,498	14.0
2	광안리	13,108	13.1	2	대천	12,477	12.1
3	대천	9,113	9.1	3	광안리	11,946	11.6
4	송도	7,530	7.5	4	송도	9,480	9.2
5	경포	6,376	6.4	5	다대포	5,924	5.7
6	송정	4,702	4.7	6	경포	5,838	5.7
7	다대포	4,332	4.3	7	송정	4,289	4.2
8	낙산	3,940	3.9	8	낙산	3,726	3.6
9	속초	3,540	3.5	9	속초	3,515	3.4
10	망상	3,361	3.4	10	망상	3,356	3.2
합계		72,087	72.2	합계		75,048	72.7

자료: 해양수산부 내부 자료를 이용하여 재구성(대천, 송도, 다대포는 2015년 대비 상승)

나. 관리제도

2014년 12월부터 시행된 「해수욕장의 이용 및 관리에 관한 법률」(이하 해수욕장법)에 따라 해양수산부는 10년마다 해수욕장 기본계획을 수립 · 시행하고 각 지방자치단체는 관할 해수욕장을 지정 고시하여 관리 · 운영하게 된다. 원래 해수욕장 안전관리지침은 국민안전처(해경), 환경관리지침은 해양수산부에서 주관하여 고시하기로 하였으나, 최근 해경의 부활과 해양수산부 산하기관화 하여 해양수산부가 해수욕장 총괄 주관 부서가 되었다. 아무튼 안전 부문은 해경에서 「해수욕장의 안전관리에 관한 지침」에 따라 안전관리계획을 수립하고 위험성을 평가하며 안전관리요원 배치 및 안전 정보를 제공한다. 반면 환경 부문에서는 「해수욕장의 환경관리에 관한 지침」에 따라 해수욕장 개장 1개월 전후 및 개장 기간 중 격주 1회 이상 수질 조사를 실시하고 백사장은 개장 1개월 전 이내 토양질 검사를 실시해야 한다.

이 해수욕장법에 의거하여 만든 제1차 해수욕장 기본계획은 '즐겁고 안전한 국민 해양휴양공간 조성'이라는 비전 아래, '쾌적하고 안전한 해수욕장 이용환경 구축'과 '해수욕장 기반의 해양레저 · 관광산업 육성'을 목표로 설정하고 있다. 이에 의거, 레저 활동형을 비롯한 테마형 해수욕장 발굴을 유도하고 2025년까지 해수욕장 연간 방문객을 1.5억 명으로, 50만 명 이상 방문 해수욕장을 24개에서 50개로 늘리고자 하고 있다.

현재 시 · 군 및 국립공원 관리공단에 의해 대형 해수욕장과 이보다 작은 일반 해수욕장들이 시 · 군 · 구에서 관리되고 있다.[2)] 즉 시군에서는 시군 조례에 의해 해수욕장을 지정하여 해수욕장 시설을 관리 · 운영하고 있고, 나머지 비지정 해수욕장은 마을 등 지역사회나 민간기관에 의해 임의로 개발 이용되고 있다.

다. 해수욕장의 침식과 수질관리

현재 여러 가지 관리체제의 부실로 일부 해수욕장에서는 모래 유실, 수질 오염 등 심각한 환경문제가 발생하고 있다. 조사된 157개 연안에서 약 59%정도가 침식되고 있어 이중 상당

---

2) 국립공원 내의 해수욕장은 국립공원 관리공단이 관리하고 나머지는 시 · 군이 관리하고 있다

수의 해수욕장에서 모래가 유실되고 있는 것으로 보인다.[3] 해운대, 대천 등 많은 해수욕장에서 인근지역 개발에 따른 해수 흐름의 변화로 모래유실 현상이 발생하고 있어 매년 모래를 매입하여 보충하고 있다. 특히 서남해안에서 건축용 해사를 대량으로 채취함에 따라 상당수의 해수욕장에서 침식이 발생하고 있다. 이에 따라 옹진, 진도 등 일부 지자체는 최근 해수욕장과 연안의 침식 방지를 위하여 건설용 바다 모래나 규사의 채취를 불허하거나 크게 규제하고 있다. 또한 침식 방지를 위하여 상주 해수욕장 등 일부 해수욕장에서는 방사제를 설치하고 지속적으로 모니터링하는 곳도 있다.

부산 해운대와 같이 바닷가에 밀집하여 호텔등 고층 빌딩을 건설할 경우 해풍의 소통을 막아 이것이 해변모래 침식의 원인이 되므로 연안에 밀집된 고층빌딩이나 리조트 개발을 삼가야 한다.

해수욕장에서는 해수수질이 문제가 될 수 있다. 특히 해양수산부는 2013년부터 「해수욕장수질기준운용지침」[4]을 전부 개정하여 전보다 강화된 수질로 관리하고 있다. 현재 지역별로 광역시 · 군도 또는 시 · 군 등 관리권자가 지역 보건환경연구소나 기타 전문기관에 해수욕장 수질조사를 의뢰하여 해수욕장 개장 1개월 전에, 개장기간에 격주로 1회, 폐장 후 1개월 이내 1회 이상 수질을 검사케 하고 있다.

표 4-6 정부 해수욕장 수질기준 개요

항목	내 용
조사항목 및 기준	장구균 100MPN/100ml, 대장균 500MPN/100ml
조사 기간	해수욕장 개장 전 1개월 이내 기간 및 개장기간 동안 격주 간격으로, 폐장 1개월 이내
수질 조사 결과	5지정 10개(3지정 6개)의 시료중 5개(3개) 이상의 시료가 부적합일 경우, 조사를 주2회로 강화하고 이용객에게 공개

자료: 해수욕장수질기존 운용 지침(해양수산부 훈련 제139호, 2013.12.31.)

이외에도 해수욕장에서 해수욕객의 안전을 보장해 주는 시스템의 수립은 해수욕 시즌에 가장 중요한 사안의 하나가 되고 있다. 최근 해수욕장에서는 자격 있는 안전요원의 배치와 구급차 등 구급장비와 구급요원의 배치 등이 중요한 공공적 관리의 대상이 되고 있다. 일부

3) 부산일보, "연안침식 가속화…뒤늦은 대책수립", 2011.10.31. p.55.

4) 해양수산부 훈령 제139호, 2013.12.31

지역 해수욕장에서는 비용 등의 문제로 무자격 안전요원을 활용하고 있거나 미배치되기도 하여 문제로 대두되고 있다. 현재 이들에 대한 정식 교육기관이 없어 단기교육을 통해 배출된 인원을 배치하고 있어 항구적인 양성방안의 수립이 요망된다. 아울러 해상에서의 사고는 해경(海警)이, 육상에서의 문제 대처는 육경(陸警)이 책임지고 있다. 최근에는 해수욕장 중간에서 바깥으로 파도가 치면서 밀려 나가는 이안류(Rip currents)가 여러 해수욕장에서 발생하여 안전에 주의를 요하고 또한, 해파리, 상어등의 유해 생물에 의한 해수욕객의 신체 상해에도 유의해야 한다.[5)]

라. 해외의 해수욕장 관리제도 및 인증제

① 관리제도

주요 선진국의 해수욕장 관리와 관련된 법 · 제도를 살펴보면 해변의 보호와 관리에 초점이 맞춰져 있는 것을 살펴 볼 수 있으며 보호위원회 제도와 관리 기금제도 등이 많이 활용되고 있다.

표 4-7 외국의 해수욕장 관련 법

법 안 명	지 역	주 요 내 용	비 고
해수욕장 환경평가 및 연안건강법	미연방 환경보호청	– 연안 레저 수역 수질평가요소 수립 : 미국의 각 주 – 수질 모니터링 및 평가 후 보고 – 수질 모니터링 및 평가에 대한 보조금 지급 – 연방정부의 매 4년마다 보고서 작성 · 제출	연방법
해변보호 및 회복법	미국 북캐롤라이나 주	– 해변의 보호 및 회복위원회 설립 – 위원회의 전환과 의무 – 해변보호 및 관리계획 수립 – 해변보호 및 복구기금	주법

5) 이러한 이안류는 현재 해운대 등 10여곳 이상에서 일어나고 있다.
이하 〈해수욕장 종류별 인명구조 현황〉

구분	'13	'14	'15
이안류(구조)	546	212	89
해파리(피해)	1,786	624	962

자료: 국민안전처(지자체 합계), 단위 : 명

공공 해변 회복변	미국 캘리포니아 주	– 목적 : 비치의 복원, 개선, 조성 – 공공비치 복구기금 설정 – 기금 사용 사업평가 가이드라인 설정	주법
해수욕장 보호법	호주 퀸슬랜드 주	– 해수욕장 보호위원회의 설립 및 기금 설정 – 연안관리 계획 수립 – 행위제한, 이용 규제	주법
해수욕장 조례	일본 세토나이가이 국립공원	– 지역 설정 – 이용 시설의 운영 – 보호 및 이용 – 신고사항 – 행위 제한, 이용 규제 등	지방 정부조례

자료: 해양수산부, 「해수욕장 및 공유수면 관리제도 개선 방안 연구」, 2002. 12. p.108.

각국의 해수욕장 정책에 관한 사항을 비교하면 〈표 4-8〉과 같다.

표 4-8 국내 · 외 해수욕장 정책 비교

주요사항	호 주	미 국	일 본	한 국
관련 법안	– 연안관리법 – 해수욕장보호법	– 해수욕장 환경평가 및 연안법 – 공공 해수욕장 회복법	– 지방조례	– 시설: 해수욕장 법 – 지방조례 – 해양수산부 지침
관련 제도	– Beach Report – Beach Cleaning	– 해빈침식프로그램 – Beach Cleaning		– 바다청소의 날
관리 · 운영 주체	– 지방정부	– 지방정부 – 주정부	–지방정부 –해수욕장 운영조합	– 지방정부 (시 · 군 관리) –지역해수욕장 관리제
관련정책 유무	있음	있음	없음	없음
관련 위원회	– 해수욕장 보호위원회	– 해변보호위원회	마리나 및 해수욕장 협회	없음
개발의 유형	– 보존 · 관리 중심	– 보존 · 관리 중심	– 인공개발 중심	– 이용 · 개발
이용행태	– 공공오픈스페이스 – 해상레저 활동중심	– 공공오픈스페이스 – 해상레저 활동중심	– 피서지 – 해수욕 중심	– 피서지 – 해수욕 중심
이용기간	– 4계절형/여름철형	– 4계절형/여름철형	– 여름철형	– 여름철형

자료: 해양수산부, 전게서, p.116.

이러한 정책의 시사점은 다음과 같다.

미국이나 호주 같은 선진국에서는 정기적으로 해수욕장의 관리 실태를 파악하기 위해 EPA(Environment Protection Authority)와 같은 정부조직 및 NGO와 협력하여 법적인 근거 마련을 통해 Beachwatch 및 Beach Report 등을 작성하도록 하고 있다. 이를 통해 해당지역의 해수욕장들의 수질 및 쓰레기처리 등 환경과 관련한 다양한 감시 · 모니터링 기능을 수행함으로써 해수욕장의 환경을 쾌적하게 관리할 수 있게 되었다.

또한 해수욕장과 관련한 다양한 법률이 마련되어 있어 해수욕장 수질환경 및 그 밖의 여러 가지 환경적인 문제점들에 대하여 적절한 규제를 할 수 있는 근거가 마련되어 있다.

아울러 해수욕장 주변지역 및 배후지의 토지이용에 대해 미래지향적인 토지이용계획이 수립되어 있어 연안레저 공간의 난개발을 방지할 수 있도록 철저한 사전계획을 유도하고, 해수욕장 이용객의 동선 흐름에 따라 적절한 시설배치가 이루어질 수 있도록 공간 어메니티(Amenity)를 중요한 요소로서 반영하고 있다.

외국의 해수욕장 관리제도를 보면 먼저 미국은 해수욕장의 수질관리에 중점을 두고 있다. 그래서 2000년 연방 국회의 승인을 얻어 연안 수질 개선 및 기타 다른 목적을 위해 연방수질오염 방지법(The Federal Water Pollution Control Act)을 수정하여 해수욕장 환경평가 및 연안건강법(Beaches Environmental Assessment and Coastal Health Act of 2000, 일명 Beach Act)을 제정하였고, 이에 따라 체계적이고 효과적인 해수욕장 수질관리를 위한 시스템을 구축하였다. 미국은 이 법에 의거하여 해수욕장 수질 모니터링 프로그램을 시행하고 그 결과를 대중에게 통보하여 이용에 차질이 없도록 하고 있다. 이를 위해 연간 3,000만 달러가 연안주(沿岸洲)에게 교부되도록 하고 또한 미환경청(EPA)의 예산을 해수욕장 사업 교부금으로 사용 가능토록 하고 있다. 이외에도 각주에서는 아래와 같이 자체 해수욕장 관리법안이나 프로그램을 제정하여 시행하고 있다.

- 일리노이 주 : Swimming Pool and Bathing Beach Act
- 매사추세츠 주 : An Act Creating Minimum Standard for Public Bathing Waters
- 캘리포니아 주 : Beach Erosion Control(Program)

- 플로리다 주 : Beach and Shoreline Act
- 노스캐롤라이나 주 : Beach Preservation & Restoration Act

기타 호주, 아일랜드 등 세계 각국에서도 해수욕장의 보존 및 관리를 위한 각종 법안들을 운영하고 있다.

② **인증제도**

선진국들에서 사용하고 있는 인증제도는 대부분 1년 단위로 인증프로그램을 운영하고 있으며 정부가 업무를 위임한 인증업체로서 환경단체나 비영리법인이 중심이 되어 운영하고 있다. 그리고 일본이외의 국가에서는 인증 심사시 별도의 인증비용을 받고 있다.

이러한 인증비용에는 수속, 현장답사 및 평가, 피드백 등 조사 및 자문비용과 함께 인증 깃발, 스티커, 소형책자, 증명서, 로고 홍보비용까지 포함되어 있는 것이 특징이다.

유럽에서는 Blue Flag Program, 호주 Clean Beach Challenge, 미국에서는 Blue Wave Award 시스템 등의 인증 프로그램을 도입하여 매년 일정한 수준에 도달한 해수욕장에 대하여는 인증 깃발을 꽂아주는 등 인증시스템을 운영하고 있다. 이를 통하여 관광객들은 인증해수욕장을 찾아 안심하고 해수욕을 즐길 수 있게 되었다. 해수욕객들의 해수욕장 선택에 도움을 주면서 해수욕장의 질적인 향상을 도모하기 위한 것이 해수욕장 인증시스템 도입의 목적이라 할 수 있다.

표 4-9 해수욕장 인증제도 운영국 현황

구분	관리운영제도	운영주체	형태	인증기간
미국	Blue Wave Award	비영리법인	인증제	1년
일본	쾌적 해수욕장 (해수욕장 100선)	정부 (환경성)	인증제 / 등급제	• 1차: 1998년(55선) • 2차: 2001년(88선) • 3차: 2005년(100선)
유럽 (영국 포함)	Blue Flag Program	환경단체	인증제	1년
영국	Seaside Awards	환경단체	인증제	1년
호주	Clean Beach Challenge	환경단체	인증제	1년

영국은 Blue Flag Program 이외에 별도로 Seaside Awards 제도를 인증제도로 운영하고 있다. 호주는 Keep Australia Beautiful이라는 프로그램 하에서 Clean Beach Challenge라는 해수욕장 프로그램 운영 중임.
자료 : 해양수산부, 「해수욕장 유형별 관리 · 평가 모델 개발 연구」, 2006.5.

한편 미국이나 유럽, 일본에서 운영하고 있는 인증제도에는 정부차원의 재정적 지원이나 포상 등 직접적인 보상은 없으며 각종 홍보매체를 통한 간접적 지원만이 이루어지고 있다. 하지만 지방자치단체나 지역 상공회의소 등에서는 국가적 또는 주정부적 차원의 홍보가 타 지역과 해변에 대한 차별성과 우수성을 입증하는 광고수단이 되며 궁극적으로는 관광객에 대한 흡인력을 높여 지역경제에 활성화에 큰 도움이 되므로 국가 인증을 받으려고 노력하고 있다.

인증제 도입에 있어서는 〈표 4-10〉와 같이 환경 관련 요인과 안전성, 편리성, 교육, 어메니티 등이 가장 중요한 요인으로서 이러한 인증제 도입으로 해수욕장의 전반적인 관리체제 확립 및 질적 향상, 국민에 대한 안전한 여가활동 공간제공 등이 가능케 된다. 이러한 제도가 아직 없는 우리나라에서도 적극적으로 해수욕장 인증제를 도입할 필요성이 있다.

표 4-10 각국의 해수욕장 인증제도 평가항목 비교

구분	미국	일본	유럽	호주
관리 운영 제도	Blue Wave Award	쾌적 해수욕장 (해수욕장 88선)	Blue Flag Program	Clean Beach Challenge
주요 평가 항목	– 수질 (Water Quality) – 해빈 · 조간대 – 안전성 – 서비스 · 유지관리 – 서식지 보전 – 정보 · 교육 – 침식관리	– 수질 및 경관 – 환경에 대한 배려 및 대처 – 안전성 – 편리성 – 다양성	– 수질 – 환경교육 및 정보 – 환경관리 및 시설	– 깨끗한 해변 – 자원관리 및 폐기물관리 – 쓰레기방지 –친절한 해변분위기 관리 – 젊은이 참여 –지역사회의 참여 행동 – 환경보호
평가 방법	– Clean Beach Council에서 신청된 해수욕장에 대해 평가기준에 부합되는 경우 인증서 부여 – 인증을 받지 못한 경우에는 인증을 받을 수 있도록 컨설팅	– 수질과 최소이용규모를 충족시키는 해수욕장을 대상으로 평가하며, 일반해수욕장, 도서지역 해수욕장,호수와 늪 · 하천의 해수욕장을 구분하여 평가	– 해수욕장의 하수처리와 유영수질기준을 만족시키는 경우, FEE에서 인증하는 방식	– Keep Australia Beautiful(비영리기관)에서 평가항목에 부합하는 해수욕장에 대해 인증하는 방식

자료 : 해양수산부, 「해수욕장 유형별 관리 · 평가 모델 개발 연구」, 2006.5, pp.275~276.

〈그림 4-1〉 Blue Wave Award를 수여받은 미국 플로리다주 마이애미 해수욕장과 인증관련 표지판들(1998~2005)

〈그림 4-2〉 해수욕장의 배후시설 (프랑스 남부 랑독 루시옹 몽펠리에 해변지역)

2. 바다낚시

가. 현황

삼면이 바다로 둘러싸인 우리나라에서는 사계절을 통해 바다낚시를 즐길 수 있으며, 한 설문조사에 따르면 바다낚시 동호인이 '04년에는 전국에 약 195만 명(민물 378만명)이 있었던 것으로 추산되고 있어 해양관광 중 해수욕 다음으로 많은 관광객이 참여했었다.[6] 이어 바다낚시 어선을 이용한 승객은 2010년 225만명, 2016년 343만명 등으로 매년 8.8%씩 증가했다.[7]

표 4-11 낚시 참여객 수 변화

년도	'95	2000	2004	2010	2016	비고
총참여객(만명)	325	500	573	652	767	
바다낚시(만명)			195	225	343	이용 선박은 주로 유도선이나 바다낚시선

자료: 농림수산부, 바다낚시 대책자료, 2012.3.28., http://afishing.com/fbbs/207227 (2018.11.6.) 및 서울파이낸스, 2018.01.03. ('16자료)

한국수산회 집계에 따르면 2016년 민물 및 바다낚시 인구는 767만명, 시장 규모는 7000억 원 내외로 추산되고 낚시용품 수출액은 1098억 원, 수입액은 1002억 원가량 되고 2014년 기준 낚시용품 국내 생산액은 2116억에 달하는데[8] 이 생산액은 더 늘 것으로 예상된다. 이처럼 낚시 관련 시장이 점차 커지고 있지만 수출액은 2003년 1,289억원을 정점으로 줄어들고 있는 반면 수입액은 같은 기간 377억원에서 1,002억원으로 3배가량 증가했다. 국내 생산업체 수는 180개에서 59개로 3분의 1로 줄었다.

6) 농림수산식품부, 「2010농어업, 농어촌 및 식품산업에 관한 연차 보고서」, 2011.9. p39.

7) 강승철(Sea&), 미래의 블루오션 해양레저산업, 2011.8.8 : 조선일보. 2017.12.7.

8) 서울파이낸스, 2018.1.3.

표 4-12 낚시 및 용품 업체 현황

구분	2003	2014	2016	비고
수출액(억원)	1,298		1,098	
수입액(억원)	377	770	1,002	
생산액(억원)	2,390	2,116		
업체수	180	59	59	

자료: 서울파이낸스, 2018.1.3. 및 2018.7.30

따라서 현재 낚시 관련 시장에서는 외산업체들이 득세하고 있는데 특히 바다낚시 용품의 경우 외산 제품들이 국내 시장을 잠식했다. 바다낚시 용품 중 가장 중요한 낚싯대와 릴은 다이와(DAIWA)와 시마노(SHIMANO)등 일본 브랜드가 독보적인 위치를 차지하고 있다. 봉돌(추), 낚싯줄 등 소모품들은 가격 경쟁력에서 우위를 점하고 있는 중국산 제품들이 대부분이고 심지어 미끼로 쓰이는 갯지렁이도 중국산이 들어온다고 한다.

바다낚시에 따른 수산 자원 훼손도 염려되고 있다. 일본의 경우도 대표적 연안어종인 돔류의 경우 이미 레저낚시에 의한 어획량이 상업적 어업의 어획량을 훨씬 넘어섰다고 한다. 그리고 미국의 경우도 이미 레저낚시가 어업자원 감소에 지대한 영향을 미치고 있는 것으로 나타나고 있다. 특히 멕시코 만에 있어서는 레저낚시 어획량이 전체 어획량의 약 64%를 차지하고 있어 자원관리의 초점이 레저낚시에 보다 더 집중될 정도로 레저낚시업이 성업중이다. 이에 따라 바다낚시에 있어서는 1회당 어획 마리 수 및 체장(어류 몸체 길이) 규제 등이, 그리고 내수면 레저낚시에 있어서는 낚시면허 등 철저한 규제가 시행되고 있다고 한다. 우리나라의 경우 상업어업을 포함, 전체어획의 12.9%를 바다낚시로 어획 하는 것으로 나타나고 있다.[9)]

우리나라에서도 2011년「낚시관리 및 육성법」(이하 낚시어선법)이 통과되어 낚시제한 기준, 유해 낚시 도구 금지, 관련 업체 육성, 사업자교육 등 각종 시책이 시행되고 있다.[10)]

바다낚시는 어자원이 있으면 어느 해역에서나 즐길 수 있으나, 다음과 같은 자연조건을

---

9) 조선일보 2017.12.7.

10) http://www.bragnrelease.com/forum/forum_posts~TID~239.htm, 2015.5.18

갖춘 지역이 많이 이용되고 있다.

- 첫째, 바다낚시의 대상이 되는 어족자원이 특별히 풍부한 지역일 것
- 둘째, 바다낚시객의 안전을 위협할 정도로 파도나 풍속이 세지 않은 지역일 것
- 셋째, 해면의 어자원 서식지까지 접근하기 손쉬운 지형이거나 해면으로의 돌출부가 있을 것

참고로 지역별 어획 대상어종은 [그림 4-3]와 같으며 지역마다 다소 차이가 난다.

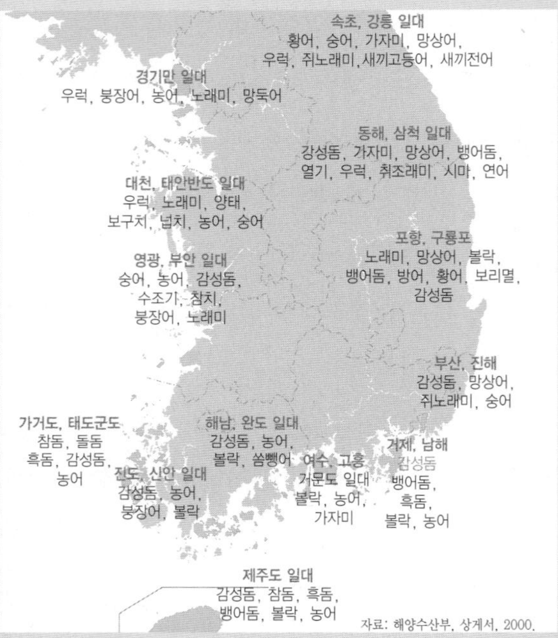

〈그림 4-3〉 지역별 바다낚시 대상 어종

나. 바다낚시의 종류

민물과 바다를 포함한 낚시의 종류는 〈표 4-13〉와 같다.

표 4-13 낚시의 종류

구분		내 용
민물 낚시	붕어낚시	· 잉어과의 한 종류인 붕어를 낚는 낚시 · 미끼: 주로 떡밥과 지렁이를 사용
	잉어낚시	· 민물고기 중에서 크기가 비교적 대형의 어종인 잉어를 낚는 낚시 · 미끼: 떡밥, 어분 등을 사용
	향어낚시	· 수입어종인 일명 이스라엘잉어인 향어를 낚는 낚시 · 미끼: 어분을 사용
	견지낚시	· 흐르는 물에서 밑밥으로 물고기를 유인하여 낚는 낚시
	루어낚시	· 인조미끼를 이용하여 육식성 고기를 낚는 낚시로, 외국에서 유래 · 가짜 미끼를 사용하여 물고기를 유혹하여 낚는 낚시로 가짜 미끼는 주로 금속, 나무, 플라스틱, 실리콘, 털 등으로 만듦 · 루어의 다양한 형태나 움직임, 소리 등을 이용하여 물고기를 유인함
	플라이 낚시	· 날벌레 등의 모습을 한 인조로 만든 미끼로 물고기를 낚는 낚시 · 루어낚시와 마찬가지로 외국에서 유래된 낚시
바다 낚시	소형 갯바위 낚시	· 망상어, 볼락, 학공치, 바다빙어 등을 작은 갯바위 위에서 낚시하는 방법 · 초심자나 노약자도 쉽게 즐길 수 있는 낚시방법으로 단순 · 주요장비: 바다용 민낚시대에 외바늘 고정찌
	방파제 낚시 대형 갯바위낚시	· 방파제는 밀려오는 파도나 조류를 막기 위한 제방으로 고기가 은신할 수 있는 틈이 많고 먹이가 많이 유입되어 인공 갯바위격의 매우 좋은 포인트가 형성됨 · 방파제의 밖에는 조류에 의해 운반된 사질대가 있어 띄울 낚시뿐만 아니라 맥낚시, 던질낚시, 배낚시 등 거의 모든 바다낚시가 가능 · 남해안이나 제주도 등지의 섬의 갯바위에서 대형급의 방어, 참돔, 돌돔, 흑돔 등을 낚는 낚시 · 장비도 대형급으로 돌돔이나 흑돔의 경우 돌돔전용의 낚시대를 사용하기도 하지만, 초대형급은 갯바위용 4호 릴대와 5호 릴대를 사용하고 릴은 파워 위주의 캐스팅 릴을 사용함
	트롤링 낚시	· 배를 느린 속도로 달리면서 물 속에 늘어뜨려 끄는 베이트로 고기를 낚는 낚시방법 · 배 끌낚시격인 트롤링의 대상어는 거의 난류성 표층회유어이기 때문에 우리나라에서는 주로 제주도 연근해에 주로 대형급 포인트가 형성 · 주요대상어는 재방어, 상어, 삼치, 만새기, 방어, 부시리, 가다랭이, 점다랭이, 줄삼치 등이 있고 어류에 따라 트롤링의 속도가 달라짐 · 주요장비: 트롤링 로드는 IGFA 공인을 받은 해당 태클을 사용하면 되는데, 릴을 PEN사나 ABU사의 태클을 사용함
	바다낚시공원	· 양식장 낚시 · 해상 구조물 낚시: 피어식 · 해상 부유식 낚시: 바지식

자료 : 정석중 외, 「해양관광론」, 2004, pp.309~312의 내용을 필자가 정리함.

우리나라에서 바다낚시 장소를 보면 바닷가 갯바위, 항만 및 어항 지역의 방파제 등이 주요 낚시 장소로 많이 활용되고 있다. 또한 어선 중에서 바다낚시가 가능토록 낚시어선법에 의해 등록된 바다낚시 어선(일명 유어선)을 이용한 낚시가 우리나라에서 많이 활용되고 있

〈그림 4-4〉 프랑스 지중해의 낚시 전용선 (외부에 낚시의자, 내부에 주방, 휴게실 완비)

다. 또한 수산업법에 의해 어류 양식장 등에서 유어장 지정을 받아 낚시터로 제공하기도 하나 그 숫자는 그리 많지 않은 편이다(제8장 참조 요망)

낚시어선법에 의하여 허가를 받은 낚시 어선은 전국에 '16년 말에 4,500여 척을 기록하고 있다. 그러나 어선을 거의 그대로 이용해야 하기 때문에, 화장실 등 편의시설 등의 부족으로 장시간 낚시를 즐기는 데 불편한 점이 많다. 이를 보완하기 위하여 경기도 등 일부 시도에서는 요트형에 가까운 바다낚시 전용선 건립을 지원하여 편리하고 안락하게 바다낚시를 즐기게 하는 경우도 있다. 또한 「유선 및 도선에 관한 법」에 의한 운항허가를 받은 유선을 이용자 중에서 상당 수가 바다낚시를 즐기기도 한다.

해양수산부에 따르면 '16년 바다낚시를 즐긴 사람은 343만 명이고, 민물포함 전체 참여자는 760만 명을 돌파하였다. 그러나 2015년 추자도 돌고래호 사건(20명중 15명 사망), 2017년 영흥도 선창1호(9.77t, 22명중 15명 사망) 등 크고 작은 각종 사고가 잇따르고 있어 대책이 요구되고 있다. 특히 해양경찰청에 따르면 2016년 전국에서 853건의 낚시어선 불법 행위가 적발되었고 이 적발 건수는 2014년 112건보다 7.6배나 폭증했다.[11] 구명조끼 미착용 178건, 영업(제한) 구역 위반 115건, 입 · 출항 미신고 63건, 승선 정원 초과 40건 등 순으로 안전에

11) 중앙일보, 2017.12.3

대한 강화와 제도적 보완이 크게 요망되고 있다.[12)]

현재 낚싯배는 대부분 소형이고 어업인들의 생계와 연관돼 있다 보니 관련 규정은 느슨하다. 85%를 차지하는 10t 미만의 낚싯배는 지자체에 신고만 하면 낚시업이 가능하고, 선원 승무 기준도 1명이다. 최대 22명의 승원이 가능해 수십명의 손님을 1명의 선원이 상대하는 실정이다. 따라서 안전상 승선 정원의 감축이나 선원의 증대가 요청된다. 또한 인천시 영흥도에서 출항한 선창1호의 경우 일출 전에 출항하여 어두워서 전방이 안 보여 사고가 난 것으로, 지난 돌고래 사건 후 경기, 충청은 일출 후 출항토록 조례가 개정되었다.[13)] 따라서 지자체마다 출항 시간에 대한 조례 규정이 다르니 낚시꾼들은 일출 전 출항이 가능한 지역으로 몰릴 수밖에 없어 사고로 인한 인명피해 위험은 더 클 수밖에 없다. 특히 어가소득이 감소하면서 관광객들을 모아 낚시어선을 띄우는 것을 주수입원으로 삼는 일부 어업인들이 무리하게 출항을 결정하는 경우도 있어 사고 위험이 높아지기도 한다.

다. 바다낚시 시설

기존의 바다낚시는 주로 남성 위주로 이루어져 왔으며 주5일 근무제 도입 등으로 가족 위주의 주말 여가 문화가 정착되어 가족 중심 비율이 크게 늘어 날것으로 예상된다. 이 경우 기존의 갯바위, 방파제, 도서 등 다소 위험한 지역에서의 낚시는 지양되고 보다 더 안전하고 쾌적한 바다낚시가 요구된다. 이 경우 늘어날 수요는 주로 유료 바다낚시터나 해상낚시 공원 등으로 예상된다.

유료 바다낚시터는 해상의 가두리 양식장을 이용하거나 해상에 띄운 부유식 낚시 시설이 이용될 수 있다. 현재 일부 지역에서 해상 양식장을 수산업법 제55조의 허가를 받아 바다낚시를 위한 유어장으로 쓰고 있으나 수요지에서 멀리 떨어진 곳이 많고 일반인들의 인식이 낮아 수요가 적어 채산성이 떨어지는 곳도 많은 것으로 알려지고 있다.

반면 [그림 4-5]과 같이 해상의 부유식 구조물을 띄워 하는 부유식 낚시터는 어촌계 등

12) 경인일보, 2017.12.8.

13) NEWIS, 2017.12.12.

에서 많이 운영하고 있는데 일부 어촌에서는 상당한 호응을 받고 있다. 부유식 낚시시설은 낚시가 잘 되는 내만 등 파도가 없고 안전한 수면 위에 설치되어야 한다. 이 부유식 시설 위에는 컨테이너 등을 이용한 건물을 세워 화장실, 장비실, 수면실 등을 갖추어 안전성과 편의성이 제고되고 있어 야간 낚시 등에도 이용될 수 있어야 한다.

〈그림 4-5〉 전남 장흥 해상낚시시설(사진 위: 부유식, 사진 아래: 잔교식)

자료 : 전남 장흥군 홈페이지

해상낚시 공원은 이와는 달리 육지와 연결된 바다 위에 파일을 박아 건설된 잔교식 시설로서 바다낚시와 해상 경관 감상이나 산보가 가능토록 조성된 시설이다. 일본에서 많이 건설되어 이용되는 이 시설은[14] 안전성이 높아 주로 가족단위 낚시나 해상 산보에 많이 활용되고 있다. 해상에 파일을 박지 않는 부유식은 파도에 의한 유동이나 태풍 등의 재난시 안정성이 떨어져 파도가 다소 있는 곳에서는 파일을 이용한 고정식 잔교가 많이 이용된다.

[그림 4-6]과 같이 일본 코베의 잔교식 바다낚시 시설 위에는 입장료를 받는 출입구, 낚시 도구나 간단한 식음료를 파는 매점이 운영되고 있다. 또한 주변에 인공어초를 투하하고 양식장을 조성하여 바다에서 고기가 많이 몰리도록 하고 어류 생태도 체험케 하는 등 다목적 낚시 시설로 조성되고 있다. 이 시설은 안전하게 낚시를 즐길 수 있어 가족 단위의 행락객들이 많이 이용하는 시설이다.

14) 현재 일본에 40개소의 해상바다낚시 공원이 조성되어 운영되고 있고 국내에서는 울진, 통영 등에 있다.

〈그림 4-6〉 일본의 코베시 교외 잔교형 해상낚시공원

(A: 공원안내도, B: 공원의 해상 모습)

이러한 해상잔교가 낚시목적을 포함하여 위락시설, 레스토랑, 상점 등 다목적 용도로 변하면 시설 규모도 커지는데 이 경우는 해상 종합공원의 형태를 가지므로 제6장의 위락형 해상잔교에서 다루고자 한다.

이들 공원형 잔교시설들과 방파제 등의 항만시설활용형 낚시의 적지를 비교하면 〈표 4-14〉와 같다. 낚시잔교의 경우 바다의 정온성이 높고, 안전하며 배후지에 주차장 등의 확보가 가능한 지역이 좋다.

표 4-14 바다낚시 시설별 작지 선정 요소

○표: 적합, ×표: 부적합

시설명칭 / 적지선정 이유	낚시전용 잔교형	방파제 등 항만시설 활용형
기존의 낚시 포인트	○	○
바다가 연중 정온하다	○	×
거친 날씨가 적다	○	×
넓은 주차장의 확보 가능	○	×
레크레이션 관련시설이 근접	○	×
교통진입이 좋다	○	×
해역이용의 경쟁이 적다	○	×
풍경에 특징이 있다	○	×
해저지형이 험준하지 않다	○	×
바다가 연중 깨끗하다	○	○
조위 차가 작다	○	×
해조가 서식하기 쉽다	×	○

자료: 정석중 외, 전게서, p.319.

인위적으로 조성되는 이들 바다낚시 공원시설에는 대체로 기본시설, 안전시설, 서비스시설 등이 구비되어야 한다.[15] 〈표 4-15〉와 같이 바다낚시 공원시설의 도입 기능은 기본 기능 시설에는 관리, 게이트, 주차장, 낚시터 및 기타시설 등이 있고, 안전기능시설에는 방송시설, 전락구호시설, 사인간판 및 기타시설 등이 있다. 서비스 기능시설에는 조리시설, 매점이나 음식점, 물품대여점, 전망휴게시설 등이 있고, 마지막으로 어업진흥기능으로 물고기 쉼터를 위한 해조류를 기르는 해중림이나 인공어초가 조성된 구역, 축양시설 등이 있다.

표 4-15 바다낚시 공원시설의 도입 기능

도입기능	시설명칭	부속설비	공간 제공형	서비스 제공형
기본기능	관리동	요금소, 사무실, 회의실, 화장실	○	○
	게이트	폐쇄시의 진입금지용(자물쇠 잠금기능 부착)	○	○
	주차장	게이트, 조명, 자전거보관소, 녹지, 광장	○	○
	낚시터	접근통로, 조명, 쓰레기통	○	○
	기타시설	식수장, 세면장, 화장실	○	○
안전기능	방송시설	감시탑, 스피커, 비상전화	○	○
	전락구호시설	구명의, 로프, 사다리, 구명조끼, 구명보트	○	○
	사인간판	시설안내도, 주의사항	○	○
	기타시설	소화기	○	○
서비스기능	조리시설	취사설비(전기 · 가스 · 수도 설비부착)	△	○
	매점 · 음식점	스낵, 커피숍, 자판기, 공중전화, 매점	△	○
	물품대여점	낚시도구 대여점	△	○
	전망 휴게시설	전망대, 산책통로, 벤치	△	△
어업진흥기능	해중조어장	낚시터, 가두리망	△	○
	축양시설	가두리망	△	△
	어초		△	○

주) ○표: 적어도 구비되어야 할 기능
△표: 가능하면 구비되길 바라는 기능
자료: 정석중 외, 전게서, pp.319~320.

라. 향후 방향

현재 바다낚시 활동 시 떡밥 등이 많이 사용됨으로써 바다를 오염시키거나 낚시 추로 쓰이는 납의 해양투기로 중금속 오염 가능성이 높아져 문제가 되었다. 그러나 2011년 「낚시

15) 정석중 외, 전게서, 2004, p.318.

관리 및 육성법」이 제정되면서 이러한 문제들이 관리되기 시작했다. 최근에는 자원의 남획 문제를 막기 위하여 선진국과 같은 낚시 면허제 도입도 정부 차원에서 검토되어 왔다.

미국 유럽 등 서구 선진국은 낚시면허제 운영 현황을 살펴보면[16] 먼저 목적은 수산 자원을 보호하고 면허 수입을 통해 주정부 수입도 늘리기 위해서다. 미국은 민물 · 바다낚시 면허제를 활용한다. 무면허로 낚시하다 적발될 경우 최소 250달러의 벌금을 내야 한다. 면허 비용은 천차만별이다. 1~14일 등 단기면허는 물론 700달러가 넘는 평생면허도 있다. 불법 낚시를 할 경우 면허가 정지되기도 하고 면허 정지 기간에는 면허를 살 수 없다. 플로리다 주에서는 불법 낚시를 감시하는 순시선도 운영하고 있다.

캐나다의 낚시면허증은 바다낚시와 민물낚시를 구분해 발급된다. 낚시를 하려면 우선 국세 7%가 포함된 3년짜리 낚시카드를 구입한 뒤 바다낚시 면허 혹은 민물낚시 면허를 추가로 사야 한다. 호주와 뉴질랜드도 낚시면허제를 실시 중이다. 뉴질랜드의 경우 하루 어획량과 크기, 낚시도구까지 철저히 규제(바다낚시)하고 있다. 낚시감시인들이 불법 낚시를 감시하는 제도도 있다.

이들 국가가 낚시 면허로부터 얻은 수입은 대체로 어족자원 방류 · 증식사업에 사용된다. 낚시 문화 발전을 위해 쓰는 곳도 있다. 미국은 낚시용품에도 10%의 물품세를 부과해 연간 3000만달러의 수입을 얻는데, 이 중 80%는 연방정부 수입으로 들어가고 나머지 20%는 낚시 연구와 공공교육을 위해 쓰인다.

이와 같이 미국, 캐나다 등 약 22개국에서 수질환경보존과 자원보호차원에서 돈을 내고 면허증을 사야만 낚시가 가능한 낚시면허제를 실시하고 있으나, 일본, 중국 등 동양권에서는 아직 실시하고 있는 나라가 없다.[17] 낚시면허제도가 도입되면 앞의 문제점을 줄이면서 낚시터에 안전시설과 각종 편의시설 설치로 쾌적한 환경에서 낚시를 즐길 수 있음은 물론, 그간 자원 이용을 둘러싸고 일어난 낚시인과 어업인간의 갈등조정도 가능해질 것으로 기대된다. 그러나 면허제 도입시 기존 바다낚시 활동자들의 반대가 예상되어 이의 취지를 잘 설

16) 한국경제, 2013.11.22.

17) 해양수산부 내부자료.

명하는 등 홍보활동이 우선되어야 할 것이다.

이외에도 해양휴양형 관광활동에 갯벌체험 등이 있으나 이는 제9장의 생태관광 분야에서 별도로 다루고자 한다.

제 5 장

유람형 관광활동

본 장에서는 유람형 관광활동중 국제크루즈, 연안크루즈, 해중크루즈 등에 대해 살펴보고자 한다.

1. 국제크루즈 관광

가. 정의

켄델(Kendell)은 해상유람(일명 크루즈, Cruise)을 위락을 추구하는 여행자에게 다수의 매력적인 항구를 방문하도록 하는 해안항해로, 여객수송보다는 순수관광 목적의 선박여행으로 숙박, 음식, 위락 등 관광객을 위한 시설을 갖추고 수준 높은 관광상품을 제공하면서 수려한 관광지를 안전하게 순항하는 여행으로 정의하고 있다.

〈그림 5-1〉 초호화 크루즈선인 'Oasis of the Seas'(로열캐리비언 크루즈사)

제원: 총 중량 22만톤, 승객 5400명, 승무원 2165명, 속도 20.2노트, 길이 340m, 폭 47m

크루즈 관광은 숙박, 식음료, 위락시설 등의 각종 시설을 갖춰 관광객에게 수준 높은 선내 서비스를 제공하고, 여러 관광지를 기항하면서 관광자원을 접하는 선박관광이다.[1)] 즉 크루즈는 반드시 출발지에서 떠나 출발한 후 다시 출발지로 돌아와 승객을 하선시키게 된다. 그래서 단순히 승객이 출발지에서 목적지까지 이동하기 위한 교통시설로 이용되는 일

1) 이상춘 외, 「해양관광의 이해」, 2004, p.124.

반 여객선(페리선)과 성격이 전혀 다르다. 전체 여정 자체가 '위락'을 목적으로 숙박, 식사, 음주, 오락시설 등 관광객을 위한 각종 편의시설을 갖춰 놓고 수준 높은 서비스를 제공하면서 출발지에서 경유지를 지나 다시 출발지로 되돌아 오는 여행이다.

크루즈관광은 각종 여행상품 중에서 관광객들에게 가장 큰 만족을 줄 수 있는 완성도 높은 여행상품이다. 비용측면에서는 비교적 고가의 경비를 요하므로 여행사의 수익도 높고, 정박하는 지역에 경제적인 기여도가 높은 상품으로 부가가치 창출효과가 높아 세계 각국이 관심을 가지고 있다.

크루즈관광은 1800년대 말 정기여객항로에 사용되었던 대형 여객선을 비수기에 운항요율을 제고하기 위해 유럽지역의 일부 부유층을 대상으로 지중해에 투입한 것이 계기가 되어 시작되었으며, 이때의 이용자는 일부 부유 계층에 국한되었다. 크루즈에 대하여 보다 자세히 살펴보면 다음과 같다.

나. 크루즈 관광의 종류와 특징[2)]

크루즈는 국내 연안에서의 연안크루즈, 국제수역을 항행하는 국제크루즈로 대별된다.

운항유형별 분류는 다음과 같다.

- 항만크루즈(Harbor Cruise) : 50~100개 좌석, 항만 내 및 주변 운항
- 도서순항크루즈(Island Cruise) : 2~3일, 해양스포츠 수반
- 파티크루즈(Party Cruise) : 개인이나 단체의 요구에 따라 전세형태
- 레스토랑크루즈(Restaurant Cruise) : 식사, 음악, 영화 등 제공
- 장거리크루즈(Leisure Cruise) : 대형선박 보유한 관광회사가 장거리 운영
- 원양크루즈(Ocean Cruise) : 세계적인 호화유람선

이중 장거리크루즈, 원양크루즈 등은 주로 국제간 크루즈이고 나머지는 주로 자국 내 연안크루즈이다. 여기에서는 먼저 국제 크루즈(이하 크루즈)를 대상으로 살펴보고자 한다.

---

2) 한국해양연구소, 상게서, p.130.

크루즈 관광은 여객이나 화물의 수송목적이 아닌 순수한 유람을 목적으로 하고, 선박 규모가 일반적으로 대형이며, 훌륭하고 고급스러운 편의시설을 구비하여 정기적 · 부정기적으로 운항된다. 낮 시간은 새로운 기항지에서의 새로운 경험, 즉 미지의 세계를 관광하게 되며, 밤에는 선내의 각종 위락 · 편의시설을 즐길 수 있다. 또한 대형 선박일수록 각종 편의시설이 많이 구비되어 운항기간이 짧게는 수일, 길게는 수개월의 장기간 여행으로 구별될 수 있는데 그 특징을 소개하면 다음과 같다.

1) 시간활용의 효율성

낮에는 각 기항지를 돌면서 새로운 세계를 탐험하고, 밤에는 선내에서 각종 시설들을 이용하여 레크리에이션 및 쇼 관람 등 즐거운 시간을 보내며 고객 취침시 이동하게 되어 크루즈 시간의 효율적인 이용이 가능하다.

2) 다양하고 적절한 가격

호텔 수준의 식사와 선내시설, 세계각국의 쇼와 이벤트, 최고급 시설의 해상스포츠를 저렴한 비용으로 즐길 수 있다. 여행의 수준과 서비스의 질에 비한다면 가격이 상대적으로 저렴한 편이다.

3) 최고의 안전성 보장

크루즈는 선내에 외부인의 출입이 금지되고 선박 자체가 기존 화물선보다 공간적으로 넓게 제작되어 보다 편안하고 안전하게 여행을 즐길 수 있도록 되어 있다.

4) 세계적인 다양한 먹거리 제공

여행에서 잊을 수 없는 즐거움은 먹거리이다. 크루즈의 만찬은 최고의 요리사들이 준비한다. 프랑스, 미국, 이탈리아 등 세계 각국의 별미가 나오기도 하고 식당 분위기도 세련되게 꾸며 가급적 잊을 수 없는 여행이 되도록 노력한다.

5) 폭넓은 사교의 장 제공

짧은 기간이지만 배라고 하는 같은 테두리 안에서 함께 생활하는 동안 다양한 사람들과의 사교 경험도 하게 되며 귀중한 친구들을 사귀게 되기도 한다.

6) 다양한 이벤트의 제공

매일 밤 펼쳐지는 환상적인 쇼와 각종 파티로 다른 여행에서는 경험할 수 없는 크루즈만의 매력적인 추억을 제공한다.

7) 다양한 문화체험의 제공

기항지에서 독특한 지역문화, 주민과의 만남을 통하여 다양한 문화체험을 할 수 있고, 연계 관광상품의 참여를 통하여 효용의 극대화를 도모할 수 있다.

다. 크루즈 분류 및 시설 내용

먼저 행태적으로 크루즈를 분류하면 〈표 5-1〉과 같이 대중, 고급, 호화, 특수목적 등으로 분류될 수 있다.

표 5-1 크루즈의 행태적 분류

등급	호텔 등급 기준	일정	비고
대중크루즈	일반호텔급	2주 이내	
고급크루즈	1급리조트호텔급	3개월 이내	
호화크루즈	특급호텔급	6개월~1년	
특수목적크루즈	특수관광, 스포츠, 연구용		남북극, 아마존강, 알류산열도 등

자료: 한국해양연구소, 「연근해역의 효율적 개발방향연구」, 1991.4.

대형 크루즈선 내에 설치되어 있는 주요시설은 〈표 5-2〉에서 보는 바와 같이 일반적으로 숙박, 운동, 오락 및 휴식시설과 공공편익 및 기타시설로 구분되는데 선박의 규모 즉, 톤급과 데크(층)에 따라 시설의 종류와 크기 수준면에서 크게 차이를 보이고 있다.

표 5-2 유람선의 주요시설 현황

크 기	주 요 시 설
3만 톤 이상	· 숙박시설 : 객실 5등급으로 구분 · 운동시설 : 산책로, 조깅트랙, 일광욕, 수영장, 테니스장, 탁구장, 헬스클럽, 안석등반, 골프연습장 등 다양 · 오락시설 : 영화관, 카지노, 바, 피아노라운지, 카드실, 댄스홀, 무도장 · 휴식 및 편익시설 : 레스토랑, 사우나, 온천 · 공공시설 : 안내실, 방송실, 병원, 약국, 사무실 · 기타시설 : 면세점, 기념품 판매점, 이 · 미용실, 세탁소, 사진관, 아동실
1만 톤 이상~3만 톤 미만	· 숙박시설 : 객실 4~5등급 · 운동시설 : 야외트랙, 풀장, 헬스클럽, 체육관 · 오락시설 : 극장, 카지노, 바, 나이트클럽, 디스코클럽, 카페 · 휴식 및 편익시설 : 사우나, 레스토랑 · 공공시설 : 안내실, 의료시설, 강연실, 연주 공연실 · 기타시설 : 도서실, 면세점, 이 · 미용실
5천 톤 이상~1만 톤 미만	· 숙박시설 : 객실 3~4등급 · 운동시설 : 풀장, 사우나, 헬스클럽 · 오락시설 : 살롱, 레스토랑, 카드룸, 바, 극장 · 휴식 및 편익시설 : 사우나, 휴게실, 식당, 레스토랑 · 공공시설 : 강당, 안내소, 라운지, 의료실, 대중탕 · 기타시설 : 이 · 미용실, 매점, 공중전화, 세탁, 세면
1천 톤 이상~5천 톤미만	· 운동시설 : 풀장 · 오락시설 : 디스코바, 피아노바, 영상시스템 · 휴식 및 편익시설 : 레스토랑, 살롱, 커피숍, 사우나, 스낵코너 · 공공시설 : 안내소, 방송실, 이 · 미용실 · 기타시설 : 도서실, 편지쓰는 방

자료: 사단법인 일본여객선협회, 한국관광공사 해외지사, 1987.

라. 크루즈투어의 효과[3)]

1) 외화획득 및 지역경제 기여의 효과

크루즈 입항에 따른 터미널 이용, 도선, 예인, 하역비용, 필요한 물품과 서비스의 제공을 통하여 그 효과가 창출된다. 특히 크루즈 모항(母港)의 역할을 하는 도시의 경우 각종 식자재 등 물품구입, 출항준비 등에 따른 준비 등으로 단순한 기항지보다 훨씬 높은 경제적 효과를 누릴 수 있게 된다.

3) 한국해양연구소 상게서, p.133.

2) 조세 및 환전수입의 효과

기항지의 경우 국가, 지방자치단체는 운항관련 조세수입이 확대되는 바 이는 직접세, 간접세 그리고 행정서비스 제공 등의 수입으로 다양하게 구성된다. 또한 환전과정에서의 수수료 수익을 기대할 수 있다.

3) 고용창출의 효과

해당지역에서의 제품의 생산 및 관련 서비스의 판매와 제공이 늘어나게 됨으로써 관련 분야에 근무하는 직 · 간접의 고용유발 효과가 있다.

4) 문화수준 향상의 효과

입출항에 따른 외래방문객과의 상호교류를 통하여 지역주민의 의식향상, 생활환경의 개선 등 다양한 향상을 통하여 종합적으로 문화수준이 높아질 수 있다.

5) 기반시설 조성의 효과

대형 크루즈선의 기항을 위해서는 자국의 특정한 항구에 크루즈 전용선석의 확보가 필요하게 되는데, 이 전용선석의 경우 평상시에는 다른 여객선의 정박용으로 활용이 가능하며, 크루즈 전용터미날시설의 보유는 크루즈 이용객들의 편의도모에 기여할 뿐만 아니라 크루즈 자체의 질적인 서비스 제공에도 기여하게 된다. 우리나라에는 현재 부산항, 제주항 등에 크루즈 전용터미날이 설치되어 있고 향후 2020년까지 9개 항에 16개 터미널이 추가 설치될 계획이다.

이하에서는 먼저 장거리크루즈, 원양크루즈 등 세계의 국제크루즈에 대하여 먼저 살펴보고자 한다.

마. 세계 크루즈산업 현황

1990년대 이후 전 세계 선박의 연평균 증가율은 3.8%에 그친 반면 크루즈선의 증가율은

7%로 급속도로 성장하였다.[4] 특히 크루즈 관광산업은 1900년대 후반 이후 항공기와 연계(Fly Cruise)한 미래 유망산업으로 빠르게 발전하였다. 전통적으로 유럽의 지중해와 북미 카리브 지역에서 고연령 부유층 중심으로 발달하였으나, 최근에는 아시아 지역도 경제발전을 바탕으로 신규 시장으로 도약하면서 중 · 장년층, 일반대중을 대상으로 대중화 추세에 있다.

세계크루즈협회에 의하면, 전세계 크루즈 승객의 규모는 2000년 721만 명에서 2010년 1,910만 명으로 증가하였고, 2016년에는 2,420만 명으로 증가하였으며 2020년에는 3,000만 명을 돌파할 것으로 전망되고 있다. 크루즈관광의 세계경제에 대한 파급효과는 2016년 기준으로 일자리 95만 6,597개, 임금 380억 달러, 총생산액 1,170억 달러(약 13조원)에 달한다.[5]

표 5-3 세계 크루즈 선사 현황(2015기준)

선사명	브랜드	선박척수	선실수	비율(%)
합 계	–	300척	483,074개	100.0
CCL	9개	100척	218,096개	44.8
RCL	7개	46척	110,774개	24.7
NCL	3개	22척	45,012개	8.9
MSC	–	12척	31,060개	6.4
기타 33개선사	–	120척	78,132개	8.8

자료: Cruise Lines International Association(CLIA)

2015년에 세계 크루즈선사가 300척(객실 수 48.3 만 개)의 크루즈선을 운영하고 있으며, 그 중에서도 대형 3사(미국의 Carnival사 계열 44.8%, Royal Caribbean사 계열 24.7%, Norwegian Cruise사 8.9%)가 거의 78%를 공급하고 있다.[6]

크루즈시장의 지역별 수요 비중은 '16년 북미 58.6%, 유럽 25.9%, 아시아 8.5%, 호주 4.3%로 아시아는 '04년 5%에서 비중이 크게 늘었다. 이 중 북미지역에서는 미국이 주요시장이며, 유럽은 영국과 독일의 이용객이 절반을 차지하고 있고 프랑스와 이탈리아, 스페인 이용객이 주류를 이루고 있다.

---

4) 한철환, "크루즈 항만의 성공요건", 인천항만공사 공식블로그, 2017.11.17.

5) 세계 크루즈 산업협회(CLIA), 2016

6) *Ibid*.

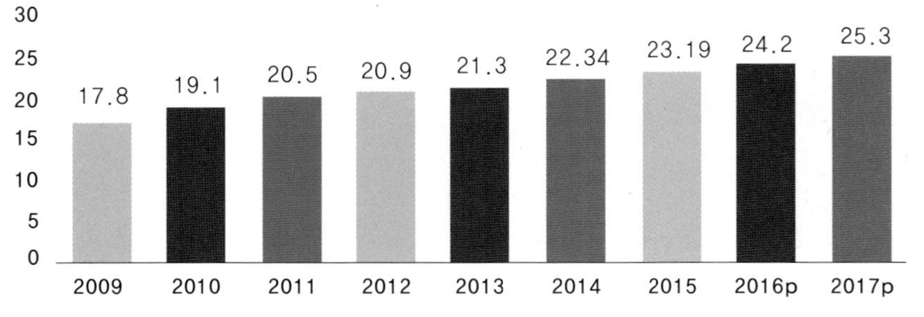

자료 : Cruise Lines International Association(CLIA). p = projected

〈그림 5-2〉 세계 크루즈 시장 현황

전 세계 크루즈 수요는 지난 10년(2005-2015) 간 62% 늘었다.

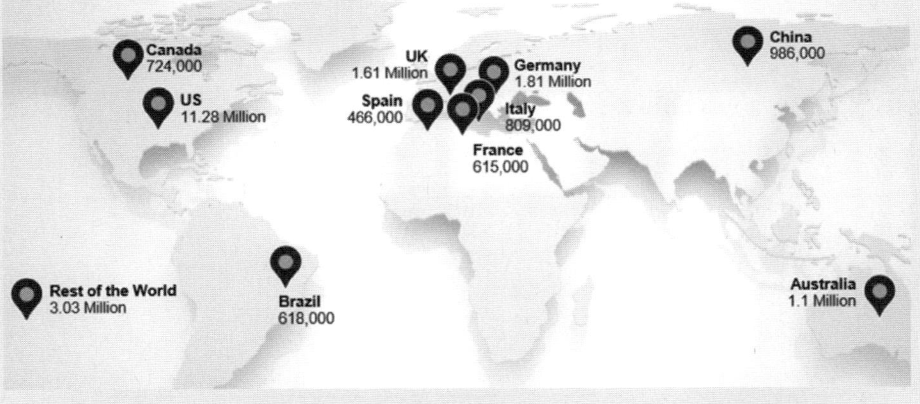

〈그림 5-3〉 전세계 크루즈 승객 송출국 현황

자료: CLIA.

세계 크루즈 선대는 카리브해, 지중해, 북유럽, 아시아, 대양주, 알라스카 등의 순으로 배치되고 있다.

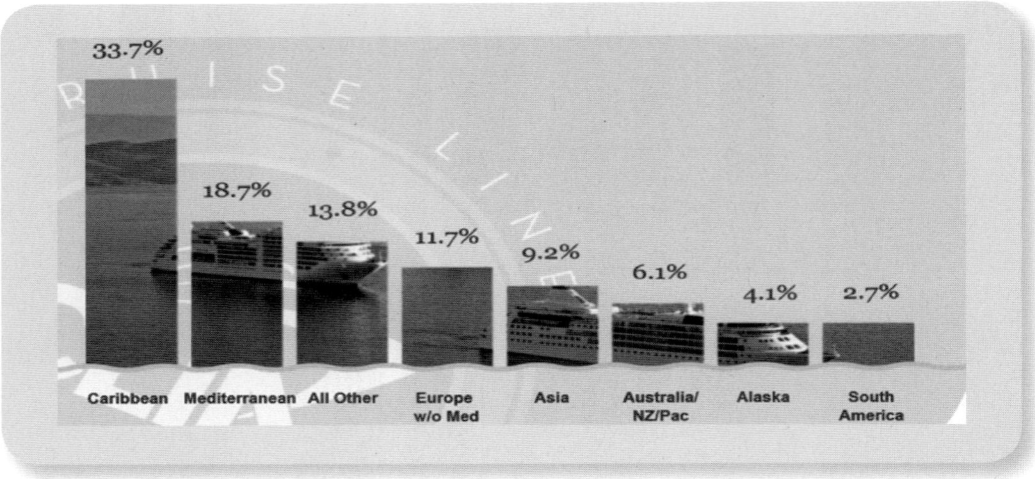

〈그림 5-4〉 지역별 크루즈 선대 배치 현황(2016)

자료: CLIA.

표 5-4 세계 크루즈 시장 현황

지 역	주요선사	기항지	관광일수	비 고
지중해	P&O Cruise Line 등 19개 선사	나폴리, 바르셀로나, 몰타, 마르세이유 등	7~14	미항 방문
카리브해	Carnival Cruise Lines 등 대부분의 크루즈선사	마이애미, 세인트토마스, 산주안 등	4~11	관광, 선내 활동
알래스카	Norweigian Cruise Line 등 7개 선사	뱅쿠버~앵커리지	7	빙하지대 관광
아시아	Star Cruise, NYK등 4개 선사	중국, 한국, 일본, 싱가포로, 홍콩, 태국, 필리핀, 말레이시아 등	3~8	중국, 한국, 일본, 말레이시아 등 기항지 부상

아시아 지역의 경우 크루즈 관광에 대한 문화적 인식 차이로 크루즈상품의 개발수준이 낮고 성숙되어 있지 않았다. 그러나 1990년대 말레이시아의 스타크루즈 사가 싱가포르를 거점으로 크루즈 사업을 급성장시킴으로써 세계 주요 크루즈 선사의 대열에 올랐으며, 최근 중국에서 출발한 크루즈선들이 한국, 일본, 대만에 기항하는 등 크루즈 관광시장에 적극 진출하고 있다.

바. 세계 주요 크루즈산업 동향

초고속시대의 제트항공기 등장과 더불어 한때 사양사업으로 간주되던 해상유람 사업은 가장 성장속도가 빠른 동적(動的) 관광 여행상품으로 각광을 받아 최근 크게 발전하고 있다.

과거의 해안탐방 여행가들은 시간과 경제적 여유를 가진 50대 이상 연령층이 대부분이었으나 최근에는 연령의 제한 없이 전 연령층으로 시장이 점차 확대되어 왔다. 특히 고급유람상품의 개발판매 가속화와 중산층 대상의 저가유람 상품 개발로 유람 관광객 수요는 앞으로도 계속 증가될 것으로 예상된다.

이러한 수요의 증가와 더불어 관광객들은 보다 안락하고 쾌적한 해상유람 여행을 선호하고 있어 기존의 유람선 회사들이 보다 넓은 공간과 다양한 시설을 갖춘 쾌속의 유람선을 경쟁적으로 건조하고 있다.

2) 최근의 동향

가) 단기 크루즈상품 수요 급증

최근 해상유람은 장시간이 소요되는 장거리 크루즈운항에서 3~4일 이내의 단기간, 근거리 크루즈운항으로 바뀌고 있다. 또한 예전에는 세계 곳곳의 항만들을 일주하는 형태의 장기 크루즈가 주류를 이루었으나, 오늘날에는 많은 곳을 돌아다니지 않고 크루즈 여건이 뛰어난 곳을 찾아 모항을 중심으로 1~3개 항의 기항지를 기항하는 근거리 크루즈가 성행하고 있다. 특히 카리브해 지역을 목적지로 하여 플로리다에서, 혹은 동북아, 동남아 인근을 목적지로 하여 단기 운항하는 형태가 많이 생겨나고 있다.

이것은 은퇴한 노인 위주의 장거리 실버 크루즈에서 젊은이 위주의 블루 크루즈로 변화되는 것을 의미한다. 이는 젊은이의 소득수준이 향상되면서 삶을 풍요롭게 영위하고자 하는 욕구가 팽배해지고 있기 때문이다. 현대인들이 바쁜 일상 탓에 엄두도 내지 못했던 100~150일씩의 장기간 크루즈 대신 1주일전후의 휴가를 활용할 수 있는 단기간 패키지가 개발되면서 좋은 반응을 얻고 있는 것이다.

나) 가족형 수요 급증

성인 위주의 개인단위 크루즈에서 가족 · 직장단위의 단체 크루즈로 변화되고 있다. 카지노와 고급 파티, 이브닝드레스 등이 연상되는 예전의 성인 위주의 개인단위 크루즈에서 어린이 전용풀장, 전용극장을 갖춘 가족형 소형 크루즈로 변모하는 추세이다. 최근에는 카지노 등의 시설은 오히려 축소되고 가족단위 선실의 확대, 어린이 전용풀장, 어린이 전용극장 등을 갖춘 가족형 크루즈 선박이 선호된다.

다) Fly & Cruise 상품 수요 증대

초호화 크루즈선 이용 대형 패키지에서 중저가 Fly & Cruise 이용 소형 패키지들이 많이 등장하고 있다. Fly & Cruise란 크루즈 선사와 항공사가 연계하여 무료 혹은 저렴한 비용으로 항공권을 제공하고 저가형 크루즈상품이 연계되는 중저가 패키지이다. Fly & Cruise 패키지에는 항공료 및 크루즈선 운임, 숙박 및 식음료, 기본적인 부대시설 이용료가 포함되어 있다. 예를 들어 우리나라에서 홍콩이나 싱가포르 등으로 비행한 후 크루즈선에 탑승하여 지역 크루즈 여행을 즐길 수 있는 상품이 개발되어 있다.

라) 선내 시설의 다양화 및 대규모화

세계크루즈협회에 따르면 2016년 전세계 크루즈 탑승객은 2,420만 명에 달했다. 임금으로 번 전체 매출도 2003년 129억 달러에서 2016년에는 380억 달러로 늘었고 2015년 경제적 파급효과는 1,170억으로 나타났다.[7] 크루즈업계는 현재 승객 증가로 상당한 호황을 누리고 있다. 이는 새로운 서비스를 내놓으며 승객들을 끌어들이고 있기 때문이다. 현재 크루즈 서비스도 놀랍게 발전하고 있어 수영장은 기본이고 크루즈 안에 암벽타기 시설도 갖춰 놓는 경우도 있고 골프연습장도 있으며 번지점프대를 설치하는 경우도 있다. 유명 서커스단의 공연까지 보여 주기도 하고 젊은 층 공략을 위한 프로그램도 속속 개발 중이며 어린이 손님들을 위해 다양한 상품이 선보이도 한다.

---

7) CLIA 홈페이지..

〈그림 5-5〉 최신형 초호화 유람선

최근에는 유람선 내부에서의 장소적 갑갑함과 다양성이 떨어지는 문제를 해결하기 위하여 선박의 대형화를 통하여 각종 시설의 규모화와 확장이 가속화되고 있다. 크루즈선당 수용능력은 100~3,100명이고 현재 대령화 추세로 신규 발주는 대개 10만 톤 이상이며 2009 Oasis of the Seas와 같이 22만 톤급의 유람선도 출현하면서 각 유람선사 간에 대형화 경쟁이 가속화되고 있다.

〈그림 5-6〉 호화크루즈의 시설

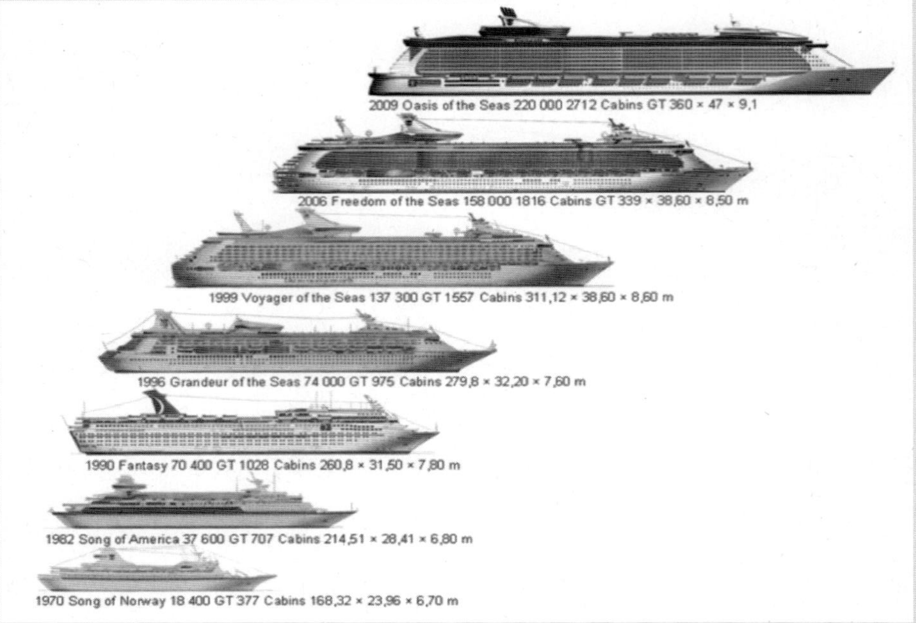

〈그림 5-7〉 세계 크루즈선사의 대형화 추세

마. 경쟁 격화

현재 공급이 수요를 초과해 카리브해와 알래스카를 중심으로 할인경쟁이 돌입된 상태이며, 선박연령이 높은 선사들은 선박의 노후화를 극복하기 위해 동북아 등 소득이 증대되는 신흥 지역으로 리포지션하려는 시도와 틈새시장 확보를 통한 시장의 세분화를 모색하고 있다. 특히 신규 시장인 아시아 시장 비중이 '16년 9.2%로 급성장하면서 항로 개척 경쟁도 치열하다.

바. 아시아 크루즈시장의 동향

1) 아시아 크루즈산업 부상의 배경

카리브해 연안 크루즈시장 포화상태, 지중해 지역내 정치적 영향 등으로 '97년 이후 아시아 · 태평양 지역으로 크루즈 수요가 이동하였다. 특히, 동남아지역은 새로운 체험, 정치적 안정, 이국풍의 여정, 기후조건 등 여건상에서 완벽한 조건을 갖추고 있다. 특히 중국을 중심으로 동 · 북 아시아 국가들의 소득이 높아지면서 세계3대 크루즈 선사들이 상해를 중심으로 한국, 일본, 홍콩 등 동북아 지역 공략을 크게 강화하고 있다.

2) 아시아 크루즈의 역사적 내력

1993년 11월 윈드스타(Windstar)사의 시번 스피리트(Seabourn Spirit)호와 윈드 스피리트(Wind Spirit)호가 북미로부터 인도되어 아시아에 첫 취항하였고 1994년 로열캐리비언 크루즈라인(RCCL)사에서 18개월에 걸친 선박 배치계획 및 시장조사 수행 후, 태국의 푸켓과 인도네시아 발리 간을 축으로 크루즈 운항을 개시하였다. 같은 해 10월 인터내셔널 홀딩(International Holding)사도 Sydney-Townsville-Darwin(이상 호주)-Bali-Jakarta(이상 인도네시아)를 거쳐 싱가포르에 기항하였으나 이들 서구 대형선사들은 사업에 실패하였다.

서구 대형 선사들이 아시아에서 실패한 원인은 첫째, 아시아 취향과 서구적 취향이라는 문화적 차이의 조절에 실패한 것이며, 둘째, 스타크루즈(Star Cruise)사의 저가 전략이 로얄 캐리비언 크루즈(RCCL)사의 고가 전략보다 우세하였기 때문이다.

반면에 스타크루즈 사는 최고 책임자 콜린 우(Colin Au)의 관리하에 빠른 속도로 사세 확장 중 2000년 노르웨이 크루즈라인(Norwegian Cruise Line), 선 크루즈(Sun Cruises)를 인수하였다. 특히 이 회사는 짧은 여행 일정을 3단계의 크루즈 체험을 제공하려는 것이 경영전략이었으며 지속적으로 새로운 선박을 투입함으로써 같은 항로를 다시 찾은 고객들에게 같은 선박을 태우지 않겠다는 전략이 맞아 떨어졌다.

즉 1인 하루기준 100달러 미만의 저렴한 가격이면서도 현대식 위락시설을 갖춘 선박, 온 가족을 대상으로 하는 선상 프로그램, 색다르면서도 다양한 식사, 선박 내 체류시간이 짧은 단기 크루즈 등 아시아 특성에 맞는 해상유람 개념을 스타 크루즈 사에서 도입한 것이 적중한 것이었다.

이에 따라 스타크루즈의 1999년 상반기 매출액은 1억 6,820만 달러에 달하고 순이익도

3,660만 달러로 늘어나는 등 쾌속 성장을 계속하여 현재는 아시아 메이저 크루즈 선사 중의 하나로 꼽히고 있다.

3) 아시아 및 동북아 지역 크루즈

세계 크루즈 주요 기항지로 카리브해, 지중해, 북유럽지역이 전통적인 세계 3대 크루즈 시장이었으나 최근 들어서는 아시아지역이 주요 기항지로 부상하고 있다. 이처럼 향후 아시아 크루즈시장이 중국을 필두로 폭발적으로 증가할 것으로 예상됨에 따라 주요 크루즈선사들도 경쟁적으로 아시아 지역에 대한 선박투입을 늘리고 있다. 실제로 최근 5년간(2009~2014년) 아시아 크루즈관광객은 연평균 9.1%씩 성장하여 2014년 140만명, 2016년 310만 명에서 2020년에 가서는 500-700만 명을 상회할 것으로 전망되고 있다.

자료: 조선비즈, 2016.4.6, 원전: CLIA

〈그림 5-8〉 아시아 크루즈 시장의 성장 추세

아시아의 주 기항지로는 일본, 중국, 한국, 베트남, 말레이시아, 싱가포르 등이 부상하고 있다.

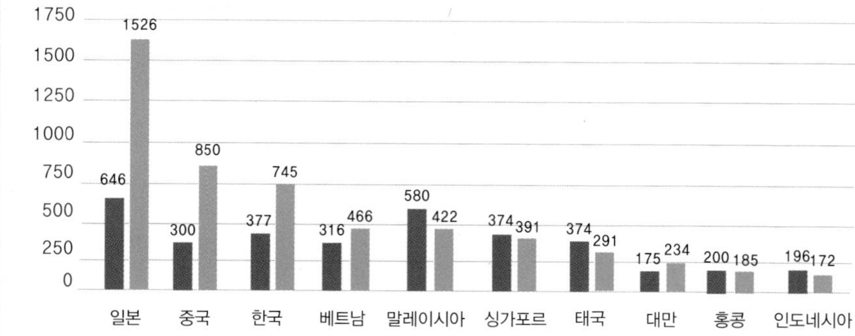

자료: KMI, 동향분석 Vol.27, 2017.5 및 조선일보, 2017. 3. 27. 원전: CLIA(2017), Asia Cruise Trends 2016을 바탕으로 재구성

〈그림 5-9〉 아시아 국가별 크루즈선 입항 횟수

아시아 크루즈객들은 4-6일 정도의 여행을 약 50%, 2-3일을 30% 이상이 원하는 등 약 80%가 1주일 전후의 크루즈 프로그램을 선호하고 있다.

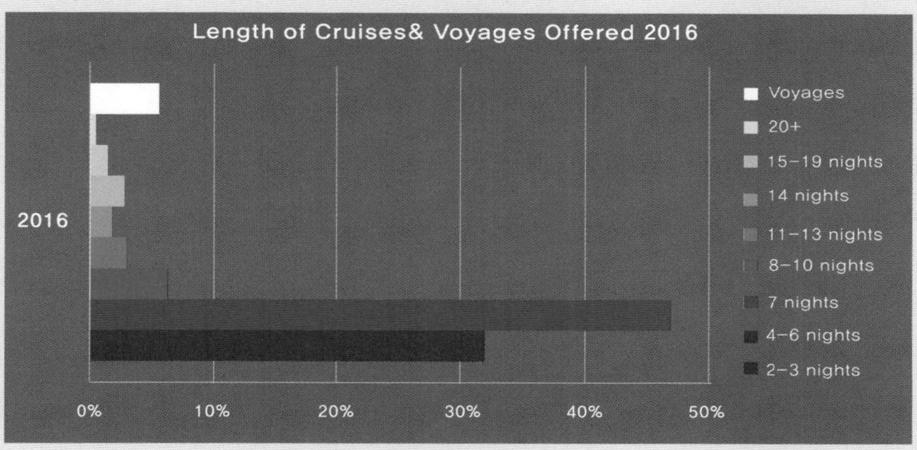

〈그림 5-10〉 아시아 크루즈객들의 크루즈 일정(2016)

자료: CLIA, http://blog.naver.com/mainsource/220787507068 (2017.12.13.)

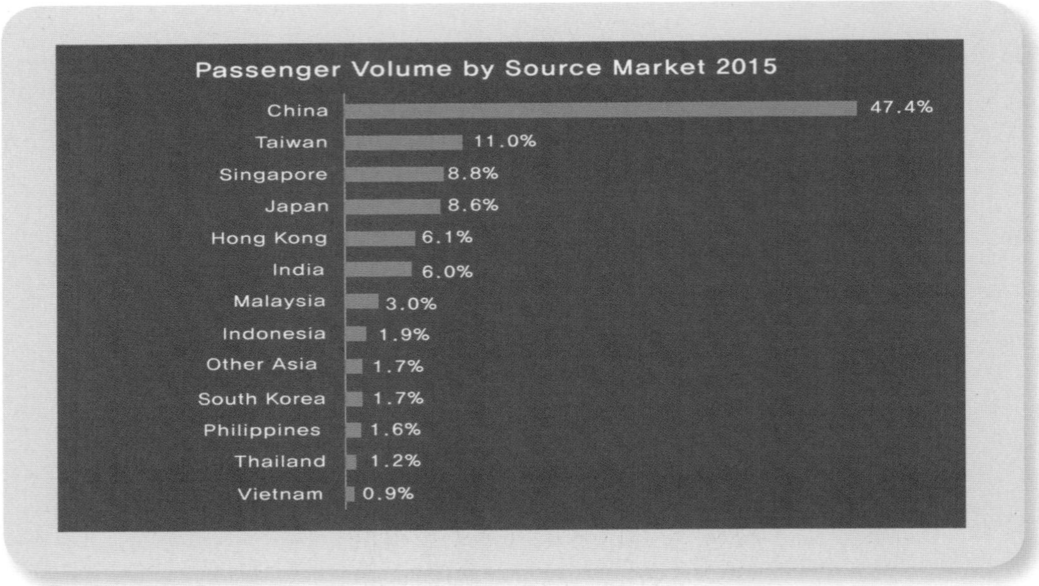

〈그림 5-11〉 크루즈 여객 송출국(2015)

자료: CLIA, http://blog.naver.com/mainsource/220787507068 (2017.12.13.)

2015년 크루즈 여객 송출국은 47%가 중국, 대만이 11%, 싱가폴 8.8%, 홍콩 6.1%로 약73%를 차지하여 소득이 높은 중화권이 대부분이다. 80%가 아시아 내의 크루즈를 원하고 40%가 40세 이하의 젊은 승객들로 구성되어 있다. 2016년 총 1560번의 아시아 크루즈 운항 중 1473회가 아시아내의 운항으로 94.4%를 차지하고 있다.

아시아 크루즈 기항 순위를 보면 싱가포르, 제주도, 홍콩, 상하이 등의 순으로 나타나 상위권에 홍콩 이북의 기항지가 선호되고 있고 그 이하는 동남아권이 차지하고 있다. 크루즈 선박 크기는 중간 크기(Mid Size)의 크루즈 선박이 많이 투입되고 있는 것으로 나타나고 있다.

4) 우리나라 크루즈 시장의 동향

(1) 역사적 발전

우리나라에서는 애초 자체적인 대형 국제크루즈선 취항은 없었으며 2000년 부산 · 평택 등을 모항으로 하여 싱가포르의 스타크루즈 사에서 한-중-일 노선에 취항을 하여 정기 크루즈 시대를 열었다. 이러한 우리나라 크루즈 시장의 최근 동향을 보면 다음과 같다.

표 5-5 연도별 지역 크루즈 입항 현황(명/회)

년도	제주	부산	인천	광양(여수)	동해	합계
2012	140,400/80	94,000/60	15,000/8	53,000/14	–	302,400/162
2013	386,000/184	197,000/99	175,000/95	16,000/12	–	774,000/390
2014	594,000/242	245,000/110	160,000/92	47,000/18	–	1,046,000/462
2015	622,000/285	163,000/71	100,000/53	1,100/1	–	886,100/410
2016	1,200,000	573,000/209	285,000	4,500	1800/1	150만/745

자료: 해양수산부, 「해양수산 핵심통계 참고자료」, 2016.6, p.25 및 각 언론사 내용 종합.

현재는 운항이 중단되었지만 '98년부터 크루즈선을 이용한 금강산관광은 크루즈 관광에 대한 인식 확산에 큰 기여를 하였다. 이후 2000년 스타 크루즈(Star Cruise)사는 부산 기항시 한일간 노선을 취항하여 주로 일본 고객을 대상으로 영업을 하였으나 일본 고객이 크게 줄자 노선을 폐쇄하였다. 이후 2002년부터는 한국인들의 대중국 크루즈를 목표로 평택항을 모항으로 하여 국내 제주, 산동성, 상해, 일본지역 등의 크루즈상품을 내 놓았다. 최근 캐리비언 크루즈계열의 코스타 크루즈사, 로열 캐리비언사 등이 상해, 천진, 홍콩 등에서 제주, 부산, 인천 등의 기항 횟수를 늘리면서 한중일간의 크루즈 코스를 운항하고 있다.

최근에는 중국 등 동북아에 대한 세계 주요 선사의 관심 증대로 카니발 크루즈 등 세계 3대 크루즈 선사들이 상해를 모항으로 우리나라, 일본 등을 연계하는 기항이 증대되고 있다. 특히 '08년 북경올림픽, '09년 상해엑스포, '12년 여수엑스포 등을 계기로 중국 상해, 천진 등을 모항으로 제주, 부산, 인천 등에 세계 3대 크루즈 선사들의 기항이 증대되어 왔다.

입항 여객의 국적은 2015년의 경우 중국인(87.6%), 일본인(3.9%), 미국인(1.5%), 영국인(1.2%) 순으로 나타나고 있다.[8)]

전세계 크루즈 여행객들의 지출 구조를 보면 쇼핑(63.6%), 기항지 여행(22.5%), 레스토랑 이용(7.7%) 순으로 나타났다.

8) 해양수산부, 「해양수산 핵심통계 참고자료」, 2016.6, p.25

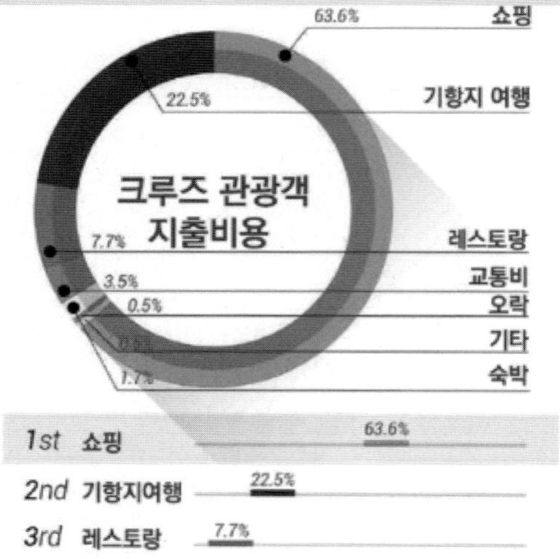

(단위: USD)

구분	평균 지출금액
기항지 여행	23.33
레스토랑	8.01
쇼핑	66.03
교통비	3.64
오락	0.51
숙박	1.79
기타	0.53
합계	103.83

〈그림 5-12〉 세계 크루즈 여행객의 지출 비용 구조(2015)

자료: KMI 동향분석 Vol.27, 2017.5, 원전: 플로리다-캐리비언 크루즈협회(2015), Economic contribution of cruise tourism to the destination economics를 바탕으로 재구성

한국관광공사가 조사한 중국 크루즈 관광객의 1인당 쇼핑 지출액이 2014년 평균 1천625달러, 즉 우리 돈으로 환산하면 179만4천325원으로 조사되었고 그 이후 다소 지출액이 줄어들고 있다. 반면 일본 관광객이나 기타 지역에서 온 여행객들의 씀씀이는 늘어나고 있다.

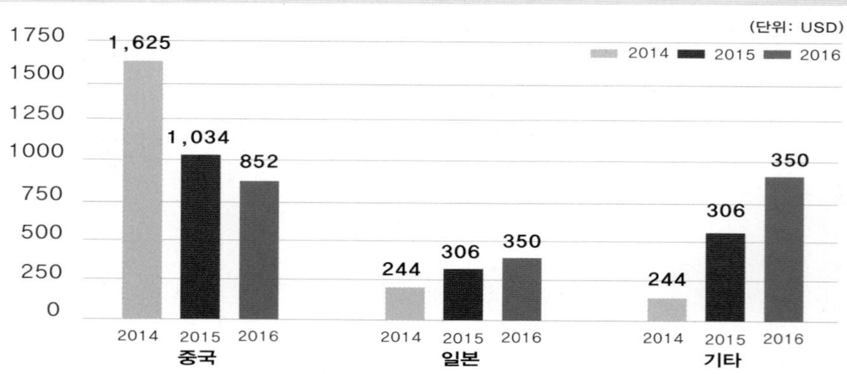

자료 : KMI 동향분석 Vol.27, 2017.5, 원전: 한국관광공사(2016), 2016 외래 크루즈 관광객 실태조사를 바탕으로 재구성

〈그림 5-13〉 각국의 연도별 기항지 쇼핑 비용 비교

특히 중국 관광객들의 쇼핑의 경우 면세점(88.7%), 백화점(2.9%), 대형마트(2.0%), 토산품점(1.7%) 등의 순으로 나타나[9] 면세점이 압도적으로 많이 이용되어 경쟁력있는 다양한 쇼핑점의 개발이 필요한 것으로 나타났다.

(2)크루즈 정책

우리나라에서는 북한 금강산 관광 시 크루즈 선박을 임대하여 운항한 이래 최초의 국적 크루즈 선사는 2012년 취항한 하모니크루즈사이다. 이 선사는 2만톤급 크루즈를 2012년 2월 취항하여 2012.2~11월말까지 주로 한-일간에 27,794명의 크루즈 이용 실적(승선율 40% 수준, 외국인 관광객 비율 6%(총 1,679명))을 보이고 2013년 1월 운항 중단된 후 폐업하였다.[10]

롯데관광은 2010년부터 코스타 빅토리아호*를 타임차터하여 부산과 인천을 모항으로 한-일 항로에 연 1회 운항하였다. 2010년에서 2015년까지 국내 모항 시범 크루즈를 이용한 관광객은 총 22,000명으로 항차당 평균 1,800여명이 이용하였다.[11]

국내 선사인 팬스타라인 선사는 2004년부터 부산-오사카 항로를 운항하는 카훼리를 활용하여 부산항 인근 연안에서 1박2일 크루즈를 운항하였다.[12] 2004.12~2015.11월까지 주말 크루즈를 이용한 관광객은 총 128천명으로 연 14천여 명이 이용한 것으로 파악되었다.

우리나라 크루즈시장의 문제점은 다음과 같다. 첫째로 크루즈사업에 필요한 사회간접 자본시설(크루즈전용터미널)이 미비하여 일반여객선 부두나 심지어 화물선 부두에 임시 기항하는 등 상당한 불편을 겪을 수밖에 없다.

둘째로, 특성이 있는 지역 관광상품 개발이 미흡하여 기항하여도 뚜렷한 구경거리가 별로 없다. 셋째, 기항선사 유치를 위한 각종 항만비용 할인, 부대시설 인허가 간소화, 출입국 간소화 등이 아직 미흡하다. 넷째, 국내크루즈 관련산업의 영세성 등이 거론될 수 있다. 최

---

9) KMI, 동향분석 Vol.27, 2017.5

10) 해양수산부, 「제1차 크루즈산업 육성 기본계획」, 2016.8. 크루즈 제원 : 25,558톤, 여객정원 1,000명(승무원 393명), 한-일 위주 항로 운영

11) 해양수산부, 「제1차 크루즈산업 육성 기본계획」, 2016.8. 크루즈 제원 : 75,166톤, 여객정원 2,394명(승무원 790명) / 인천→오키나와→아마미아오시마→가고시마→나가사키→부산

12) 제1차 크루즈산업 육성 기본계획, 2016.8. 카훼리 제원 : 21,535톤, 여객정원 681명 / 마술쇼, 다양한 공연, 여객 장기자랑 등

근 국내선사가 2만톤급 6천 선박을 도입하여 크루즈 영업을 시도하였으나 중단되었다. 앞에 나온 해상유람의 정의와 같이 대형 크루즈산업은 대형 선박운항 경험과 호텔 운영경험이 필요한데 이를 동시에 갖춘 국내 선사가 없어 선뜻 이러한 사업에 뛰어들지 못하는 것도 또 하나의 문제점이다.아울러 우리나라에서 내국인의 선상 카지노 출입이 국내법으로 금지 되어 있고 비수기인 동계기간이 길어 유람선 수익성 확보가 어려운 것도 하나의 문제점이다.

2015년 1월12일 제정된 「크루즈산업 육성 및 지원에 관한 법률안」(이하 크루즈법)은 2만t급 이상 크루즈 선박에 외국인을 대상으로 하는 카지노를 허용하는 내용과 전문인력 양성 등 크루즈산업의 체계적인 육성을 위한 인프라 구축 및 지원 방안을 담고 있다.[13] 이 법에 의거 국가와 지방자치단체가 크루즈산업을 발전시키기 위해 공공기관 · 단체와 크루즈 사업자 등에게 재정과 금융 등 필요한 지원을 할 수 있고 또 필요한 경우에는 국세와 지방세를 감면할 수 있도록 했다.

이 법에 의거 우리나라도 2016년 「제1차 크루즈산업 육성 기본계획」을 수립하였다. 이 계획에 의하면 크루즈 관광객 2011년 11.9만 명, 2016년 150만 명에서 2020년까지 3백만 명 유치와 국적 크루즈선사 육성을 통해 '아시아 크루즈 허브 육성'이라는 비전을 천명한 바 있다.이에 맞추어 제3차 항만수정계획에서는 2020년 국제크루즈 관광객 300만 시대에 대비해 제주신항, 부산항, 인천항, 속초항 등 전국 9개 항만(16선석)에 크루즈 부두를 조성하는 등[14] 인프라 조성에 박차를 가하고 있다. 그러나 아직도 선상 카지노 사업은 영해 내에서는 금지되어 영해 외에서만 가능하다. 또한 카지노는 외국인 전용으로 내국인은 출입할 수 없게 되어 있다.

크루즈에서는 기항지보다는 모항이 되는 것이 중요하다. 모항에서 승객과 승객이 먹고 쓸 모든 물건이 실려 경제적 파급효과가 엄청나기 때문이다.

크루즈산업의 경제적 효과는 관광객 유치와 크루즈 전용부두 개발 등에 따른 다양한 파

---

13) [네이버 지식백과] 크루즈법 (한경 경제용어사전, 한국경제신문/한경닷컴)

14) 뉴스핌, 2016.9.29

급효과 외에도 7만톤급 크루즈선의 연간 모항 운영비가 약 3억원을 상회하고, 1,497명의 고용유발효과가 있는 등 고부가가치 해양산업으로 지역경제 활성화에 큰 기여를 할 수 있는 것으로 기대되고 있다.[15] 그래서 우리나라 크루즈항을 모항으로 하여 다른 나라 항구에 기항할 수 있도록 주요 선사들과의 협력을 강화해야 할 것이다. 크루즈 산업은 [그림 5-14]와 같이 다양한 역할자들이 참여하기 때문에 수요가 크지 않는 경우에는 참여자들의 참여가 약하거나 활성화되지 않을 수 있다. 모항은 광광여행사와 협력하여 배후 크루즈 수요를 끌어 모을 수 있거나 각종 공항 등과 연계하여 fly & cruise 형태로 국제크루즈 여객을 모을 수 있는 곳이 좋다. 이 경우 주변에 각종 식자재 등 크루즈 용품을 공급할 수 있는 여건도 갖추어야 국제크루즈 모항으로서의 역할도 가능하다. 미국에서는 플로리다의 마이애미 등이 카리브해 크루즈 모항으로 역할을 많이 하고 있고 동아시아에서는 홍콩, 상하이 등이 이러한 역할을 조금씩 키워가고 있다. 우리나라는 부산항이 입항 크루즈선에 한국 여객을 승선시키는 준크루즈 모항 역할을 하기도 하나 국내 크루즈 여객이 적어 아직 본격적인 국내 크루즈 모항은 없다고 봐야 한다. 현재 한국인의 크루즈 관광객의 수는 2012면 1만4천명에서 2015년에 3만 명(해양수산부 추산)으로 늘었으나 2016년에 입국한 150만 명의 국제 크루즈 여객에 비하면 아직은 적은 편이다.[16] 이처럼 국내에서는 크루즈 관광이 활성화되지 못하고 있어 이를 늘리기 위한 방안이 많이 도입되어야 할 것이다. 최근 해양수산부 등에서 국적선사를 만들어 크루즈 모항을 만들고자 하는 시도가 많이 이루어지고 있으나 지금과 같이 내국인 크루즈 여객이 부족한 상태에서는 쉽지 않은 일이다.

따라서 우리나라는 국제 크루즈 발전 초기 단계여서 먼저 중국에서 오는 국제크루즈관광의 기항지 역할을 충실히 해야 할 것이다. 크루즈 산업 활성화를 위해서는 크루즈 기항지를 결정하는 크루즈선사가 요구하는 수익성과 편의성을 만족시켜 주어야 한다. 기항지에서의 수익성은 해당 항구도시에서 제공하는 기항지 관광프로그램에 대한 만족도에 따르며 이는 기항지 하선율로 판단된다. 하선을 많이 하여 기항지 관광에 많이 참여하면 기항지의 수

---

15) 한철환, “크루즈항만의 성공요건”, 인천항만공사홈페이지, http://incheonport.tistory.com/3535 (2017.12.16.)

16) 조선비즈, 2016.4.6.

익성이 높아지게 되고 크루즈선사도 기항을 자주 하게 된다. 바꾸어 말하면, 국제크루즈 기항지로서 경쟁력을 지니고 있는지 여부는 기항지 매력도 측면과 기항 편의성인 항만서비스 측면에서 판단하게 된다. 하선율을 높여 주는 기항지 매력도는 입출항 도시의 첫인상(도시 분위기, 항구 경관, 문화적 다양성 등), 기항지 제공 관광프로그램, 그리고 관광 프로그램의 차별성, 쇼핑 및 편의시설, 중간 승선 관광객 규모 등으로 판단되며, 크루즈 기항지의 수익성 규모를 결정짓는 중요한 부분이라고 할 수 있다.

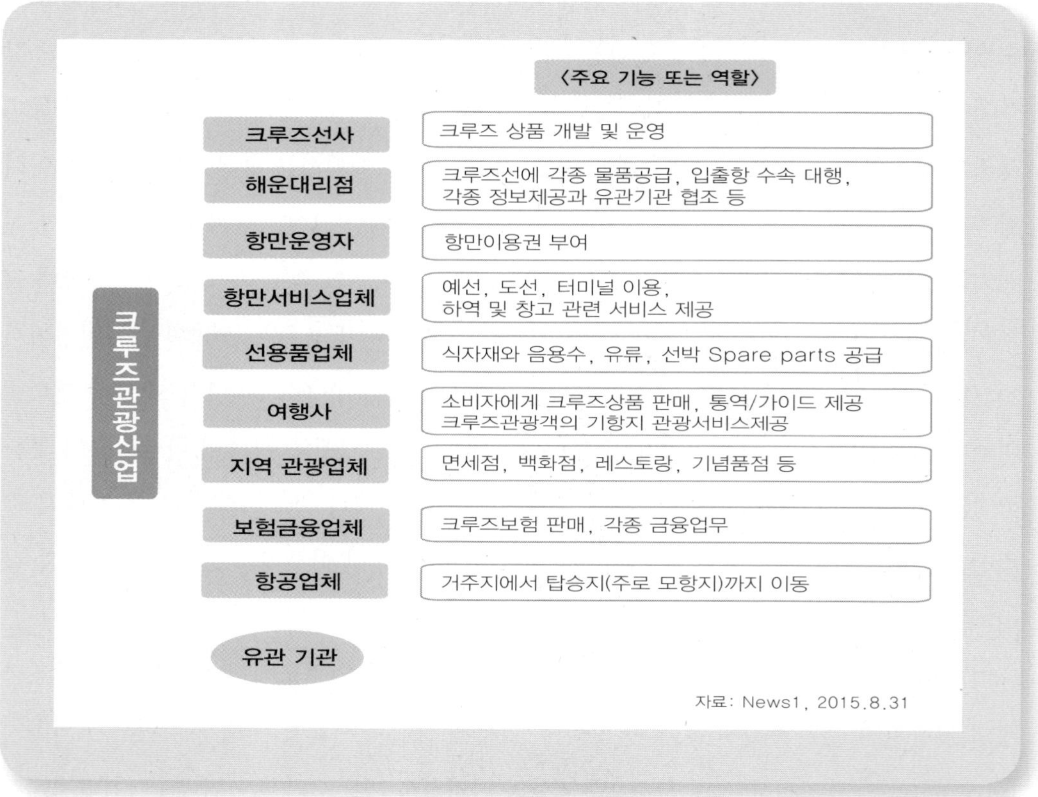

〈그림 5-14〉 크루즈 관광산업의 역할자들의 기능과 역할

크루즈 기항지를 선택하는 또 다른 요소인 편의성 측면에서는 항로 및 안벽 수심, 도선 및 예선, 긴급 수리능력, 안전하고 신속한 관광객 승하선 서비스 등 기술적 부분을 필요로 하며, 각종 선용품(급유, 식자재, 부자재, 선박용품 등) 공급 가능 여부, 그리고 항구이용료

(입항료, 접안료, 도선 및 예선료) 수준 등도 고려사항이라고 할 수 있다. 또한 항만서비스는 크루즈선 입출항에 따른 장애요인(크루즈 규모에 맞는 수심 및 항로, 동시 접안 가능성, 통항에 지장이 되는 교량 유무 등), 항만이용료와 각종 지원서비스(터미널 유무와 내부 편의지원시설 수준, 해운대리점, 선용품 공급 수준 등)의 정도에 따라 기항지의 서비스 경쟁력이 결정된다. 이러한 크루즈 기항지 역할에 다수가 참여해야 하므로 초기에는 협의체 등을 구성하여 상호 역할을 강화하면서 좀 더 경쟁력을 키워나가야 한다. 크루즈 수요가 증대하면 점진적으로 크루즈산업도 발전하게 되고 수요 증대에 따라 모항으로서의 역할로 진전되어 나갈 수 있을 것이다. 플로리다의 마이애미 등 모항들도 이러한 발전 과정을 거치면서 모항으로 발전한 역사를 가지고 있다.

2. 연안 크루즈 관광

가. 국내 연안 크루즈 특성 및 동향

앞에서 언급된 국제 크루즈와 달리 연안 크루즈 목적은 ①만, 도서, 비치 등이 조화된 해안경관 감상이 주목적이 되고, ②파티, 연회, 연수 등 다양한 목적에도 활용될 수 있다. 일반적으로 이용선박 규모는 국제 크루즈와 달리 수십 톤에서 수천 톤급까지 다양한 편이고 대개 당일형이 많고 2~3일 동안 운항하기도 하는 상품도 개발될 수 있다.

다도해 해상국립공원, 많은 도서 등 다양한 해양관광자원을 보유하고, 조선(造船) 대국인 우리나라는 소득증대에 따라 연안 크루즈관광 발전 잠재력이 매우 높다. 현재 우리나라의 소형의 해상유람선(크루즈) 운항은 부산, 인천, 남해 도서지역, 제주도 해안지역에서 이루어지고 있으며, 거의 대부분이 특정항 주변의 해안 및 도서지역을 운항하는 차별성이 낮은 단순 해상유람 수준에 불과하다.

현재 운항 중인 국내 관광유람선은 50~200톤 정도의 소형선박으로 2시간 이내의 단순 해상유람 형태로 운항되고 있으며, 거의 대부분 노후된 시설과 고객 편의시설 부족 등으로 경쟁력 있는 선진국형 고급 연안 크루즈관광에는 미치지 못하는 실정이다. 따라서 앞으로 선진국들과 같은 다양한 선형과 다양한 시간대, 그리고 다양한 프로그램을 갖는 연안 크루즈 개발이 필요하다. 우리나라의 연안 크루즈는 군사적인 이유 등으로 야간운항 등에 제약을 많이 받고 있어 큰 걸림돌이 되고 있다. 또한 「유선및도선에관한법」 「해운업법」(부정기 순항 여객 노선) 등에 의해 면허가 이원화되어 있고 유선에서 주류 판매 금지 등 면허 근거법에 따라 양자간에 불평등한 측면이 많아 갈등이 야기되기도 한다.[17)]

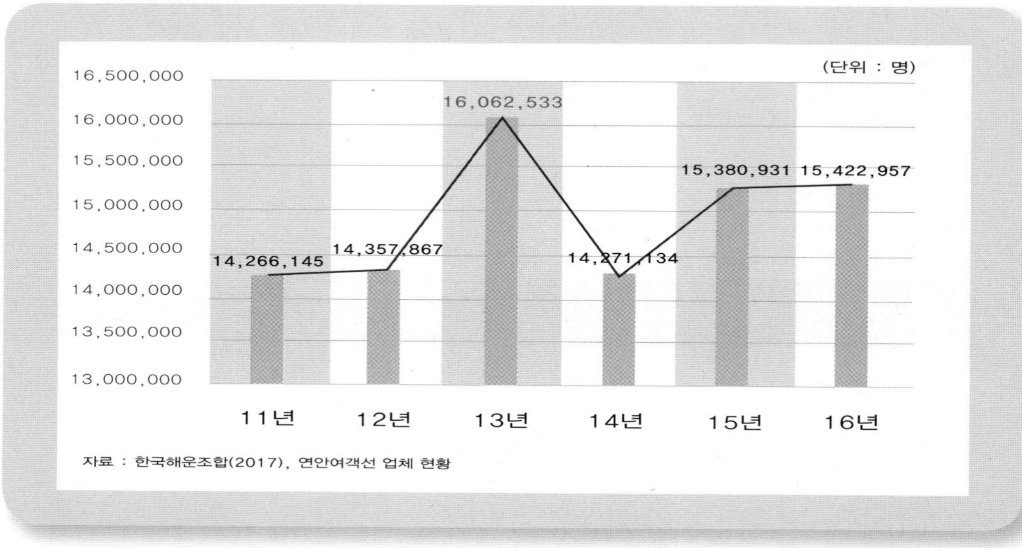

〈그림 5-15〉 연안여객선 이용객 추이

2013년 연안여객선을 이용한 승객은 연간 1,606만 명이었고 일반이용객은 전체의 78%인 1,255만 명이었다.[18)] 2014년 세월호 사건 이후 연안여객은 일시적으로 줄었다가 다시 회복되어 2016년 기준 연안여객선 이용객은 1,542만 명이고 일반인이 76%를 차지하며 나머지는 도서민들로 나타났다. 2007년 이후 10년간 일반인 증가율이 30%인데 도서민 증가율은 10%

---

17) 50t 이상의 유선에서는 주류 판매가 가능하다.

18) 홍선기, "섬 지역 생활, 환경개선과 활성화를 위한 대안"(토론자료), 연안도서지역의 정주여건 개선 및 경제 활성화 방안 정책토론회 자료집, 2017.9.12., p.118

로 나타났다.[19] 또 도선과 유람선도 있는데, 이들 선박에도 1년에 1300~1400만 명이 선박을 이용하고 있다. 연안여객선 이용객은 2017년 1,690만 명이 이용하여 유람선 및 도선을 이용하는 관광객을 전부 종합하면 1년에 2900만~3000만 명이 선박을 이용한다. 이와 같이 연안에서 선박을 이용하는 관광객이 연안 크루즈의 잠재고객이다.

이러한 잠재형에도 불구하고 2008년 (주)팬스타오션이 만 5,000톤급(팬스타허시호)을 투입하여 2박3일 형 남해안 크루즈를 시도하였으나 실패하고 말았다. 따라서 성공을 위해 숙박형 크루즈 상품의 내용, 접근성, 홍보 등이 우리의 여건에 맞게 재검토 되어야 할 것이다. 인기있는 다도해, 한려수도, 제주도 등과 울릉도, 독도 등을 연계하는 장거리 코스를 운항할 수 있는 한국형 연안 크루즈 개발이 다시 한번 시도되어야 할 것이다.

3. 해저유람 및 관광용 잠수정

가. 용도

육상의 수족관은 해중의 일정한 공간세계를 실내에 설치하여 사람이 창 너머로 해양생물의 움직임을 볼 수 있도록 해 놓은 것이다. 좀 더 훈련된 사람들은 해중 마스크 및 다이빙 장비를 이용하여 제한된 시간과 거리 내에서 해중을 감상할 수 있다. 완전한 해중세계의 체험을 위해서는 스쿠버다이빙을 할 필요가 있는데 수심과 산소충전량 및 다이버의 숙련도에 의해 수분에서 1시간 이내에 해중으로 들어가 다닐 수 있다. 그런데 이것은 많은 훈련이 필요하고 일정수준 이상의 장비와 자격이 있어야 한다. 또한 위기를 극복할 수 있는 담력과 두려움을 이길 수 있는 용기까지 갖추어야 한다. 이에 비하여 관광용 잠수정은 많은 훈련이나 다이빙에 따르는 위험 없이 많은 사람에게 해중경관을 감상케 해 줄 수 있는 이점이 있다.

19) 한국해양수산개발원(KMI), 전게서, 2017.12, pp.122-123

〈그림 5-16〉 서귀포 일대에서 운항 중인 해저잠수정의 모습

나. 개발 및 이용 현황

바다 밑을 탐험하려는 꿈은 인간이 바다를 항해한 역사만큼 오래되었다. 전설 속에서 알렉산더 대왕은 바다 밑에 들어갔다 하며, 레오나르도 다빈치는 줄 베르느(Jules Verne)가 「해저 2만리」를 쓰기 수세기 전에 그의 노트에 잠수함을 고안했었다. 그 이후 1980년대 초에 소수의 사람들이 유전개발을 위한 잠수함을 관광객 탑승용으로 사용하기 시작하였다. 그러나 이러한 잠수함들은 안락하지도 않았으며 소수의 승객만을 태울 수 있었다.

현재와 같은 상업적인 관광용 잠수정 도입은 케이만 제도(諸島)의 그랜드케이만(Grand Cayman)섬에 본사를 둔 RSL(Research Submersibles Limited)사가 최초이며 북해작업을 끝낸 작업용 잠수정을 구입하여 과학조사 및 일부 관광용으로 사용하면서 시작되었다. 그 후 RSL사는 세계 최대의 유인 잠수정의 소유주 및 운용자가 되었다.

한편 캐나다 서브 아쿠아틱스 디벨롭먼트(Sub Aquatics Development)사가 1983년에 설립되어 아틀란티스(ATLANTIS)라 불리는 Ⅰ호(28인승, 1986, 케이만섬 취항), Ⅱ호(28인승, 바베이도스섬 취항), Ⅲ호(승객 42인, 선원 2인, 버어진 제도의 세인트 토마스 취항)를 건조하여 운항하기 시작하였다. 인기가 좋아 투자수익율이 높아지자 이름을 ASI(Atlantis Submarines International, 현재는 Atlantis Adventure)로 바꾸고 총 14기의 아틀란티스

(ATLANTIS) 시리즈를 건조하고 전세계에서 운항하여 지금까지 천2백만 명을 운송하였다[20](〈표 5-6〉 참조). 특히 ATLANTIS XIV(14)호는 64명까지 탑승이 가능한 대형 최첨단 관광 잠수정이다.

표 5-6 전 세계에 취항중인 관광잠수정 현황

선명	운영자	건조자	고객 정원	지역	인도 시기
Atlantis Ⅰ	Sub Aquatics Development	Sub Aquatics	28	Grand Cayman	1985
Atlantis Ⅱ	〃	〃	28	Barbados	1986
Atlantis Ⅲ	〃	〃	46	St. Thomas	1988
Atlantis Ⅳ	Atlantis Submarine	American Boiler Works	46	Hawaii	1988
Atlantis Ⅴ	Baba Development Corp.	Sub Aquatics	46	Guam	1988
Atlantis Ⅵ	Sub Aquatics	〃	46	Bahamas	1990
Atlantis Ⅶ	Atlantic Submarine	American Boiler Works	46	Hawaii	1990
Atlantis Ⅷ	Sub Aquatics	Sub Aquatics	46	Bahamas	1990
AtlantisⅨ, Ⅹ			46	Hawaii	1991
Atlantis Ⅻ			46	Cancun	1994
Atlantis XIV			64	Ohau Hawaii	1994
LG50-1	Submarine Tours	Fluid Energy	48	St. Thomas	1988
LG50-2	Looking Glass Cruises	〃	48	Bermuda	1989
Mariea Ⅰ	Dosa Submarine	Wartsilla	48	Saipan	1988
Mariea Ⅱ	Finnish Submarine Tours	〃	48	Finland/Canary Islands	1987
Mariea Ⅲ	Dosa Submarine	〃	48	South Korea	1988
Mariea Ⅳ	Uemura-Gumi	〃	48	Amami Oshima, Japan	1989
Moglyn	Submarine Tours	Mitsubishi	40	Okinawa, Japan	1989

자료: Atlantis Adventures 홈페이지 및 한국해양연구소, 『연근해역의 효율적 개발방향 연구』, 1991.4.

또한 스코틀랜드의 플로이드 에너지(Fluid Energy)사에서는 해저 관찰이 가능한 2기

20) Atlantis Adventures 홈페이지, https://atlantisadventures.com/about-us/(2018.11.7.). 현재 해저잠수정은 총 11척을 운항하고 있고, 반잠수정사업(1999), Atlantis Cruises 인수(2000), Rhino Rider Water Safari 여행(바베이도스, 2003) 등 다양한 해양관광 사업 실시중임. 현재 하와이(3곳), 괌, 카리브 등지에서 관광 잠수정 사업을 하고 있다.

의 잠수정(LG50시리즈)을 제작하였고 이후 핀란드 워실라(Wartsilla) 조선소에서 마리아(Mariea) 시리즈 잠수정이 제작 · 출시되었으며, 그중 Ⅲ호는 제주 서귀포에 취항하였다.

모글린(Moglyn)이라는 관광 잠수정은 일본 미쯔비시중공업에서 Atlantis사와 기술 협력을 맺고 건조되어 오키나와에서 운항되었으나 2002년 사업이 중단되었다.[21]

표 5-7 관광잠수정별 제원 비교

구분	Atlantis Ⅸ(9)호(소형정)	Atlantis ⅩⅣ(14)호(대형정)	Moglyn
제조사	Atlantis Submarines International Incorporated		미쯔비시중공업
운항사	각지에 설립한 운항회사		일본해중관광주식회사
승객 정원	48	64	40
운항년도	1986–	1994–	1989–2002
건조비	약 300만 달러	약 1,000만 달러	5억6000만엔
승무원	3		
동력	직류전동기		

자료: Mikio Tanaka, "63. 観光潜水艇東西対決！ アトランティス対もぐりん", Trans Eurasia Express, November 2017, https://www.his-euro.co.uk/rail-eurasia/jp/rail-eurasia63.htm (2018.11.7.)

이들 잠수정의 제원은 〈표5-7〉과 같고 좌우 전망 창문과 블록형의 후면 전망 창문을 갖추어 관광객들이 바다 속을 들여다 볼 수 있도록 만들어졌다. 또 코스 중간에 관광객들의 흥미를 끌도록 고기집과 먹이를 주는 장치를 고안하고 잠수선이 지나갈 때는 고기 떼가 따라 다니게 하는 등 승객들에게 다양한 볼거리를 제공할 수 있도록 하고 있다.

관광 잠수정 이외에도 선박 형태로 다니면서도 선박 밑의 바다를 내려다 볼 수 있는 창(looking glass)들을 갖는 형태로 해저를 볼 수 있게 하는 선박(looking glass bottom boat 혹은 semi-submersible)이 해저 관광에 많이 쓰인다. 또한 최근에는 각지에서 소형 잠수정 형태로서 소수의 인원을 태우는 다양한 소형 관광 잠수정들이 개발되어 해저 관광용으로 많이 쓰이고 있다.

21) Mikio Tanaka, "63. 観光潜水艇東西対決！ アトランティス対もぐりん", Trans Eurasia Express, November 2017.

표 5-8 Atlantis 관광 잠수정의 형식

항 목		캐나다 초기 유형	캐나다 최근 유형	Looking Glass형
길이 폭 높이(m)		15.2×4.0×5.3	19.8×4.0×5.3	18.3×3.9×6
배 수 량		49톤	80톤	106톤
승 객 정 원		28명	46명	46명
최대잠수심도		약 46m	약 46m	약 75m
최대속도(전진)		불명	2.5노트	2.0노트
창 수		17	27	24
슬러스터수	상 하	2	2	4
	전 후	2	2	4
	좌 우	1	1	2

자료: 한국해양연구소, 상게서.

다. 관광 잠수정 산업의 개요

관광용 잠수정은 자연광으로 산호 및 물고기를 감상하므로 얕은 해역에서만 운항(약 30~50m)하고 1회당 잠항시간도 1시간 이내로 짧다. 효율적인 운항을 위해 안전성이 확보되어야 하고 해상에서 타고 내리는 것이 원활히 이루어져야 한다. 관광 잠수정 선대의 운영형태를 살펴보면 [그림 5-17]과 같다.

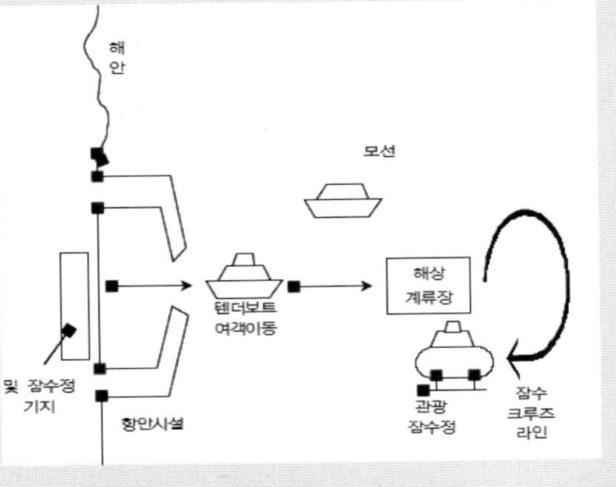

〈그림 5-17〉 관광잠수정 운항 시스템

텐더 보트에 의해 유람선 항만 터미널에서 관광객을 싣고 해상계류장에 도착하여 관광잠수정으로 갈아타고 해저 잠수를 하며 동일한 방법으로 다시 터미널로 복귀하게 된다.

〈그림 5-18〉 관광잠수정 아틀란티스(멕시코 코즈멜)

특이한 운항 해역을 왕래하므로 특히 모선에 의한 지원(support)이 필요하고 해안까지 승객을 이동시키기 위한 텐더보트, 잠항 중의 통신을 유지케 하는 안전선(Safety Boat) 등이 필요하다. 모선은 당연히 잠수정의 비상 운행 시 있어서 보수, 점검, 유지 업무의 역할을 하고 운항 시작 시나 운항이 끝난 잠수정을 모항의 관리 기지로 예인하는 역할을 한다.

이 분야에서 다음의 몇 가지 중요한 사항에 대한 신중한 검토가 필요하다.

① 해양레저를 즐기는 관광객 중 관광잠수정 승선 비율

② 일과성의 흥미만족에만 그치지 않는 수요의 지속적 발굴

③ 소득수준과 경영에 맞는 요금 수준

④ 현지의 지원업무를 위한 사회간접자본시설(호텔, 항구 등)의 존재 여부

⑤ 계절적인 운항 해역 이동 등을 위한 잠수정 배치 계획

앞에서 언급된대로 1983년 Altantis사의 Dennis Hurd가 자본을 투자하여 순수한 관광용 잠수함을 건조한 이래, 지금은 전세계 여러 지역에서 관광잠수함이 운영되고 있다. 관광용

운항 잠수정의 전형적인 케이스는 30~50인승이다. 약 1시간 이내에 최대수심 약 50m까지 승객에게 해중세계를 안내할 수 있는데 해양생물, 산호초, 침몰선, 해중지형 등을 감상시킬 수 있다.

관련 업계에서는 잠수정 사업의 성패는 판촉 활동(Sales Promotion), 운영 기간의 연장 및 승선율 제고, 안전 운행 등으로 보고 있다.

일본 오키나와에서는 미쓰비시가 건조한 잠수정 'Moglyn'을 1989년 12월부터 운영하다가 2002년 운항을 중단했다. 우리나라에서는 앞에서 언급한 제주 서귀포에서 아시아 최초로 관광잠수정이 운항되기 시작하였다.

대륙해저관광사는 서귀포 앞바다에 앞에서 언급된 MARIEA Ⅲ형 관광잠수정을 1988년 9월부터 취항시켜 하루 10항차에 250~300명이 이용하고 있다(승무원 2명 포함, 모두 48명 승객 탑승 가능). 이는 세계에서 3번째이고, 동양에서는 첫 번째로 시작된 것으로 초기에는 핀란드의 구형 마리아 시리즈가 쓰이다가 최근에는 핀란드에서 2003년에 신규로 건조된 최신형 관광잠수정인 '지아호'를 도입하여 운항하고 있다. 현재는 이외에도 제주도 다른 지역에서도 잠수정이 영업 중이다.

〈그림 5-19〉 호주 그레이트배리어리프(GBM)에서 운항중인 반잠수정의 모습

자료: http://www.greenisland.com.au/reef-island-activities/semi-submarine-coral-viewing-tour/ (2012.5.18)

해외에서는 호주 그레이트배리어리프(GBM) 등 세계 각지에서는 파도가 잔잔하고 물이 투명한 해역에서 반잠수식 선박(Semi-submersible)을 이용하여 산호나 물고기 관찰 등의 관광에 활용하고 있다.

최근에는 비행기와 같이 신속하게 움직여 바다 수백 미터까지 잠수하면서 구경할 수 있는 비행기형 2인용 잠수정도 플로리다에서 상업화되고 있다. 또한 요트 모양으로 길이 115m와 6개 데크로 구성되어 283m까지 잠수가 가능한 슈퍼요트 잠수정(super yacht submersible) 구상도 해외 회사에 의해 구상되고 있고 해저에 호텔 룸, 자쿠치, 레스토랑, 각종 편의시설까지 갖추어 운영하려는 설계도 시도되고 있다.[22)]

〈그림 5-20〉 비행기와 같이 신속하게 수중을 여행할 수 있는 2인용 잠수정

자료: http://www.incredible-adventures.com/deep_flight1.html (2012.5.15)

22) https://yachtemoceans.com/migaloo-private-submersible-yacht-concept/ (2018.11.7.). 오스트리아 회사로서 선박 이름은 MIGALOO라고 불린다.

제 6 장

해양연관형 관광활동

본 장에서는 먼저 해양문화와 해양관광활동의 관계를 살펴보고 해양연관형으로서 해양박물관, 수족관 등 시설을 살펴보며 아울러 해변활동에 활용되는 잔교, 해상호텔, 해양 치료시설, 경정, 해안누리길 등 기타 해양레저 관련시설에 대하여 알아본다.

1. 해양문화와 해양관광

가. 해양문화의 개요

먼저 문화라는 용어는 라틴어의 cultura에서 파생한 culture를 번역한 말로 본래의 뜻은 경작(耕作)이나 재배(栽培)였는데, 나중에 교양, 예술 등의 뜻을 가지게 되었다.[1] 또한 영국의 인류학자 E.B.타일러는 저서《원시문화 Primitive Culture》(1871)에서 문화란 "지식, 신앙, 예술, 도덕, 법률, 관습 등 인간이 사회의 구성원으로서 획득한 능력 또는 습관의 총체"라고 정의를 내렸다.

일반적으로 문화는 ①구미풍(歐美風)의 요소나 현대적 편리성(문화생활, 문화주택 등), ②높은 교양과 깊은 지식, 세련된 생활, 우아함, 예술풍의 요소(문화인, 문화재, 문화국가 등) ③인류의 가치적 소산으로서의 철학, 종교, 예술, 과학 등을 가리킨다. 인류의 물질적인 소산을 문명이라 부르고 문화와 문명을 구별하고 있다.

여기에서 문화란 인류에서만 볼 수 있는 사유(思惟), 행동의 양식(생활방식) 중에서 유전에 의하는 것이 아니라 학습에 의해서 소속하는 사회(협동을 학습한 사람들의 집단)로부터 습득하고 전달받은 것 전체를 총칭한다. 이러한 측면에서 볼 때 해양문화는 ①해양에서의 편리성을 위해서 개발된 모든 생활 및 산업관련 도구나 요소들을 들 수 있을 것이고 ②해양과 관련하여 개발된 높은 교양과 깊은 지식적 체계, 세련되고 우아한 해양 문화재, 전통요소, ③인류가 해양과 관련하여 발전시킨 가치적 소산으로서의 해양문화 및 예술 등이라고 볼 수 있다.

나. 해양문화와 해양관광의 접합

이러한 의미에서 앞에서 본 해양문화와 해양관광의 접점은 다음과 같이 정해진다. 즉 해양문화관광은 기존의 해양문화를 중심으로 체험하는 관광활동이라고 볼 수 있다. 해양문화

1) http://zzuu.com/best_site/best_yahoo.php..

체험활동의 대상에는 해양의 전통이 되는 어업생산(어구어법, 어선 등), 어업가공유통, 어업관련 제례 및 민속, 어식문화, 어촌의 놀이 및 축제 등 수산업과 관련되는 것이 많다. 또한 해양을 개발하고 이용하려는 해양개발기술도 문화의 한 양태로서 조선 등 해양개발 · 이용이 있으며, 그 외 해양을 이용한 각종 레저스포츠 등이 있다. 또한 각 지역마다 해양과 관련하여 각종 전적지, 관리 · 시인 · 문학가 · 예술인 등 유명인 유적지, 해양도서 주변의 예술 중심지 등 각종 전통 · 문화 활동지 등이 존재한다.

이와 같이 해양문화는 그 자체로서 중요한 의미를 지니지만 앞에서 언급된 대로 해양관광의 소재를 제공하는 역할을 가지게 되며 해양문화가 풍요로울수록 이를 즐기는 해양관광도 활성화될 수 있게 된다.

다. 해양문화의 관광상품화 가능분야

국내뿐 아니라 세계적으로도 자연자원 중심에서 문화자원을 포함한 인문자원 중심으로 관광패턴이 변화하고 있다. 세계관광기구(WTO)에 의하면 모든 관광여행 중 인문자원을 대상으로 하는 문화관광이 차지하는 비율은 37%에 이르며, 문화관광 수요는 매년 15%정도 성장하고 있다고 한다.

인문자원을 대상으로 하는 관광의 이점은 첫째, 자연중심 관광에 비해 더 많은 지출을 유발하여 지역경제에 미치는 파급효과가 크고, 둘째, 계절에 구애받지 않는다는 장점이 있다. 연안 인문자원을 대상으로 한 관광은 우리나라 해양관광이 갖는 극심한 계절성의 한계를 극복할 수 있는 거의 유일한 대안이라고 할 수 있다.

오랜 수산업의 역사를 갖고 있는 우리나라 연안에는 많은 수산관련 문화적 자원이 부존하고 있고 그외의 다양한 해양문화도 존재하나 이에 관한 조사가 전반적으로 미흡한 편이다. 해양문화자원으로서 관광상품화가 가능한 것이 위에서 언급한 대로 여러 가지가 있으나 이하에서는 관광자원으로 활용가능한 해양관련 전시시설, 지역축제, 해산특산물, 관광상품화가 가능한 특이한 어구어법 등을 살펴보고자 한다.

1) 전시시설

구미의 많은 선진국들이 자국의 해양문화를 종합적으로 보여 줄 수 있는 국립 해양박물관을 보유하고 있으나, 우리나라에는 1990년대 초까지 제대로 된 해양관련 전시시설이 전무하였다. 일본의 경우에는 해양수족관만 전국적으로 70여 개소가 조성되어 있고 120여 개소가 넘는 해양자료관, 해양박물관을 조성하여 해양문화 SOC로서 활용하고 있다.[2)]

1990년대 중반에 접어들어 해양수산부와 지방자치단체가 중심이 되어 수산업을 소재로 한 전시시설이 건립되기도 하였으나, 전시물의 내용이 다양하지 못하고 운영상태가 다소 부실한 편이다. 현재 우리나라에는 수산업을 소재로 한 해양수산과학관, 어촌민속전시관, 해양수족관, 해양관련 전시시설(해저유물전시관), 등대박물관 등이 각 지역별로 되어 있다.(제2절 및 부록 참조)

2000년 이후에는 민간을 중심으로 해양생물 및 생태(조개, 진주 등 어패류), 어구, 장비 등 다양한 형태의 해양문화 전시관의 개설이 전국적으로 이루어지고 있다. 그러나 우리나라에서 해양문화의 전통과 해양산업의 발전수준을 종합적으로 보여 줄 수 있는 국립 종합해양박물관이 2012년 5월에 부산에 개관된 바 있다.

2) 유 · 무형 문화재

어촌과 바다의 다양한 자원 중에서 〈표 6-1〉과 같이 유형 혹은 무형 문화재는 관광객을 끌 수 있는 자원으로서 이러한 자원은 어촌관광의 다양성을 창출할 뿐만 아니라 어촌과 바다의 다른 자원과 연계할 수 있는 관광 상품이다. 왜냐하면 아직 관광이 활성화되지 않은 어촌으로 관광객을 유도함에 있어서 이들이 큰 역할을 할 수 있기 때문이다.

표 6-1 유 · 무형 문화재 관광자원 현황

시도별	시군별	유 · 무형 문화재
부산광역시	기장군	기장 척화비, 죽전 왜성
인천광역시	강화군	강화갯벌 및 저어새 번식지, 분오리 돈대, 남장포대, 초지진
인천광역시	옹진군	감람암, 물범, 신도, 사빈, 콩돌해안, 두무진(서해의 해금강)
울산광역시		처용암, 주전 봉수대, 방기리 알바위

2) 일본해사광보협회,「해양성 레크리에이션의 현상과 전망」, 1999.10, p.104.

강 원 도	강릉시	강릉 단오제, 청학동 소금강, 해운정
	동해시	동해 어달산 봉수대
	삼척시	삼척 죽서루, 삼척 대이리 동굴지대, 삼척 초당동굴 외
	속초시	금강굴, 토왕성, 간돌림, 대포성토
	고성군	청간정, 천학정, 간성향교, 불이문, 전통가옥, 건봉사지, 왕곡마을, 능파교, 홍교, 연안김씨 열녀비, 화암사, 건봉사
충청남도	태안군	안면 내파수도
	홍성군	마애석불
	보령시	보령 독산리 독살, 죽도 앞바다 고려청자, 상록수림
	당진군	송산 회화나무, 안섬 풍어제
	서천군	한산 세모시짜기, 한산소곡주, 자산팔읍길쌈놀이, 서천 대목장, 서천 부채장, 가정 목은 선생 문집판
경상북도	경주시	문무대왕릉
	울릉군	독도 천연보호구역
경상남도	고성군	공룡 및 새발자국 화석산지, 낙동강하류 철새도래지, 안골포굴강, 거북선
	남해군	물건어부방풍림, 미조 상록수림, 남해 선구 줄끗기
	통영시	남해안 별신굿, 홍도 괭이갈매기 번식지
	하동군	하동 송림
전라북도	부안군	풍어제, 위도 띠뱃놀이(중요무형문화재)
	고창군	고창 청계리청자요지, 삼인리송악
전라남도	완도군	장도 청해진 유적, 정도리 구계등, 주도 상록수림, 예송리 상록수림, 미라리 상록수림, 맹선리 상록수림
	진도군	진도의 바닷길, 백조 도래지
	장흥군	여수 영당 풍어굿
	고흥군	봉래면 상록수림
제 주 도	남제주군	성산 일출봉, 마라도
	북제주군	제주도 용암동굴지대
	서귀포시	서귀포층패류화석, 무태 장어서식지, 삼도파초일엽자생지, 문섬 및 범섬 천연보호구역, 제주 삼다관, 제주오름

자료: 해양수산부, 『해양축제와 해양엑스포: 진남제와 장보고 축제를 중심으로』, 2001.

해양민속 문화재 중 풍어제등 제의 관련된 것 18개, 소리(노래)관련 8개, 어구 3개, 놀이 1개, 갯벌 및 소금 5개, 등대 11개, 매장해역 3개 등 총 46개가 보고되고 있다.[3)]

3) 해양문화축제

전국에는 72개의 해양관련 지역축제가 개최되고 있고 이 중 봄(3~5월)에 22개, 여름(6~8월) 17개, 가을(9~11월) 15개, 겨울(12~2월)에 18개가 개최되어, 지역축제는 계절을 가리지

3) 정연학, "해양민속자원의 활용 현황과 과제", 제3회 전국해양문학자대회 발표문, 2012.8, p.43.

않고 연중 내내 열리고 있다. 지역별로는 전남(14개)과 강원(13개), 경남(11개) 지역에서 가장 많이 개최되고 있다. 현재 이러한 축제도 크게 늘어나는 추세이다.

해양과 관련된 다양한 소재의 축제가 개최되고 있으며, 이를 유형별로 살펴보면 다음과 같다.

- 바다음식과 관련된 축제 (16개) : 자갈치 문화관광 축제, 대하축제 등
- 어업과 관련된 제전 (12개) : 연평도 풍어제, 위도 띠뱃놀이 등
- 예술공연 혹은 해양스포츠를 위주로 한 해변축제 (13개) : 부산 바다축제 등
- 일출제 (9개) : 땅끝 해맞이축제, 남해 해맞이축제, 새해 경포 해맞이축제 등
- 역사를 소재로 한 축제 (6개) : 장보고 축제, 당항포대첩 축제 등
- 풍습 및 전승문화를 소재로 한 축제 (6개) : 화도진 축제, 해운대 달맞이축제 등
- 자연현상을 소재로 한 축제 (5개) : 영등제, 신안 게르마늄 갯벌축제 등

표 6-2 지역별 해양관련 축제 현황

시 · 도	축제수	주요 축제
경기 · 인천	4	연평도 풍어축제, 월미축제, 인천 해양축제
충 남	7	보령머드축제, 황도붕기풍어제, 대하축제
전 북	4	위도띠뱃놀이, 부안해변축제
전 남	14	영등축제, 향일암 일출제, 장보고축제, 진남제
경 남	11	옥포대첩기념축제, 한산대첩기념축제
부 산	6	자갈치문화관광축제, 부산바다축제, 기장 멸치축제
경북 · 울산	6	장생포축제, 우산문화제, 영일만축제
강 원	13	남대천연어축제, 동해무릉제, 여름바다예술축제
제 주	7	서귀포칠십리축제, 성산일출제, 한여름밤의 해변축제
합 계	72	-

자료: 해양수산부, 상게서.

기타 자세한 지역 축제 내용은 부록을 참고하기 바란다.

해양축제 중 유명한 것으로서 '18년 183만 명이 몰린 보령머드 축제[4], 백중사리 때 모세의 기적 현상과 더불어 매년 약 50만 명 이상('13)이 운집하는 전남 진도의 영등제[5] 등이 있다.

4) 동아일보, 2017.9.22

5) 아시아뉴스통신, 2013.5.9.

〈그림 6-1〉 보령 머드축제 체험 현황

4) 지역요리 및 특산품

해안에서 신선한 수산물을 맛보는 일은 우리나라 국민이 연안에서 즐기는 주요 관광활동 중의 하나이다. 해산특산물이나 바다요리 판매에 따른 수입이 대부분 지역주민에게 돌아간다는 점에서 해산특산물과 바다 향토요리 개발은 지역소득을 실현할 수 있는 중요한 수단이라 할 수 있다. 우리나라에는 다음과 같이 다양한 해산특산물과 바다 향토요리가 개발되어 있다.

표 6-3 지역별 바다 향토요리

구 분	주요 향토요리
경기 · 인천	밴댕이회(강화), 꽃게탕(인천 송도), 조기젓, 오징어 순대
충 남	어리굴젓(서산), 뱅어회(당진), 갱개미회(만리포), 새조개 데침회(천수만), 대하(안면도)
전 북	웅어회(금강), 무어회
전 남	갈낙탕(영암), 바지락회(득량만), 홍어찜(목포), 바다참장어회(고흥군), 꼬막(벌교), 굴비(영광), 산낙지(신안-무안), 노래미탕, 가자미회
경남 · 부산	재첩국(하동), 멸치회(기장), 아구찜, 복구이, 대구탕
경 북	과메기(포항), 오징어 요리(울릉도), 대게요리(영덕), 물회
강 원	황태구이, 오뉴월 숭어회, 연어구이(양양), 생태찌게(거진항), 오징어순대
제 주	옥돔물회, 성어국, 갈치회, 고등어회, 갈치구이, 전복죽, 전복소라회

자료: 해양수산부, 상게서.

표 6-4 지역별 해산특산품 현황

구 분	종 류
경기 · 인천	맛, 대하, 바지락, 강화새우젓
충 남	대하(선어), 어리굴젓, 까나리액젓, 대하, 활꽃게, 까나리액젓, 새우젓
전 북	액젓, 젓갈가공
전 남	고막통조림, 맛김, 컷트미역, 김, 멸치, 흑산홍어, 세발낙지 돌미역, 돌김, 멸치, 다시마액기스, 톳, 굴비, 신품(젓갈류)
경남 · 부산	피조개, 미더덕, 멸치액젓, 멍게젓, 굴가공품, 건멸치, 쥐치가공, 굴, 멸치, 대구, 보리새우, 기장멸치, 기장미역
경 북	꽁치과메기, 오징어피데기, 물회, 건가오리, 건미역, 대게 고포미역, 마른오징어, 돌김, 돌미역
강 원	오징어, 가리비, 명태, 돌김, 멸치, 가리비
제 주	옥돔, 자리돔, 갈치

자료: 해양수산부, 상게서.

5) 전통어구어법

오랜 수산업의 역사를 갖고 있는 우리나라에서는 예로부터 특이한 어구어법이 지역별로 개발되어 왔다. 이러한 어구어법도 체험어업이나 교육에 중요한 소재가 될 수 있으며 각 해양전시관들의 주요 전시 소재가 되기도 한다. 최근에는 서남해안에 산재한 독살[6]이나 연안의 지인망[7] 어업, 멸치잡이 죽방렴[8] 혹은 숭어잡이 육수장망 등의 관광상품화 시도가 크게 늘어나고 있다.

표 6-5 지역별 특수어법

구 분	종 류	지 역	비 고
충 남	대하삼중망어업 쭈꾸미잡이 삼치잡이 꽃게잡이, 대하잡이	태안 안면도 보령, 서천, 홍성일원 보령, 서천일원 보령, 서천, 홍성일원	고대 어업(독살) 자원 풍부

6) 갯벌지역에 돌을 쌓아 밀물 때 넘어 온 고기가 썰물 때 갇히면 어획하는 과거의 갯벌 지역 어획 방법(일명 어살이라고도 함)으로서 서남해안에 광범위하게 그 흔적이 남아 있어 이를 복원하여 어획체험을 할 수 있다.

7) 연안에서 그물을 쳐 이를 육지로 양쪽에서 잡아당기면서 어획하는 방법.

8) 물살이 센 연안에서 물살 반대 방향으로 그물을 쳐 밀물 등에 밀려오는 고기가 그물 끝에 갇히면 어획하는 방법. 멸치와 같이 유영력이 약한 고기를 잡는 데 쓰인다.

전 북	조망어업(꽃새우)	군산시	–
전 남	고막채취	보성 벌교 장안	갯벌썰매를 이용
경 남	멸치털이 멸치잡이 육수장망 육수장망 죽방렴	남해군 미조항 통영시 산양, 한산, 사량, 욕지 거제시 남부면 다포리 거제시 일운면 양화리 남해 삼동면/창선면 일원	–
부 산	멸치털이 육수장망 지인망	기장군 대변항 강서구 가덕도 기장군 공수마을 등	–
경 북	오징어채낚기	울릉군 일원	–
강 원	멸치선망 손꽁치잡이	양양 현남 고성 일원	–
제 주	멸치분기초망	제주시 전역	–

자료: 해양수산부, 상게서.

〈그림 6-2〉 남해 죽방렴 체험장

〈그림 6-3〉 독살 체험(충남 보령시)

6) 도서어촌지역 문화

이러한 해양문화 외에도 우리나라 연안과 도서 등에는 과거 역사인물 등에 관한 많은 역사 유적이 남아 있다. 이를 이용하여 많은 도서 관광객들이 탐방을 하고 있고 이것을 지속적으로 발전시킬 필요가 있다.

대표적으로 보면 완도의 보길도는 어부사시사의 고산 윤선도 유적을 보기 위하여, 통영의 한산도는 이순신 장군의 유적을 보기 위하여 매년 30~40만 명이 방문하고 있다. 도서별로 이러한 좋은 역사문화 소재들은 관광상품화 시킬 가능성이 높은 것들이다.

표 6-6 우리나라에서 문화적으로 유명한 도서의 관광 현황

도서명	관광 유형	주요 특징
백령도(옹진군)	숙박형	해양경관, 심청전 인당수
신도,시도,장봉도 (옹진군북도면)	당일형	드라마 '풀 하우스' 촬영장
홍도(신안군)	당일/숙박형	해상국립공원, 천연기념물
증도(신안군)	〃	염전, 갯벌, 해수욕장
보길도(완도군)	〃	윤선도 유적 등
한산도(통영군)	당일형	이순신 유적
거문도(여수)	숙박형	해상국립공원, 영국 요새지
사도, 낭도(여수)	당일형	공룡 유적지, 모세의 기적
울릉도(독도)	숙박형	해양경관, 천연기념물, 생태보전지구 등
인천 무의도 (실미도)	당일형	'천국의 계단', 실미도 등 드라마/영화 촬영장
외도(거제시)	당일형	인공적인 공원 조성

자료: 필자 작성.

7) 수장 유물

이외에도 우리나라는 과거부터 고려 및 조선 시대에 도자기 문화가 발달하여 이를 수송하는 과정에서 많은 유물이 수장되는 경우가 있었다. 이미 신안에서 출토된 중국 해저유물선에서 발견된 많은 유물이 목포 해저유물전시관에 전시되어 많은 관광객들이 방문하기도 한다. 최근에도 도자기 등 많은 유물이 과거 도자기 교역 항로였던 서해연안에서 출토되고 있는데, 이를 잘 보존하면서 관광자원으로서 잘 활용될 수 있도록 하여야 할 것이다.

표 6-7 연도별 수중 문화 발굴 현황

연번	발굴연도	발굴 유적	발굴 기관	문화재
1	'76 –'84	신안 방축리	문화재청, 해군 합동	14C 중국무역선 1척, 동전 28톤, 도자기 등 2만점
2	'80,'83,'96	제주 신창리	문화재청, 제주대박물관	12–13세기 금제 장신구류, 중국도자기 등
3	'81 –'87	태안반도	문화재청, 해군 합동	고려청자 40여점, 조선백자 등 14–17세기 유물인양
4	'83 –'84	완도 어두리	문화재청	고려 선박 1척, 자기 3만여 점, 선원용품 등
5	'91 –'92	진도 벽파리	국립해양유물(전)	고려, 중국 또는 일본 통나무 배 1척 출토
6	'95 –'96	무안 도리도	국립해양유물(전), 해군(합)	14C 고려 상감청자 638점
7	'95	목포 달리도	국립해양유물(전)	고려시대 선박 1척
8	'02 –'03	군산 비안도	국립해양유물(전), 해군(합4차), 단독(5차)	12–13C초 고려청자 등 2,939점
9	03 –'04	군산십이동파도	국립해양유물(전)	고려 선박 1척, 고려청자 등 8,122점
10	04 –'05	보령 원산도	국립해양유물(전)	13C초 청자향로 편 등
11	'05	신안 안좌도	국립해양유물(전)	고려 선박 1척, 고려 상감청자 등 4점
12	'06 –'09	군산시 야미도	국립해양유물(전)	12C 고려청자 4,575점
13	'06	안산시 대부도	국립해양유물(전)	고려시대 선체 편 일괄 수습
14	'07 –'08	태안 대섬	국립해양유물(전)	고려 선박 1척, 고려청자 등 24,887점
15	'08 –'10	태안 마도 1호	국립해양문화재연구소('09 명칭변경)	13C 고려 선박 1척, 고려청자 등 1,435점('10년5–11월 진행중)
16	'09 –'10	태안 마도 2호	국립해양문화재연구소	13C 고려 선박 1척, 고려청자 등 69점
17	2010	태안 해역	국립해양문화재연구소	고려 청자 등 9점('10년5–11월 진행 중)
18	2011	태안 마도 3호	〃	고려 청자
19	2012	태안 마도 해역	〃	〃
20	2012	인천 섬업벌	〃	〃
21	2012	진도 오륙리	〃	〃

자료: 홍장원 등, 『해양관광 활성화를 위한 해양문화콘텐츠 활용방안 연구』, KMI기본과제, 2010 12., p.55; 매경, 2016. 4. 13

〈그림 6-4〉 해저유물 발굴 상황과 발굴지역

우리나라에는 앞에서 언급한 대로 각 지역별로 많은 유 · 무형의 해양문화자원이 산재하여 있다. 이들 중 일부는 관광자원으로서 개발되어 상당한 집객을 하고 있다. 앞으로 소득이 증대되면 문화에 대한 인식이 높아져 더 많은 역사문화자원에 대한 탐구 의식과 호기심이 싹틀 것이고, 이를 잘 이용하면 관광자원으로서 지역 발전의 원동력이 될 수 있고, 국민들의 정서 함양에도 많은 기여를 할 것으로 생각된다.

이러한 것을 고려하여 각 지역에서는 고장에 부존하는 유 · 무형의 역사문화자원을 발굴하는 작업을 통하여 무엇이 자원으로서 가치가 있는지를 확인하고 이를 상품화하는 노력이 요망된다.

이하에서는 해양문화의 저변 확대에 도움이 되는 각종 해양문화 관련시설에 대하여 설명하고자 한다.

2. 해양문화와 관련시설

가. 해양박물관 및 해양관련 전시관

1) 기능과 역할

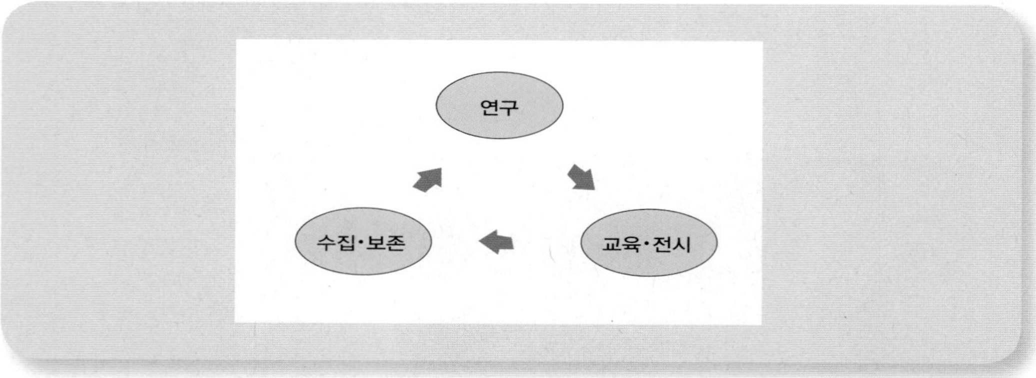

〈그림 6-5〉 해양박물관의 기본 기능

박물관의 기본 기능은 수집, 연구, 전시이며, 이를 통해 궁극적으로는 국민의 교육, 여가, 문화를 담당하여 국민의 문화복지 향상에 기여한다. 해양박물관도 해양산업, 해양문화, 해양환경 · 생태, 해양과학 등의 수집, 연구, 전시 기능의 종합적 성격을 띤다. 이들 각 분야는 기존의 국립중앙박물관, 국립민속박물관, 과학사박물관 등에서 자세히 다루지 못하는 분야이므로 전문적인 해양박물관에서 직접 다루게 된다. 2012년에 부산에 국립해양박물관이 건립되어 이러한 역할을 하게 되었다.

현재 어족자원의 감소로 어획에 쓰이던 많은 독특한 어구어법들과 4,000여 개 어촌의 독특한 해양민속이 조사되지 못한 채 사장되고 있어 사라져 가는 많은 해양유물 및 유산들의 정리 · 보관이 시급하다. 또한 해양에서 멸종되고 있는 어종들에 대한 기록 · 보관 · 전시의 필요성이 크고 각종 선박, 해양개발 및 이용 장비가 역사적 보존성이 높음에도 버려지는 경우가 많은 게 현실이다. 해외에서는 이런 유물들을 모아 해양 박물관의 내부나 외부전시실에 보관 · 전시하고 있다. 이러한 기본 기능 외의 부수적인 기능은 다음과 같다.

① 해양사상 고취기능

바다에 대한 새로운 인식을 높이고 해양사상을 고취시키기 위한 구심적 역할을 할 수 있는 것이 바로 해양박물관이다. 과거에는 박물관이 보관 · 전시에 치중하였으나, 최근에는 해양사상 고취 등 해양에 대한 교육적 기능이 강화되면서 관광과 교육이 결합된 교육체험관광에 대한 국민적 수요 증대에 대응하기 위해서도 해양박물관이 필요하다.

〈그림 6-6〉 영국 국립해양박물관(런던) 전경

〈그림 6-7〉 호주 국립박물관(시드니) 전경

② 해양문화 정체성 확립

해양박물관은 문화, 산업, 역사 등을 포괄하는 해양에 대한 이해와 관심 유발로 국민의 문화정체성 확립(Cultural Identity)에 기여할 것이다. 해양박물관을 통해 과거의 해양관련 역사, 문화, 인물 등을 부각시켜 국민의 해양인식을 제고하고, 세계적 수준의 우리나라 해양산업(조선, 해운, 수산 등)을 부각시켜 해양산업의 중요성을 제시하면서 수산, 환경, 과학, 해운 등 해양의 미래 비전 제시가 이루어지게 할 수 있을 것이다.

박물관은 수익성 사업이 아니므로 민간 차원에서 투자가 이루어지기 어려우며, 특히 우리나라의 경우 지방자치단체의 재정 자립도가 낮고 일본과 같이 기금 확보가 용이한 해양관련 재단(Foundation)이 전무하므로[9] 국가나 공공기관 차원의 투자가 필요한 부분이다. 대부분의 해양 선진국들은 해양박물관을 가지고 있으며, 설립주체는 대부분 국가이거나 국가 지원을 바탕으로 한 공공단체들로서 해양 관련 재단 등에 위임되어 건립 · 운영되고 있다.

2) 국내외 사례

가) 국내 사례

구미의 많은 선진국들이 자국의 해양문화를 종합적으로 보여 줄 수 있는 국립 해양박물관을 보유하고 있으나, 우리나라에는 1980년대까지 제대로 된 해양관련 전시시설이 전무하였다. 1990년대에 접어들어 해양수산부(구 수산청)와 지방자치단체가 중심이 되어 수산업을 소재로 한 전시시설이 건립되기도 하였으나, 전시물의 내용 및 다양성이 떨어지는 편이다. 현재 우리나라에는 앞 절에서 언급된 대로 수산업을 소재로 한 해양수산과학관 3개소, 어촌민속전시관 7개소, 기타 해양관련 전시시설 2개소가 조성되어 있다. 이들은 대개 전시 · 교육 기능 위주의 것으로서 연구 · 학예 기능이 없어 전문 해양박물관이라고 보기는 어렵다. 2012년 부산에 국립해양박물관이 건립되어 종합적인 학예연구, 전시, 보관기능을 갖게 되었고 향후 이를 중심으로 소규모 지역 해양관련 박물관과의 네트워크 형성이 요망된다. 영국의 런던국립해양방물관이 자국 내 타해양 박물관들과 네트워크를 형성하여 시너지

9) 일본의 경우 경정사업을 통한 수익금의 일부로 해양재단(Ocean Foundation)을 운영 중이며 각종 해양 R&D자금, 해양사업 등에도 많은 지원을 하고 있다.

효과를 얻고 있는 것을 본받아야 한다.

기능상으로 보면 해양수산과학관을 해양개발과 수산업개발의 과거, 미래, 현재를 전시하여 학습하게 하는 시설이다. 반면에 어촌민속관은 어촌의 역사 및 어촌 전통민속 등을 중심으로 전시하는 시설이다.

이외에 현재 신안 해저유물을 발굴하여 이 해저유물을 전시한 목포의 국립해양유물전시관이 있고 최근에는 등대박물관, 독도박물관 등 특수목적 해양전시관이 등장하기도 하였다.

해양수산과학관은 해양수산부(구 수산청)가 국비 지원하여 통영, 여수에 건립한 2개소, 부산 국립수산진흥원 내에 건립한 1개소 등 총 3개소가 조성되어 있다. 민간에서도 전남 해남군 땅끝 지역, 강원도 고성군 화진포 등 몇 개 지역에서 해양박물관이나 조개박물관 등의 소규모 해양전시관을 조성하여 유료로 운영 중이다.(해양박물관 목록은 부록 참조)

아울러 어촌민속전시관 역시 해양수산부의 국비 지원에 의해 전남 완도, 강원 삼척, 경남 거제, 부산, 거제, 안산, 북제주군 등에서 운영 중이다.

표 6-8 해양문화시설의 전시주제별 분류

컨텐츠 유형	세부내용		시설명
어촌, 민속, 전통문화	어업, 어촌생활양식, 어류전시 등		완도군어촌민속전시관(완도), 영덕어촌민속전시관(삼사해상공원)(영덕), 안산어촌민속박물관(안산), 거제어촌민속전시관(거제), 부산어촌민속관(부산), 삼척어촌민속전시관(삼척), 제주해녀박물관(제주)
갯벌·해양 생태계	갯벌, 철새관련 전시물 및 영상, 갯벌 체험		시화호갈대습지공원(환경생태관)(안산), 강화갯벌센터(강화), 증도갯벌생태전시관(신안), 무안생태갯벌센터(무안), 순천만자연생태관(순천)
역사, 문화 유물	고선박, 함정, 무역선 등		국립해양문화재연구소(목포), 장보고기념관(완도), 당항포관광지(고성), 해군사관학교박물관(창원), 하멜상선전시관(제주)
종합 전시시설	해양동식물 및 각종 해양유물	중소형 (6,000㎡미만)	해양테마과학관(당진), 진도해양생태관(진도), 땅끝해양자연사박물관(해남), 전라남도해양수산과학관(여수), 통영수산과학관(통영), 화진포해양박물관(고성), 울산해양박물관(울산)
		대형 (6,000㎡이상)	국립해양생물자원관(서천), 목포어린이바다과학관(목포), 해양생물테마파크(창원해양공원)(창원), 국립해양박물관(부산), 부산해양자연사박물관(부산), 국립수산과학관(부산),제주해양과학관(아쿠아플라넷제주)(서귀포)
테마형 특성화 전시시설	국내 유일한 컨텐츠를 이용해 박물관 조성		소금박물관(신안), 장생포고래박물관(울산), 국립등대박물관(포항), 독도박물관(울릉), 세계조가비박물관(제주)
아쿠아리움	해양과학체험, 수족관, 해양공연장		코엑스아쿠아리움(서울), 63씨월드(서울), 아이큐아리움(경기), 일산씨월드아쿠아리움(경기), 아쿠아플라넷여수(여수), 부산아쿠아리움(부산), 울진아쿠아리움(울진)

주1 : 거제조선해양문화관은 거제어촌민속전시관과 같은 위치에서 함께 운영 중에 있음

주2 : 강릉시 경포석호생태관은 갯벌 · 해양생태를 주제로 한 시설에 해당하나 2014년 말 개관예정으로 본 분류 · 집계에서는 제외됨

자료 : 해양수산부, 『해양문화시설의 지역별 입지 적정성 연구』, 한국해양수산개발원 신철호(연구책임), 2013.12, p.25

이들 해양문화시설의 분포는 다음 그림과 같다.

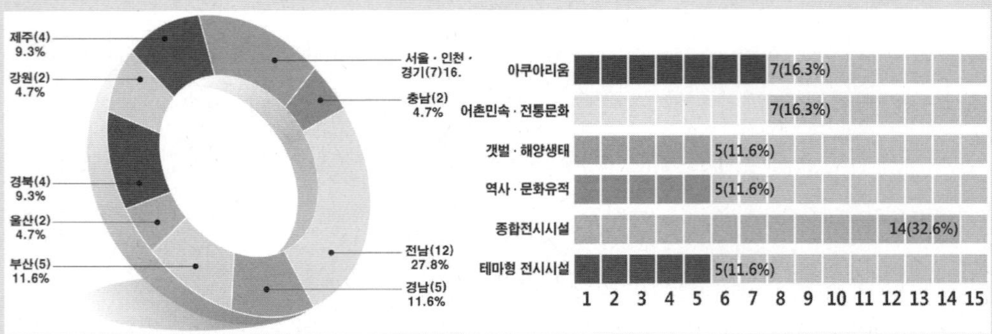

〈그림 6-8〉 지역별 · 주제별 해양문화시설 분포

자료: 해양수산부, 『해양문화시설의 지역별 입지 적정성 연구』, 한국해양수산개발원 신철호(연구 책임), 2013.12, p.86

〈그림 6-9〉 부산 국립해양박물관 전경

최근에는 부산, 강원도 등에서 해양사이버 박물관을 웹 사이트상에서 구축 · 운영하고 있다.

이외에 퇴역한 군함을 이용한 함상박물관도 충남 당진, 강원도 강릉 안인진 인근(잠수정 침투지), 진해시 등에 건립되어 지역 관광자원으로 운영되고 있다.

〈그림 6-10〉 군함을 이용한 함상박물관(충남 당진)

나) 해외사례

현재 세계 해양선진국들 대부분은 해양박물관을 보유하고 있으며, 가까운 일본의 경우 주요 해양관련 박물관이 127개소나 된다. 특히 전통적인 해양선진국인 영국은 1937년에, 스웨덴은 1938년에 각각 국립해양박물관을 개관하여 해양국가로서의 전통을 이어가고 있다. 호주의 시드니 국립해양박물관이나 중국의 마카오 해양박물관, 일본의 요코하마 해양박물관의 경우 관광지에 입지하여 관광 수요 진작과 지역 상징물로서 잘 활용되고 있다.

표 6-9 각국의 국립해양박물관

국가	박물관 명	비고
호주	Australian National Maritime Museum	
독일	Deutsches Schiffahrtsmuseum	
아일랜드	National Maritime Museum of Ireland	
인도네시아	National Maritime Museum	

이스라엘	National Maritime Museum	
말타	National Maritime Museum	
뉴질랜드	National Maritime Museum	
한국	National Maritime Museum(부산)	
스리랑카	National Maritime Museum(Galle)	
영국	– National Maritime Museum(Greenwich) – National Maritime Museum Cornwall	Greenwich박물관이 해양박물관의 원형
미국	– Mariners' Museum, the National Maritime Museum of the United States – San Francisco Maritime National Historical Park	

자료: 위키피디어(https://en.wikipedia.org/wiki/National_Maritime_Museum_(disambiguation), 2018.11.1)

국립해양박물관은 영국, 미국, 호주, 뉴질랜드, 스웨덴 등에 있으며 그외의 박물관은 국가지원을 바탕으로 한 지방자치단체나 재단이 그 운영 주체로 되어 있다.

이들 해외 해양박물관들의 특징을 보면 광범위한 역사적 자료와 더불어 모형, 시뮬레이션 영상, 적절한 무대장치를 통해 관람이 지루하지 않게 하고 있으며, 특별전 및 다채로운 이벤트를 마련하여 다양한 관객을 끌어들이고 있다. 아울러 해양과학관이나 해양체험관의 형태로 건립된 경우에는 단순한 나열 위주의 전시가 아니라 관람객들이 직접 만지고 체험하면서 해양과학 원리를 습득하고 해양환경을 이해할 수 있도록 하고 있다.

또한 전시와 더불어 연구 및 교육에도 치중하여 정기간행물 발간, 세미나 개최, 학교와의 연계 프로그램 개발 등에 큰 비중을 두고 있다. 이들은 대부분 경관이 수려한 해안에 위치하고 있어 관람 후 여러 가지 해양활동(크루즈, 바다 탐사 등)과 연계되도록 함으로써 교육 및 여가활동이 함께 이루어지는 종합적 문화공간으로 활용되고 있다.

아울러 박물관의 공간경험을 위해 전시경험 못지않게 내 · 외부의 건축에도 세심한 배려를 하고 있다. 가령 전시실 내부를 선박이나 잠수함의 내부로 장식하여 공간 자체에서 다양한 경험과 재미를 느낄 수 있도록 연출하고 있다. 또한 퇴역 선박의 외부 전시를 통해 해양박물관의 일부로 활용하기도 한다.

〈그림 6-11〉 미국 체사피크만 해양박물관 전경

〈그림 6-12〉 샌디에고 해양박물관(범선)과 관내에서의 교육 모습

3. 해양수족관

가. 역사와 기능

해양박물관은 주로 과거의 해양유물 전시 등 무생물위주로 시설 구성이 이루어지는 반면 수족관은 살아있는 해양생물의 전시를 하는 시설로서 교육, 전시, 보존 등 해양박물관과 유

사한 기능을 수행하는 시설이다. 또한 해양에 대한 이해를 높이고 관광적 기능을 수행한다는 점에서도 거의 유사하다.

해양수족관은 1899년 모나코의 알버트 1세에 의해 건립된 이후 100여 년의 역사를 가지고 있으나, 1980년대 중반에 들어 전자제어 시스템의 발달과 심해 탐험기술의 발달, 해양관광객의 급증에 힘입어 비약적인 발달을 하게 된다.

1980년대 이전 수족관은 기능적으로 교육, 연구 위주의 시설이었으며 재정적으로 대부분 경영적자 상태였고, 국가 또는 지자체의 보조를 받아 비영리 법인이 운영하는 방식을 채택하였다. 또 쉽게 취득할 수 있는 해양생물을 전시하는 수준이어서 테마설정과 일관성 있는 전시가 어려웠으며, 기술적인 한계로 수조 형태가 단순한 직사각형 또는 벽면형 수조로 구성되어 있었다.

그러나 1980년대 중반 이후에는 민간의 참여가 확대되면서 상업시설이 출현하게 되었으며, 신기술(영상, 전자기술 등)의 활용으로 다양한 전시공간이 가능해졌고, 경영기법 및 입지결정의 타당성 증대로 경영수지가 크게 개선되었다. 또한 시설의 테마가 분명해지고 방문객의 편의를 위한 편익시설이 보강되고 있다. 시설 면에서도 건축자재의 발달로 대형수조가 가능해지고 원통형이나 터널형 수조가 실현되었다. 부식방지 배관으로 시설관리가 용이해지고 있으며, 확장에 대비한 여유공간 확보로 시설의 쾌적성이 크게 개선되었다. 또 시각뿐만 아니라 청각, 촉각을 이용하여 간접 체험을 할 수 있도록 전시물과 전시방법이 다양해지고 있다. 어류뿐만 아니라 양서류, 파충류, 포유류, 무척추동물의 비중이 점차 커지고 있으며, 식물 전시 비중도 높아지는 경향이 있어 제한적이나마 하나의 동물원 형태로 진전되고 있다. 수족관을 여러 가지 관점에서 분류하면 〈표 6-10〉과 같다.

표 6-10 수족관의 분류

분류구분	세부분류	국내외 주요사례
건립목적 분류	공익적 개발	美 Baltimore, 佛 Oceanopolis, 日 Sealife park
	복합기능개발	美 Longbeach, Monterey, 日 해유관
	상업적 개발	美 Sea world, 싱가포로 Underwater world
개발입지 분류	항만재개발형	美 Baltimore, 日 해유관, 佛 Nausicaa
	해양휴양지형	美 Longbeach, Monterey
	내륙형	美 Shedd, Belle Isle
	담수형	美 Tennessee

개발방식 분류	주제공원형	美 Sea world, 디즈니월드
	독립형	美 Florida, New England
	부속형	韓 63, ASEM 수족관
물관리방식 분류	open system	美 Monterey
	통합 closed system	美 Baltimore
	개별 closed system	–

나. 발전가능성과 장애 요인

사회적 측면에서 발전가능성을 살펴보면 첫째, 교육적 수요는 지속적으로 증가될 것으로 보인다. 각종 자원들이 고갈되어가고 자연환경이 파괴되고 있는 여건에서 이러한 기능은 강조될 수밖에 없으며 청소년, 아동을 대상으로 한 교육적 수요가 커질 것으로 예측되기 때문이다. 둘째로는 경제여건의 향상과 관광수요 증가로 다양한 여가공간 요구가 커질 것이고 이에 따라 수족관이 늘어날 것이다. 셋째로는 레저 문화의 패턴변화로 교육적 놀이공간의 수요가 늘고 있어 이에 따른 생태전시를 하는 수족관의 교육적 기능 확대가 요구된다. 넷째로 스킨스쿠버 등 바다 속 체험레저가 최근 크게 늘고 있는 바와 같이 해중세계에 대한 관심도 증가할 것이다. 이러한 요인들은 수족관의 보급을 낙관적으로 판단하게 하는 기초가 되고 있다.

그러나 이와 반대로 수족관 보급의 장애가 되는 환경요인으로는 시설에 대한 인식부족으로 인한 각종 규제, 초기 투자비 과다로 인한 경영문제, 소수 선진국(미국, 일본, 프랑스 등)에 의한 기술 장악, 도입기술의 국내 적응노력 부족, 국내 시장여건 부족 등을 들 수 있다.

앞의 사회적 여건의 문제들과는 달리 관련기술은 급속하게 발전하고 있다. 개략적으로 그 내용을 열거하면 다음과 같다.

(1) 수조 설치기술의 발달

- 건축술 및 자재기술의 발달에 따른 강한 표면의 아크릴 제작-가공 기술의 변화
- 터널형 · 원통형 수조 등 특수구조로 관람이 용이하고 바다현장 실현구조 가능
- 수조의 대형화/대수심화에 따른 건축물의 하중지지 능력 증가

(2) 생물학 · 의학의 발달로 생존 환경 조성(Life Support System) 기술의 발달

- 각 품종별 특이성 파악 및 공생환경 기술
- 인공사료, 호기성 박테리아 증식기법 개발 등 생존 환경조성 비용 절감
- 생물폐사 방지를 위한 대처능력 향상

(3) Filtering 기술의 발달

- 수조의 수질관리 능력 증대에 따른 Filtering 비용 감소
- 수질검사 및 살균시스템 발달로 생물의 수명 연장 및 생식능력 유지

(4) 채집기술의 발달

- 완전한 형태의 채집 가능
- 심해어류 채집기술 발달

(5) 교통 및 운반기술의 발달

- 교통의 발달로 수종 채집을 위한 해역거리가 증대되어 전시물의 다양화 가능

(6) 각종 제어기술의 발달

- 자동 제어기술의 발달로 인건비 절감 및 안전성 증대

다. 국내의 주요 수족관 관련시설 현황

국내의 수족관 개발수준은 타 선진해양국에 늦어 성장기 단계에 와 있다. 〈표 6-11〉은 국내에서 완공되었거나 추진되고 있는 수족관 관련시설이다. 특히 부산 해운대수족관은 국내 수족관업체와 호주 자본이 투자된 최초의 외자유치 수족관이다. 국내에는 이들을 포함, 총 14개의 수족관이 있다.[10] 일본은 1960년대 이후, 중국은 1990년대에 수족관 건설이 붐을 이루어 이 시기에 20개 이상의 수족관이 건설되었는데 우리나라는 2010년 이후 2018년까지 10여개의 수족관이 건설되었다. 현재 일본은 70여개소, 중국은 100여개 이상의 수족관이 운영되고 있다.[11]

---

10) 환경미디어, 2017.11.6.

11) 해양수산부 및 한국해양재단. 뉴스레터 제9호, 2018.11.

표 6-11 한국의 주요 수족관 시설 현황

시설명		63씨월드	코엑스 아쿠아리움	부산 아쿠아리움	일산 아쿠아플라넷	롯데월드 아쿠아리움
위치		서울 여의도 63빌딩	서울 삼성동 코엑스몰 내	부산해운대 해수욕장	고양시 일산 서구	잠실 제2 롯데월드
개관년도		1985. 6.	2000. 5.	2001. 11.	2001	2014.10
총 사업비		–	270억 원 (전용면적 2,600평 사업비)	390억 원 (연면적 4,000평 사업비)	–	25억 원
규모	전용면적	1,078평	2,600평	2,600평	4,525평	3,406평
	연면적	–	4,340평	4,000평	–	–
수조용량		300톤	2,500톤	3,000톤	4,300톤	5200여톤
전시어종(종/마리)		–	650종/4만	–	325종/3.65만	650종/5.5만

〈그림 6-13〉 부산 해운대수족관 전경(조감도)

라. 해외의 주요 수족관 현황

1) 미국

미국은 세계 최고의 해양국가답게 수족관 분야에서도 이미 20세기 초에 대규모 어류전시관이 건립되었으며, 전시 기자재의 고도화, 전시물 채집의 현대화와 생존 환경시스템(Life Support System)의 발달에 따라 점차 심해어, 타 대륙어, 해중식물, 담수어, 파충류, 양서류, 포유류 등 다양한 종류의 해양 생물이 전시되고 있다.

〈그림 6-14〉 미국의 볼티모어 수족관

〈그림 6-15〉 몬테레이 수족관과 야외 교육 모습

주: 몬테레이 수족관-통조림 공장을 개조하여 만든 세계 최고 수준의 수족관

과거의 수족관이 대부분 수산물 생산과 관련된 연구와 교육기능이 중심이 되어 추진되었던 것에 비해 최근에는 점차 환경보호를 위한 교육기능과 상업화한 시설의 도입이 많아지는 추세이며, 대형 건축물, 대형 수조, 대형어의 전시에 주력하는 경향이 있다. 또한 단순한 수족관 및 전시관 시설에서 벗어나 다양한 해양레저시설들과의 복합화를 시도하고 있으며, 방문객들의 재방문율을 높이기 위한 임시 전시물의 다양화, 이벤트 개발, 전시공간 개방, 쇼장 설치 등 여러 가지 형태의 운영방안이 도입되고 있다. 그리고 해양주제테마공원의 경우

공원의 핵심적인 이미지를 주는 시설로 수족관이 도입되는 사례가 늘어나고 있으며 씨 월드(Sea World)나 월트디즈니의 EPCOT[12] 등이 이에 해당된다.

그러나 대부분의 수족관들은 주나 시의 재정지원을 받거나 대형 기업으로부터의 기부금, 회원제 운영을 통한 재원조달이 이루어지고 있으며, 자원 봉사자의 적극적인 활용을 통해 주역주민들의 사회활동과 경비절감을 동시에 추진하는 노력을 보이기도 한다.

2) 일본

일본에는 2000년대 초 전국 각 지역에 50여 개의 수족관과 115개의 해사관련 박물관이 운영되고 있고, 특히 1990년 이후 건립되는 수족관은 대형수조, 해중터널, 주변의 놀이시설 및 공원 등을 겸비하여 연간 관람객이 수백만에 달하는 대형 수족관도 나타났다.

표 6-12 일본의 해양 문화시설 현황

지방/현		박물관	수족관	선박(보존 · 복원선)	해양스포츠센터	해변레저 · 공원	전망대
홋카이도		12	8	1	2	–	1
토후쿠	아오모리, 아키타, 야마가타, 이와테, 미야기, 후쿠시마	13	7	3	2	–	1
칸토우 지방	이바라키, 치바, 도쿄도, 가나가와, 토치기, 사이타마	22	11	7	1	5	4
호쿠리쿠 신에쓰(北陸信越)	니가타, 토야마 이시카와	10	6	2	2	–	–
츄부(中部)	후쿠이, 시즈오카, 이치, 미에	12	3	2	1	3	1
긴키(近畿)	시가, 교토부, 오사카부, 효고, 와카야마	12	3	2	6	3	1
츄고쿠(中国)	돗토리, 오카야마, 시마네, 히로시마, 야마구치	13	5	1	6	–	–
시코쿠(四国)	카가와, 도쿠시마, 코우치	7	2	1	1	–	–
규슈(九州), 오키나와	후쿠오카, 나가사키, 쿠마모토, 오오이타, 가고시마, 오키나와	14	4	–	8	–	1
소계		115	49	19	29	11	9
총계		232					

자료: 해양수산부,『해양문화시설의 지역별 입지 적정성 연구』, 한국해양수산개발원 신철호(연구책임), 2013.12., p.32.
원전 : 日本海事廣報協会 자료(2000), 기타 관련 사이트

12) 씨월드나 월트디즈니의 EPCOT는 플로리다에 있는 물 관련 테마파크 시설이다.

일본수족관 입지의 특성은 주로 해안가 대도시 권역에 집중되어 있으며 행정구역 단위의 개발이 주류를 이루고 있다. 몇몇 대형수족관을 제외하고는 재정적으로 현이나 시정부의 재정지원을 받고 있으며 상업적 기능보다는 교육 · 연구기능에 중점을 두고 있었다.

최근에는 교육적 의미에 중점을 두었던 수족관의 관람에서 벗어나 수족관 주변의 테마공원, 놀이시설 등과 연계시켜 건립하거나, 또는 이들 시설과 복합화, 대규모화가 이루어지고 있다.

이러한 대형 수족관 중에서 오사카(大阪) 카이유칸(海遊館), 오키나와 추라우미 수족관, 요코하마(橫浜) 아쿠아뮤지엄(Aquamuseum)의 수족관 사례의 특징은 〈표 6-13〉과 같으며 특히 이 중 오키나와에 세계 제2 규모 추라우미(沖縄美ら海水族館) 수족관은 중앙정부의 지원하에 건립되어 운영되고 있다.

표 6-13 일본 주요 수족관 현황

시 설 명	海 遊 館 (KAIYUKAN)	추라우미	아쿠아뮤지엄 (Aquamuseum)
위 치	오사카 서쪽 항만 天保山 하버빌리지	국영 오키나와 기념 공원 내	요코하마 씨-파라다이스 테마공원내
개 관	1990	2002	1993
공사기간	22개월	–	22개월
총면적	1만 8,800㎡	약 1만 9,000㎡	1만 8,203㎡
부 지	항만구역 재개발	일반 육상	매립지
*개관시간	10:00 – 20:00	08:30 – 20:00	10:00 – 20:00
수조용적 (수조 수)	1만 1,000톤 (14개)	최대 수조 7,500톤(77개)	1만 2,000톤 (6개의 존)
전시물 종류	생물: 580종 3,900점 식물: 150종 3,500점	–	생물: 500종 10만 점
주 전시물	고래 상어	고래 상어, 쥐가오리	돌고래 쇼
Life support system	closed system	closed system (압력식 밀폐 여과조)	closed system (일부 open system)
주 제	환태평양 화산대 (ring of life)	쿠로시오의 바다	바다와 사람의 커뮤니케이션
총공사비	200억 엔	–	500억 엔
운 영	제3섹타 (오사카시, 민간기업) (주)오사카워터프런트개발	국영 오키나와 기념 공원 추라시마 재단	(주)橫浜八景島 (8개회사 출자)

* 개관 시간은 동절기, 하절기에 따라 틀림

** 씨-파라다이스 테마공원의 총 공사비로 수족관 공사비를 포함하고 있음.

3) 유럽

유럽에서도 지중해 연안 국가들은 일찍부터 중국, 인도 등 아시아와의 해상교역을 통해 근대화가 이루어짐에 따라 해양과 관련된 여러 가지 문화유산을 많이 가지고 있어 이런 영향으로 남유럽에는 해양과 관련된 박물관, 전시관, 수족관이 많이 있다.

유럽에서 근대적 수족관은 1899년 해양학자인 모나코의 알버트(Albert) 1세에 의해 세워진 모나코(Monaco) 해양박물관에서 시작된다. 이 박물관의 설립목적은 그 당시 생소했던 해양과학 관련지식을 일반인에게 소개하고 이해시키는 것이었다.

유럽에서는 모나코 해양박물관 이후에도 생말로(Saint-Malo), 비아리츠(Biarritz), 반느(Vanne), 라로첼(La Rochelle), 그랜빌(Granville), 콘카르노(Concarneau) 등에서 지방자치단체와 민간인이 협력하여 수족관을 건설하였다. 또한 각 대학의 임해연구소들은 해양생물, 해양물리, 해양화학 등 해양과 관련된 과학적인 연구를 행하고 일반인에게 그 결과를 알릴 목적으로 수족관을 건설하였다.

유럽에서 프랑스는 수족관의 건설과 운영에 가장 적극적인 나라로 현재 100여 개의 수족관이 운영되고 있으며, 프랑스 이외의 지역에서도 지중해를 중심으로 수족관의 개발이 활발하게 이루어지고 있다. 대표적인 곳이 올림픽과 엑스포를 기점으로 건설된 바르셀로나 수족관과 리스본 수족관이다.

〈그림 6-16〉 시드니 달링하버 수족관

유럽에는 이외에도 영국, 네덜란드, 독일 등 서부 해양강국들을 중심으로 많은 수족관이 분포되어 있다. 특히 영국에는 규모가 비록 작아도 오랜 전통이 있고 다양한 해양생물을 전시하는 우수한 수족관이 많이 있다. 네덜란드와 독일의 경우에도 해양문화를 소개하면서 해양산업과 해양과학의 중요성을 강조하는 박물관과 수족관이 항만주변에 다수 있다.

표 6-14 유럽의 주요 수족관 시설 비교

구분		Nausicaa (프랑스 블로뉴)	Oceanopolis (프랑스 브레스트)	EXPO'98 (포르투갈 리스본)	L'Aquarium (스페인 바르셀로나)
개발	개관(증축)	1991.5.18 (1998.5.30)	1990.6.21 (2000년)	1998.5.22 (1998.10)	1995년
	건물(면적)	지상4층 (10,000㎡)	지상3층 (12,000㎡)	지상5층 (18,000㎡)	지상3층(13,000㎡)
	테마 (목표)	"To Know the Sea" (Knowledge of the Sea)	① 항해와 안전 ② 산업과 해양 ③ 영불해협의 해양 동식물	"The Ocean – A Heritage for the Future"	"Mediterranean Sea" ① 레저 ② 사회봉사 ③ 교육 ④ 연구
	설계	Jacque Rougerie	Jacque Rougerie	Peter Chemayeff	Tellades 형제
	공사비용	1억6,000만 FFr (약 400억 원)	7,900만 FFr (약 200억 원)	1억 달러 (약 1,400억 원)	5,000만 달러 (약 700억 원)
재원조달		EU 44% 국비 10% 지방비 42% 기부금 4%	지방비 100%	국비 100%	항만청 20% Larcacia 27% 건설회사 20% 외국회사 20% 중소기업 13%
시설	구성요소	수족관, 전시관, 영상실, 자료실, 식당, 기념품점	수족관, 전시관, 교육장, 놀이터	수족관, 기념품점	수족관, 전시관, 교육장, 식당, 기념품점
	어종(마리)	400종(3,000)		200종(15,000)	450종(8,000)
운영	직원 수	여름 200명 겨울 140명		17명	80명 (연구직 18명)
	방문객	연간 60만 명 (100만명 목표)	연간 20만 명 (첫해 50만 명)	EXPO기간 중 120만 명 예상	연간 150만 명 (외국인 70%)
	운영 업체		SOPAB (시영업체)		Mundo Submarino (제3섹타)
	입장 요금		어른 65FFr (약 14,000원)	어른 1,700Esc. (약 13,000원)	어른 1,400Ps (약 14,000원)

4. 기타 관광

가. 위락형 해상잔교

기존의 해상잔교가 해안과 해안을 이어주는 교량의 역할이나 선박을 접안 또는 승 · 하선하는 데 이용되는 것에 비하여 위락형 해상잔교는 바다 위에 사람들을 불러 모으고 휴식과 오락의 기능을 충족시켜 주는 해상 친수시설이다.

위락형 잔교는 기존의 콘크리트 또는 철제구조물의 중후한 구조가 주는 경관의 부조화나 부유식 잔교가 해수표면과 해저면에 영향을 미치는 것과는 달리 기둥만을 해저에 고정하고 상부는 건축미를 고려한 디자인을 사용한다. 이 때문에 친수공간 기능을 강조하는 Waterfront형 임해공간의 조성을 원하는 구미의 많은 해안도시에는 대개 지역을 대표하는 해상위락잔교가 하나 이상씩 있다.

19세기 하반기에 이르러 영국과 웨일즈의 연안선은 바다로 뻗는 많은 잔교들로 점철되었다. 이들은 연안에 조성되어 증기선들의 진입로, 영국 해협을 건너오는 여객선의 승객 탑승시설, 그리고 후에는 방문객들이 바다 위로 산보하고 즐기는 장소로서 이용되었다. 또한 바다에서 육지를 바라보는 경관점으로서 이용되기도 하였고, 공연장, 휴게소, 놀이시설 등의 장소로 이용되었다.

잔교문화는 세계적으로 3개 지역에 집중하여 나타난다. 먼저 유럽에서는 지중해 지역에서는 별로 나타나지 않으나 북해에 면한 영국에서 많이 나타난다. 크기도 다소 큰 편이고 산보, 식당, 낚시, 터미널 등 보다 종합적인 목적으로 많이 쓰인다.[13] 영국은 잔교문화의 발상지라고 할 만큼 18세기 이후부터 해안가에 잔교를 건설하기 시작하여 현재에는 54개 정도의 잔교를 설치하여 이용해 오고 있다.[14]

둘째로 많이 나타나는 지역은 미주 지역으로서 주로 LA 비치 해변이나 플로리다 반도의 비치 해변지역에 많이 나타난다. 규모는 작은 소규모에서부터 큰 것까지 다양하고 LA산타

13) 제4장 바다낚시 참조..

14) 위키피디아(검색명: pier), 원본: National Piers Society(영국)

모니카 잔교의 경우 커다란 놀이시설과 대관람차, 다양한 레스토랑 등이 설치되어 있을 정도로 규모가 크다.

셋째로는 일본지역으로서 40여개 잔교시설이 건립되어 쓰이고 있다. 이중 코베의 바다낚시 시설처럼 큰 시설도 있으나 대부분의 잔교 규모가 구미제국의 것들보다는 작고 주로 바다낚시에 많이 쓰인다.

이 중에 대표적인 것들을 소개하면 먼저 영국 남부의 유명한 해변휴양도시 브라이튼의 해안에는 2개의 '브라이튼 피어'라는 명물이 설치되어 있다. 해상으로 길게 설치된 플랫폼 위에는 전시시설과 놀이시설, 휴게시설 등이 있어 바다의 전망과 휴식, 위락을 동시에 얻을 수 있는 독특한 공간으로 활용되고 있다. 1872년에 지어진 이스트본 잔교(Eastbourne Pier)는 영국 해변의 수많은 잔교중 예전 모습으로 비교적 잘 보존된 잔교이다.

〈그림 6-17〉 영국 브라이튼 해상잔교

〈그림 6-18〉 이스트본 잔교

〈그림 6-19〉 영국 블랙풀 사우스 잔교

〈그림 6-20〉 영국의 해상잔교 위치도

자료: 이한석, 「영국의 해변리조트」, 2003.

이외에 미국 캘리포니아 지역에도 산타모니카 해변, 레돈도 비치 등 유명 해수욕장이나 해변마다 이를 대표하는 위락형 잔교들이 설치되어 레스토랑, 기념품점, 휴게소 등으로 활용되면서 지역해양관광의 중심지 역할을 하고 있다.

〈그림 6-21〉 미국 산타모니카 해상잔교의 모습과 위락시설들

나. 해상호텔

화물이나 사람을 운송하는 선박으로서의 수명을 마친 퇴역선을 개조하여 강이나 항구에 정박시켜 호텔이나 박물관으로 사용하는 곳이 미국, 일본 등에 다수 있다. 여기에는 화물선, 여객선, 쇄빙선(극지방에서 항로를 확보하기 위해 얼음을 부수는 선박) 등 다양한 선박들이 이용되고 있으며, 크기도 수십 m에서 100m가 넘는 대형선까지 이용되며 배 무게가 4,000톤이 넘는 것도 있다. 워터프런트에 정박되어 활용되는 폐선박은 대부분 호텔, 전시공간, 레스토랑 등 다목적 공간으로 개조되어 활용되고 있다.

우리나라에서는 제주 성산포지역에서 바지선박을 이용한 해상호텔이 건립되어 바다낚시 등에도 활용되고 있다. 퇴역한 군함도 선박전시관 겸 레스토랑으로 개조되어 당진 삽교천(해양박물관의 사진 참조), 강릉 정동진, 진해 등에 계류되어 활용하고 있다.

〈그림 6-22〉 미국 LA 롱비치 항의 해상호텔 퀸메리 호(좌) 및 제주 성산 해상호텔(1000톤급, 우)

이외에 선박을 이용한 해상 호텔 사례는 다음과 같다.

표 6-15 선박을 이용한 선박 호텔 및 선박 박물관

시설 명	내용
미국 샌디에고 해양박물관	1948년 설립되었으며 샌디에이고 국제공항 남쪽에 위치. 역사적으로 유명한 선박들인 유선형의 증기 쾌속선 미디어(Medea) 호, 샌프란시스코와 오클랜드를 왕래하던 증기 페리선 버클리(Berkley) 호, 19세기 상선으로 사용된 대형 범선인 스타 오브 인디아(Star of India) 호를 개조하여 일반에게 공개.
두바이 퀸엘리자베드2세 호텔	퀸 엘리자베스 2호는 큐나드 라인이 보유한 유람선. 1964년 착공을 해서 1967년 9월 20일 스코틀랜드 존 브라운 선박 건조소에서 진수, 1969년 5월 2일에 영국 사우스햄프턴에서 미국 뉴욕으로 처녀항해, 그 후 2008년 11월 은퇴. 2018년 4월부터 두바이 라시드항에서 해상호텔로 사용 중. 총톤수 6만 6851t. 길이 294m. 너비 32m. 항해속력 28.5km. 내부에는 600명을 수용할 수 있는 2개의 식당, 500명이 관람할 수 있는 영화관, 1등 객실 사용자전용의 퀸스그릴 · 도박장 · 수영장 · 시어터바(theater bar) 등 시설을 갖춤.

로스엔젤레스 퀸 메리호	1934년에 건조된 영국의 호화 여객선으로 같은 여객선 회사에서 운행하던 퀸 엘리자베스 호와는 자매선. 총길이 310m, 무게가 8만t에 이른다. 1936년 최초로 항해를 하기 시작하여 제2차 세계 대전 시 병력 수송선으로 쓰이는 등 우여곡절을 겪은 끝에 1967년, 1001번째 대서양 횡단을 마지막으로 퇴역한 후 미국의 롱비치에 정박. 지금은 호텔과 박물관, 레스토랑으로 인기가 아주 높게 이용되고 있다.
독일 알렉산더 폰 훔볼트호	알렉산더 폰 훔볼트호는 1906년 건립되어 북해, 발틱해 등의 바다를 항해한 후 1986년 독일 브레멘항에 호텔로 전환되어 쓰이고 있다. 396 톤, 62미터의 배로 25개의 돛을 가진 범선형 선박. 25명의 승무원과 35명 등 총 60명을 태우고 운항했는데 2014년 16개의 방에 42 베드를 갖는 호텔로 개조되어 쓰임.

자료: 네이버 지식백과 및 두산백과

다. 바다 갈라짐[15)]

우리나라에서는 소위 '모세의 기적'으로 불리는 바다 갈라짐 현상이 일어나는 곳이 바다 관광의 테마로서 각광을 받고 있다. 우리나라에는 백중사리 때 바다 위의 섬과 육지가 갈라지는 현상이 일어나는 곳이 대략 10여 개소 이상 되는 것으로 알려지고 있다. 그러나 가장 관광객의 집객효과가 높은 곳은 전남 진도와 충남 보령 무창포를 들 수 있다. 이들 지역은 바다 갈라짐 현상이 일어나는 백중사리 기간 중에는 수십만 명의 관광객이 운집한다. 진도의 신비의 바닷길 축제의 경우 연간 50만 이상이 운집하며 일본인 관광객들도 많이 방문하므로[16)] 영등제 등 지역 이벤트가 함께 이루어져 이 기간이 관광 축제기간으로 유용하게 활용되고 있다.

〈그림 6-23〉 진도 바다 갈라짐(모세의 기적)

15) 일명 해할(海割)현상이라고 한다.

16) 아시아뉴스통신, 2013.5.9. 2013년 축제 기간(4일) 총 51만명이 방문, 이 중 외국인 7.5만명도 함께 참여.

라. 해양 치료시설

현재 우리나라 주요 해양관광단지마다 지하해수를 활용한 건강해수욕탕이 건설되어 사업화되고 있다. 아울러 해양에서 나오는 건강관련 소재를 활용한 해양치료법인 일명 탈라소테라피(Thalassotherapie)[17]가 프랑스, 일본 등에서 연구되어 많이 실용화되고 있다. 이를 활용한 해양 웰빙 테마파크의 건설이 우리나라에서도 향후 상품화될 수 있는 좋은 소재라고 본다. 현재 각국의 해양건강 요법 도입과 우리나라에서의 관련 시장 전망 등은 다음과 같다.

표 6-16 각국의 해양 관련 건강요법들 육성책

구분		내용
국가	프랑스	• 세계 최초 탈라소테라피 센터 설립(1899) • 1960년대부터 정부+지자체가 헬스-리조트형 관광단지 조성 운영 * 해양치유센터, 해양병원(공공, 민간), 해양바이오연구센터 등을 클러스터화하여 해양치유관광산업으로 육성 • 헬스-리조트형 해양관광단지가 조성된 랑그독-루시용 해안 年625만 (4위), 아키텐해안 579만(5위)
	독 일	• Kurort(치유 · 휴양단지) 350여개소, 연45조 시장, 45만명 고용 창출 * 환자나 준환자들이 질병 예방, 치료 그리고 재활 목적으로 중장기적인 체류를 하면서 동시에 휴양, 지역 관광, 문화체험 등의 목적을 위해 방문하는 치료와 휴양이 병행 • 독일연방정부는 치유기준조건 부합 시 치유휴양시설로 인증, 치유서비스는 건강보험 지급
	일 본	• 1990년대 후반부터 해양심층수를 활용한 탈라소테라피가 발전, 전국적으로 30여개소 운영, "해양요법"이라 칭하며 전국적으로 활성화 • 1992년에 일본최초의 민간 타라소테라피시설 "타라사시마"가 미에현 도바시에 개장, 그 후 치바현, 아오모리현 등 연이어 타라소테라피 시설이 개장됨 • 해양심층수 개발 초기 정부+지자체가 협력하여 심층수 취수시설 조성
	이스라엘	• 요르단 접경지 길이 80km, 폭 17km의 사해를 이용 복합의료단지 조성 • 사해 브랜드화로 해니(머드), 소금을 가공 수출, 추가적인 부가가치 창출
기타		• 연관산업인 고령친화 및 웰니스(wellness) 산업 지속 성장 추세 – 국내 고령친화산업 규모는 '12년 27조원에서 '20년 73조원(3배) 성장(연평균성장율 13%), 여가산업은 26조원(13.8%) 성장 전망(한국보건산업진흥원, '15) – 세계 웰니스 관광 시장의 '13년도 규모는 44백억달러, 전체 관광산업의 14%에 달하며 '17년도 16%까지 성장 전망(The Global Wellness Tourism Economy 2013&2014, 2015, SRI International)

자료: 해양수산부 보도자료, 2016.12.20., p.11

17) Thalassotherapie라는 말은 바다를 의미하는 그리스어의 'Thalasso'와 요법, 치료를 의미하는 'Therapie'의 합성어로 프랑스의 알카촌 출신의 의사 보나르디에루가 고안한 것이다. 통상은 해상요법, 해사요법 또는 해수요법, 해양기후요법이라 번역되며, 프랑스가 이 분야의 선두를 달리고 있고 일본에서 최근 주목을 받고 있다. 해수요법, 해초요법, 물리요법, 초음파요법 등의 종류가 함께 응용되고 있다.

〈그림 6-24〉 보령 머드센터 (머드를 활용한 마사지 등 각종 체험 가능)

1) 함평 해수찜탕

함평 손불면 궁산리 일대는 유황이 함유된 돌을 소나무로 달구어 데운 물로 해수찜을 하는 곳으로 유명하다. 「세종실록」의 도자기 가마를 이용한 한증법을 계승 발전시킨 이곳의 해수찜은 유황 성분이 많은 돌과 삼못초 같은 약초를 넣고 소나무 장작으로 가열한 후 해수가 든 탕에 넣어 데워진 물로 찜질하는 방법을 사용하고 있다. 이렇게 하면 온천과 약찜의 효능을 한꺼번에 즐길 수 있어 해수찜의 효능을 극대화시킬 수 있기 때문이다.

특히 이 지역에서 생산되는 돌은 특별히 유황과 알칼리 장석이 많이 함유되어 있는 산성암맥 돌로서 불에 구우면 서로 엉겨붙을 정도로 유황성분이 많다고 한다. 이렇게 가열된 돌은 알칼리염을 생성하여 살균작용과 피부질환, 산후통, 관절염 및 신경통과 당뇨의 예방, 치료에 효과적인 것으로 알려지고 있다.

2) 해수탕

해수탕은 바닷물을 이용한 목욕 및 치료시설로 피부병과 미용에 탁월한 효과를 나타내는 것으로 알려져 있어 지역마다 이를 이용한 해수탕 개발 · 이용이 붐을 이루고 있다. 대개 해안 근처를 뚫으면 나오는 깨끗한 지하 해수를 개발하여 사용하는 경우가 대부분이다. 전남 보성군에서는 지하 120m에서 끌어올린 해수와 녹차를 이용한 해수녹차탕에 14.8만명(2012), 12.3만명(2013)이 방문하였고 '18년 새로 지은 보성 해수 녹차센터를 개관했다.[18)]

18) 전남매일, 2018.10.29. 170억 투자하여 율포해수욕장에 개관. 기존 해수녹차탕은 '98년 개관.

〈그림 6-25〉 새로이 완공된 보성 해수녹차센터

자료: 보성군 제공

3) 모래찜질

해변에서의 모래찜질은 역시 관절염 등 여러 가지 효능을 가진 것으로 알려지고 있다. 특히 흑사로 알려진 검은 모래찜질은 그 효능이 뛰어난 것으로 알려지고 있어 많은 사람들이 찾는다. 여수 만성리 해수욕장, 제주 삼양해수욕장 등이 흑사찜질이 가능한 곳으로 현재 많이 이용되고 있다.

〈그림 6-26〉 모래찜질

4) 이스라엘의 사해[19]

길이 77㎞, 폭 16㎞, 표면적 약 950㎢인 이스라엘의 사해는 수면이 평균해수면보다 무려

19) 정석중 외, 「해양관광론」, 2004, p.219.

400m나 낮고, 지중해보다 398m나 더 낮다.

사해의 염분은 보통 바다보다 약 10배 정도 높아서 너무 짜기 때문에 어떤 생물체도 살 수 없어서 사해, 곧 '죽음의 바다'로 불린다. 사해에 몸을 담그고 있으면 고염분에 의해 마치 물속에서 몸을 받쳐 주듯 둥실둥실 뜨게 된다.

최근에 들어와서 사해 근처에는 병원을 겸한 호텔시설이 늘어나고 있는데, 이는 사해의 물이 피부병에 특효약일 뿐만 아니라 여러 가지 통증을 완화시키는 데 효력이 있는 것으로 밝혀졌기 때문이다. 더구나 사해지역의 공기 중에서는 산소가 10%나 더 들어 있어 이 공기가 사해수면에서 증발하는 수증기와 함께 심신을 건강하게 하는 효과가 있다고 한다. 또한 사해주변에는 진한 흑색의 진흙이 깔려 있는데, 이 진흙은 요즘 진흙 미용제인 머드팩이나 머드화장품으로 각광받고 있다. 일찍이 이집트여왕인 클레오파트라도 사해 진흙을 미용에 이용하였다고 한다. 오늘날 사해 근처의 키브츠 공장에서는 사해 진흙을 원료로 각종 화장품을 생산하고 있다.

〈그림 6-27〉 사해에서의 모습

(a): 사해의 해상에 떠서 여가를 즐기는 모습
(b): 사해 해변가에서의 휴식
(c): 사해에서의 머드팩 씻기
(d): 머드 바르기

마. 경정

1) 개념

해마다 가파른 성장세를 이어가고 있는 경마, 경륜에 이어 경정(競艇)은 수상 경기장에서 레이스를 펼치는 모터보트의 순위를 알아맞혀 배당금을 받는 새로운 개념의 사행산업이다. 경주수단이 말(경마)이나 사이클(경륜)과 달리 작은 모터보트라는 점을 빼면 기본적인 경기방식은 대동소이하다.

현재 일본 등 선진국에서는 경정사업을 통하여 해양에 대한 인식을 전환시키는 기회로 활용하고 이를 통하여 다양한 연구기금과 해양산업 진흥을 위한 기초기금을 조달하고 있다. 경정은 일본에서 연 매출규모가 1조엔(한화 15조 원)에 이를 정도이다. '91년에 매출 2조 2,137억 엔으로 최고를 기록하다 경기 침체 등으로 '01년에 1조 2,811억 엔, '08년 이후 1조엔 이하로 떨어졌다고 한다.[20)]

일본에 경정이 도입된 것은 지난 1952년으로 현재 60년이 넘었고 일본인에게는 건전한 오락으로 인식되어 매년 경마에 이어 많은 입장객 수를 기록하고 있다. 2006년 일본 내 24개의 경정장과 15개의 장외매장을 찾은 경정 인구는 2,181만 명에 달한다. 현재 일본에는 운수성에서 제정한 모터보트경정법이 별도로 있다. 우리나라에서도 유사한 경륜경정법이 있고 경정사업은 공익성을 감안해 국민체육진흥공단이나 지방자치단체만 할 수 있도록 규정되어 있다.

2) 우리나라의 동향

주5일 근무제의 도입 등 여가시간 증대가 이루어지면서 경정의 도입은 각 지역을 중심으로 도시민들에게 건전한 오락을 즐길 수 있는 기회를 줄 것으로 예상된다. 특히 해양레저와 친수성 활동에 대한 의식이 미약한 우리나라 국민들에게 경정은 해양과 물에 대한 도전 의식을 함양하는 좋은 계기가 될 것으로 보인다.

---

20) 국민체육진흥공단, 경정운영본부 홈페이지 자료.

앞에서 언급한 대로 우리나라의 경우에는 경륜경정법에 의해 지방자치단체의 산업 추진도 가능하여 각 지방자치단체도 이에 대한 계획을 많이 추진해 왔으나 실현된 것은 없다. 그러나 현재 경정사업은 초기단계로서 국민체육진흥공단에서 2004년 개장한 미사리 경정장 외에는 아직 추진되는 사업이 없다.

표 6-17 미사리 경정장 실적

구분	2002	2007	2012	2013	2014	2015	2016
이용객(천명)	4,627	7,933	5,224	4,629	4,328	4,562	4,418
매출액(10억원)	2,290	1,740	1,991	1,855	1,769	1,835	1,867
순이익(기금, 억원)	2,263	583	952	857	786	977	1,014

자료: 국민체육진흥공단, 경정운영본부 홈페이지 자료.

3) 경정의 효과

경정은 다양한 파급효과를 가져다준다. 예를 들어 경정의 원조국가인 일본에서 연 매출 규모가 약1조엔 외에도 연간 1,880대의 경주용 보트와 1,600대 가량의 모터가 생산된다. 또한 매출액의 75%인 고객 환급금을 제외한 나머지는 개최 경비와 더불어 연구기금, 공공복지와 도로 건설 등에 투자된다.

〈그림 6-28〉 미사리 경정장 전경

바. 수상비행기/위그선

〈그림 6-29〉 수상비행기의 모습[21)]

바다, 하천, 호수 등의 수면에 이 · 착수할 수 있는 항공기로서 수상 활주 또는 정류에 적합하도록 육상비행기의 강착장치(바퀴) 대신에 플로트(float)[22)]를 장착한다. 수상 비행기는 물 위에서 이륙을 위해 바퀴 대신 쓰는 이 플로트로 인해 비행기는 물 위에 안전하게 떠있으며 자유롭게 이착륙이 가능하다.

육상비행기가 공기저항이 작고 조종이나 정비 등이 쉽기 때문에 육상에서 많이 이용되는 반면 수상비행기는 활주로가 없으나 수면 이용이 가능한 큰 항구 도시 등에서 한정된 용도로만 사용되고 있다. 특히 외국의 경우 해안 도시에서 1~2시간 내외의 지역을 순회하여 관광하고 되돌아오는 관광 용도로 많이 사용되고 있으나, 우리나라에서는 아직 바다에서는 쓰이지 않고 내수면인 제천 청풍호에서 도입이 시도되고 있다.[23)] 운항계획이 낙동강 하구, 시화호, 새만금, 흑산도 등의 지역에서도 추진되고 있어 향후 귀추가 주목된다. 현재 바다

21) http://kr.img.image.yahoo.com/ygi/gallery/img/1c/41/3addb30275ad0.jpg?40f022b1.

22) float: 수상비행기에서, 물위에서의 무게를 덜어 주고, 뜰 때 잘 미끄러지게 하며 내릴 때 안전하게 내리게 해 주는 장치.

23) 중부일보, 2017.8.13. 온유에어가 제천시 청풍호 운영업체로 선정되어 관련 인허가 신청 중이다.

에서 최대 5m정도 떠서 시속 200km로 날아가는 비행형 선박인 위그선이 개발되고 있다. 시험 운항을 거쳐 운송 및 관광용으로 도입되어 해양 도서관광, 연안 수용 등에 이용될 전망이다. 약간의 항만시설만 있어도 이착륙이 가능하여 제주도, 울릉도, 홍도 등 비행기 대체 이동수단으로 유망하고 부산 광안리-장사도(78km) 구간에서도 구상되고 있다.[24)]

〈그림 6-30〉 위그선의 모습

자료: 국토해양부, 내부자료

사. 수륙양용차

수륙양용차는 관광객을 대상으로 수륙을 오가는 차량으로서 일반도로를 주행하다 바로 해역으로 들어가 운항할 수 있는 차량 겸 선박으로서 소음이 거의 없어 도심 내 혹은 인근 호소나 바다에서 운항이 가능하다. 현재 런던, 싱가포르, 밴쿠버, 시카고 등 바다, 호수 주변의 해외 도시에서는 이러한 사업을 많이 하고 있다. 특히 버스 크기 정도의 관광선 겸용으로 활용하려면 운항하는 수역은 파도가 비교적 잔잔하여야 한다.

운영조건으로 운영에 필요한 필수시설로는 터미널(정거장/대합실)이며 집객력이 높은 지역에 주차 및 승하차 시설을 마련해야 하고, 급유소/정비장(200평 정도), 해상진출입로 등을 조성할 필요가 있다. 수륙양용차 국내 사례로는 삼성 에버랜드, 양양, 영월, 연천 등에서 관광용으로 운용하는 것으로 알려지고 있다.[25)]

24) 부산일보, 2017.1.4.

25) 스포츠한국, 2017.7.24 ; 문화일보, 2017.8.1; 한국경제, 2017.8.13

〈그림 6-31〉 수륙양용차 운영사례(런던, 싱가포르)

자. 해안누리길

제주도에서 2008년 말이 후 제주 '올레길'이 개설되어 인기를 끌자 산, 강, 호주 주변 등을 중심으로 각종 도보 여행길이 활성화되고 있다. 자연을 감상하고 주변 문화자원, 그리고 환경자원, 경관을 동시에 천천히 감상하면서 건강도 챙기는 하나의 웰빙 관광으로서 도보 여행길이 활성화되고 있다. 그래서 해양수산부(당시 국토해양부)에서도 2010년에 11개 시 · 도 36개 시 · 군 · 구에서 추천한 168개 노선을 대상으로 선정기준(도보성, 안정성, 접근성, 경관성 등)을 심의, 현지답사를 거쳐 최종적으로 동 · 서 · 남해안을 걸어서 여행을 할 수 있는 53개(총 508km)의 해안길 노선을 선정하여[26] 개발에 착수하였다. 이미 동해안 지역은 '해파란길'[27]이란 도보여행길을 문화관광부에서 총 770km(10개구간, 50개 코스)에 개설하였고 서해안 태안국립공원 120km 등이 '태안해변길'로 계획되어 있다. 다소 구간이 중복되나 인근의 해안경관지, 개벌, 해수욕장, 철새도래지 등 각종 해양관광지와의 연계도 가능하여 새로운 해안의 볼거리를 제공하고 있다.

26) 부산일보, 2017.9.18. 당시에는 먼저 52개 노선 선정, 후에 1개 노선 추가

27) 부산-강원 고성간, 688km, 40개 구간

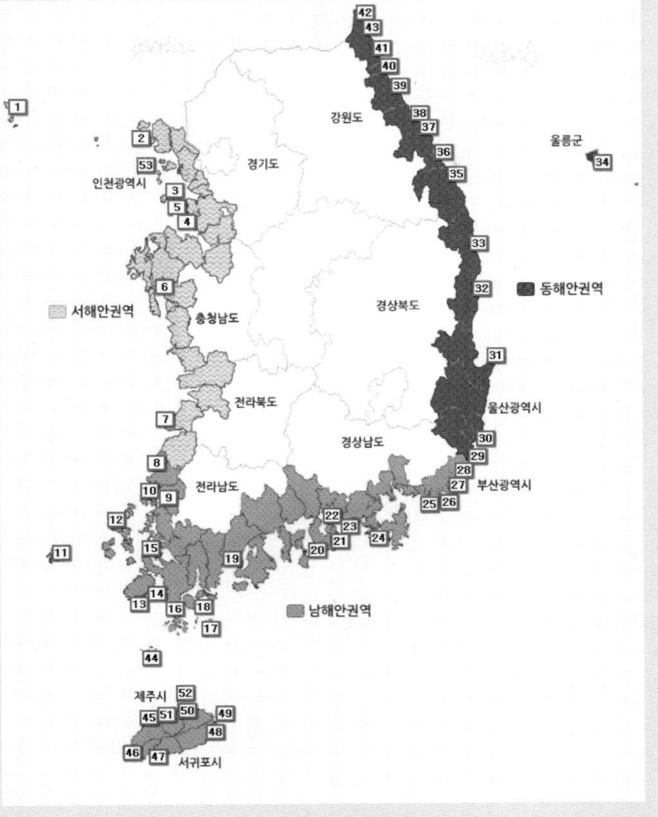

〈그림 6-32〉 해안 누리길 선정 노선

자료: 해양교육 포털, https://www.ilovesea.or.kr/culture/culturenuri/list.do (2018.11.8.)

제 7 장

도서관광

본 장에서는 도서의 관광 현황과 도서의 특성에 따른 관광 개발 방안, 관광개발유형, 사례지인 거제 외도 등 에 대해 살펴 보고자 한다.

1. 서언

우리나라에는 3,358개의 도서가 있으나 생활환경의 열악, 교통 불편, 교육 시설의 부재 등으로 무인도화가 빠르게 진행되고 있고 유인도의 경우에도 인구가 줄고 향후 도서의 인구 정착이 중요한 문제로 부각될 예정이다.

이러한 측면에서 도서의 새로운 활용방안은 국토 균형개발 차원에서 중요한 사안으로 떠오를 전망이다. 이웃나라 일본만 해도 도서지역에 한 사람만 살아도 모든 생활여건을 완비하여 편안하고 쾌적하게 살 수 있도록 정부가 배려해 주고 있다. 이에 비하여 우리의 도서 정책은 아직도 뒤떨어져 있다.

여기에서는 먼저 도서의 현황을 살펴보고 특히 최근 주5일 근무제의 도입, 소득의 향상에 따른 관광수요의 증대를 고려하여 도서관광 개발방안을 검토하고자 한다.

2. 도서의 이용현황

가. 도서현황

현재 우리나라 연안에는 크고 작은 섬들이 산재해 있는데 그 숫자는 3,348-4,000여개로 통계상의 숫자가 부처마다 다르게 나타난다. 이는 관리 목적에 따라 집계하는 기준이 틀리기 때문이다.

표 7-1 부처별 도서 통계

해양수산부(2015)			통계청(2015)			국토교통부(2016)		
총계	유인도	무인도	총계	유인도	무인도	총계	유인도	무인도
3,348	472	2,876	3,941	490	3,451	3,677	486	3,191

자료: 공우석, "도서지역 육상자원을 활용한 섬의 보전과 개발", 연안도서지역의 정주여건 개선 및 경제 활성화 방안 정책 토론회 자료집, 2017.9.12., p.21

도서 거주자 통계를 분석한 결과 2000년 87만 명 정도였으나 2008년 81만 8천 명으로 줄었고[1] 2016년 유인도서에 84만 4,156명이 거주하는 것으로 나타났다.[2]

전국 시 · 도의 35년치(1975~2010년) 도서 거주 통계를 분석한 결과 남한의 유인도는 1975년 642개에서 2016년 472개로 170개가 줄었다.[3]

유인도 가운데 주민이 20명 이하인 곳은 101개로서 주민들은 교육 · 의료 시설 부족과 급수난에 시달리다 섬을 떠나고 있다. 이 때문에 정부에서는 도서의 생활환경, 교통여건, 소득증대 등의 개선을 위하여 각종 사업을 실시하였다. 이 중에서도 가장 중요한 역할을 한 것이 도서개발촉진법에 의한 도서종합개발사업이다. 주체가 되는 시행부처는 행정자치부, 해양수산부, 농림부 등으로서 '88년부터 이 사업을 수행하고 있다. 먼저 1988~2017년간에 실시된 제1~3차 도서종합개발사업의 실적은 〈표 7-2〉와 같다.

- 제1~3차 도서종합개발 10개년(1988~2017) 계획기간동안 행정자치부 등 여러 부처가 투자하여 생활기반시설, 생산기반시설 및 환경개선사업 등 사업을 완료

표 7-2 제1-3차 도서종합개발 10개년계획 사업추진 및 투자총괄

구분	사업 수 (계획/실적, 건수)	투자 (계획/실적, 억원)	사업 중점
제1차 도서종합개발사업사업량 ('88-'97,계획/실적)	3,997/3,106	3,886/9,706	지역균형개발과 도서민 정주의욕 고취
제2차 도서종합개발사업사업량 ('98-'07,계획/실적)	4,282건/3,154건	2조 1,717억원/2조 2,296억 원	
제3차 도서종합개발사업사업량 (계획,'08-'17)	1,407건	2조 5,208억원 투자 계획	경제활성화와 소득향상

자료: 행정자치부, 「제1,2,3차 도서종합개발계획」 등 각 도서종합개발계획 및 실적 취합.

1) 한국해양수산개발원(KMI), 전게서, 2017.12, p.109, 원전: 이제영 등, 「섬의 인구변화 분석 및 발전 방안 연구」, 한국지방행정연구원, 2016, pp.41-44.

2) 동아일보, 2017.4.25. 및 공우석, "도서지역 육상자원을 활용한 섬의 보전과 개발", 연안도서지역의 정주여건 개선 및 경제 활성화 방안 정책토론회 자료집, 2017.9.12., p.21. (이 자료에서는 국가통계포탈에서 최근 도서 인구 총계가 396,725명으로 나타나고 있다고 인용하고 있다.)

3) 행정안전부, 「유인도서현황자료」, 2016.12.31.기준

분야별로 살펴보면 분야별 투자순위는 생산기반시설, 생활기반시설, 환경개선사업 순으로 나타났다. 따라서 주민의 소득 및 교통과 관련되는 사업에 집중 투자되었으며, 이를 통해 도서민 생활환경, 관광객의 도서 이용도 상당히 개선될 수 있었다.

1, 2차에 이어 실시되고 있는 제3차 도서종합개발계획의 총 투자소요금액은 당초 2조 5,208억 원으로 계획되어 있으며 부처별로 살펴보면 행정차지부가 70.9%, 국토해양부 등 다른 부처가 29.1% 등으로 나타나고 있다. 이와 같이 3차에 걸쳐 도서개발종합개발계획을 추진하여 2017년까지 실제로 총 3조 565억원을 투자하였고[4] 이어 2018년부터 제4차 도서개발계획(2018-2017)이 추진되고 있다.

제4차 도서종합개발10개년계획의 사업은 총 1,242건으로 총사업비는 1조 5,015억원이며 그 중 국비가 1조 3,074억원(87.1%)이고 지방비가 1,941억원(12.9%)이다. 사업 건 수가 가장 많은 부문은 소득증대 · 일자리 부문으로 총 503건(40.5%)이 계획되어 있다. 사업비가 가장 많은 부문도 소즉증대 · 일자리 부문으로 사업비 총액 4,056억원으로 전체 사업비의 27%를 차지하고 있다. 세부 사업분야별로는 소득 증대 · 일자리 부문의 어업 기반 사업이 421건(33.9%), 사업비 3,626억원으로 전체 사업비의 24.2%를 차지하고 있으며 관광기반 사업이 238건(19.2%), 3,033억원으로 전체의 20.2%를 차지하고 있다. 연도별로는 매년 평균 1,501억원 수준으로 계획되어 있으며 사업비가 가장 많은 해는 2018년 1,870억원이고 가장 적은 해는 2027년 1,158억원이다.

표 7-3 제4차도서종합개발사업 부문별 내역

(단위: 건, 억원)

구분	사업 건 수		사업비(2018-2027)			
			합계		국비	지방비
	건 수	비율(%)	사업 비	비율(%)		
합계	1,242	100.0	15,015	100.0	13,074 87.1%	1,941 12.9%
1.소득증대 일자리	503	40.5	4,056	27.0	3,634	422
1-1 유통 · 판매 · 가공	73	5.9	391	2.6	362	29
1-2 어업기반	421	33.9	3,626	24.2	3,236	390
1-3 농업기반	9	0.7	39	0.3	36	3

4) 파이낸셜 뉴스, 2016.8.28

2. 복지 · 의료 · 문화 · 교육	92	7.4	537	3.6	456	82
2-1 복지	68	5.5	263	1.8	223	41
2-2 의료	-	-	-	-	-	-
2-3 문화	23	1.9	272	1.8	231	41
2-4 교육	1	0.1	2	0.01	2	-
3. 교통개선	44	3.5	3,088	20.6	2,659	429
3-1 연륙 · 연도교	21	1.7	2,916	19.4	2,501	415
3-2 도선건조 · 대합실	23	1.9	173	1.1	158	14
4. 관광 활성화	238	19.2	3,033	20.2	2,615	417
4-1 관광기반	238	19.2	3,033	20.2	2,615	417
5. 주민정주여건개선	346	27.9	3,836	25.5	3,327	509
5-1 도로	252	20.3	2,920	19.4	2,572	348
5-2 안전	39	3.1	296	2.0	246	50
5-3 발전	1	0.1	2	0.01	2	-
5-4 급수	9	0.7	98	0.7	82	17
5-5 용수 확보	16	1.3	118	0.8	98	19
5-6 환경	29	2.3	402	2.7	328	74
6.마을생활개선패키지사업	19	1.5	465	3.1	383	82
6-1 패키지사업	19	1.5	465	3.1	383	82

자료: 행정안전부

이외에 도서어촌지역은 해양수산부에서 별도로 어촌종합개발계획에 의거, 생산기반시설, 생활환경 개선, 소득증대사업 등 도서개발사업과 유사한 사업을 시행 중이다. 이 사업은 권역별로 정하여 10년간 5,432억 원을 투자하기로 계획하여 1994년부터 2013년까지 총 8,796억 원이 투자되었고, 이 중 도서지역에 1994년 이후 투하된 금액은 약 1,000억 원에 이르는 것으로 추산된다.[5)]

나. 우리나라 도서의 관광적 이용현황

1) 국내 도서

행자부에 따르면 2008년 965만여 명이던 국내 섬 여행객 수는 5년 만인 2013년 1,218만여 명으로 26% 증가했다.[6)] 섬이 가장 많은 전남의 경우 같은 기간 380만여 명에서 609만여 명

5) 농림수산식품부, 「2010 농어업 · 농어촌 및 식품산업에 관한 연차보고서」, 2011, p.431.

6) 문화일보, 2016.10.21

으로 60%나 늘어난 것으로 집계됐다.

좀 더 자세히 살펴보면 2016년 현재 섬 관광객이 이용하는 여객선이 취항하는 도서노선 수는 112개 소에 169척이 취항하고 있다.

표 7-4 여객선 취항 도서

(단위: 개)

구분	유인도서수('16)	년도	여객선 취항 도서		
			계	일반항로	보조항로
도서	472	'09	101(164척, 14,868천명)	75(138척, 14,464천명)	26(26척, 404천명)
		'16	112(169척, 15,381천명)	85(143척, 14,971천명)	27(26척, 227천명)

자료: 해양수산부, 「제 1차 연안여객선 현대화 계획(2016-2020)」, 2016.4, p.7:

과거 2013년 도서를 여행하기 위해 연안여객선을 이용한 승객은 연간 1,606만 명이었고 이중 도서민이 아닌 일반이용객은 전체의 78%인 1,255만 명이었다.[7] 2014년 세월호 사건 이후 연안여객은 일시적으로 줄었다가 최근 회복세를 보이고 있다. 2016년 기준 연안여객선 이용객은 1,542만 명이고 일반인이 76%를 차지하고 나머지는 도서민들로 나타났다. 2007년부터 지난 10년간 일반인은 증가율이 30%인데 도서민 이용객 증가율은 10%로 나타났다. 특히 일반항로에서는 위와 비슷하나 정부가 운임을 보조하는 낙도 보조항로에서 일반인이 32.7% 증가, 도서민 3.4% 감소로 나타나서[8] 낙도 항로에서 일반인들이 더 늘어나고 있다.

표 7-5 연안여객선 연도별 수송 실적(2007-2016)

(단위: 천 명)

연도	합계			일반항로				보조항로			
	계	일반인	도서민	계	일반인		도서민	계	일반인		도서민
					인원	증감(%)			인원	증감(%)	
2007	12,647	8,987	3,660	12,271	8,816	-	3,465	376	171	-	205
2009	14,868	11,166	3,702	14,464	10,963	7.1	3,501	404	203	8.56	201

7) 홍선기, "섬 지역 생활, 환경개선과 활성화를 위한 대안"(토론자료), 연안도서지역의 정주여건 개선 및 경제 활성화 방안 정책토론회 자료집, 2017.9.12., p.118

8) 한국해양수산개발원(KMI), 『해역의 효과적 관리를 위한 도서 활용 방안』, 2017.12, pp.122-123

2011	14,266	10,685	3,581	13,891	10,503	−1.3	3,398	375	182	2.82	193
2013	16,062	12,553	3,509	15,653	12,355	14.5	3,328	409	218	21.8	191
2014	14,271	10,659	3,612	13,870	10,453	−15.3	3,427	401	206	−5.5	195
2015	15,380	11,677	3,703	14,970	11,460	9.6	3,510	410	217	5.3	193
2016	15,423	11,724	3,699	15,007	11,497	0.3	3,510	416	227	4.6	189

자료: 한국해운조합, 연안여객선 업체 현황, 2017.

우리나라의 주요 도서 관광지들은 대개는 자연경관이 아름다워 경관탐방 위주로, 그리고 완도, 보길도 등 일부는 역사유적을 중심으로 관광 활동이 많이 일어난다. 최근 탐방객들이 많이 방문한 경기도, 인천 등 일부지역 도서는 영화나 드라마 촬영장으로 인기를 끌면서 방문객들이 급증하고 있다.

육지에서 가까운 도서는 대개 당일형이나 원거리에 있는 도서는 여건상 숙박형인 경우가 많다. 원거리 도서는 숙박 등으로 경비가 많이 들고 접근 소요 시간도 길어 일정 수준 이상으로 관광객의 숫자가 늘기도 어려운 형편이다. 대개 원거리 숙박형 도서들은 30만 명이 관광객 유치의 한계점인 것으로 보인다. 또한 이들 원거리 도서들은 경관 등 테마가 뛰어나지 못하면 많은 관광객의 유치가 어렵다.

이것은 많은 관광 지출과 접근 시간 등 여러 가지 제약요인이 복합적으로 작용하므로 관광객 유치에 상당히 경쟁력 있는 자원의 보유가 필요하기 때문이다. 또한 관광객들을 많이 유치하려고 해도 실제로 물 공급, 교통 용량 등 도서의 환경 및 자원 용량 때문에 문제가 생기는 경우도 많다.

표 7-6 우리나라 유명 도서들의 관광현황

도서명	관광 유형	주요 특징
백령도(옹진군)	숙박형	해양경관, 안보
덕적도(옹진군)	〃	해양경관
자월도(옹진군)	〃	〃
신도,시도,장봉도 (옹진군 북도면)	당일형	드라마 '풀 하우스' 촬영장
홍도(신안군)	당일/숙박형	해상국립공원
흑산도(신안군)	〃	다양한 경관과 유적
임자도(신안군)	〃	대광해수욕장
도초도(신안군)		해상국립공원
비금도(신안군)	〃	〃

증도(신안군)	〃	염전, 갯벌, 해수욕장
보길도(완도군)	〃	윤선도 유적 등
사량도(통영군)	당일/숙박형	등산, 낚시
한산도(통영군)	당일형	이순신 유적
욕지도(통영군)	당일/숙박형	해수욕장, 경관, 낚시
거문도(여수)	숙박형	해상국립공원
사도(여수)	당일형	공룡 유적지
울릉도	숙박형	해양경관
마라도(남제주군)	당일/숙박형	지리적 상징성
우도(북제주군)	〃	'03: 417,000명, 뛰어난 이국적 경관
인천 무의도 (실미도)	당일형	'천국의 계단', 실미도 등 드라마/영화 촬영장
외도(거제시)	당일형	인공적인 공원 조성
노록도(여수)		'09년 연륙 이후

자료: 필자 수집-작성.

2) 해외의 도서관광 개발

해외의 경우에는 다양한 도서 개발을 통해 관광지로 만들어 나가고 있다. 싱가포르는 '인간에 의한 인간을 위한 도시'를 표방하고 개발되었으며 그 공원 도시 안에 센토사(Sentosa) 공원이라는 세계적인 도서테마공원을 조성하였다. 이 섬은 각종 테마 박물관과 볼거리에 해수욕장까지 갖춘 섬으로 수족관 '언더 워터 월드'를 비롯하여 분수 쇼가 압권인 음악분수, 세계의 난을 한자리에 모아 놓은 오키드 가든, 어린이들을 위한 놀이기구의 천국인 판타지 아일랜드, 해변의 정취를 느낄 수 있는 인공의 센트럴 비치 등 다양한 시설이 있다.

원래 이 섬은 영국 식민지 시절에는 군사 기지였으나 지리적으로 본 섬과 근접하여 있고 인공시설과 역사 유물 그리고 자연자원을 종합적으로 연계하여 개발한 것이다. 당일형 위주의 테마위주여서 지금까지 센토사 섬(Sentosa)은 싱가포르 여행 중 당일 일정으로 잠시 '거쳐 가는' 곳으로 여겨져 왔다. 그러나 샹그릴라 라사 센토사, 노보텔 아폴로 호텔 등의 고급 숙박시설과 조용한 해변, 골프장, 다양한 레스토랑 등 추가적인 시설 건립 노력이 강화되어 점차 휴양을 위해 찾는 숙박관광객들이 늘어나고 있다. 따라서 종합휴양형 도서개발의 사례가 되고 있다.

센토사 섬으로 가기 위해서는 다리를 이용한 육상교통(버스 및 택시), 페리를 타거나 월드 트레이드 센터에서 케이블카를 이용케 함으로써 섬의 약점인 접근성 다양화에도 노력하였다.

미국 샌프란시스코 시의 바로 앞 해상에 있는 알카트라즈(Alcatraz)라는 도서에는 철통같은 수비로 악명 높은 알카트라즈 감옥이 있다. 이 역사적 현장을 이용하여 섬 체험, 감옥 체험 장소로 개발하여 인기를 끌고 있다. 금문교 관광과 연계하여 들리는 장소로서 도심에서 가까워 부담 없이 즐길 수 있는 곳이다. 이와 같이 역사 문화자원을 활용한 도서의 이용이 있을 수 있다.

〈그림 7-1〉 알카트라즈 감옥 및 체험시설

싱가포르에서 페리로 45분이면 도착가능한 빈탄 섬은 지금은 잠시 싱가포르의 땅이지만 실제로는 말레이시아령이다. 수마트라 섬 동부 해안에 위치한 전형적인 리조트 단지인 빈탄은 싱가포르가 잠시 임차(2070년까지)하여 인도네시아와 합작으로 섬 개발을 주도하여 왔다. 이 섬은 인도네시아의 리아우 군도에 있는 3,000여 개의 섬 중에서 가장 큰 섬으로 16세기에서 18세기까지 리아우 조호루 말레이 술탄 왕국의 수도이기도 했다. 이 섬은 리조트로서 잘 개발되어 싱가포르 시내에서 관광을 마치고 이 섬으로 이동하는 것이 싱가포르 관광객들의 일반적인 루트가 되었다. 이와 같은 도시와 연계하여 리조트형 도서개발도 가능하다.

이 외에도 로마황제시대부터 만들어진 각종 유적지와 현대적인 리조트 시설이 어우러진 이탈리아 나폴리 인근의 카프리 섬, 그리스의 산토리니 섬 등도 최근 관광학계에서 도서개발의 상징으로 많이 연구되고 있다.

이외에 몰디브의 세계 각국 주제의 섬, 일본의 원숭이 섬 등 다양한 주제로 섬 개발이 있어 왔다.

표 7-7 해외의 도서개발 사례

지역	시설	장점	비고
샌프란시스코 알카트라즈 (Alcatraz) 섬	과거의 감옥	역사문화형, 도시근접형	금문교 유람선 이용
싱가포르 센토사 섬	수족관/박물관, 영국 요새, 광장의 이미지화, 각종 볼거리/먹거리 시설, 모노레일, 골프장	본 섬에서 가깝고 테마파크화, 종합휴양형	선박, 케이블카 등 다양한 접근로
싱가폴 인근 빈탄 섬 (리조트형)	숙박, 해양스포츠 등 각종 리조트 시설	싱가포르에서 페리 이용,리조트형	무비자 입국
이탈리아 카프리 섬	고대 황제유적 푸른 동굴, 케이블카, 유람선 등	다양한 역사, 문화, 경관자원	
몰디브	세계 각국 주제의 섬	세계 각국의 건축, 문화 재현	
일본 가고시마 야쿠섬	원숭이 섬 등	각종 동식물 주제 섬	원숭이외 사슴, 거북 등
그리스 산토리니	화산섬, 역사문화 유전, 마을경관	역사문화, 경관 황산생태 등	항공, 페리 이용
멕시코 코수멜	해양리조트, 대형크루즈기항	세계적인 해저 경관지 100여 곳, 마야 유적지	일년에 6,000만명 방문, 항공, 해운
아프리카 세이셀 섬(국가)	115개섬 인구 8만의 소국	자연생태, 경관, 해양리조트	항공 이용
프랑스 마르세이유 이프섬	과거의 요새, 감옥	도시근교형	장발장등 영화촬영
일본 나오시마(直島) 섬	베네세 하우스, 지추미술관, 이에프로젝트, 나오시마 낚시 공원 등	1989년부터 예술가들의 재생 작업 시작	빛 바랜 집들을 예술가들이 재창조

자료: 필자 작성.

3. 도서의 관광개발 방안

가. 도서의 특성과 개발 방안

도서는 육지와는 확연히 구별되는 몇 가지 특성이 있어 이를 제대로 고려하여야 올바른 관광 개발이 가능하다. 그 내용을 살펴보면 다음과 같다.

① 환해성 : 도서가 바다로 둘러싸여 있어 바다와 밀접한 교감을 나눌 수도 있지만 여러 가지 폐쇄성과 고립성을 갖게 된다. 산업적으로 수산, 염업 등 바다의 영향을 받는 산업과 생활이 이루어진다. 도서 인근 바다를 이용한 해양 및 어촌관광이 주요 관광 테마가 된다.

② 격절성 : 육지와 떨어져 있어 격리되어 있어 교통 등 여러 가지 제약을 갖게 되고 연안에서 멀리 떨어져 격절성이 클수록 제약 요인은 커지게 된다. 개발 시 해운, 항공 등 이러한 제약 요인을 극복할 수 있는 다양한 방안의 수립이 요망된다. 외부와 고립되어 있어 생활, 문화, 역사, 생태 등 여러 가지 특이성을 가지게 된다. 이러한 도서만의 유일무이한 것을 발굴하여 관광자원화 할 수 있다.

③ 산업구조 취약 : 도서는 주로 1차 산업 위주로 구성되어 육상과 같이 다양한 편의시설이나 관광상품 제공이 어렵다.

④ 자족성 결여: 한 도서에서 모든 것이 이루어지기는 어려우므로 도서가 밀집된 군도의 경우는 큰 규모의 모도를 중심으로 연계하여 개발이 이루어져야 한다. 즉 모도는 숙박 등 각종 편의시설을 갖추고 자도는 모도의 관광객을 받아 당일형 등 간단한 관광이 이루어지도록 해야 한다. 모도인 거문도와 자도인 백도의 경우가 이에 해당된다. 울릉도와 같이 고립된 도서인 경우에는 자족적인 편의시설을 갖추어야 한다.

⑤ 협소성 : 도서의 경우에는 거제, 진도 등 군급 정도의 크기로부터 아주 작은 도서까지 다양한 크기가 있지만 대개 규모가 작은 경우가 대부분이다. 큰 경우에는 다양한 개발이 가능하나 작은 경우에는 아주 간단하고 작은 테마로 개발해야 한다. 도서는 이와 같이 협소하고 경사가 심한 경우가 많아 적당한 부지를 만들어 내기 어려운 경우가 대부분이다. 따라서 이러한 자연의 형상을 그대로 살리면서 관광 사업을 할 수 있는 방안이 요망된다.

⑥ 자원희소성 : 물, 전기 등이 적어 이러한 환경 용량에 맞게 개발해야 하고 대규모 교통 등이 어려운 경우가 많아 도시 여건에 맞게 적정 규모를 정하여 개발해야 한다.

⑦ 생태적 특이성 : 갈라 파고스처럼 고립된 도서로서 오랜 세월이 흘러 생태적으로 육상과 차별화 되나 관광객 집중 시 파괴되기 쉽다.

나. 도서의 테마 개발 방식

도서에서의 관광 개발은 육지의 그것과 크게 다르지는 않다. 다만 앞에서 언급된 도서의 환경과 특성을 충분히 고려하여 지속가능한 도서 관광 개발을 하여야 한다.

지속가능한 도서의 관광 개발 = 도서의 환경 · 특성 고려 + 관광 개발

앞에서 언급된 도서의 특성이 고려된다면 도서의 관광은 바다와 가까운 테마가 우선 개발되어야 한다. 도서 관광개발 시 격절성에 따른 별도의 관광객 수송 대책 수립이 요망되는 등 개발에 따른 새로운 교통망의 정비도 요망된다. 또한 육지와 떨어져 생활해 온 도서는 생태적 특이성이나 문화역사적 특이성 등 다양한 특성이 있으므로 이러한 특성을 살린 개발 테마를 준비한다면 관광 경쟁력이 보다 커질 수 있다.

또 도서의 여러 도서가 밀집된 군도인가 아니면 단일로 독립된 도서이냐에 따라 군도의 경우 모도를 중심으로 한 연계 관광이 이루어지도록 계획 시부터 이를 고려하고, 반면 고립된 독립 도서인 경우 자족성을 고려한 개발이 이루어져야 한다.

도서의 부지는 협소하고 급경사지가 많으므로 이를 활용한 개발 방식을 도입하고 매립 등도 필요하나 환경 문제를 고려하여야 한다. 또한 도서는 물 등 자원이 희소하므로 이에 맞는 개발을 하거나 인위적으로 이들의 공급을 가능케 하는 방안을 검토하여야 한다.

도서의 관광 테마는 육상의 그것과 크게 다르지 않을 수 있다. 육상에서 가능한 것은 도서에서 구상할 수 있으나 다만 바다, 도서 자체의 특성, 도서민의 삶 등 도서 고유의 특이성이 배어 있도록 해야 할 것이다. 아무튼 도서는 문화, 역사, 생태, 경관 등 특이성이 많고 바다와 인접하여 특이하고 특별한 관광 시설을 갖출 수 있으므로 이를 계획단계부터 잘 고려하여야 한다.

다. 개발을 위한 여건 및 개발방향 검토

도서는 해양관광 개발의 주요 주제의 하나가 되고 있다. 그러나 도서는 개발에 있어서 여러 가지 환경 용량상의 한계가 있다. 따라서 도서 개발시에는 여러 가지 환경제약 요인들을 극복하여야 한다. 그 제약요인들은 물, 불, 발이라는 간단한 용어로 설명된다. 첫째, 수량이 풍부하여 개발 후 이용객들이 충분히 물 공급을 받을 수 있어야 한다. 대개 도서개발을 위하여 평가해 보면 다른 요인들은 훌륭한데 물(담수)이 없어 개발이 불가능한 도서들이 많다. 이와 같이 물은 도서개발의 전제조건이다. 홍도 같은 경우에도 관광객이 많아 대규모 호텔 등의 건립이 거론되고 있으나 토지나 물 공급이 어려워 구상으로 그치고 있다.

둘째로 중요한 것이 불, 즉 전력공급인데 현재 연안에서 가까운 도서는 육지로부터 송전이 이루어지고 있는 도서도 있으나 그렇지 않은 경우 자가 발전과 태양광 발전이나 풍력 발전 등에 의해 소규모로 전력공급이 이루어지고 있어 추가적인 개발이 어려운 경우도 많다.

셋째로 중요한 것은 발, 즉 접근성이다. 외국의 경우에도 대규모 관광리조트를 도서에 개발하는 경우, 먼저 항만시설이나 공항부터 건설하는 것이 선례이다. 이와 같이 도서는 해상에 고립되어 있어 기본적으로 접근성 문제가 해결되지 못하면 도서관광이 활성화될 수 없다.

현재 연안 여객선을 운항하는 63개 내항 선사 가운데 자본금 3억원 미만이 18개사이고, 10억원 미만이 41개사로서 전체의 64% 선사가 영세성을 면치 못하고 있다.[9] 과거 선령 20년이 넘는 여객선이 2005년 3.9%이었으나 2013년 24.3%로 6배 증가하였고 도시 유상 버스 공영제에 6,560억원이 투자되고 있으나 연안여객선 지원금은 240억원에 불과하다.[10] 또한 일반 여객이 일반 여객선을 이용하여 도서 관광을 할 경우, 여객선 운임이 항공료에 버금갈 정도로 너무 비싸 대부분의 비용이 교통비에 쓰이고 있다. 따라서 연안 여객선의 안전을 담보하고 편안한 도서 여행이 이루어지기 위해서는 일본과 같이 연안여객선 공영제를 전면적으로 실시하여 신형 선박 투입과 적자 노선 보전, 요금 할인제 확대 등 도서의 관광 진흥에도 노력해야 할 것이다.

넷째는 또 다른 제약요인으로 공간구조상 도서는 협소한 지역이 많으므로 공간 확보 방안 수립이 필요하다.

---

9) 한국해양수산개발원(KMI), 『해역의 효과적 관리를 위한 도서 활용 방안』, 2017.12, p.122-123

10) Ibid. 일반인 편도 기준 흑산도 34,300원, 가거도 61,300원, 홍도 42,000원, 백령도 66,500원 등이다. 현재 일부 지역에서는 도서 주민들에 대해 이를 대폭 할인하는 제도도 있다.

이러한 점들을 종합적으로 고려하여 관광을 포함한 일반적인 도서개발의 영역별 추진 전략은 다음과 같다.

첫째는 도서민의 삶의 질 향상을 위한 과제 추진인데 먼저 보건 의료, 문화 복지, 정주 환경개선이 요망되고 아울러 각종 정주 기반시설 설치도 필요하다. 그래야 관광객도 편안히 즐길 수 있다.

둘째로 외래 방문객의 증대에 대비하여 관광의 소재가 되는 어촌 문화유산 및 전통 등 역사문화 보전과 계승사업 외에 추가적인 관광시설 개발이 필요하다.

셋째로 생태적으로 취약한 도서환경의 보전이 요망된다. 쓰레기 처리 등 환경문제 해결, 사구 침식 등 사빈 문제해결, 철새도래지, 천연기념물 등 생태자원보호 및 취약생태 지구의 보전계획 수립 · 시행이 요망된다. 이에 따라 섬의 물리적 · 자연적 용량에 맞는 계획 수립으로 개발이 추진되어야 한다.

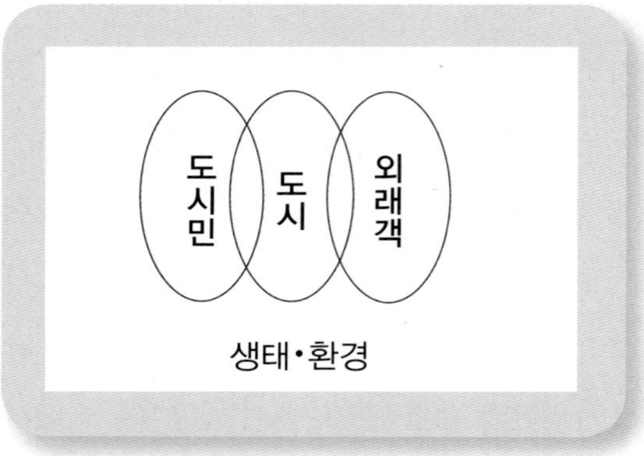

〈그림 7–2〉 도서의 영역

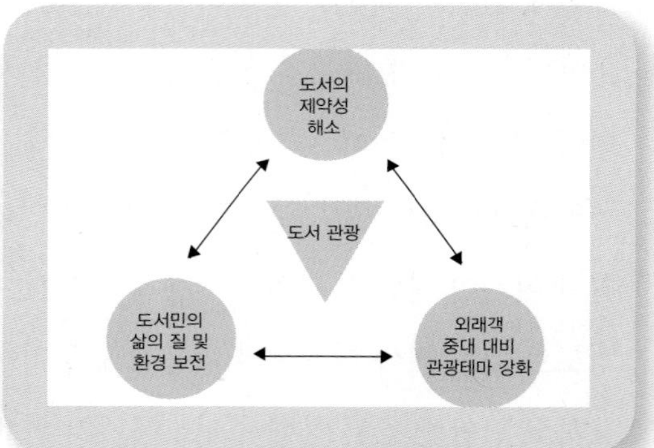

〈그림 7–3〉 도서관광 추진을 위한 영역별 추진과제

이를 위한 추진 방안은 다음과 같다.

첫째, 지역민 주체의 개발 추진이나 참여가 요망된다. 큰 민간자본이 소요되는 경우를 제외하고는 주민 주도나 주민 참여가 처음부터 필요하고 추진위원단 구성시 섬 주민이 주체적으로 개발 가능한 분야를 설정하여 외부 자본과 함께 체계적 개발 및 운영이 이루어지도록 해야 한다.

둘째, 육상에서 보이지 않는 섬의 성격상 홍보를 펼치기에 제약이 크므로 다각적인 홍보

대책을 강구하여야 한다.

이를 위해 관광사의 무료시험 방문 촉진 등 체계적인 홍보를 추진하고, 자체 홈페이지 개설 등 인터넷 정보 발신이 이루어지도록 해야 한다.

또한 도서 관광을 진흥시키기 위해서는 종합관광사이트 운영도 필요한데 현재 한국해운조합을 중심으로 여객선이 연결되는 도서 지역의 인터넷 홍보는 아래와 같이 이루어지고 있다. 향후 여객선 미연결 도서지역이나 무인도 등 쉽게 관광자원화 될 수 있는 지역까지 홍보에 포함되어야 할 것이다.

- 여객선 인터넷 예약 · 예매
- 섬 소개, 여행사, 여객선사, 섬지역 지자체 등 관련 사이트의 링크로 정보제공과 여객선 예약예매 체계의 결합
- 섬을 주제로 한 테마관광 실시(한국해운조합)

앞으로 도서관광을 활성화하기 위하여 연안과 섬을 연결하는 연안여객선 항로를 개설하고, 연륙교와 연도교 등을 많이 건설하여 도서관광이 효율적으로 이루어지도록 해야 할 것이다.[11]

나. 도서관광 개발 유형

1) 중심 활동에 의한 유형

도서관광 개발의 유형은 서로 혼재되어 나타나는 경우가 대부분이지만 중심 활동을 고려하여 이를 세분해 보면 〈표 7-7〉과 같이 6가지 정도로 분류된다.

첫째 유형은 해양스포츠를 중심으로 시설이 되어 있는 경우로서 요트 등 유선(pleasure boat) 타기나 레저잠수 등이 활발히 일어나는 도서이다. 대개 지중해, 남태평양의 도서 등에 많고 우리나라에는 아직 많지 않은 편이다.

11) 특히 전라남도 다도해 지역은 많은 연륙 · 연도교 등이 추진되고 있으나 아직도 경제성이나 지역의 낙후성 때문에 도서 연결교량 투자가 늦어져 이에 대한 적극적인 투자가 요구된다. 특히 현재 부산–목포–서해안 도시들을 연결하는 해양관광도로 성격의 77번 국도는 아직도 중요한 섬들과 육지가 이어지지 않는 부분이 많아서 남해안 도서관광을 진흥하기 위해 교량건설 촉진 등 이 노선의 조기완공이 요망된다.

둘째 유형은 해양경관이 뛰어난 곳으로 주로 해상국립공원 등이 지정된 호주 대산호초 공원이나 우리나라 남해안 등이 이러한 유형에 해당된다. 주로 크루즈, 레저 잠수 등 경관 감상활동이 많이 이루어진다.

셋째 유형은 바다낚시형으로 주로 바다낚시를 중심으로 관광활동이 이루어지고 숙박시설 등이 입지하는 도서 지역으로 주로 일본, 한국 등 바다낚시 활동이 해양관광의 주류를 이루는 국가나 지역에서 많이 나타나는 유형이다.

넷째 유형은 해수욕형으로 해변이 발달하여 해수욕을 중심으로 관광활동이 일어나는 도서들이다. 하와이 등 대부분의 남태평양, 인도양 도서들이 이러한 유형에 속한다.

다섯째 유형은 역사문화형으로서 주로 지역의 역사적 유산을 중심으로 관광이 일어나는 도서들이다. 역사성이 높은 그리스 등 지중해 도서들이 이러한 유형이며 우리나라 보길도도 이러한 유형에 속한다.

여섯째 유형은 도서가 가지는 생태적 특성이나 농어업 등의 산업적인 것을 중심으로 관광활동이 이루어지는 경우이다. 특이한 동식물상, 전통적인 어업활동 등이 관광상품으로서 이용되는 경우이다.

표 7-8 도서 개발 유형

관광 유형	내 용	사례	비고
해양스포츠형	마리나, 레저 잠수 등 해양스포츠 시설	괌, 사이판 등 태평양 제도, 호주 대산호초 공원, 일본 오키나와 등	요트, 모터보트, 서핑, 윈드서핑 등
해양경관형	해양경관이 수려한 지역	태평양의 제도, 호주 대산호초 공원, 홍도, 백령도	인공경관 : 거제 외도
바다낚시형	바다낚시 관련 활동 및 시설 중심	경남 사량도, 추자도 등	한국, 일본 우세
해수욕형	해수욕장 중심 발달	하와이 오하우섬, 덕적도, 제주 우도 등	
역사문화형	역사적 고적, 문화유적 등이 중심	지중해 등 고대문명을 갖는 도서들, 보길도 등	
생태체험형	도서의 각종 동식물 생태중심 활동	일본 원숭이섬, 강화(갯벌)	각종 농어업 체험 포함

2) 거리에 따른 도서 개발 유형

우리나라의 도서 거리에 따른 도서 개발 유형을 〈표 7-5〉의 도서관광 이용 현황을 고려하여 살펴보면 다음과 같다. 100km 이상의 원거리형 관광 도서는 대개는 숙박형으로서 수요가 일정하여 다니는 선편도 하루에 2~3편 이내로 제한되어 있다. 여기에 울릉도, 거문도, 홍도, 백령도 등이 있다. 50~100km 사이의 중거리형 도서는 당일형이 우세하고 숙박도 일부 있으며 선편도 하루 5~6회로 원거리 도서보다 다소 많은 편이다. 50km 미만의 단거리형 도서는 당일형이 압도적이고 왕복 선편도 많은 편이다.

이들의 성공을 위한 전략을 검토해 보면 장거리 도서는 어차피 시간을 많이 들이고 비용을 많이 들이는 관광이므로 관광시설과 자원 이용을 크게 업그레이드시켜 숙박객을 더 많이 유치하거나 체재 기간을 연장시키는 전략이 요망된다. 이러한 매력성 증대는 수요를 증대시키고 이것은 교통, 숙박 시설 등에 대한 투자를 유발시켜 도서 관광 투자의 선순환을 일으키게 한다. 반면 단거리 지역도 볼거리, 즐길거리 등을 다양화시켜 매력도를 높임으로써 당일형 관광객을 늘리면서 고부가가치 숙박형으로 전환시키는 방안이 요망된다.

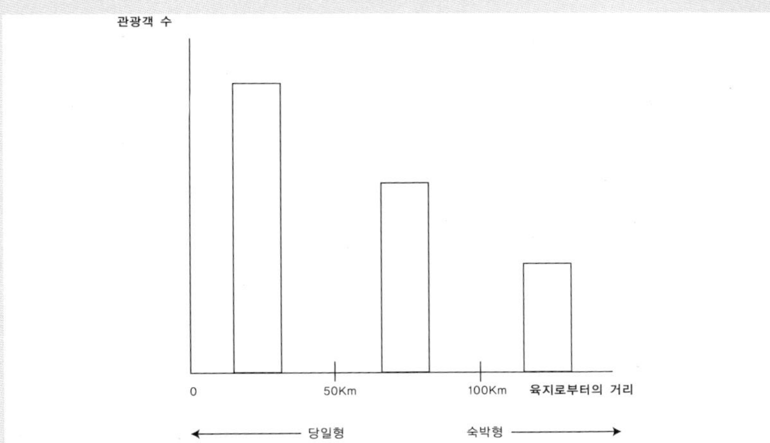

〈그림 7-4〉 육지로부터의 거리와 도서 관광객 수

위에서 언급한 도서들 외에 메가리조트급 거대 국제 도서들이 있다. 소위 미국의 하와이, 괌, 일본의 오키나와, 우리나라의 제주도, 중국의 하이난도, 이태리의 시칠리섬, 그리스의 섬 등이다. 이러한 섬들은 대개 행정적으로는 주나 도 정도의 행정 소재지들이고 연결 교통도 해운보다는 항공이 많이 이용된다. 대개 국제적인 리조트들을 보유하는 섬들이고 연간 수백만명이 방문하며 대개 그 나라의 가장 크거나 유명한 리조트 지역이다. 경관도 뛰어나고 따라서 관광이 섬의 주산업이나 면적이 넓어 일반 소규모 섬들과는 달리 관광 이외의 산업도 전체 GDP의 상당 부분을 차지한다. 이러한 섬들의 관광개발 전략은 도시나 지역 개발 차원에서 검토됨으로써 종합적인 리조트 개발이 이루어지게 된다. 따라서 제11장에 나오는 세계적인 해양리조트 개발 사례나 전략을 참고하여 지역 종합 개발 계획 차원에서 이들을 개발하여야 할 것이다.

다. 도서관광의 성공요인

육상과 달리 도서의 특성 때문에 도서관광의 성공요인은 육지와 다소 차이가 날 수도 있으나 대개 다음 3가지로 요약될 수 있다. 첫째는 여느 관광지와 마찬가지로 섬의 특이성이나 관광 시설이나 주제의 독특함 때문에 오는 경우가 많아 이러한 측면이 먼저 고려되어야 한다. 다른 곳에서 보고 접하기 어려운 주제나 시설을 보유할 경우에 많이 방문하게 된다. 둘째는 육지 같으면 웬만한 시설이라도 지나가는 길에도 한번 들리기 쉽지만 도서라는 지역적 접근 제약이 심리적인 장애 요인으로 작용하기 쉽다. 이러한 요인 때문에 하나의 필요조건으로서 교통 접근성이 뛰어나야 한다. 다양하고 빠른 해운, 항공 등 다양한 교통 모드가 있어 접근성이 좋아야 한다. 최근 유가상승으로 선박 요금 상승 등도 제약 요인이 될 수 있다. 교통편을 늘리고 요금 할인 등을 통해 이러한 접근성의 제약을 해소하는 것이 수요 확대에 관건이 된다.

셋째로 홍보가 잘 되어야 한다. 섬은 육지와 너무 떨어져 있어 특별한 홍보가 없으면 관광객들이 정보를 접하기 힘들다. 따라서 특단의 홍보나 이벤트 등의 행사가 요구되는 경우도 있다. 대부분의 오지 도서 지역은 좋은 자원들이 많이 있지만 접근성 문제나 홍보 등이 안 되어 활용도가 낮거나 방치되고 있는 경우가 대부분이다. 도서의 관광 경쟁력이 뛰어나면 입소문 등에 의하여 서서히 소문이 나는 경우도 있으므로 우선은 섬의 특이성이나 관광시설, 주제의 독특함 등을 통해 관광 경쟁력의 확보에 주력하되 접근성 개선, 홍보를 병행하는 방안이 합리적이다.

라. 개발사례 분석 : 외도해상농원 개발을 중심으로

외도는 한려해상공원권에 속하는 지역으로 과거부터 바다의 금강산이라 불리 우는 해금강(명승 제2호)이 관광의 중심이었으나 인근의 외도 해상공원 개발로 해금강-외도가 연계 관광권이 되었다.

외도해상농원은 거제시 일운면 와현리 산 109번지 일대 4만 4,000여 평의 지역에 천연 동백림 숲을 이루는 도서지역으로, 아열대 식물인 선인장, 코코수야자, 가자니아, 선샤인, 유카리, 병솔, 잎새란, 용설란 등 3,000여 종의 수목이 전시되어 한국의 파라다이스라고 불리울 만큼 경치가 아름답다.

이 섬은 해안선이 2.3*km*이며 전망대, 조각공원, 야외음악당, 휴게시설 등이 갖추어져 있고, 경상남도 지방문화재로 지정된 공룡굴, 공룡바위 등과 섬 주위로 전천후 낚시터가 있으며 시설내용은 〈표 7-9〉와 같다.

표 7-9 외도의 시설 현황

시 설 명	면적(㎡)	시 설 명	면적(㎡)	비고
아열대 식물원	6,000	수 목 원	32,000	
잔디광장	6,200	조각전시장	1,600	
전망휴게소	700	관리사무소 및 숙소	1,450	
매 표 소	35	화 장 실	550	
소 각 장	500	배 후 지	820	
주진입로	2,750	시설간 연결 및 산책로	11,450	
녹 지	80,767			

*면적: 150,932㎡(시설면적: 145,000㎡)

외도는 국립공원시설 중 문화시설(자연공원법 시행령 제2조 6항)로서 지정되어 1995년 4월 개관하였으며 1998년 7월 추가적인 시설 보완이 이루어졌다. 토지매입 후 2차 보완 개발까지 약 25년이 소요되었다.

현재 이용객 통계를 보면 개장 후 22년간(2017년 9월까지) 약 2000만 명이 다녀갔고 〈표 7-10〉와 같이 매년 90만 명 전후의 관광객이 방문하고 있다.[12)]

12) 경남도민일보, 2017.10.20.

표 7-10 외도 입장객 현황

년도	입장객(천명)비고	비고
1999	867	
2000	1,193	
2001	865	
2004	857	
2011	약 900	당시 추정
2016	891	
2017 9월까지	767	누적인원 2000만명 돌파

자료: 경남도민일보, 2017.10.20.

〈그림 7-5〉 육지로부터의 거리와 도서 관광객 수

(좌: 외도 선착장, 우: 외도 최정상에서 내려다 본 광경)

개발 특징은 다음과 같다. 첫째, 먼저 기존의 분교, 밭 등을 활용하여 이전에 있던 자연을 그대로 살리면서 개발함으로써 자연에 대한 훼손은 최소한으로 줄였다.

둘째, 국립공원지역이어서 주변의 수려한 경관을 잘 활용하였다. 특히 해금강과 직선거리로 5km 정도밖에 떨어지지 않아 고도 80m 이상에서 내려다보는 해금강, 내도 지구, 동도 지구 등의 경관이 빼어나다. 이를 전망대, 명상의 집 등에서 내려다보는 조망이 뛰어나게 설계되어 있다. 또한 한려해상국립공원 지구에 자생하는 동백, 편백, 후박, 대나무, 잣밤나무 등의 다양한 식생이 공원을 감싸고 있다.

셋째, 이 섬을 접근할 수 있는 수단은 선박뿐인데 이를 적절히 통제하여 전체 섬의 환경이 그대로 보존되고 있다. 거제도의 여섯 군데 유람선사에서 총 32척(1척당 정원 약 100명)의 유람선이 외도로 운항하고 있다. 외도의 부유식 접안시설은 동시 수용능력이 2,000명에서 2,500명(1일 1만 명)으로 제한되고 있다. 관광객의 안전을 위하여 관할 관서에서 부두 접안을 동시 4척으로 제한하고 있어 자동적으로 외도관광 수용능력이 정해지고 있다.

표 7-11 외도 유람선 운항 현황

(단위: 척)

출항지역	운항 척 수	항 로
장 승 포	10	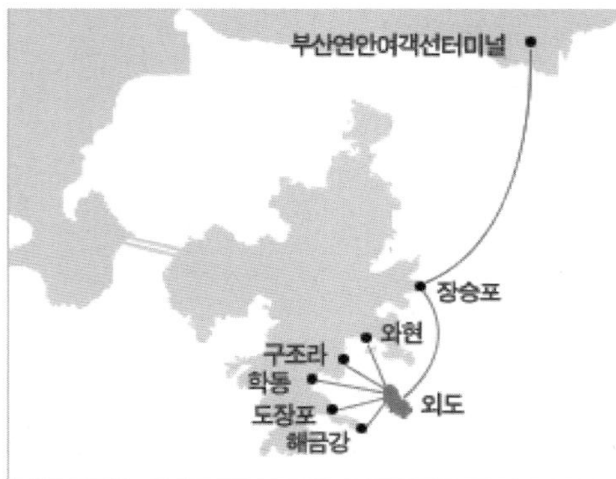
와 현	3	
구 조 라	6	
학 동	4	
도 장 포	3	
갈곶리(해금강)	6	
합 계	32	

자료: 항로 자료는 https://blog.naver.com/yeha0/20137215794 (2018.11.8.)

수자원 측면에서 볼 때 도서 내 물의 수급 사정이 어려워 숙박시설 등 물이 추가적으로 더 소요되는데 시설의 추가가 쉽지 않다. 따라서 지금 수준 이상의 개발은 어려운 형편이다.

넷째, 이국적인 개발로 고전적이고 지중해풍의 이미지를 느끼게 하는 분위기가 많이 배어 있다. 선인장, 코코수야자, 가자니아, 선샤인, 유과리, 용설란 등을 포함한 700여 종의 아열대 식물군, 파스텔 톤의 건축 양식, 비너스, 다윗, 해의 여신 니케 등의 서구적인 조각상들, 그리고 옛 유럽의 고성(古城)에서나 볼 수 있음직한 청동벤치 등 이국적인 분위기가 도처에서 느껴지고 있다.

단점으로서는 첫째, 관광농원에서의 체류시간을 1시간 반으로 제한하고 있어 기본적으로 시설의 내용을 느긋하게 감상하고 이국적인 분위기에서 여유 있게 지낼 수 있는 시간이 없다는 것이다. 향후 급수시설 확대 등으로 소규모 숙박시설이나 편의시설의 보강 등 제한적으로나마 적절한 체류시간 연장이 가능토록 해야 할 것이다.

둘째, 외도를 방문하는 단체 관광객의 상당 부분이 노인이나 어린이들로서 고도 80m 이상의 급경사를 오르는 데 다소의 불편이 수반될 수 있고 이들이 1시간 반이라는 짧은 시간 내에 시설을 다 보는 데는 어려움이 많다.

셋째, 선박에 의해 모든 관광객이 움직이므로 바다 기상(海象)상황에 의해 교통 등 관광일정이 움직일 수밖에 없고 고정 구조물이 아닌 부유식 구조물인 부잔교의 안전성 때문에 동시 접안을 4척으로 제한하는 등 수용능력의 제한으로 성수기의 대기시간이 길어지고 있어 대책이 요망된다.

결과적으로 보아 외도도 개발성과는 좋으나 수자원 부족(물), 전기(불), 선박 운항(발), 가용용지 협소 등 도서개발 시 문제가 되는 제약요인들을 그대로 가지고 있다고 볼 수 있다.

4. 도서개발 방향

앞의 내용을 종합해 볼 때 도서지역들에 대한 관광개발시 유의점은 다음과 같다.

첫째, 물, 불, 발, 공간 등의 제약요소를 고려하여 자원잠재력 등 개발가능성이 높은 도서가 선정되어야 한다.

둘째, 대도시 주변이나 해상루트 이용이 활발한 시장성이 있는 지역 주변의 도서가 먼저 개발 후보지역으로 검토되어야 할 것이다.

셋째, 가능 한 기존의 유명한 관광지와 연계해서 시너지 효과를 얻을 수 있는 도서지역이 우선적으로 검토되어야 할 것이다.

넷째, 도서의 잠재력을 잘 활용하여 다른 도서보다 나은 특색이 있고 차별성을 가져야 개발 시 경쟁력을 갖게 되어 성공가능성도 높아지게 될 것이다.

아울러 유인도인 경우 도서 주민의 생활을 먼저 개선하여 안정화시키는 것이 급선무이고, 이를 바탕으로 도서의 제약 요인인 물, 불, 발의 문제를 해결하여 관광객을 추가적으로 유치할 수 있는 여건을 만들어 나가는 것이 필요하다.

이와 같은 것들은 개발계획 수립 시에 간과하기 쉬우므로 개발 시부터 면밀히 검토해야 하며 이렇게 될 때 지속가능한 도서개발로서 성공하게 될 것이다. 이와 같이 도서개발 방안이 제대로 수립 · 시행되면 도서는 주5일 근무제의 도입, 소득의 향상에 따른 관광수요를 충족시킬 수 있는 더 없이 훌륭한 장소가 될 것이고, 이를 통해 인구의 재유입이 가능해지고 지역민 소득 향상, 지역불균형 해소가 이루어질 것으로 보인다.

제 8 장

어촌관광

본 장에서는 어촌관광의 여건과 조성 방향에 대해 살펴 보고자 한다.

1. 어촌관광 필요성

우리나라는 3만 달러 소득 시대에 진입하면서 근로시간이 감소하고 여가시간이 증대하여 다양한 체험 관광 등 서비스 산업의 중요성이 날로 높아만 가고 있다. 이러한 변화 과정에서 농림부의 녹색 관광, 문화관광부의 문화관광, 환경부의 환경체험관광 등 다양한 체험관광메뉴가 정부 각 부처로부터 쏟아지고 있다.

어촌에서는 어족자원의 고갈로 생산위주의 소득창출에서 이제는 새로운 어촌소득원의 창출이 요망되는 시점이다. 어가소득 중 어업생산에 의한 어업소득은 현재 그 비중이 계속 정체되어 어촌체험 관광 등 어업외 소득 향상이 크게 요망된다.

표 8-1 연도별 소득종류별 어가소득(단위 : 천원)

	2008		2014		2015		2016		2017	
	금액	비율	금액	비율	금액	비율	금액	비율	금액	비율
어가소득	31,176	100.0	41,015	100.0	43,895	100.0	47,077	100.0	49,016	100.0
어업소득	13,801	44.3	20,987	51.2	23,086	52.6	26,598	56.5	26,692	54.5
어업 외소득	10,120	32.5	11,897	29.0	11,728	26.7	11,551	24.5	12,578	25.7
이전소득	2,423	7.8	4,341	10.6	5,079	11.6	5,479	11.6	6,060	12.4
비경상소득	4,831	15.5	3,790	9.2	4,002	9.1	3,448	7.3	3,690	7.5

자료: 통계청, 『각년도농가 및 어가경제조사 결과』, 각년도, 어업외소득 : 농업, 관광 등 기타 겸업소득 등

어업인들의 어업외 소득 향상 방안을 보면 기존어업 이외의 소득증대 방안으로 첫째, 가공, 저장, 특산품 유통에 의한 기존 어업생산물의 부가가치 제고로 어업외 소득을 높이는 것이고(그림의 ①부분), 둘째, 어업 및 비어업자원의 어업외 소득화 방안으로 각종 어촌자원의 관광상품화에 의한 소득 제고(그림의 ②부분)를 의미한다. 실제로 어업인들의 소득증대 촉진을 위해서는 가급적 두 방안을 동시에 활용하여야 할 것이나 특히 어촌관광은 그 어느 때보다도 중요성이 커지고 있다.

현재 어촌에서 관광소득을 얻을 수 있는 방안은 다음과 같이 유어장 운영, 낚시어선 운영, 어촌체험 마을 운영, 횟집 운영 등이다. 어촌 소득 중 어업외 소득의 한 종류인 바다낚시

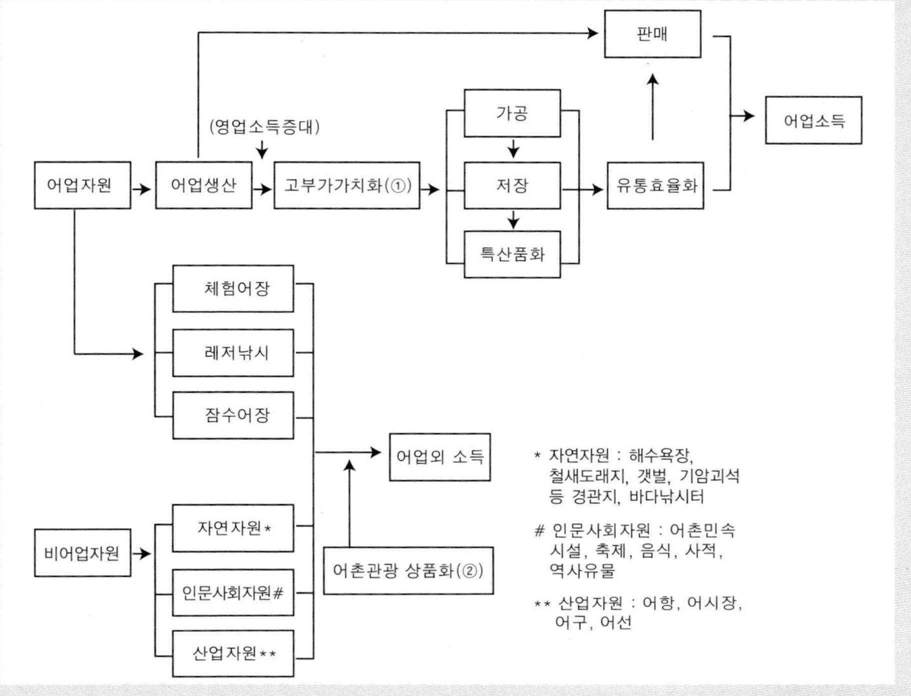

〈그림 8-1〉 어업외 소득 모형

자료: 김성귀, 홍장원, “어촌 소득 증대 방안에 관한 연구: 어업외 소득을 줌심으로”, 수산경영론집, Vol.35, No.2, 2004.12.

어선 사업에는 2016년에 343만 명이 참여하여 총 소득 2,240억원(운항 바다낚시어선 4,500척)을 올려 척당 5,000만 원의 어업외 소득이 생겨[1] 2013년의 2,800만원에 비해 거의 2배로 상승하였다. 현재 전국에는 2,026개 어촌계('16)가 있으나 이중 어촌 체험마을로 지정된 곳은 112개소('15)에 불과하여 어촌 관광에 의한 소득 기여는 아직 높지 않은 편이다. 〈표 8-1〉와 같이 2017년 현재 관광 소득 등이 포함된 어업외 소득은 25.7%를 차지하나 여기에는 농업 소득이 포함되어 이것이 다수를 차지를 할 것으로 보여 어촌관광 소득의 기여율은 낮을 것으로 보인다.[2]

---

1) 한국해양수산개발원, KMI월간동향 vol.69, 2018.1., p.5

2) 2017년 어업외 소득 중 농업 등 겸업소득이 611만원(48.6%), 사업외소득 647만원(51.4%)임.

표 8-2 어촌체험마을 및 바다낚시 운영 실태

년도		2010	2012	2013	2014	2015	2016	비고
어촌체험	방문객 수(만명)		75	95	88	100.6	111	
	소득액(억원)			228	224	270.5		
바다낚시	신고척수(척)	4,060	4,708	4,390	4,381	4,289	4,500	
	이용객(천명)	2,248	2,155	1,957	2,065	2,959	3,429	
	소득액(억원)	1,161	1,079	1,232	1,423	1,885	2,242	

자료: 해양수산부, 『주요 업무 추진현황』, 2016.5 및 해수부 보도자료('15); 경향신문, 2017.12.3. 및 중앙일보, 2017.05.28

2. 어촌 관광자원

가. 어촌자원

어촌의 관광자원도 일반적인 관광자원의 분류방법에 따라 자연자원과 인문자원으로 나눌 수 있으며 인문자원은 사회문화자원과 산업자원으로 구분하여 볼 수 있다.

먼저 자연자원으로 해수욕장, 갯벌, 철새도래지 및 천연기념물, 해안경관지, 바다낚시터, 바닷길 갈라짐 등이 있다. 인문자원 중 사회문화자원으로는 자료전시관, 지역축제(풍어제, 영등제 등), 음식문화, 전래 어구어법, 어촌의 문화사적 및 유적지 등이 있으며 산업자원으로서는 수산업에 많이 쓰이는 어항, 양식장, 유어선(바다낚시어선), 유선(遊船, 놀이배) 등이 있을 수 있으며 그 현황은 〈표 8-3〉과 같다.

표 8-3 어촌관련 관광자원의 분류 및 현황

분류	자 원 명	자 원 내 용	비고
자연 자원	해수욕장	총 256개소	
	철새도래지	국제적 중요철새 3종 이상 연안 도래지 20개소	
	갯 벌	2,487.2㎢ (세계 5대 갯벌의 하나)	'14 이후 통계
	해양스포츠장소	마리나, 요트장 등	

	해안경관지		해상(안) 국립공원 3,332.85㎢ 일출/일몰지, 도서(3,348여 개), 기암괴석 등	
	바다낚시터		전국 연안	
	기 타		바다 갈라짐 등	
인문 자원	사회문화자원	전시관	해양수산과학관, 어촌민속관 등	
		지역축제	각 연안지역별 72개	
		바다음식	각 연안지역별 소재 다양	
		어구어법	〃	
		어촌사적지	해양문화지표 조사	
		어 촌	4,000여 개의 자연부락 어촌(2,026개 어촌계)	'16
	산업자원	어 항	국가지정 110개소, 지방 어항 281개소, 어촌정주항 614개소, 마을 공동어항 1개소	
		어 장	각 연안지선(수산자원보호구역, 양식산란장, 회유로 등)	
		낚시어선	4,500여 척('16년말)	

자료: 필자 작성.

전체 어촌은 1,000여 개가 넘는 어항, 낚시어선 4,500여 척을 보유하고 있으며 바다낚시가 가능한 갯바위, 넓은 갯벌, 기암괴석 · 해안절벽, 해수욕장, 도서경관, 해저다이빙 공간 등 관광 상품화할 수 있는 많은 자원들을 보유하고 있다.

표 8-4 어촌의 관광 관련 인프라(2015)

종목	보유 통계	비 고
바다낚시어선(척)	4,500	'16
바다낚시터(개소)	733	
유어장(개소)	177	
어촌 마리나역	20개소	신규 지정하여 개발 중
아름다운 어항	4개소	〃
다기능 어항	10개소	신규 지정 개발 중(기존 13개소 개발 이용 중)
어촌체험마을	112개소	

자료: 필자 작성.

나. 어촌관광에 따른 어촌공간 구조의 이해

어촌은 기본적으로 바다 전면의 어장 등의 해수면, 어장과 배후어촌을 연계하는 어항시설 등 중간 연계시설, 배후의 어촌공간으로 구성되게 된다. 관광활동은 각종 해양스포츠, 낚시, 유람활동 등이 가능한 해수면, 각종 자연 및 사회인문 관광자원을 갖는 배후어촌에서 동시에 일어나게 되며, 어항은 해수면과 어촌공간을 연계하는 기능을 하면서도 그 자체가 하나의 산업관광 시설로서 낚시, 바다 산책 등 역시 다양한 관광활동이 가능하다고 볼 수 있다. 따라서 하나의 어촌은 전면에 어항과 해역을 갖게 됨으로써 유사한 성격의 농촌보다 훨씬 다양한 관광활동이 가능하다. 또한 생태의 점이지역(漸移地域)으로서 육상생태, 해변생태, 해양생태 등 다양하게 나타나기 때문에 어촌지역에서는 관광활동이 상당히 다양하게 전개될 수 있다. 따라서 이러한 공간을 어떻게 잘 연계하여 관광객들에게 이용케 하느냐가 어촌관광의 성패에 커다란 영향을 미치게 된다. 이러한 측면에서 어장-어항-어촌 공간의 상호 유기적인 연계에 따른 관광상품화가 이루어져야 할 것이다.

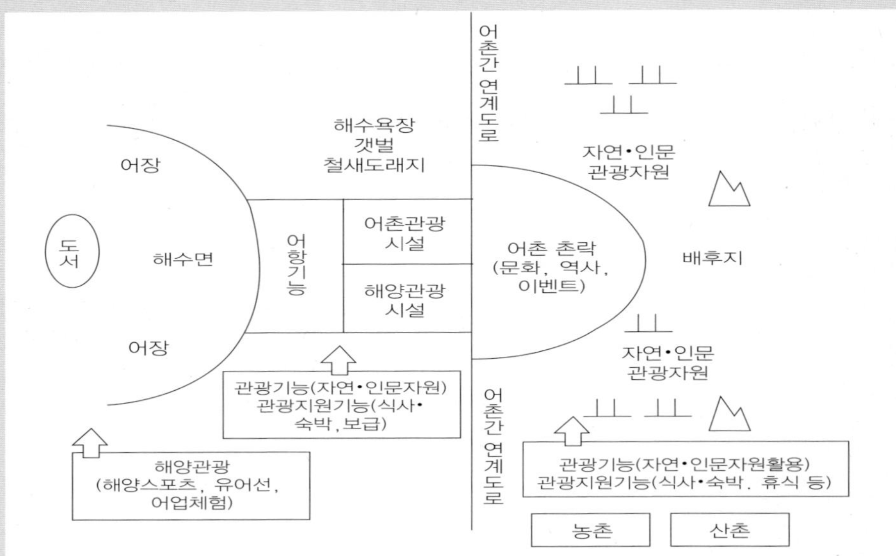

〈그림 8-2〉 어촌관광자원의 공간적 구조

위 그림에서 제시된 대로 어촌지역의 자원은 농촌, 산촌을 포괄한다. 즉 어촌의 배후지역에는 농업을 하는 지역이 반드시 있으므로 농촌체험이 가능하다. 또한 어촌배후지에 산이 있는 경우에는 산촌체험도 가능하게 된다. 따라서 어촌지역은 농촌이나 산촌보다 체험가능한 자원의 밀도가 훨씬 높고 가능한 체험도 다양할 수 있다. 따라서 어촌을 관광적 측면에서 종합개발할 경우 그 개발효과는 여느 농촌이나 산촌보다 훨씬 높게 될 것이다.

아울러 어촌지역에서는 어촌관광과 해양관광이 가능하게 되며 각각 관련되는 시설과 이벤트는 [그림 8-3]와 같이 된다.

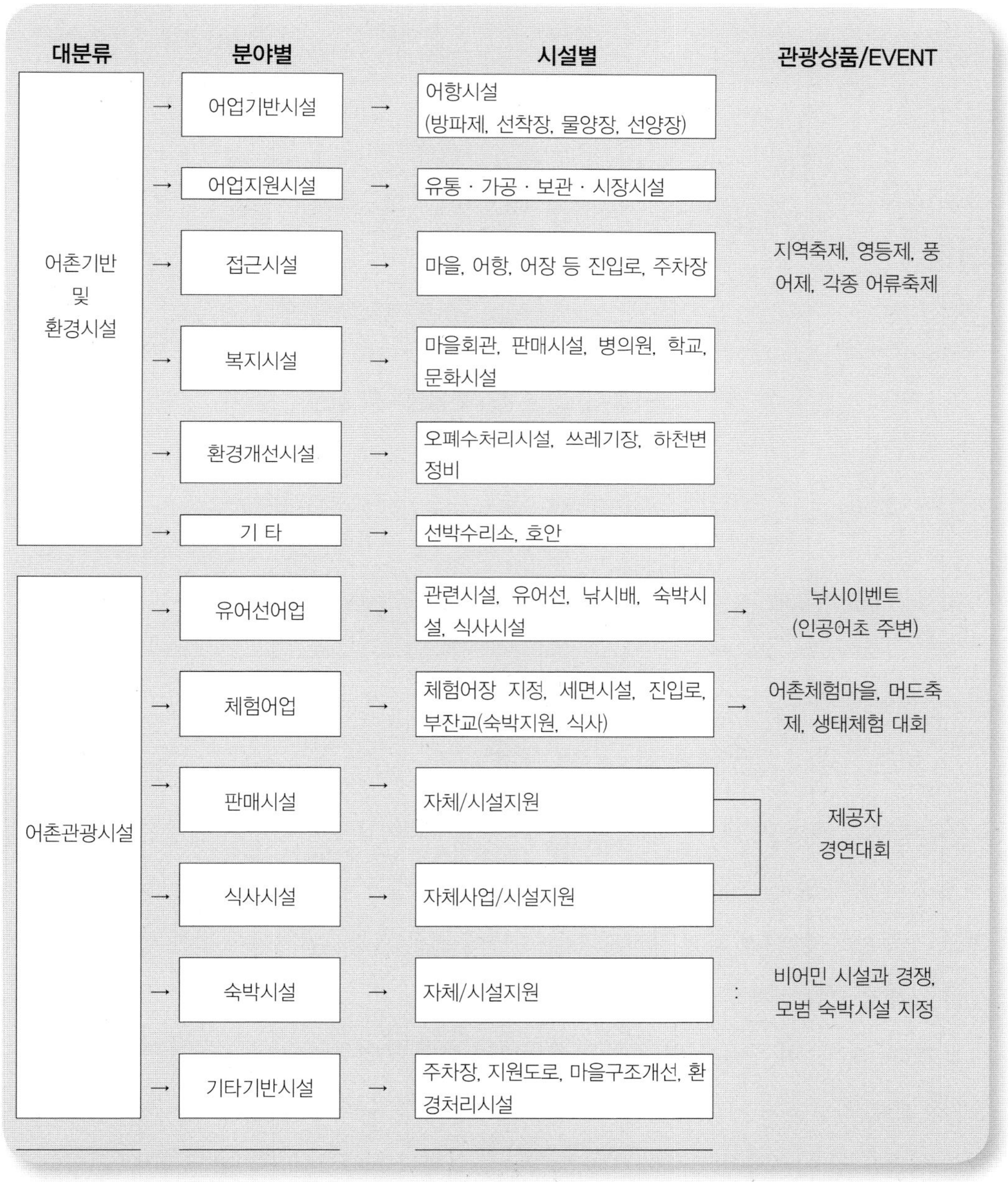

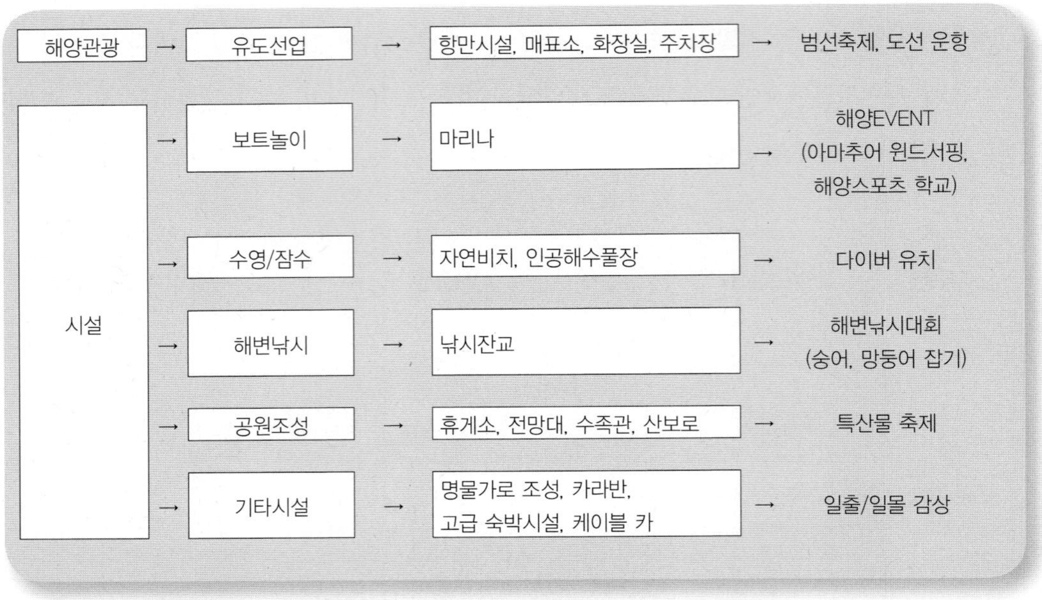

〈그림 8-3〉 **어촌계의 관광분야와 시설**

자료: 필자 작성.

3. 어촌관광의 특성과 발전

가. 어촌관광의 고유한 특성

어촌관광의 특성으로서는 첫째, 어업인이 수행주체이므로 아마추어 관광인으로서 한계가 있을 수밖에 없다. 본업인 수산업을 영위하면서 사업을 하게 되므로 지역에 대한 애착과 관련 지식 보유 등 여러 가지 강점도 있는 반면에 전문 관광사업가들이 갖는 전문성을 갖지 못하는 데서 오는 한계도 있을 수 있다.

둘째, 어업인들이 주로 지역 자원을 활용하여 사업을 영위하게 되므로 아무래도 소규모, 소자본으로 사업을 수행하게 된다. 따라서 영세성이 클 수밖에 없는 한계를 가지고 있으나, 지역 여건을 잘 이용하여 적절히 운영할 경우 소규모지만 상당한 성과를 올릴 수도 있다.

나. 어촌관광 발전단계와 과제

현재 연안의 어촌의 실태를 고려하여 어촌에서의 관광 발전단계를 나누어 보자. 첫번째 단계는 수산업과 농업 등을 겸업으로 삶을 영위하는 순수수산 어촌에서 출발하게 된다. 이때에는 어촌의 각종 생산기반시설 및 환경정비 등이 주요과제로 등장한다.

두번째 단계로 소득의 증가와 도로의 개설, 자가용의 보급 등으로 도시민들의 왕래가 차츰 잦아지게 되는 어촌들은 점진적으로 관광어촌화 하게 된다. 관광어촌으로 변하면서 어촌산업이나 어촌의 자원과 관련되는 관광시설이 생겨나게 된다. 이러한 관광어촌들은 인구밀집 지역과 가까워 관광 수요가 높은 경인연안과 강원연안 등 수도권, 부산권 등 대도시 인근에서 많이 일어나고 있으며, 제주도나 변산국립공원 등 일부 유명 관광지 인근에서도 생겨나고 있다. 특히 고속도로가 개설되었거나 개설예정인 서남해안지역의 순수어촌들이 향후 관광어촌으로 많이 변모할 것으로 예상된다.

세번째 단계로 일부 지역은 관광지 지정 등을 통하여 완전히 관광지로 변하여 원래의 어촌으로서의 모습을 상실하고 지역 산업이 관광업이나 상업으로 변화한 지역으로 변모된다. 이들 지역은 순수어촌에서 관광지로서 취락공간과 경제사회 구조가 크게 바뀐 지역들이라고 볼 수 있다. 최근 정동진, 제부도, 땅끝마을 등 연안에 난개발이 많이 되고 관광객이 급증하여 이미 관광어촌에서 순수 연안관광지로 변모하는 지역들이 속속 나타나고 있다. 이때 해양관광 등 보다 고급화된 관광이 전체 지역을 주도하게 되고, 어업인들은 주도권을 상실하고 외부의 개발가들이 지역의 주도권을 잡게 되며 따라서 어업인들은 종속적인 입장에 놓이게 되기도 한다.

정책적인 측면에서 볼 때 어촌을 어느 단계까지 발전시키는 것이 바람직한가는 가치관의 문제이나 어촌이 가지는 고유성을 간직한 채 개발과 이용이 이루어지는 것이 바람직하다고 본다. 즉 두번째 단계인 관광어촌 수준을 유지하는 것이 특별한 사유가 없는 한 사회적 갈등이나 환경오염, 난개발, 기존 산업의 보호, 어민들의 주도권 행사 등의 차원에서 바람직한 것으로 판단된다. 또한 중요한 산업인 어업도 이 단계에서 계속 유지될 수 있어 지속가능한 개발이 되므로 이 단계를 염두에 두고 시책을 펴 나가야 할 것이다.

표 8-5 어촌의 관광 발전단계

모 델	어촌계	방 향
순수 수산어촌	대부분 어촌계	수산시설 보강 및 어촌관광화 대비 지원
관광어촌 (어업+관광)	일부 어촌계	어촌관광사업 집중지원
순수 연안관광지	제한된 지역	관광사업 인프라 보강 방안, 기타 민자

자료: 필자 작성.

앞에서 언급된 관광어촌을 다시 분류해 보면 다음과 같이 나타나며, 이러한 유형별 구분에 의해 각종 정책적인 지원에 차별화가 이루어져야 한다고 본다. 이에 대하여는 정부의 지원부문에서 후술하고자 한다.

1단계(기초 관광어촌마을)로서 기존의 순수어촌에서 관광 발전가능성은 높으나 아직은 관광사업이 본격화되지 못한 마을로서 기초 관광인프라가 약하므로 이의 조성에 주력해야 할 것이다. 우리나라 대부분의 관광어촌이 여기에 해당한다고 볼 수 있다.

2단계(성장 관광어촌마을)로는 기초 인프라를 어느 정도를 갖추고 있어 상당한 관광객이 방문하고 성장에 가속도가 붙고 있는 경우로서 인프라의 보완과 홍보, 관광프로그램 등의 활성화에 주력해야 할 것이다. 우리나라에서는 지역별로 성공적으로 평가되는 어촌들로서 아직 그 숫자는 많지 않으나 점차 늘어나고 있다.

3단계(성숙 관광어촌마을)는 완벽한 체험, 휴식, 숙박 등의 시설을 갖춘 관광어촌마을로서 각종 관광 서비스를 수행하는 데 문제가 없고 관광이 지역수산업 등과 연계하여 고도화된 지역이다. 이러한 단계의 마을은 선진적인 관광어촌이라고 볼 수 있다.

4. 어촌관광의 유형

우리나라 어촌관광의 유형은 관광자원유형, 관광패턴, 공간유형, 지형적인 형상, 활동유형별 등 여러 가지 차원에서 검토될 수 있으나 관광활동별 유형으로 나누어 보면 다음과 같다.

어촌에서의 관광활동 유형에 따라 분석해 보면 〈표 8-6〉과 같이 여러 유형으로 활동이 일어나고 있다.[3] 이를 보다 그룹화시켜 큰 유형으로 나누어 보면 첫째로, 대부분 수산물과 관련하여 수산물의 시식과 관련되거나 수산물을 구입하는 활동(인천 소래 등)이 많이 발생하는 수산물 구매, 시식 유형이다. 이는 수산물을 중심으로 가공, 판매, 유통이 중심이 되는 것으로서 우리나라에서 가장 많이 보이는 유형이다. 수산물을 시식하는 것은 전국 어느 어촌에서나 일어나는 활동이지만, 특히 이러한 활동이 중심이 되는 경우에 이 유형에 속하는 것으로 판단할 수 있다.

둘째로는 어업자원이 연안에 풍부하여 이를 통해 바다낚시 활동이 활발히 일어나는 지역들이 있다. 이러한 유형들은 갯바위가 발달한 지역이거나 도서 주변에 어자원이 풍부한 지역이 많다. 충남 등 서해안, 남해안 지역 등에 바다낚시 활동이 많은 어촌들이 있다.

표 8-6 어촌관광 유형별 내용

어촌 유형	관광 유형	체류시간	활성화 시기	숙박시설 관련	비 고
수산물구매/시식형	먹거리형	당일형	연중		어항 관련
바다낚시형	놀거리형	당일~1박형	연중	원거리인 경우 숙박 발달	어항 이용
해수욕형	놀거리형 (쉴거리)	2박이상	하계	숙박 발달	비치발달지역
생태체험형	볼거리형	반일형~1박형	연중		갯벌, 철새,어장
해양스포츠형	즐길거리 · 놀거리형	1~2박형	봄, 여름, 가을	숙박 필요	해양스포츠 적지
어촌경관/휴양형	볼거리형	다양 특정시기,연중		숙박 필요	일출/일몰, 바다갈라짐 등
어촌역사문화형	볼거리형	당일~1박형	연중 및 특정 시기	숙박 필요	역사유적, 축제 등

자료: 필자 작성.

셋째로는 해수욕장지역으로서 대개 해변이 발달하여 하계에 해수욕객이 많이 몰리는 지역들이다. 대천, 몽금포 등의 서해안, 상주, 가마미 등 남해안 등, 그리고 전 연안에 해변이

3) 이재천, 「관광어촌」, 서울: 백산출판사, 1994, p.163. 여기에서는 관광어촌의 유형을 기능별로 구분하여 민박형, 유어어선형, 활선어요식형, 혼합형 등으로 나누어 분석하였다. 다음 서적에서는 관광활동에 따라 7가지 유형(스포츠 · 레저, 수산물 구득, 종교문화, 자연경관 감상, 생선회 등 맛보기, 휴양 · 휴식, 기타 등)들로 나누어 설명하고 있다. 농림부, 「어촌지역 관광개발에 관한 연구」, 1996.10, p.150.

발달된 동해안 어촌의 대부분이 이러한 유형이다.

넷째로는 갯벌이 발달한 강화도 등 서해안 어촌들, 철새들이 많이 찾아드는 지역들, 그리고 어장을 이용한 생태체험을 할 수 있는 어촌 등으로 구성된 생태체험 중심의 어촌관광 유형이다.

다섯째로는 해양스포츠가 가능한 어촌지역들이다. 레저잠수, 윈드서핑, 모터보트 등 유선놀이 등이 가능한 지역들이다.

여섯째로는 바다경관을 활용한 어촌관광 유형으로서 동해안이나 서해안의 일출 · 일몰은 최근 새로운 어촌관광자원으로 크게 부상하였다. 진도, 무창포 등의 바다 갈라짐, 해상국립공원의 다도해 도서, 기암괴석 보유지역 등의 어촌지역이 이러한 유형이다.

일곱째로는 문화체험형으로서 어촌의 역사 사적, 각종 축제, 문화재 등이 소재가 되어 어촌관광이 활성화되는 지역들이다. 완도 보길도 지역 등이 이러한 유형에 속한다. 이러한 유형에 따라 개발 방향이나 조성되어야 할 시설도 달라져야 할 것이다.

5. 어촌관광에 대한 정부의 지원

정부의 어촌관광을 위한 지원을 보면 어촌의 관광기반이 잘 구비되지 못하여 이를 구축하기 위한 어촌휴양단지 조성, 어촌민속관, 해양수산과학관 등을 지원하여 지역 어촌 관광테마 조성에 힘쓰고 있다. 2000년부터는 어촌체험마을을 지정하여 특성에 맞는 어촌의 육성에 힘을 쓰고 있다. 또한 어촌종합개발 사업을 하면서 식당, 숙박시설, 접근도로 개설 등을 지원하여 상당한 성과를 거두고 있다. 또한 해양수산부에서 2004년에 「어촌관광진흥종합대책」을 수립하여 3개의 어촌 · 어항 관광개발사업 모델을 개발하는 등 최근 다각적인 어촌관광활성화 정책을 추진하고 있다.

표 8-7 우리나라 어촌관광별 사업별 현황(시설지원)

구		주 내 용	사 업 년 도
어촌종합개발사업		한 권역에 35억원씩 투자	1994년 이후 계속/150여개 권역 지원
어촌체험관광마을		지원 중	2015년까지 112개소 지정 · 지원
어촌어항 관광지	어항관광단지 (다기능어항)	13개소(개소당 500억원), 10개소 신규 추가 지정	2005 이후 지속
	어촌관광단지	25개소(개소당 60억원)	13개 완료
	어촌마리나역	20개소	신규

자료: 해양수산부, 『제2차 해양관광진흥기본계획』, 2014.3

이와 같은 시설 중심의 하드웨어 지원 이외에도 최근에는 어촌관광마을 사무장 채용 및 체험비용을 지원하는 프로그램 운영, 아름다운 어촌마을 100선 선정 및 홍보 사업, 어촌체험관광마을 인증 등급제 등의 소프트웨어 지원사업도 이루어지고 있다. 또한 기존어항에 관광등 다기는 어항과 어촌마을 문화를 결합한 아름다운 어항을 대표 명소로 개발하며 국민 힐링 공간으로 활용하고자 한다.

표 8-8 우리나라 어촌관광 관련사업별 현황(프로그램 및 컨설팅 지원)

구　분	주 내 용	사 업 년 도
어촌관광마을 체험사업	일반인 대상 어촌체험 방문 프로그램 시행	2005년부터 정부 예산 지원, 한국어촌어항협회 사업 시행
아름다운 어촌마을 100선	전국 100개 어촌 선정, 홍보	2004년부터 정부 시행
어촌체험관광마을, 인증 등급제	어촌관광마을 체험사업 대상지, 인증 등급제	'14.10~, 서비스 · 숙박 · 음식 등 평가
다기능 어항('16~21)	낚시관광형(3개), 피셔리나형(2개), 복합형(5개)	아름다운 어항(4개소): 수산항, 경포항, 미조항, 김녕항

2015년에는 「어촌특화발전법」을 개정하여 어촌 6차산업화 지원 체계를 마련하여 시범사업('16년, 6개소)과 어촌특화지원 센터('16~'17, 4개소)등을 추진중이다. 이것은 어촌의 특화자원을 2차산업(제조, 가공)과 3차산업(육중, 판매, 관광)과 융합하고 연계하려는 것이다.

향후 정부나 지자체의 마을 수준에 따른 사업의 지원방식으로는 앞에서 언급된 3가지 발전단계를 고려하여 단계별 어촌관광사업 지원이 이루어져야 할 것이다.

이러한 단계별로 국가적인 지원체계를 검토해 본다면 1차적으로는 잠재력이 있는 기초

관광어촌마을을 중심으로 지원하여 성장 관광어촌마을 단계에 이르도록 유도할 필요가 있다. 수협중앙회에서는 어촌을 소득의 정도에 따라 복지형, 자립형, 성장형[4]으로 구분하고 있는데, 특히 소득이 열악하나 관광잠재력이 높은 자립형, 성장형 어촌에 대한 집중지원이 요망된다.

성장 관광어촌마을의 경우는 어느 정도 관광 자립기반이 갖추어진 경우이므로 약간의 사업지원을 통해서도 모범적인 성숙 관광어촌마을로 조성이 가능하다. 그러므로 집중적인 지원으로 시범 관광어촌마을로 조성하여 이를 타어촌에 파급시키려고 하는 경우 지원대상으로 적합하다.

특히 성장단계에서는 하드웨어보다는 소프트웨어의 정립에 노력하여야 하며 어업인 교육 등 인적자원(Humanware)도 개발하여야 한다. 이렇게 하여 본격적인 어촌관광마을로 육성되어 소득이 높은 복지형 마을로 변모되게 해야 할 것이다.

표 8-9 어촌체험마을 년도별 방문객 수 및 소득액

년도		2012	2013	2014	2015	2016	비고
어촌체험	방문객 수(만명)	75	95	88	100.6	111	
	소득액(억원)		228	224	270.5		
	체험마을 수(개소)		104		112		

자료: 해양수산부, 『주요 업무 추진현황』, 2016.5 및 해수부 보도자료('15); 경향신문, 2017.12.3.

6. 어촌체험마을 관리운영

현재 농림부, 해양수산부, 환경부, 산림청 등 정부에서는 마을 단위로 체험마을을 지정하여 마을당 일정 자금을 지원해 왔다.[5] 특히 해양수산부에서는 어촌체험마을을 매년 10여

4) 복지형: 소득 수준 높은 어촌, 자립형: 소득 수준 중간 정도 어촌, 성장형: 소득 수준이 낮은 어촌

5) 농림부의 농촌체험마을, 산림청이 산촌개발사업, 환경부의 생태마을 조성사업, 기타 정통부의 정보화마을사업, 문화관광부의 문화마을사업 등 다양한 사업이 있다.

개소씩 지정하고 5억 원씩 시설자금을 지원하여 마을개발을 지원해 왔다. 그러나 이의 성공을 위해서는 이러한 시설지원과 더불어 주민들의 자발적인 추진 노력, 의식전환, 교육, 홍보, 자문(컨설팅) 등 다양한 분야의 노력도 이루어져야 할 것이다. 이하에서는 이러한 측면에서 어촌체험마을의 활성화 방안들을 논하고자 한다.

가. 어업인 조직화 방안

1) 체험교육 조

어촌에서는 갯벌 등 어업이나 생태 체험, 바다낚시, 농사체험 등 기존의 활동을 중심으로 체험 준비가 요망된다. 어업 체험교육은 어업인들 중 숙련자이면서 교육에 능숙할 수 있는 자를 선발하되 농사 체험도 농사에 경험이 많은 자를 선정하여 체험전문가로 참여시킨다. 이들은 가급적 전문가가 될 수 있도록 지속적으로 교육을 시켜 활용하는 것이 필요하다. 이들은 체험관광객들이 들어오면 책임지고 안내하고 설명하면서 교육하되 지정된 체험장에서 순번을 정하여 체험 교육에 참여토록 준비시킨다.

2) 가이드 조(해설가 조)

마을 내력과 마을 주변의 유적에 대하여 소상히 조사하여 이를 각색하여 이야기할 수 있도록 선발하여 교육시킨다.

3) 서비스 조

관광객을 접객하는 시설을 운영하는 자로서 민박을 포함한 숙박업자, 식당업자 혹은 민박 · 식사 제공자 등이 여기에 추후에 완성될 정보관리센터, 주차장, 화장실 등 공동시설, 기타시설 등의 관리자도 포함된다. 정부에서 지원하여 건립되는 시설은 관리자를 지정하고 관리의 의무와 책임을 부여하여 일상적인 관리 · 점검을 할 수 있도록 조치해야 한다.

4) 각종 조직의 이용

마을 부녀회, 청년회 등 기존의 각종 마을 조직을 본 사업에 활용토록 한다.

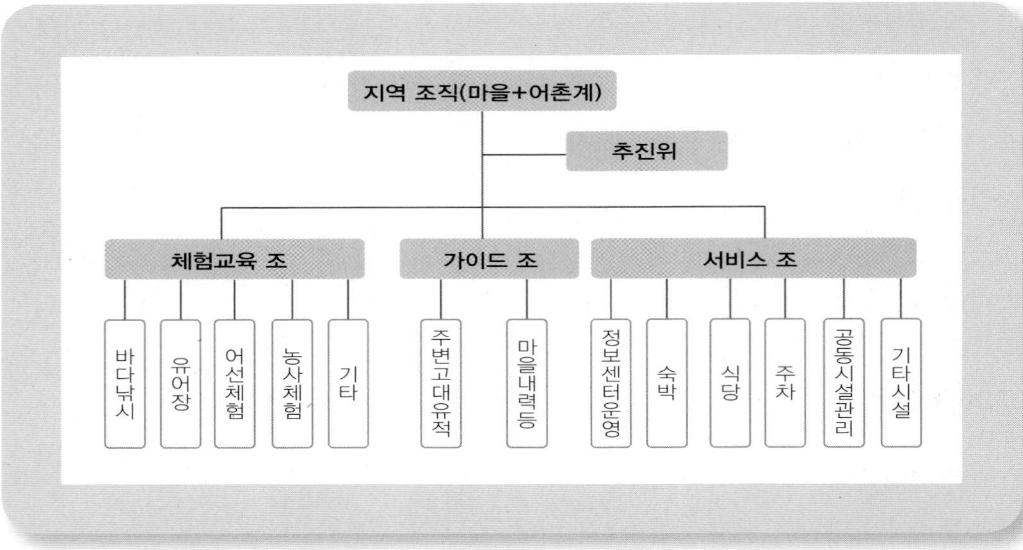

〈그림 8-4〉 체험마을 추진조직 구조도

나. 어업인 관광교육 방안

먼저, 일반 어업인들 중 간부들은 국립수산과학원 등에서 매년 실시하는 어업인 관광교육 및 어촌관광가이드 교육을 활용한다. 아울러 숙박업자, 식당업자는 시군이나 도단위의 협회에서 실시하는 집체교육 등을 통하여 서비스 교육을 받도록 유도한다.

관광프로그램의 운영 및 관광서비스의 운영을 위하여 필요한 가이드 등 핵심요원 등은 정기적으로 관광전문대학 등의 단기 교육코스를 이수시키도록 유도한다. 생업 종사로 이에 참여하기 어려운 주민들은 부정기적으로 강사를 초빙하여 체험관광의 서비스에 대한 교육을 현지에서 받도록 한다.

- 숙박, 식당 등의 교육은 숙박 · 요식업소의 전문교육, 역사 가이드 등도 해당 전문교육에 적극적으로 참여토록 하여 전반적인 서비스의 질을 높이도록 해야 한다.
- 전문가 집단의 도움을 위하여 지역 대학교 관광학과와 자매결연을 하여 주기적으로 서비스의 진단을 받도록 산학 연구협동 체제를 구축하여 운영하여야 한다.
- 이외에도 평생교육원이나 직업교육원 등의 시설을 이용하여 교육이 이루어질 수 있게 해야 한다.
- 관련된 비용 등은 어촌계의 공동 경비로 지불하여야 할 것이다.

〈그림 8-5〉 마을주민 교육관련 체계도

다. 관광정보화 방안

현재 일부 유명 어촌마을에 대하여는 중앙 및 지방 행정기관의 마을 안내 정보, 도지정 민박마을, 해수욕장 민박정보, 도로안내 등의 관련 웹사이트 등에서 동시에 홍보되고 있으나 다소 미흡한 편이다. 이러한 지역마을 소개, 민박 소개, 바다낚시 소개 등 산발적인 것보다는 각 어촌마을이 주체적으로 정보를 웹사이트 등에 올려 독자성을 갖는 홍보가 되도록 각 마을의 독립적 홍보체계 구축이 필요하다. 즉 지자체에서는 아름다운 어촌마을이나 어촌체험마을 등의 정책 지원을 받은 마을에 대하여는 별도의 웹페이지를 마련하여 홍보를 실시하고, 이를 휴대폰의 전용 앱과 연계하는 등 마을 자체에서 독자적인 정보발신을 하여야 한다.

마을의 소개, 종합적인 체험거리, 유어선, 민박집, 식당 등 시설소개 및 예약시스템 구축 등 마을 자체에서 체계적인 홍보를 하는 것이 신뢰성이 높고 효과적이다. 그리고 해당 어촌에서 변화하는 관광정보를 실시간으로 업데이트하도록 한다. 이때 어촌의 전문 정보관리요원이 필요하고 이들의 지속적 교육도 필요하다. 따라서 정보화마을사업을 동시에 시행하여 정보관리 및 발신능력을 키우도록 하여야 어촌 관광홍보에 성공할 수 있다.

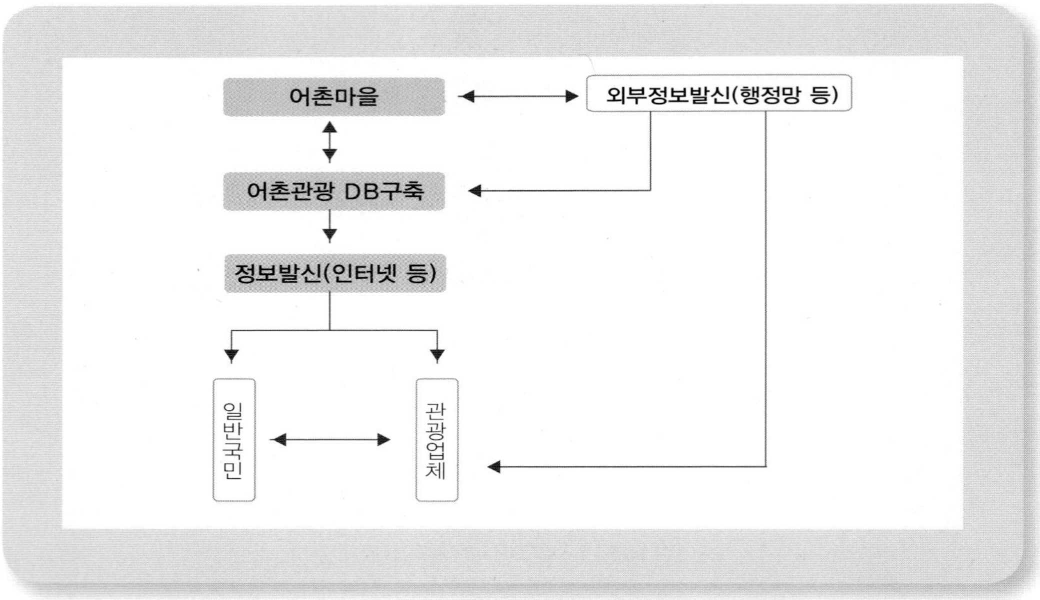

〈그림 8-6〉 어촌 마을의 관광정보화 시스템 흐름도

어촌관광 DB는 어촌관광정보화 사업실시 1단계로 어촌자원, 체험프로그램, 예약 등의 간단한 자료 구축을 하고 2단계에서 지역 내 모든 시설 건설 완료와 더불어 마을의 자체 웹사이트나 앱 개발로 독립적이고 지속적인 어촌관광정보 발신이 가능케 하여 경쟁력을 극대화시켜 나가야 할 것이다.

7. 유어장 체험

가. 현황

바다에서의 어업체험도 생태체험의 하나이다. 바다에서 그물을 끌어 육지로 끌어 올리는 지인망(地引網) 어업, 남해, 사천군 등에서 이루어지는 멸치잡이 죽방염 체험어업, 야간의 오징어 연승 체험이나 밤 갈치낚시 등과 양식장을 낚시객들에게 개방하는 유료낚시터(혹은 '유어장'이라고도 함) 등도 체험어업의 한 분야라고 할 수 있다.

어촌에서는 「수산업법」 제65조에 의거하여 기존 면허 양식 어장에서 체험이 가능한 유어장(체험학습이나 낚시 등 관광용 어장을 말한다)을 운영할 수 있다. 또한 낚시 관리 및 육성업 제10조(양식장에서) 및 제18조에 의하여 낚시터를 허가받거나 등록하여 체험을 할 수 있도록 하고 있다. 2013년 전라남도 11개 유어장에서 3.4억원의 수입을 올리기도 했다.[6)]

표 8-10 낚시터업 허가 등록 현황

구분		합계	부산	인천	대전	울산	대구	경기	강원	충북	충남	전북	전남	경북	경남	광주	제주
2013	계	736	3	25	3	3	8	269	59	118	151	12	11	57	14	3	–
	허가	476	1	18	1	2	6	161	31	86	131	4	4	25	6	–	–
	등록	260	2	7	2	1	2	108	28	32	20	8	7	32	8	3	–
2014	계	755	4	23	3	4	8	270	65	122	149	24	11	57	12	3	–
	허가	482	1	16	1	3	6	164	34	93	125	4	5	25	5	0	–
	등록	273	3	7	2	1	2	106	31	29	24	20	6	32	7	3	–
2015	계	772	3	27	3	4	8	270	70	121	145	24	10	70	13	1	–
	허가	476	1	20	1	2	6	160	35	87	120	3	3	33	4	1	–
	등록	296	2	7	2	2	2	110	35	34	25	21	7	37	9	0	–

자료: 해양수산부, 「해양수산 핵심통계 · 참고자료」, 2016.6

양식장 내에 설치된 유료낚시터와 체험어장과 관련된 사항은 주로 어촌의 양식업, 마을어업, 협동어업 등과 관련되고, 연안선에 인접하여 인위적으로 조성된 자원을 대상으로 이루어지는 체험이다.[7)]

〈그림 8-7〉 바다낚시터(하동)

6) 한국일보, 2014.4.7.

7) 바다낚시선을 타고 나가 자연의 수산자원을 대상으로 하는 바다낚시와는 성격이 다르다.

체험어장은 바지락, 전복 등 조개류 살포지역에서의 채취체험(서해안, 제주 등), 멸치를 잡는 전통어법인 죽방염(남해군 등), 육지로 그물을 끌어 올리는 전통어업인 지인망(부산 기장 공수마을 등) 등 여러 가지 형태가 있다.

〈그림 8-8〉 우리나라와 일본에서 많이 하는 바닷가에서의 지인망(끌이 어업) 체험(일본)

이러한 유어장 사업은 다소 부진한 편인데 부진 이유로서는 어업인들의 인식이 낮고 세금 등 여러 이유로 제도권에 참여하여 종사하기를 꺼리고 따라서 관련 통계 등의 확보가 어렵게 된다.

또한 아직은 수요도 낮은 편으로 대규모 수익모델로서 성공하기에는 어려운 편이다. 해외에서도 체험 등 생태관광은 전체 관광의 5% 수준으로서 시장의 크기가 다소 떨어지는 편이다. 이 외에도 많은 생태관광 유형들이 있으며, 이에 활용가능한 어구, 어업의 형태는 〈표 6-5〉를 참고하기 바란다.

나. 유어장, 갯벌 등 어촌 체험 사례 현황

1) 일본 후쯔(Hutsu, 富津)시의 갯벌 조개잡이 체험[8)]

갯벌조개잡이 어업체험사업은 동경만 외측에 위치한 후쯔 어업협동조합의 자영사업으로 조합사업의 규칙에 의거 체험어업의 인가를 받아 운영해 오고 있다. 도로정비가 이루어진 10년 전부터 관광객이 많이 오기 시작하여 특히 도쿄만을 가로지르는 다리 즉 아쿠아라인의 완공으로 관광객은 매년 증가하고 있다. 어업의 쇠퇴로 침체해 가는 지역의 활성화를 위해 어장을 이용한 관광사업에 주력하고 있고, 조합사업 중에 차지하는 비중이 높으며 매년 흑자를 기록하고 있다.

회사, 소풍 및 지역마을의 단체관광객과 가족관광객이 많고 조개잡이 시즌은 3~9월로 7개월간이며 연휴에는 관광객이 하루 2만 명이 집중하여 주차장 확보에 애로를 겪기도 한다. 대상은 주로 바지락 및 대합이고 800m까지 갯벌로 나가서 조개잡이를 할 수 있다. 전체 약 60*ha*의 체험어장을 운영하고 있으며, 관광객을 위해 어민이 채취한 조개를 조합이 구입하여 체험어장에 살포하고 있다. 토 · 일요일에는 상근하는 직원이 12명 있으며 성수기 때는 40명 정도의 임시직원을 고용하기도 한다.

조합의 수입은 조개잡이 요금(어른 : 2*kg* 그물망 1,200엔, 어린이 : 1*kg* 그물망 600엔), 휴식시설 이용료(어른 : 300엔, 어린이 : 200엔)의 징수, 그리고 각종 조개잡이 용품의 판매대금으로 구성된다. 이러한 조합수입은 조합 유지비, 체험어장의 시설유지 및 청소비용으로 충당된다. 그리고 조합원의 조합부과금 7만 2,000엔을 체험어장 수입으로 충당하고 있다.

후쯔 어촌의 갯벌체험어업은 어업인의 고용효과와 동시에 조합이 어업인들로부터 수산물을 시중보다 높은 가격에 구매하므로 어민에게 소득증대 효과를 가져 온다.

후쯔 갯벌체험어업이 인기가 있는 이유는 우선 도쿄만 안쪽보다 바닷물이 깨끗하고 조개를 직접 채취할 수 있어 도시민에게 바다를 접할 수 있는 기회를 주고 또한 주변에 남방총(南房總)국정공원이라는 아름다운 자연경관지가 존재하고 있기 때문이다.

---

8) 경기도, 「경기도 어촌관광 종합개발 계획수립」, 2001.5, pp.3-64~3-65.

2) 군산 장자도 어촌체험마을[9)]

장자도는 면적 0.13㎢, 인구 106명(2001)의 섬이다. 군산 남서쪽 35㎞ 지점에 위치하며, 고군산군도의 한 섬을 이루고 있다. 힘이 센 장사가 나왔다 하여 장자섬이라 한다. 바다에서 조업을 하다가 폭풍을 만났을 때 이 섬으로 피신하면 안전하다 하여 대피항으로 유명하다. 선유도와는 장자교로 연결되어 있다. 섬의 동쪽 해안과 남쪽 해안은 해식애가 발달하여 선유도 해안과 함께 장관을 이룬다. 섬 전체가 암석 구릉으로 뒤덮여 경지가 드물어 주민들은 대부분 어업에 종사한다. 주변 해역은 이웃한 비안도 · 위도 해역과 같은 어장으로 조기를 비롯한 각종 어족의 회유가 많아 어로활동이 활발하다.

장자도 섬마을은 조용한 어촌마을로 휴양과 싱싱한 해산물, 어촌체험을 동시에 즐길 수 있는 마을이다. 또한 바지락, 맛, 굴, 칠게 등 연안서식 생물들이 풍부하여 체험어장을 통한 갯벌 탐사가 가능하고, 다양한 어촌체험 및 바다낚시선 또는 유람선을 이용한 최고의 바다체험을 즐길 수 있을 뿐만 아니라, 인근 주변 섬 관광 해수욕장 시설이 설치되어 있어, 싱싱한 해산물과 함께 계절별 지역 수산특산물을 즐기며 관광과 휴식을 즐길 수 있는 전형적인 관광어촌이다. 가능한 체험 내용은 자전거 하이킹, 스노쿨링체험, 후릿그물체험, 갯벌체험, 낚시체험, 가두리낚시체험 등이다.

8. 어촌체험 우수사례(전북 하전마을)

전북 고창군 하전 어촌체험마을은 전북 고창 심원면 하전리에 위치하고 있는 마을로서 총 10km 이상의 해안선과 접해 있고 마을 앞으로 170ha의 갯벌이 펼쳐져 있다. 마을 청년회 주도로 도시민들에게 편안한 휴식공간 및 체험 공간을 제공하며, 이를 통한 어촌경제 활성화 및 어업 이외의 소득 창출로 주민소득 증대를 위해 갯벌체험마을을 조성하게 되었다. 하

9) 다음 내용은 [네이버 지식백과] 의 '대한민국 구석구석'(한국관광공사)의 내용을 필자가 일부 발췌하여 보여준 것임.

전마을은 국내 최대의 바지락 생산지로도 유명하며 따라서 넓은 갯벌을 보유하고 인근에 심원 염전, 복분자 재배, 풍천장어 등 많은 자원을 보유하여 생태체험 학습공간으로 이용하기에 최적지이었다. 또한 타지역에 비하여 청장년층의 비율이 높아 체험관광사업 추진에 적합한 인구 구조를 가지고 있다.10)

하전 갯벌체험마을은 2003년부터 본격적으로 해양수산부로부터 지원받은 사업비 5억원을 투입하여 종합안내센터, 세족장, 주차장, 편익시설을 건설하고, 2004년 5월부터 갯벌체험사업을 시작하였다. 동시에 2003년 행정자치부로부터 정보화마을로 지정되어 마을 홈페이지 및 정보센터 운영 등이 가능케 되었고 PC 94대의 보급을 받아 자체 정보발신도 가능케 되었다. 따라서 예약은 2개의 마을 홈페이지를 만들어 인터넷을 통해 받으며 예약 이후 단체 성격에 맞게 프로그램을 수정 · 보완하여 방문객들의 만족도를 높였다. 2004년 개장시 갯벌체험장까지의 운송수단이 없어 3대의 경운기를 개조하였으나 부족하여 40-50명을 태울 수 있는 갯벌버스를 제작하여 불편을 해소하되 다니는 갯벌 길을 별도로 지정하여 자원 훼손을 최소화하였다. 1인당 채취량은 대인(소인) 1.5kg(1kg)으로 제한하여 갯벌의 지속가능성을 유지하였다. 갯벌이 넓어 타지역에 비해 채취량이 많으나 어장 보호를 위해 체험 전날 성패를 뿌려 체험객들의 만족도를 높이고 자원도 유지될 수 있도록 배려하였다. 그리고 갯벌을 구획하여 바지락 채취는 혼합갯벌에서, 갯벌스포츠는 모래 갯벌에서, 각종 놀이 활동은 죽갯벌을 이용하였다.

또한 갯벌체험 외에, 정치망어업체험 등을 이용케 하고 계절별 먹거리 코너 신설 등 체험 다양화를 위해 많은 노력을 하였다. 사무장 1인, 운영요원 4인은 전업으로 센터 운영에 종사하였고 기타 운영요원 4인은 성수기에 임시직으로 운영하였다.

---

10) 당시 인구 599명 중 20대 88명, 30대 54명, 40대 111명 등으로 구성되었고 역할 분담도 잘 되었다고 한다. 한국문화관광연구원, 「해양관광 사례연구: 국내외 관광개발사례 연구(Ⅱ)」 2007, pp.99-100.

표 8-11 하천갯벌체험마을 개발 현황

구분		주요 내용
가구수/인구		225가구/630명
어촌계원 수		119명
마을 특산물/관광자원		바지락, 복분자, 풍천장어, 굴/하전갯벌체험학습장, 심원염전, 고인돌
사업기간		2002-2003(2년)
사업비		500백만원(국비 250, 지방비 225, 자부담 25)
주요 시설		-종합안내소: 1동 2층 504km2 (안내실, 화장실, 샤워실, 휴게실, 강의실, 식당) - 주차장: 1,800km2, 진입로 포장: L=220km, B=2.5m, - 종합안내판, 세족장 1개소, 간이화장실 1식 등
기타 투자		- 2003-2004 하전정보화마을 선정, 350백만원 지원 - 2005 체험마을 진입로 정비 1억원 - 2006 마을입구 개선 및 컨설팅, 경운기(체험객 운반용), 체험용품, 팜플렛 제작 등 35백만원 등
조성 시설	체험시설	갯벌체험안내센터(504km2), 갯벌체험 · 갯벌체험축구장(10ha)
	편의시설	정보센터, 샤워장, 세족장, 매점, 주차장(1,800km2)
	민박/식사시설	4가구(9실): 약 65명 수용/5개소
	기타	갯벌택시(경운기), 갯벌버스(트랙터) 2대

자료: 한국문화관광연구원, 「해양관광 사례연구: 국내외 관광개발사례 연구(Ⅱ)」 2007, pp.91-92.

〈그림 8-9〉 하전 어촌체험마을 모습: 갯벌차(좌), 갯벌체험(중), 어촌체험센터(우)

표 8-12 계절별 체험 프로그램

구분(월)	프로그램	운영요원 (1일 기준)	내용
공동	갯벌체험 사전 준비	-	갯벌사전 교육, 갯벌 이야기, 갯벌체험에 필요한 준비물 지급(장화, 갈퀴), 안내센터 샤워장 이용, 갯벌 스포츠(발야구, 씨름, 줄다리기, 족구 등)
봄(3-5)	갯벌체험	5인	바지락 캐기 체험, 갯벌 드라이브(갯벌 택시 · 버스), 정치망 어장(어업) 체험, 정치망으로 어획한 숭어 맛보기

여름(6–8)	갯벌체험	10인	바지락 캐기 체험, 갯벌 드라이브(갯벌 택시 · 버스), 골뱅이, 소라, 민꽃게(돌게)잡이, 골뱅이 등 삶아먹기
가을(9–11)	갯벌체험	10인	바지락 캐기 체험, 갯벌 드라이브(갯벌 택시 · 버스), 정치망어장(어업)체험, 정치망으로 어획한 숭어 맛보기, 고구마 삶아먹기
겨울(12–2)	갯벌체험	5–10인	바지락 캐기 체험, 갯벌 드라이브(갯벌 택시 · 버스)

자료: 한국문화관광연구원, 「해양관광 사례연구: 국내외 관광개발사례 연구(Ⅱ)」 2007, pp.98.

이러한 각종 체험의 체계적 실시로 2005년 이후 매년 3만 명 이상의 방문객들이 찾아와 체험을 하면서 체험을 통한 소득뿐만 아니라 홍보효과도 거두어 오프라인을 통하여 참바지락, 풍천장어, 왕새우, 자연산 굴 등 갯벌마을 특산품 판매를 통하여 매년 200억 원에 이르는 많은 직간접 소득을 많이 올리게 되었다.[11] 이를 통해 어촌체험마을 혁신 경진대회 최우수상 수상 등 각종 수상도 줄을 잇고 있다.

성공 요인으로는 첫째, 젊은 인구 비율이 높고 이들 간에 역할 분담도 잘 되었다고 한다. 둘째는 정보화 사업을 통하여 자체 홍보와 예약 등이 가능하여 예약 문화에 익숙한 젊은 세대의 관광 추세와 부합되었고 실제로 비수기에도 홍보전담반을 구성하여 대도시 자매 마을 방문 등 잘 운영하였다. 셋째, 갯벌 버스 도입, 팀의 성격에 따른 프로그램의 수정 등 적절한 대응이 잘 이루어졌다. 넷째, 바지락 등 자원 관리가 잘 되고 갯벌 버스를 위한 갯벌 길 지정, 갯벌의 특성을 이용한 활동 공간 구분 등 어장의 지속가능성을 적절히 통제할 수 있었다. 기타 성공요인으로 주민들의 적극적 호응, 정부와 지자체의 적극적 지원 등이 뽑힐 수 있다. 그러나 개선해야 할 점으로는 성수기의 대기시설, 숙박 시설 등의 기반 시설 부족, 선운사, 고인돌, 염전, 복분자 밭 등 인근 관광지와의 연계 강화, 관광체험프로그램 다양화, 인력의 체계적인 교육 및 컨설팅 등이 지속적으로 필요한 것으로 나타나고 있다.[12]

11) 한국문화관광연구원, 「해양관광 사례연구: 국내외 관광개발사례 연구(Ⅱ)」 2007, p.99.

12) 상게서, pp.100–102.

9. 기존 어촌관광 사업의 개선 방안

앞에서 언급된 여러 가지 내용과 현실을 고려하여 우리나라 어촌관광의 선결과제들을 정리하면 다음과 같다.

가. 시설 정비

먼저 각종 접객시설들의 정비이다. 현재 앞에서 언급된 대로 어촌의 민박 등 숙박시설, 횟집 등 식당시설의 개선이 요구되고, 오폐수 등 환경처리시설의 보강이 요망된다. 특히 어촌의 경우 부지가 협소하여 주차장, 진입로 등이 모자라는 경우가 많아 이러한 시설의 정비도 요망된다. 어선을 이용한 낚시어선도 기존 어선을 그대로 이용하므로 상당히 선내가 비좁고 화장실 등 편의시설이 없거나 적어 낚시 전용의 편리한 시설로의 개선이 요망된다.

나. 상품성 강화

어촌에서의 각종 자원을 상품화하고 이를 시기별 프로그램으로 개발하여 운영하여야 한다. 특히 어촌의 체험은 자칫 잘못하면 단순할 수 있으므로 각종 축제, 이벤트가 다양하게 개발되어야 하고 생태체험활동, 문화프로그램 등이 어우러져 패키지화되어야 경쟁력을 갖출 수 있게 된다.

다. 홍보 강화

홍보도 중요한데 현재와 같은 인터넷 시대에는 방문 전에 인터넷 사이트를 검색하여 정보를 확인하고 방문하는 경우가 늘어나므로[13] 어촌계 자체의 인터넷 웹사이트 구축 등 자체적인 어촌관광 정보센터 운영이 필요하다. 이 경우 어촌정보화 사업과 연계하여 PC 설치, 운영요원 교육, 홈페이지 관리 등이 독립적으로 이루어지면 더욱 홍보 효과가 클 것이다.

---

13) 해양수산부의 해양관광실태조사('12)에 따르면 해양관광객의 주된 정보습득경로는 '친구/(53.5%), 인터넷(29.8%), TV/라디오 방송(7.9%)' 순으로 나타나 친구들 입 소문과 인터넷이 중요한 역할을 함.

라. 수산사업과 연계 추진

이러한 관광사업 시행 시 어촌의 특색을 살려야 하므로 각종 수산사업과의 연계 추진이 바람직하다. 즉 정부의 어촌체험마을의 조성, 아름다운 어촌 100선 지원 사업, 연안 목장화 사업, 인공어초 등 자원조성 사업, 어촌정보화 사업 등 각종 수산시책사업과 연계가 이루어져야 한다.

마. 교육 강화

일을 추진하는 것은 사람이므로 어업인들의 자체적인 교육과 조직화가 더욱 중요하다. 현재의 생산 위주의 마인드와 접객에 대한 경험이 전혀 없는 어업인들로서는 사전적인 교육과 준비 없이는 관광사업 추진이 곤란하다. 특히 이런 사업은 추진조직의 활성화와 핵심적인 리더가 중요하므로 마을별로 추진위원회를 조직하여 리더를 중심으로 추진되도록 하여야 한다. 또한 어업인들은 관광에 대한 마인드가 부족하므로 교육을 통하여 서비스 정신 함양, 예절교육 강화 등 접객능력 개발이 요구된다. 아울러 마을별로 해설 가이드를 양성하여 자기 마을에 대한 역사문화 해설과 체험교육을 할 수 있는 능력을 키워야 할 것이다. 이 경우 지역 내 대학이나 협회 등 단체를 통하여 자문이나 지속적인 지도나 교육을 받을 수 있도록 하여야 한다.

바. 난개발 방지

현재 우리나라의 어촌지역은 지역의 환경을 파괴하는 난개발도 많은 것이 현실이다. 이와 같이 관광개발이 지역문화 및 경관과 괴리되고 환경용량을 초과하여 무계획적으로 이루어지거나 과도해지면 지역의 환경, 경관 그리고 전통문화 파괴의 역기능을 유발할 수 있다. 따라서 체계적인 개발계획을 수립하여 추진하는 것도 중요하다. 앞으로 어촌과 수산업의 유지를 고려하여 어촌의 여건에 맞으면서도 특성화되고 지속가능한 어촌관광 모델개발이 요구된다.

사. 몰개성 탈피 및 테마 강화

현재 우리나라의 어촌관광은 주로 횟집단지와 어항으로 대표되는 천편일률적인 모습을 지니고 있다. 향후의 어촌은 자기 나름대로의 독특한 상품과 이미지를 갖지 않으면 결국 도태될 것이다. 따라서 타어촌과 자신을 차별화시키려는 노력이 부단히 이루어져야 할 것이다.

아. 자원의 보호

어촌관광은 지역의 어촌자원에 근거한 것이다. 특히 수산자원은 소득의 근간이 되는 자원이므로 앞에 우수사례에 나온 하전 어촌체험마을과 같이 지속가능한 체험관광시스템이 되도록 하여야 한다. 초기에 어촌관광을 시작하였으나 수산자원 관리가 잘못되어 연안과 갯벌의 생태계 파괴와 어족자원 훼손으로 결국 어촌관광을 중단하였던 마을이 많았다는 것을 인식하고 지속가능한 관광이 될 수 있도록 사전에 철저한 대책이 강구되어야 한다.

제 9 장

해양에서의 생태관광

본 장에서는 해양에서의 생태관광에 대해 알아보고 이와 관련된 갯벌체험, 철새, 유어체험, 고래체험 등에 대하여 알아보고 생태체험 관리방안을 살펴보고자 한다.

1. 생태관광 개요

과거 보는 '관광 중심'에서 최근에는 오감을 이용한 '체험관광' 중심으로 관광패턴이 변화하고 때 묻지 않은 천연의 자연환경을 즐기고자 하는 '생태관광'이 각광을 받고 있다.

생태관광(ecotourism)은 생태학(ecology)과 관광(tourism)의 합성어로, 자연 보전과 지역경제에 기여할 수 있는 관광을 뜻하고 따라서 관광지역의 자연환경 보전, 고유문화와 역사유적의 보전, 생태적으로 양호한 지역에 대한 관찰과 학습, 지역과 사업체의 지속 가능한 관광, 관광객의 지속가능한 관광 활동 등을 포괄하는 관광이다.[1] 생태관광은 1970-80년대 대중관광의 대안으로 발전해 왔으며 초기에는 자연보호지역(국립공원, 자연공원 등)의 관람이나 도서지역 탐방, 희귀동식물의 관찰 프로그램 등을 통하여 점차 대중적으로 확산되어 왔다. 특히 기존 관광 개발이 지역의 자연과 환경이나 문화를 파괴하면서 발전하자 이를 보완하는 지속가능한 발전으로 바꾸기 위하여 지역의 환경과 문화 유지에 초점을 두면서 지역 주민의 삶의 터전을 보호 등을 고려하기 위하여 주민 참여형 등으로 확산 · 발전되어 왔다. 1990년대 들어 전 세계적으로 UN환경회의 등을 통해 '지속가능개발' 개념이 들어오고, 특히 2000년 들어 UN이 2002년을 '생태관광의 해'로 지정하고 UN지속가능개발위원회, 유엔환경계획(UNEP), 세계관광기구(UNWTO)와 함께 전 세계적인 생태관광 붐을 조성하면서 더욱 발전하게 되었다.

현재 생태관광은 전체 관광 시장에서 가장 빠르게 성장하는 분야로 연평균 약 7%의 빠른 성장을 기록하고 있으며 전 세계 관광객의 20% 정도가 생태관광 활동에 참여하는 것으로 추정되고 있다. 또한 세계자연보호기금(World Wild Fund For Nature, WWF)에 따르면 개발도상국 관광 수익의 20% 정도를 생태관광이 차지할 만큼 그 비중이 높다. 1990년대에 환경과 지역경제가 조화된 새로운 낙후지역 개발 전략차원에서 생태관광 개념이 들어오면서 낙후지역인 농어촌에서 자연 휴양림 개발, 연안에서 갯벌 관광 등이 소규모로 이루어지다

1) 시사상식사전 및 매일경제용어사전.

가 2000년대 중반 들어 생태관광이 더욱 각광을 받으면서 생태 트레킹, 고래 등 해양생물체험관광 등이 본격화되었다.

정부 차원에서는 먼저 해양수산부가 「습지보전법」이나 「해양생태계의 보전 및 관리에 관한 법률」 등을 통하여 생태자원을 보호하면서 습지, 철새도래지, 해안 사구, 고래 탐사 등을 중심으로 해당 지자체와 해양생태관광 관련 협력 사업을 실시하여 왔다. 또한 2008년에 「자연환경보전법」을 운영하는 환경부와 「관광진흥법」을 운영하는 문화관광부 등 생태관광 관련 부처가 공동으로 '생태관광 방안'을 시작하면서 생태관광 체제가 다져지고[2] 이후 2010년에는 정부 부처간에 '지역생태관광 활성화 방안'을 모색하면서 10대 생태관광 모델 사업지가 선정되어 추진되어 오고 있다(해양 분야 모델은 표 9-1 참조).[3]

표 9-1 생태관광 10대 모델사업지 중 해양생태관광지 현황

유형	소재지	특징
해안 사구	충남 태안군 신두리 해안사구	내륙과 해안의 생태계를 이어주는 완충기능을 하는 국내 최대 규모의 사구
연안 습지	전남 순천시 순천만 (습지보호지역 대중관광지)	세계5대 습지 중 하나로 흑두루미 등 철새 등의 주요 서식지
철새 도래지	충남 서산시 천수만 (동북아 철새 중간기착지)	기장오리, 노랑부리저어새 등 멸종위기종을 포함한 300여종, 400만 마리의 철새가 찾아오는 동북아 최대철새도래지
섬	제주도 거문오름과 서귀포 생물권 보전지역	UNESCO 생물보전지역이며 세계자연유산
	울릉도, 독도	동해에 위치한 천혜의 비경을 간직한 울릉도, 독도

*주: 2015년 10월 기준, DMZ, 산장, 화석/동굴, 내륙습지 모델사업지 등은 제외.
자료: 윤인주 등, 「북한지역 해양생태관광 협력 방안 연구」, 2017.12, pp.67–68

이하에서는 우리나라에서의 해양 생태관광을 주요 형태별로 살펴보고 그 운영 방안에 대해 알아보고자 하며 생태관광 초기에 관심의 초점이 되었던 해양보전지역의 관리·운영에 대해서는 제12장을 통해 별도로 알아보며 기타 섬 관광 등 유사 생태관광들은 본서의 각 항목들을 참고하기 바란다.

---

2) 윤인주 등, 「북한지역 해양생태관광 협력 방안 연구」, 2017.12, p.67

3) 윤인주, 상게서, pp.63, 67

2. 갯벌 및 탐조관광[4)]

가. 갯벌 및 탐조관광

우리나라에서는 연안을 중심으로 한 생태 관광 증대가 예상된다. 연안지역은 해양생물 체험, 조개채취, 갯벌체험, 진흙 마사지, 낙조감상, 자연생태계에 대한 교육 등의 기회를 제공하면서 점차 인기 있는 생태관광상품이 되고 있다. 현재 경인지역(강화도, 대부도 및 제부도 등) 갯벌 방문인원은 연평균 약 100만 명이 넘는다고 하며 이 숫자는 계속적으로 늘고 있다.

특히 우리나라 갯벌의 면적은 국토면적의 2.5%에 해당하는 2,487.2㎢에 이르며, 특히 우리나라 서해안은 북미 동부해안, 북해 및 아마존강 유역과 더불어 세계 5대 갯벌지역으로 꼽히고 있다. 갯벌을 이용해 체험관광 상품개발이 가능한 지역은 경기도의 제부도, 대부도 지역, 강화도 남부해안, 충남 아산만, 천수만, 태안 지역, 금강하구, 전북 줄포만 지역, 전남 무안 · 신안지역, 순천만 지역, 경남 진주만 지역 등 서해안과 남해안에 다수 분포하고 있다. 우리나라 어촌의 45~48% 지역에 갯벌이 존재하는 것으로 조사된[5)] 바 있으며, 특히 갯벌 자원이 풍부한 서남해안 어촌의 경우에서 이러한 상품 개발이 활성화 될 것으로 판단된다.

표 9-2 우리나라 전국 갯벌의 분포현황

구 분	면적	비율	비고
합 계	2,487.2㎢	100.0%	서해안 : 2,084.5㎢ 남해안 : 402.7㎢
인천 · 경기지역	875.5㎢	35.2%	
충청남도	357.0㎢	14.3%	
전라북도	118.2㎢	4.8%	
전라남도	1,044.4㎢	42.0%	
경남 · 부산지역	92.1㎢	3.7%	

자료: 국토해양부 해양생태과

4) 해양수산부, 「어촌관광 유형별 개발방안 연구」, 2001.12. pp.19-20.

5) 황기형 · 이승우 등(2000 11.)의 연구에서는 전체 어촌의 47.7%가, 농림부(1996 10.)의 연구에서는 45.0%가 해수욕장(백사장)을 보유하는 것으로 나타났다..

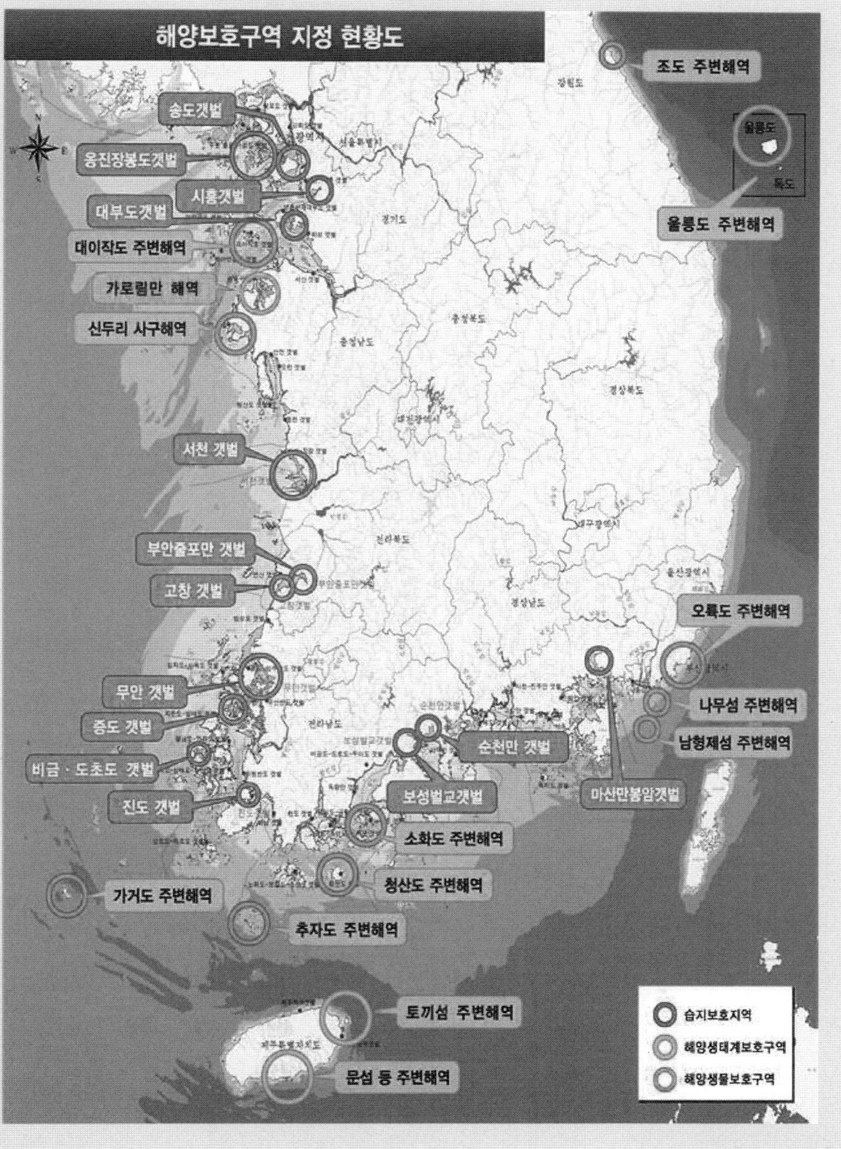

〈그림 9-1〉 **해양보호구역 현황**

자료: 해양수산부

우리나라의 갯벌은 생물학적 다양성과 생산성이 높고 세계적인 희귀조류가 서식하는 경우가 많아, 보전가치가 매우 높은 환경 · 생태자원이 되고 있다. 또한 우리나라는 사계절이 분명하고 북쪽으로 광활한 유라시아 대륙과 중국 황동지나해를 통하여 동남아 및 오세아니아로 연결되는 지리적 위치로 인해 많은 철새들의 경유지가 되고 있다. 우리나라 조류 522종 중 약 86%인 450여 종이 철새이며, 계절별로는 봄에 우리나라를 통과하는 철새가 많다.[6] 이중 바닷새는 일반적으로 물새류(水鳥類, waterfowl, waterbirds)로 불리는데 물을 기반으로 서식하는 조류로 2015년 우리나라 연안 습지에서 국제 보호조류이자 법정보호종 11종을 포함해 총 126종의 바닷새가 우리 갯벌에 서식하고 있다.[7]

철새의 날씬한 몸매, 아름다운 털 빛깔, 고운 목소리 등은 다른 생물에게서 느낄 수 없는 매력이며, 이를 감상하기 위한 탐조(探鳥) 활동은 구미 선진국에서는 이미 매우 중요한 레크리에이션 활동의 하나가 되고 있다. 최근 우리나라에서도 숫자의 파악은 곤란하나 탐조를 위해 철새도래지를 찾는 관광객의 수가 크게 늘고 있다고 한다.

표 9-3 주요 갯벌 지구별 철새도래지 현황

<table>
<tr><th colspan="2">명칭</th><th>특징</th></tr>
<tr><td rowspan="5">대표적인 탐조시설 현황</td><td>금강 철새조망대</td><td>• 전북 군산시 금강 하구둑에 위치
• 2003년 10월에 개관, 해마다 수십만 철새가 찾아오는 자연생태의 보고
• 국민적 생태관광지로 조성된 자연친화적인 생태공원</td></tr>
<tr><td>충남 서산 천수만</td><td>• 철새들의 주요 이동경로에 위치
• 동아시아 철새이동의 중간기착지로 사계절 내내 200여종에 이르는 각종 철새 관찰 가능
• 가창오리는 전 세계무리의 약 90%이상이 천수만에서 발견됨</td></tr>
<tr><td>낙동강 하구 부산 을숙도</td><td>• 을숙도 철새공원이 최근 새롭게 단장
• 2007년 6월 섬 안에 지상 3층 규모의 '낙동강 에코센터'를 개관, 다양한 철새체험 프로그램을 운영</td></tr>
<tr><td>강릉 경포호</td><td>• 동해안의 대표적인 석호 지역으로 철새들이 많이 분포
• 특히 고니와 오리류 등의 관찰이 주를 이룸</td></tr>
<tr><td>강화도 · 불음도</td><td>• 군사분계선에 해당하는 접경지역으로 사람의 출입이 거의 없어 조류 번식 및 서식의 최적지
• 두루미 및 고니 등의 천연기념물이 있어 탐조관광지로 유명</td></tr>
</table>

6) 윤인주, 전게서, p.76, 원전: 환경부 보도자료, "철새 연구 업무 총괄 기관, 소청도에 건립 본격화", 2015.7.29.

7) 윤인주, 전게서, pp.78-79, 원전: 해양수산부 보도자료, "우리 갯벌 '바닷새의 생태계 보고'로 밝혀져", 2015.10.6.

충남 당진 대호방조제	• 1984년 방조제 중공이후 담수가 시작되어 철새들이 많이 찾기 시작, 주변 농경지에 철새들의 풍부한 먹이감이 있음 • 겨울에 탐조관광객들이 많이 몰리며, 청둥오리, 흰뺨 검둥오리, 천연기념물 제201호 큰 고니 등이 관찰됨
순천만 갈대밭	• 주암댐 준공 이후 유속의 흐름이 변경되어 갈대가 자생하게 됨 • 천연기념물 제228호인 흑두루미를 비롯한 검은머리갈매기, 황새, 저어새 등 국제적 희귀조류 11종과 한국조류 200여종이 월동 및 서식, 탐조를 위한 자연학습장과 국제적 학술연구의 장소로 유명

자료: 국토해양부, 「제2차 해양관광진흥계획(안)」, 2011.6.

우리나라의 갯벌에는 천연기념물로 지정된 조류와 세계적 희귀조를 자주 발견할 수 있어서, 그 자원적 가치는 매우 높다고 할 수 있다. 특히 환경오염 등으로 세계적으로 600여 마리밖에 남지 않은 저어새를 비롯하여 상당히 많은 희귀조들이 한반도를 통하여 이동하고 있다. 강화도 일대 갯벌에는 전 세계 개체 수 1,000여 마리의 10%에 해당하는 노랑부리백로가 서식하고 있음이 확인되었다. 경기도 영흥도에서는 전 세계 개체수가 2,000여 마리에 불과한 검은머리 물떼새가 다수 발견되었다. 서산 천수만 지역에서는 세계적 희귀조인 황새가 발견되었으며, 천연기념물인 흑두루미 무리가 발견되기도 하였다.

갯벌생태체험은 습지방문자센터 네트워크 및 연안습지교육센터(전국 14개소), 어촌체험마을내의 갯벌 등을 통하여 이루어지며 이중 습지방문자센터 네트워크 및 연안습지교육센터의 현황은 다음 표와 같다. 이를 통해 360만 명(2010)이 방문하여 체험에 참여하였다.[8)]

표 9-4 전국 습지방문자센터 네트워크 및 연안습지교육센터 현황

명칭	홈페이지 및 주소	교육프로그램 현황	이용객수 (2010년)
람사르문화관 주남저수지 생태학습관	http://junam.kr 창원시 의창구 동읍 월잠리 303-7	–겨울방학철새탐조교실 –여름방학습지생태교실 –주민생태가이드교육	30만 명
낙동강하구 에코센터	http://wetland.busan.go.kr 부산광역시 사하구 하단동 1207-2	–주니어레인저양성프로그램 –야생동물진료체험교실 –영어전시해설(사전공지)	10만 명

8) 국토해양부, 내부자료.

우포늪 생태관	http://upo.or.kr 창녕군 유어면 세진리 232번지	-생태해설사양성교육 -체험프로그램(짚풀공예등)	11만 명
우포 생태교육원	http://upo.educn.kr	-우포체험학습(초등3년의무과정) -찾아가는생태교육(초.중.고) -생태체험연수(교원.환경단체)	
금강 철새조망대	http://www.gmbo.kr 전북 군산시 성산면 성덕리 411-1	-군산세계철새축제개최 -철새축제자원봉사자교육 -자연체험학습프로그램	25만 명
서천조류 생태전시관	충남 서천군 마서면 도삼리 59	-비정기프로그램	9만 명
순천만 자연생태관	http://suncheonbay.go.kr 전남 순천시 대대동 162-2	-휴무토요일생태체험 -탐조투어버스 프로그램 -생태안내인 양성	270만 명
무안 생태 갯벌센터	http://www.ppul.or.kr 전남 무안군 해제면 유월리 1-1	-생태체험프로그램 (광주전남초중등생대상) -2011년 5월17일 개관	
신안증도 갯벌생태 전시관	전남 신안군 증도면 우전리 77	-갯벌생태체험 *친환경녹색장터 *주민들이 준비하는 슬로푸드	2만 명
강화갯벌 센터	http://tidalflat.ganghwa.incheon.kr 인천 강화군 화도면 장화리 934-6	-갯벌체험, 겨울철새학교 -강화도 생태관광 -갯벌 Walking, 모니터링	2만 명
홍성 조류탐사 과학관	충남 홍성군 서부면 궁리 692-1	-3기관연계체험학습 -조류, 생태관련 환경교육	2만 5천명
봉암갯벌 생태학습장	http://masan.mltm.go.kr	-시민모니터링 -사전예약교육	2만 명
소래습지 생태공원	인천광역시 남동구 장수동 무네미길 160	-갯벌체험 -염전체험	2만 명
국립해양 생물자원관	충남 서천군 장항읍 일대	-2015년 개관	
국가습지사업센터	환경부 자연정책과	-2012년 개관	
해양보호구역센터	해양환경관리공단		

자료: 국토해양부 '10.08.27. 보도자료 및 해양환경관리공단 자료 등

이러한 교육을 활성화시키기 위하여 2010년부터 국토해양부는 갯벌생태안내인 교육과정을 실시 중이다. 이 과정은 「습지보전법」 제22조의 3 및 같은 법 시행령 제19조 2에 따른 명예습지생태안내인의 위촉 및 그 자질향상을 위한 교육과정의 인증 등이 규정되었다. 이에 따라 명예습지생태안내인의 체계적인 양성 및 관리를 위해 국토해양부에서 인증한 기관에서 ①기초과정(총 58간), ②심화과정(총 58시간) 등의 교육이 시행 중이다. 현재 순천만 자연생태관, 무안생태갯벌센터 등 6개소에서 국토해양부의 인증을 받아 이 교육을 운영 중이나 더 늘어날 전망이고 교육 수료 후 갯벌 체험장에서 갯벌 가이드 및 모니터링 요원 등으로 활동이 가능해진다.

나. 국내의 사례

1) 순천만 자연생태 공원

우리나라의 대표적인 갯벌생태공원 사례로서는 순천만 자연생태공원을 들 수 있다. 순천만 자연생태공원은 연 300만 명 이상 방문하는 국내 해양생태관광의 대표적인 성공사례이다.[9] 특히 연안습지(갯벌)의 중요성을 일깨우는 해양환경교육 및 체험시설과 다양한 프로그램으로 생태관광객들이 꾸준히 방문하고 있다.

1990년대 초만 해도 순천만은 방치 상태로 공단에서 내다버린 쓰레기가 갯벌을 가득 메웠다. 1993년 한 민간기업이 동천 하구에서 콘크리트의 재료로 쓰이는 골재 채취 사업을 추진하자 주민들이 "순천만 갈대숲을 보전해야 한다"며 목소리를 내기 시작했다. 환경 보전에 대한 인식이 아직 높지 않았던 시기였지만 주민들은 힘을 모아 당국과 기업을 상대로 환경영향평가와 생태계 조사 등을 요구하였다. 1996년 최초의 생태조사가 이뤄졌고, 순천만에 희귀한 철새와 다양한 염생식물 등이 살아가고 있다는 사실이 세상에 알려졌고 골재 채취 사업은 백지화되었다. 정부는 2003년 이 일대를 해양수산부 갯벌 습지보호지역 3호로 지정 고시했다. 순천시와 주민들은 1997년 제1회 순천 갈대제 개최, 2002-2006 남해안 관광벨트사업(159억원 투자로 순천만 자연생태공원 및 자연생태관 오픈), 2006년 람사르습지 등록, 2013년 순천만정원박람회 개최 등을 거치며 꾸준히 순천만을 세계적인 습지로 가꿔 왔다.[10]

2003년 12월부터 해양수산부로부터 습지보존지역으로, 그리고 2006년 1월부터는 국내 최초로 국제적인 람사(Ramsar) 사이트로 지정되었다.[11] 이는 흑두루미, 황새, 도요물떼새, 저어새 등 멸종 위기종들이 대량으로 서식하고 있고 다른 지역에서 보기 힘든 갈대가 고밀도로 단일군락을 이루어 갯벌의 원형이 잘 보존되어 있기 때문이다. 철새들을 보호하기 위하

---

9) 해양수산부 보도자료, "해양보호구역 브랜드 가치 높인다", 2016.4.5

10) 조선일보, 2017.10.24; 한국문화관광연구원, 「해양관광 사례 연구: 국내외관광 사례(Ⅱ)」, 2007, p.59

11) 상게서, p.68.

여 핵심보존지역과 사람들이 탐방할 수 있는 완충구역으로 나누어 관리하고 생태 탐방을 위하여 갈대 산책로, 생태체험선, 생태탐조투어, 갈대열차 등 다양한 프로그램을 운영하고 있다. 철새들을 보호하기 위하여 전봇대 지중화 사업, 먹이 제공, 갈대 베어주기 등 다양한 사업도 이루어지고 관람객이 더 많아지면 생태에 영향을 줄 수도 있어 2012년부터는 유료 입장을 실시하여 다소 입장 규제를 하고 있다.

순천만 전경

갈대숲 탐방로

순천만 자연생태관

〈그림 9–2〉 순천만 갯벌생태체험 시설

표 9–5 순천만 자연생태공원 시설 현황

시설명	면적	사업비	시설 내용
순천만자연생태관	58,794m^2	7,167백만원	기회전시실, 상설전시실, 영상관
장산갯벌체험지구	885m^2	211백만원	갯벌 진입데크, 관찰장, 음수대, 화장실
용산관찰로	3,400m^2	3,261백만원	관찰로, 관찰데크
와온테마소공원	8,801m^2	1,441백만원	해변휴식공간
사이버 자연생태공원	–	510백만원	해양습지보전을 위한 홍보

자료: 환경부 자료 및 한국문화관광연구원, 「해양관광 사례 연구: 국내외관광사례(Ⅱ)」, 2007, p.71.

〈그림 9-3〉 천수만 철새 기행전

이러한 환경자원을 중심으로 하는 생태관광은 아직도 많은 문제점이 있다. 첫째, 일부 환경단체 및 여행사들의 자체개발 프로그램에 의존하고 전문적인 가이드 부재로 아직은 초보적인 수준에 머물러 있다. 둘째, 일부 지역에서는 무분별한 갯벌 생태관광으로 인한 어업자원 피해 발생 및 남획, 갯벌 훼손이 우려되고 있다.

따라서 앞으로 습지 보전법에 의거하여 지정된 습지보호지역을 중심으로 체계화된 갯벌 생태관광이 추진되어야 하고 동법에 명시된 명예 습지생태안내인 제도[12]등 각종 제도 도입으로 갯벌생태관광의 질적 향상을 도모해야 할 것이다. 아울러 뒤에 나오는 생태관광 관리운영 방안을 참고하기 바란다.

2) 일본 야쯔(Yatsu, 谷津)의 갯벌[13]

일본 치바현 나라시노 시(習志野市) 인근 야쯔갯벌은 과거 광활한 간석지의 일부였던 장소로, 1970년대에 주위가 매립되었고 도쿄만의 가장 깊숙한 안쪽에 주택지와 도로에 둘러싸인 면적 약 40*ha*의 장방형 바다이다. 도쿄만과는 폭 6m 정도의 2개 수로로 연결되고 조수간만으로 해수가 야쯔갯벌에 들어오고 나가고 있다. 야쯔갯벌에는 오리, 백로, 도요새, 물떼새, 갈매기류가 다수 날아와 1993년 람사조약 등록습지로 인정받았다.

야쯔갯벌에는 1년을 통하여 다양한 새가 모여들고 계절에 따라서는 세계를 여행하는 철

12) 갯벌 인근지역 주민으로서 갯벌의 생태를 잘 알아서 안내가 가능하도록 교육된 인적 자원.

13) 상게서, pp.3-67~3-68.

새도 많이 찾아온다. 그 중에서도 시베리아 등 북쪽과 오스트레일리아 등 남쪽을 왕래하는 도요새 및 물떼새에게 야쯔갯벌은 여행 도중의 중요한 중간휴식지가 되어 있다. 오랜 비행으로 피곤해진 백로 및 물떼새는 야쯔갯벌에서 쉬어 체력을 보충하므로 이곳은 이들 철새에 있어 매우 중요한 역할을 하고 있다.

야쯔갯벌은 모래질을 많이 포함하는 이토(泥土)질로 갯지렁이, 게, 조개(재첩종류)와 같은 모래환경을 좋아하는 생물이 많이 살고 있으며 특히 갯지렁이는 백로 및 물떼새를 비롯하여 물새의 먹이로서 중요하다.

야쯔갯벌은 야쯔갯벌 공원 내에 위치하고 있으며 이 공원은 야쯔갯벌의 자연을 활용한 '자연생태관찰공원'으로 그 기본 구상은 갯벌보전(사람과 자연이 공생하는 도시조성의 거점), 완충녹지(안전하고 쾌적한 생활환경 조성에 기여하는 거점), 레크리에이션(야생조류와의 만남, 자연과의 만남 거점), 환경학습(자연을 이해하고 자연과의 관계를 밝혀내는 거점)에 의거하고 있다. 즉 야쯔갯벌의 주위는 공원으로 조성되어 있으며 잔디밭과 장미정원이 있고, 철새 등을 관찰할 수 있는 자연관찰센터가 설치되어 있으며, 갯벌주위를 돌아가면서 철새를 관찰할 수 있는 장소에 간단한 관찰 시설을 설치해 두고 있다.

특히 자연관찰센터는 나라시노 시(習志野市)의 재정으로 운영되고 있으며 야쯔갯벌보전과 홍보를 위해 중요한 역할을 수행하고 있다. 자연관찰센터가 수행하고 있는 업무는 환경교육(자연의 중요함을 전하는 일), 시민참가사업(야쯔갯벌의 보전과 이용에 대한 대책 협의에 보다 많은 사람들을 참가시키는 일), 야쯔갯벌의 보전(야쯔갯벌의 양호한 환경을 지속시키는 일), 국제교류 · 네트워크사업(국제적인 시각에서 습지보전에 대처하는 일) 등이다. 특히 시민 참여에 의한 관찰 센터가 운영 · 유지되고 있을 정도로 시민의 참여는 활발한 편이다.

관측소 겸 운영 건물의 전경

운영 건물의 내부 모습

〈그림 9-4〉 야쯔 자연생태관찰공원

3) 일본 큐슈 다카시마 시 사례[14)]

아리아케 바다(有明海) 지역은 천혜의 갯벌지역으로서 이를 이용하여 매년 1차에 걸쳐 갯벌올림픽(일본어로 카다림피크)을 개최하고 있어 전국적으로 유명해졌다. 여기에는 지역에 사는 외국 사람이 참여하여 여러 가지 갯벌 경기를 펼치므로 갯벌올림픽이라는 명칭이 붙여졌다.

〈그림 9-5〉 갯벌 올림픽 장면(일본 큐슈 다카시마 시)

14) 다음 내용을 정리한 것임. 해양수산부, 「어촌체험관광 안내서」, 1999.3, pp.44-47.

4) 강화도 생태학습장[15)]

강화도 남단 갯벌은 세계자연기금(WWF)과 아시아 습지 보호협약(AWB)에 등록된 세계 주요 습지 중 하나로 평가받고 있다. 또한 이 지역은 철새번식지와 습지보호구역으로 지정되어 수도권의 생태학습장으로 이용되고 있다.

강화도의 생태학습프로그램은 강화도 남단 장화리에 위치한 '해양환경탐구수련원'을 중심으로 운영된다. 수련원은 1997년 장화초등학교가 폐교되자 인천교육청에서 매입하여 해양수련원으로 개조한 것으로, 교육청에서 운영 및 관리를 전담한다.

강화도 동막해수욕장

갯벌생태학습

생태학습장 전경

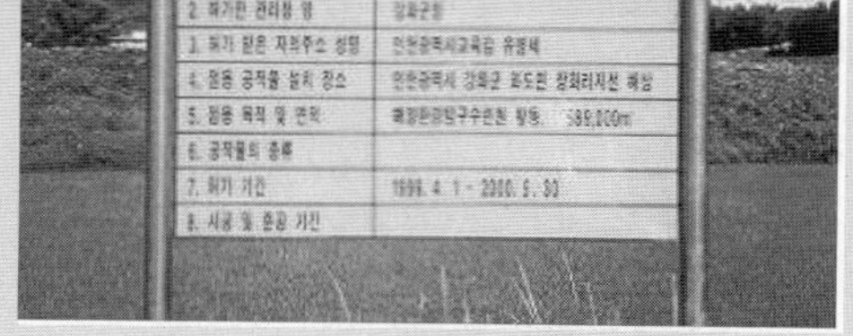

장화리 갯벌생태학습장

〈그림 9-6〉 강화도 갯벌 및 갯벌생태학습장

15) 경기도, 「경기도 어촌관광 종합개발계획 수립」, 2001.5, pp.3-69~3-70

5) 전라남도 함평 생태체험학교

전라남도 함평만은 서해안 남부에 위치한 반폐쇄성 내만으로서 입구는 좁고 만 내부가 넓은 특성을 가지고 있다. 함평만의 길이는 약 17㎞이고 폭은 최대 약 12㎞이며, 만의 입구는 협소하여 약 1.8㎞이다. 갯벌생태체험 프로그램 내용으로는 갯벌의 정의, 우리나라 갯벌 현황, 갯벌과 관련된 용어, 갯벌 생성요인, 갯벌의 유형이며 전체 갯벌의 면적은 34,410ha이다. 생태체험학교는 함평군의 주도하에 운영되며 돌머리 해수욕장과 함평을 방문한 관광객은 모두 무료로 참가할 수 있다.

친환경생태체험학교 운영으로 "나비고장 함평에서 친환경생태체험을"이라는 주제하에 함평읍 석성리 돌머리 해수욕장외 5개소(나비 · 곤충 표본전시관, 나비생태관, 친환경 농업체험장, 솟대 · 장승공원, 생활유물전시관)를 방문하여 생태교육을 함께 실시한다.

함평읍 석성리 돌머리 해수욕장 내 위치한 갯벌생태체험장은 갯벌의 생성과정과 생태, 기능, 중요성 등에 대하여 환경 특성, 갯벌생태계의 특징 등 갯벌과 관련된 모든 내용을 외부강사를 초빙하여 강의를 듣고 함께 갯벌에 들어가서 직접 관찰하는 프로그램을 마련하고 있다.

함평군은 돌머리 해수욕장의 운영과 갯벌 위에 목도 설치, 각종 이벤트 개최 등 생태관광의 활성화를 위해 많은 관심과 노력을 기울이고 있다.

〈그림 9-7〉 갯벌체험지역 목도 연결로(함평)

3. 고래 체험관광(Whale Watching)

가. 우리나라 여건

해양에는 다양한 생물자원이 있으며 특히 최근에 이를 이용한 생태관광이 크게 각광을 받고 있다. 우리나라에서 상업화 가능한 것은 울산의 고래, 백령도 점박이 물범[16)]등이다.

표 9-6 백령도의 점박이 물범 개체 수(각년도 8월 기준)

구분	2006	2008	2009	2010	2016
개체수(마리)	210	213	188	193	189

자료: 해양수산부 보도자료, "백령도 점박이 물범, 이제 실시간 영상으로 만나요", 2017.5.30.

우리나라 동해안은 북쪽에서 남쪽으로 계절별로 고래의 이동하는 회유로이다. 2011년까지 우리 바다에 사는 고래 수는 모두 6만 9천714마리로 추정되었고[17)] 우리나라에 20여종의 고래가 서식하는데 이하 표에는 이 중 6개 고래종별 추정 개체 수를 나타내고 있다.

표 9-7 한반도 연안에 서식하는 고래류 추정 개체 수

고래명	추정연도	추정 개체 수	비 고
참돌고래	2015	15,651	
낫돌고래	2015	4,036	
큰돌고래	2015	1,826	
상괭이	2015	13,144	
밍크고래(동해)	〃	586	
밍크고래(서해)		900	
남방큰돌고래		114	

자료: 윤인주 등, 『북한지역 해양생태관광 협력 방안 연구』, 2017.12, p.74

16) 백령도에 최대 410여 마리 서식이 관찰되어 향후 보존이 필요하고 지속적인 관찰과 관광자원화가 장기적으로 요망된다. 연합뉴스, 2017.12.26

17) 국립수산과학원 고래연구소는 우리나라 바다에 35종, 6만 9천714마리가 살고 있다고 추정한다. 특히 이번 조사자료는 지난 2000년부터 올 2011년까지 12년 동안 실시하여 집계된 것이다.

최근 국제적으로 1982년 이후 고래포획이 금지되어 국내 연안에서 각종 고래자원이 크게 증가하고 있는 것으로 보고되고 있다.

고래는 우리나라 동해와 베링해 등 북태평양 지역을 오가므로 연중 관찰은 어려워 관경이 가능한 시기가 제한되어 있다. 외국에서도 적어도 출항시 80~90% 정도는 관찰 확률이 있는 경우에는 고래 관찰(일명 관경)사업을 하게 된다.

〈그림 9-8〉 고래관찰선에서 본 고래의 유영 광경

특히 울산 앞바다 등 동해안과 제주도 인근 해역, 이호해수욕장 전면 해역에서는 고래가 회유하는 장면을 관찰할 수 있다. 특히 고래잡이가 성했던 울산 등의 지역에서는 2009년 부터 이러한 자원을 활용한 고래 체험관광도 이루어지고 있다.

이를 이용하여 울산 남구에서 출항하는 고래관광선(550톤)에는 2016년에만도 32,328명이 참여하는 등 고래체험 관광이 활성화되기 시작하고 있다.[18)]

표 9-8 울산 고래관광선(고래바다여행선) 현황

구분	운행시기	요일	시간	운항코스
고래탐사	4~11월	화~토	오후1시~2시 출발(3시간 소요)	강동, 울기등대, 간절곶
연안야경 (디너 크루즈)	4~11월	금, 토	오후 7시(2시간 소요)	항만, 공단지역

자료: 연합뉴스, 2016.4.2

18) MBN, 2016.11.30

정부로부터 고래문화특구로 지정된 울산 장생포는 이러한 고래 선박 운항 외에도 인근에 고래 박물관, 고래 수족관 등이 있고 고래 축제도 열려 연간 총 90만 명(매출액 20억원)이 방문하고 있다.[19] 이외에 제주 김녕 인근에서의 큰돌고래(2010년 보호대상 해양생물 지정) 요트 관광 등이 이루어지고 있고 고래 생태 전시나 고래 쇼 등을 위한 고래 수족관도 전국에 8개소(2014년 기준)가 있어 51마리가 전시되고 있다.[20]

〈그림 9-9〉 울산 고래 관광선과 한반도 고래 분포도

자료: 울산해양경찰서 정책홍보실(좌) 및 국립수산과학원 고래연구소

나. 해외 현황

해외에서도 고래관광(whale watching)이 중요한 관광상품의 하나이다. 특히 외국에서는 주요 해안도시 연안에서 자주 출몰하는 고래자원을 중심으로 고래 생태관광 사업인 일명 관경(觀鯨)사업을 많이 하고 있다. 이것은 생태관광의 대안으로 현재 많은 국가에서 새로운 관광상품으로 활용하고 있다. 고래관광(Whale Watching) 프로그램 운영현황은 다음과 같으며 국가와 해변별로 다수의 프로그램 사례가 있다.

---

19) 울산 매일UTV, 2017.12.3..

20) 윤인주 등, 「북한지역 해양생태관광 협력 방안 연구」, 2017.12, p.75.

표 9-9 세계의 Whale Watching 시행지역 현황

- 알젠틴(Argentina)	: 1개소
- 호주(Australia)	: 7개소
- 아조레스 섬(Azores Islands)	: 1개소
- 캐나다(Canada)	: 2개소
- 코스타리카(Costa Rica)	: 1개소
- 도미니카(Dominican Republic)	: 1개소
- 아이슬랜드(Iceland)	: 1개소
- 멕시코(Mexico)	: 1개소
- 뉴질랜드(New zealand)	: 1개소
- 스코틀랜드(Scotland)	: 1개소
- 남아프리카(South Africa)	: 1개소
- 미국(U.S.A.)	: 10개소

현재 IFAW(International Fund for Animal Welfare)에 따르면 전세계 119여 개국이 2008년에 고래관광을 실시해 1천3백만 명이 참여하여 연간 21억 달러 이상의 수입과 13,000명의 고용을 창출하고 있다고 한다.[21] 이와 관련해 국제포경위원회(IWC)의 과학위원회는 관경 소위원회까지 구성하여 관경시 필요한 가이드 및 규정을 연구하고 있는 것으로 알려지고 있다. 즉 관경을 할 때 필요한 조치로서 어떠한 선박이 필요한지, 접근은 어디까지 해야 하는지, 고래와 선박에 대해 위해요소(危害要素)는 없는지, 심지어는 관경으로 인한 고래 스트레스 방지 방안까지 연구하고 있다고 한다. 이하에서는 각국에서 시행하고 있는 관경 운영 형태에 대해 설명하고자 한다.

○ 운영 프로그램 형태

- 고래의 크기와 종류에 따라서 프로그램의 형태가 다양하다. 북극에서의 관경은 주로 대형선박을 중심으로 이루어지며, 호주, 하와이에서는 소형보트를 중심으로 이루어진다. 일부국가에서는 비행기를 활용하기도 한다.
- 고래의 크기와 종류, 기후에 따라서 프로그램의 운영 행태가 달라진다.
- 순수 고래관광만을 운영하는 프로그램과 관경과 함께 해양, 해변활동을 체험하는 형태로 구분된다.

21) Wikipedia, 2012.5.15..

〈그림 9-10〉 고래체험 관광 모습

(좌: 멕시코 해안으로 몰려든 회색고래가 관광객들의 사랑을 받고 있다. 회색고래는 길이 15m에 몸무게가 30t을 넘는다. LA 타임스 = 중앙일보 특약(2005.03.25), 가운데: 밴쿠버 고래 체험, 우: 호주 탕갈루마 리조트의 고래 먹이 주기)

다. 해외사례

뉴질랜드에서의 남섬 최대 도시인 크라이스트처치 부근의 카이코라(Kaikoura)는 야생고래를 만날 수 있는 곳으로 유명하다. 카이코라는 한류와 난류가 만나는 지점에 자리하고 있어 해양생물과 새들이 서식하기에 안성맞춤인 곳이라고 한다.

'카이코라'는 마오리 언어로 '바다가재를 먹는다'라는 뜻으로 실제 이 지역은 작은 바다가재인 크레이피시가 많이 나와 이를 먹이로 하는 고래가 많다고 한다. 이 지역에서 가장 쉽게 볼 수 있는 고래는 향유고래(Sperm whale)로서 완전히 자라면 암컷은 11m, 수컷은 18m 정도가 되는데, 몸놀림은 느리지만 유연한 것이 특징이다. 가끔 수면 위로 나타나는 고래와 고래 등에서 뿜어 나오는 물줄기를 구경할 수 있다. 향유고래는 일년 내내 볼 수 있지만 각 시기마다 출몰하는 고래의 종류는 서로 다르다. 12월부터 3월까지는 범고래를, 6월부터 7월까지는 혹등고래를 구경할 수 있다.

이곳에서의 고래관광은 3시간 가량 소요되는 일정이 일반적이다. 바다로 약 1시간 정도 달려가 고래가 나타나면 배를 멈추고 잠시 감상할 기회가 주어진다. 그 다음 또 다른 지점으로 이동해 고래와 돌고래, 물개 등을 차례로 만나게 된다. 모든 배에 수중청음기를 장착해 고래를 바다 표면까지 불러오게 만들었다고 한다.

고래관광에서 90% 이상은 고래를 볼 수 있지만 날씨가 궂은 날에는 출항하기 힘들다. 돌고래는 아주 가까이서 구경을 할 수 있는 야생동물이고 한여름에는 바다 한가운데서 돌고래와 함께 수영을 할 수 있는 프로그램도 운영되고 있다. 가격은 종류에 따라 40~150뉴질랜드 달러로 다양하다.

〈그림 9-11〉 뉴질랜드 · 카이코라에서의 생태 및 고래관광

4. 생태관광 관리운영 방안

바다에서는 갯벌에 몰리는 철새에 대한 탐조관광, 갯벌에서 서식하는 패류 및 게류 체험, 개벌에 서식하는 염생식물 체험(연안어업 체험) 등 다양한 체험활동이 가능하다. 따라서 이하에서는 우리나라에서 가장 활발히 일어나고 있는 탐조 활동까지 포함된 갯벌생태관광을 중심으로 관리 운영 방안을 기술하고자 한다.

가. 갯벌생태관광의 개념 정립

다음에서는 갯벌을 이용한 관광을 살펴보기 위하여 갯벌생태관광의 개념에 대하여 검토하고자 한다.

1) 갯벌생태관광의 정의

갯벌관광이란 독특한 특성을 가지는 자연자원을 대상으로 이루어지는 관광활동이다. 누구나 쉽게 갯벌에 들어가서 쉽게 생명의 움직임을 발견할 수 있고 갯벌생물을 접촉할 수 있어 일반인들에게 매우 매력적이고 인기 있는 관광상품이다. 그러나 갯벌이란 다양한 생물체가 서식하는 곳으로 관광활동에 의해 민감한 영향을 받는 자연자원이기도 하다. 따라서 갯벌을 대상으로 이루어지는 관광활동은 지속가능한 생태관광의 개념을 도입한 관광으로 추진하는 것이 필요하다. 또한 우리나라에서는 갯벌에서 많은 어업인들이 조개류 등을 채취하여 생업을 영위하고 있어 이들과의 조화도 중요한 요소가 된다.

갯벌생태관광의 정의는 일반 생태관광이 지향하는 "자원이 지속되지 않으면 관광은 성립할 수 없다", "지역주민의 참여 없이는 자원은 지켜지지 않는다", "경제효과 없이는 지역주민의 참여는 어렵다"는 이념을 고려한 다음과 같은 내용이 포함되어야 한다.

첫째, 지역의 자연환경 및 문화보전에 공헌

둘째, 지역주민 및 관광객 · 내방객의 환경보호의식 향상

셋째, 지역경제 및 지역사회 활성화에 기여

이러한 이념과 내용이 포함된 갯벌생태관광이란 "다양한 생물이 서식하고 환경영향을 민감하게 받는 갯벌에서 이루어지는 여가 및 관광활동으로서 갯벌보존을 통한 지속 가능한 관광, 갯벌의 자연 · 문화 · 산업적 가치에 대한 이해 증진을 하면서 환경해설 및 환경교육의 제공, 갯벌관리의 주체로서 지역주민 참여 및 역할의 기대, 관광객과의 긍정적 문화교류를 통한 지역 활성화를 추구하는 의미 있고 책임 있는 체험여행"으로 정의할 수 있다.

갯벌에서 가능한 활동은 다음과 같다.

- 갯벌에 풍부한 먹이가 있어 많은 철새가 서식하므로 수준 높은 탐조활동이 가능하다.
- 갯벌에는 조개류, 게와 같은 절지류, 갯지렁이와 같은 연체류, 소형어류 등 다양한 생물의 관찰이 가능하다.
- 갯벌의 상층부에는 갈대, 칠면초(붉은색), 퉁퉁바디 등 다양한 염생식물이 서식하여 갯벌의 모습을 아름답게 수놓는다. 최근에 갯벌, 간척 · 매립으로 상당 부분의 염생식물의 훼손이 이루어졌다.

표 9-9 세계의 Whale Watching 시행지역 현황

구 분	특 성
갯벌생태 관광자원	– 자원의 높은 매력성 – 다양한 생물의 서식과 수산 생산성이 높은 지역 – 환경변화에 민감한 자원 – 개발위협을 많이 받고 있는 자원 – 다양한 참여활동이 가능한 체험기회 제공 – 철새의 탐조활동이 가능한 감상기회 제공 – 지역주민에게 소득의 기반 – 조상 대대로 삶의 터전이 되어온 갯벌에 대한 지역주민의 강한 주인의식 형성

2) 갯벌생태관광 활동의 현상

현재 갯벌에서 이루어지는 관광활동은 소극적인 감상형 관광활동도 있으나 우리나라에서는 직접 갯벌에 들어가서 체험하는 활동이 관광객들의 높은 욕구를 충족시켜 주는 만족도가 높은 관광으로 인식되어 있다. 최근 급속히 증가하고 있는 갯벌을 찾는 관광객에 의한 무분별한 관광활동으로 갯벌자원은 큰 위협을 받고 있다. 특히 어업권이 소멸된 수도권

갯벌지역(대부도, 강화도 및 제부도 등의 경기만 일대 갯벌)에서 또는 어촌계가 관리하지 않는 지역을 대상으로 갯벌관광이 이루어져 관광객의 집중 등으로 환경훼손이 심각한 상태이다.

이외에도 현재 과도한 갯벌 이용으로 나타나는 문제점으로는 갯벌생물의 폐사 등 생태계의 부정적 변화, 수질 및 환경오염, 갯벌의 육화 등이 지적되고 있으며 이용객 혼잡시 관광만족도가 저하하는 것으로 나타나고 있다.

최근 생태관광이란 이름을 빌어서 갯벌에서 이루어지는 관광활동에 의한 갯벌자원의 훼손행위는 갯벌환경 보전에 가장 위협적인 활동이 되고 있다. 자원의 보전과 교육을 추구한다는 목적은 생태관광의 이상이지만, 이러한 관광을 추진하는 관광회사 또는 환경단체는 수익을 고려하지 않을 수 없어 한 번에 많은 관광객을 유치하여 올바른 생태교육의 실시도 어려운 경우가 있다. 민감한 자원을 고려하지 않는 무분별한 행동으로 자원의 파괴도 발생하고 있다.

그리고 실질적인 주인이라 할 수 있는 지역주민들은 갯벌생태관광에서는 배제되어 있으며, 갯벌생태관광을 추진하는 관광회사, 환경단체 및 관광객이 갯벌이용의 새로운 주인으로 등장하고 있다. 지역주민들은 이제까지 경험해 보지 못한 자원 이용제한과 이로 인한 직접적인 경제적 피해뿐만 아니라 일상생활에서의 불편도 느끼고 있어 관광객과 갈등이 심해지고 있다. 갯벌생태관광을 통해서 현재 이루어지고 있는 활동 유형은 〈표 9-10〉과 같이 구분할 수 있으며 비교적 다양한 갯벌체험 프로그램이 이루어지게 된다.

표 9-10 갯벌관광에서의 활동 내용

구분	활 동 내 용	
갯벌생태관광	- 갯벌생태교육 - 갯벌서식 생물관찰 - 철새탐조활동 - 조개 등의 수산물 채취 - 갯벌체험(진흙 놀이 등) - 갯벌스포츠(낚시, 축구 및 달리기 등)	- 갯벌이벤트(머드축제, 머드게임) - 타 지역과의 문화교류프로그램 - 갯벌자연보전활동 - 갯벌자연감상 - 주변 역사, 문화유적지 탐방활동 - 지역 특산물 구입

나. 갯벌 생태관광 관리운영

1) 갯벌체험 관리방안

갯벌체험은 두 가지 유형으로 이루어진다. 첫째는 관찰체험으로서 가이드의 인솔하에 갯벌탐방로나 갯벌목책, 갯벌 진입도 등을 이용한 갯벌진입을 통하여 갯벌생물에 대한 관한 교육을 주로 하는 유형이다. 주로 교육체험이 목적이 된다. 둘째는 갯벌어장을 이용하는 것으로 관련 가이드나 어업인으로부터 갯벌생물에 대한 설명을 듣고 어장에 들어가 조개 등을 잡는 체험을 실시하는 것이다. 후자의 유형인 경우 어장을 계속 밟아 갯벌이 건조해져 생물이 살 수 없게 되는 갯벌 육화현상, 갯벌생물자원의 고갈 현상들이 많아 이를 방지하기 위한 어장 휴식제 등의 도입이 요망된다. 아울러 자원 이용이 많을 시에는 인근에 종묘배양장 등의 건설로 지속적 자원공급이 요망된다.

또한, 어장에 들어 갈 때에는 가이드 1인이 30명 이내의 인원을 인솔하여야 한다. 그 이상이 되면 설명시에 집중력이 떨어지고 이에 따른 일탈행위로 갯벌 훼손행위가 빈발하는 등 문제가 야기될 소지가 높다.

갯골 등 수심이 깊거나 수렁지역을 대비한 안전대책도 수립되어야 갑작스런 안전사고를 예방할 수 있다.

2) 시설 관리방안

가) 시설의 기능

생태관광 관련시설은 각각 그 나름대로의 기능을 수행하기 위해 설계되고 설치된다. 그러나 일반적으로 각 시설들은 이용객의 필요충족, 이용훼손으로부터 자원보호, 휴양자원의 관리와 유지, 자원과 설치주체의 이미지 제고 등의 기능을 공통적으로 수행한다. 비록 이러한 기능을 수행하기 위해 시설이 필요할지라도 서식지가 파괴되고 자원을 훼손하게 된다면 그 설치는 금지되어야 한다.

갯벌생태관광과 관련된 기초시설로는 자연관찰센터(혹은 어촌정보센터, 환경교육 및 안내시설), 조망대, 관찰로, 세면장, 화장실, 간이 쉼터, 주차장, 표지판, 소음차단벽 등을 들 수 있으며, 이들 시설은 갯벌 내에 설치할 시설과 갯벌주변의 육지에 설치할 시설로 구분할 수 있다.

나) 시설설계의 원칙

시설설계 시 고려해야 할 사항은 〈표 9-11〉과 같다.

표 9-11 생태관광 시설설계의 원칙

원 칙	고 려 사 항
지역에의 적합성	자연 경관과 시설과의 조화, 다른 시설물과의 조화, 시설물 설치로 자연환경의 변화 정도
아름다움	시설의 매력성
적용성	새로운 수요에 따라 추가경비 조달 가능성
유지의 용이성	시설 관리비용
안전성	이용 및 유지관리에 안전한 시설 및 재료
훼손 위험	시설의 견고함, 훼손시 복구 용이성
접근성	접근성의 용이
에너지 효율성	추운 계절에 열 효율성이 높음, 적당한 전력 소모
비용의 효율성	초기 설치 비용, 유지비와 견주어 적절한 비용
설치비용	불필요한 혹은 값비싼 설치 비용 검토, 재료 구입의 손쉬움
보수성	다른 지역에서 발견될 수 있는 전통적인 설계, 다른 시설물과 상충성 여부

자료: 신원섭, 「야외휴양관리」, 1999.

다) 시설의 유지관리 원칙

생태관광 관련 시설에 대한 유지관리의 원칙은 다음과 같다.

첫째, 유지관리의 목표와 기준을 반드시 설정해야 한다.

둘째, 유지관리는 시간, 인력, 장비, 자재면에서 경제성이 있어야 한다.

셋째, 유지관리는 잘 마련된 관리 안에 따라 수행되어야 한다.

넷째, 시설의 유지관리는 보호적인 측면이 강조되어야 한다.

다섯째, 시설 유지관리 담당이 잘 조직되어야 한다.

여섯째, 유지관리 프로그램은 환경 친화적이어야 한다.

일곱째, 유지관리 프로그램은 안전을 염두에 두어야 한다.

3) 이용자 및 관광객 관리방안

가) 이용객이 일으키는 문제들

이용객 및 관광객이 일으키는 문제의 해결은 우선 그것들에 대한 철저한 규명이 있어야 가능하다. 그리고 그러한 문제가 자원과 이용객의 활동경험에 어떤 부정적 영향을 미치는지 파악해야 한다. 그래야만 효과적인 관리 대안을 통해 문제를 해결할 수 있다. 이용객이 야기하는 문제는 그들의 행동에 대한 인식과 동기 그리고 이런 문제들이 법규와 규칙에 어떻게 관련되는가에 따라 크게 다섯 가지로 나눌 수 있다.

(1) 불법적인 행동

야생 동 · 식물의 포획 및 절취, 기물과 시설의 파손 등 불법적인 행위는 물리적 또는 생물학적 환경의 손실뿐만 아니라 다른 이용객 및 관광객의 활동경험에도 심각한 훼손을 가져온다. 이러한 행동을 막기 위해서는 우선 생태관광을 담당하는 여행업자나 가이드가 사전에 불법행위에 대한 교육을 철저히 시켜야 하며, 그래도 불법적인 행위가 발생할 경우 이에 대한 관리적 대응으로 강력한 법규의 적용이 필요하다.

(2) 부주의나 경솔함으로 인한 행동

금지구역에서의 취사 및 야영 그리고 캠프파이어, 쓰레기로 인한 오염 등이 이런 형태의 행위에 속한다. 관리주체는 설득을 통하여 또는 교육과 올바른 정보를 줌으로써 행동의 동기를 바꾸어 주어야 한다. 이용객에게 쓰레기 봉투를 나누어 주거나 보상을 통해 쓰레기를 되가져오게 하는 방법, 적절한 규제의 적용 등이 관리방안이다.

(3) 미숙련에 의한 행동

초보자이거나 미숙련자들에게 나타나는 행동은 주로 흔적을 남기는 일이다. 예를 들면 취사 및 캠프파이어 허용 장소에 흔적을 남기는 행위, 쓰레기는 땅에 파묻는 행위 등이 이 부류에 속한다. 이런 행동에 대한 관리주체의 대응은 올바른 교육과 적절한 규칙의 적용이다.

(4) 정보부재로 인한 행동

유명한 곳에 이용객이 집중적으로 몰리는 현상은 그 지역의 독특한 특성 때문이기도 하지만, 다른 지역에 대한 정보가 잘 제공되지 않거나 편중된 정보가 제공된 탓이기도 하다.

이용집중 지역은 많은 스트레스와 환경의 훼손이 일어날 뿐만 아니라 이용 경험에 심각한 부정적 영향을 야기한다. 따라서 관리주체는 이용이 편중되지 않도록 방안을 강구해야 한다. 예를 들면 일정기간 동안 이용된 갯벌의 경우 앞에서 언급된 바와 같이 휴식년제를 도입하여 이용을 금지하거나 쿼터제를 적용하여 일정 수 이상의 이용을 금지한다든지 사전에 이용객에게 다른 곳의 이용 유도 정보를 제공하는 방안이 고려될 수 있다.

(5) 어쩔 수 없이 야기되는 행동

아무리 주의를 기울인다 하더라도 불가피하게 발생하는 영향이 있을 수 있다. 한 사람이건 두 사람이건 이용객이 내딛는 갯벌은 조금이라도 굳어지게 되고 밟고 지나간 지역은 손상될 수밖에 없다. 결국 어떠한 이용에 의해서든 영향은 발생하기 마련이므로 이를 어떻게 최소화하느냐가 관리주체가 고민해야 하는 문제이다.

나) 관리의 대상인 이용객의 유형 및 행태

관리주체는 이용객의 특성 및 이용 형태 가운데 자원과 다른 이용객의 경험에 심각하게 영향을 줄 수 있는 속성들을 선택하여 이를 관리의 대상으로 삼아야 한다.

(1) 이용량

생태관광에 참여하는 관광객 수는 자원 및 관광경험에 직접적인 영향을 주는 요인이다. 따라서 설정된 수용력을 초과하는 이용량은 제한해야 한다. 이용의 제한은 여러 방법에 의해 관리되고 있는데, 직접적 관리대안으로는 갯벌어장 내 채취 쿼터제의 적용, 훼손 지역의 이용금지(휴식년제 등) 등이 있다. 간접적인 방법으로는 높은 입장료와 사용료의 부과, 정보 및 교육에 의한 다른 이용대안의 제공 등이 있다. 그러나 무엇보다 관리주체가 명심해야 할 것은 직접적 관리대안의 적용은 이용객의 경험 감소를 담보로 한다는 사실이다. 따라서 모든 간접적 방안이 적용된 후에 직접적인 방안을 적용해야 한다.

(2) 이용계절

이용의 집중은 물리적 · 생물학적 · 사회적 영향을 초래한다. 같은 수의 이용이 이루어진다 하더라도 연간 골고루 이용되는 지역과 성수기에 집중적으로 이용이 이루어지는 곳의 영향은 매우 심각한 격차를 보인다. 따라서 관리주체는 이용량이 많은 성수기에서 이용량이 적은 비성수기로의 이용을 유도하는 방안을 고려해야 한다. 간접적인 관리대안으로 성수기 때 높은 입장료와 이용료를 책정하고 비성수기에는 낮은 입장료나 이용료를 책정하는 차등 요금의 적용 등을 제안할 수 있다.

(3) 여행수단

대상지역에 도착하는 데 이용되는 교통수단이 무엇인가에 따라 관리의 여러 측면이 달라질 수 있다. 차를 이용한다면 주차시설이나 도로표지판, 신호등의 설치를 지역의 특성과 성격에 알맞도록 고려해야 한다.

(4) 동반이용객 수

자원의 이용에 따른 영향을 조사한 연구들은 같은 수의 이용이라도 이용집단의 크기에 따라 자원에 주는 영향은 현저한 차이가 있음을 밝히고 있다. 예를 들면 두 지역의 연간 이용객이 1,000명이라고 하더라고 2~3명의 집단이 연간 골고루 이용한 것과 대규모의 집단이 몇 차례 이용한 것을 비교했을 때 이용의 영향은 후자의 경우가 훨씬 심각하다.

관광활동의 사회적 수용력에 대한 연구 결과들도 마찬가지다. 대규모 이용 집단이 소규모 집단보다 더욱 심각한 부정적 영향을 초래한다고 밝히고 있다.

(5) 이용기간

'이용객은 당일 방문객인지', '이용이 주중 또는 주말에 이루어지는지' 하는 등의 질문이 이용객의 이용기간과 관련된 것들이다. 이와 같은 정보는 관리대안의 개발에 기본적이다.

(6) 이용객의 행동(행태)

이용객 및 관광객의 행태는 지역 내에서 이루어지는 각종의 행동을 포함한다. 어떠한 종류의 관광활동을 하는지 다른 방문객들에 대한 태도는 어떠한지, 그리고 그 집단의 소음발생 정도는 어떠한지, 오염행위는 어떠한지 등이 여기에 속하는 질문들이다. 이용객들의 이용행태는 자원 및 다른 이용객의 관광경험에 직결된다. 따라서 이용객 및 관광객의 관리에 가장 중심이 되는 요소는 어떠한 대안(철저한 사전교육, 안내책자의 배포, 유능한 가이드 육성, 자기반성 기회마련 등)을 적용시킴으로써 이용객의 행동에 영향을 줄 것인가이다. 대안이 효율적으로 이루어지면 이용객을 규제하는 법률이나 규칙의 적용이 필요 없게 된다.

다. 운영주체 조직화 방안

1) 지역주민의 조직화

가) 권한 위임

흔히 생태관광으로 인해 주민의 고용기회 증가로 혜택 받은 것을 주민참여로 오인하기 쉽다. 그러나 경제적 혜택은 있으나 적극적 참여과정이 없다면 주민들이 생태관광에 대한 주인의식을 가질 수도 없고, 또한 생태관광프로젝트가 성공할 수 없다. 생태관광이 실패한 여러 원인들 중에 주로 거론되는 것은 계획과정에서 지역의 욕구와 선호가 반영되지 못한 점, 외부의 거대자본에 의해 추진되는 점, 정부의 정치적 의지와 노력의 부재 등이다. 여기서 알 수 있듯이 주민의 적극적인 참여는 생태관광 성공의 관건으로 프로젝트 전과정에서 지역민의 참여는 빠를수록 바람직하다.[22)]

지역의 참여라는 것은 주민들에게 개발활동에 효과적으로 참여할 수 있도록 좀더 많은 기회를 제공하는 것이라고 말할 수 있다. 즉, 자신들의 역량을 스스로 동원하고 수동적인 객체가 아닌 사회적 주체가 되어 자원을 관리하고 스스로 결정하며 그들의 삶에 영향을 미치는 활동들을 통제할 수 있도록 주민들에게 권력을 위임하는 것을 말한다.

나) 지역주민의 조직화

지역주민 중에는 생태관광을 위한 여러 활동에서 실질적으로 리더쉽을 발휘하여 온 사람이 있을 것이다. 이들을 중심으로 지역 내 생태관광조직을 구성한다. 이렇게 설립된 조직은 사업계획, 예산, 평가 등 생태관광을 수행할 능력이 없을 수도 있다.

이러한 문제점을 극복할 수 있는 방안으로 생태관광에 대한 지역주민의 참여를 조직화하고 지속시키는 데에는 두 가지 중요한 접근 방법이 있다. 첫 번째는 외부에서 온 중개인의

---

22) 카트리나 브랜던은 '자연관광사업에 지역참여를 촉진시키기 위한 기본 단계들'(녹색관광)에서 네팔에 있는 안나푸르나의 보전지역과 멕시코의 황제나비 월동보호지의 생태관광 프로젝트를 비교하였다. 안나푸르나 지역의 생태관광이 성공하고 황제나비 월동 보호지의 생태관광이 실패한 이유를 지역주민의 참여정도에서 찾았다. 안나푸르나의 경우 주민이 프로젝트를 시작할 때부터 참여한 반면 황제나비 프로젝트는 비정부조직과 정부기관이 문제점과 그 해결책으로서 어떤 활동을 해야 하는지를 파악한 후에야 주민이 참여했다는 것이다.

활용이며, 두 번째는 생태관광 관련기관의 설립이다.

중개인이란 보전과 개발에 종사하는 외지인을 지역에 끌어들이는 것으로써 외부라는 말은 지역 밖을 의미한다. 이러한 대리인의 이용은 지역의 사고와 기술을 바꾸고 지역사회 내 새로운 활동을 도입하는 가장 빠른 길인 경우가 많다. 현재 농어촌 체험마을 사업에서 도입되는 사무장 제도가 이러한 예이다.[23)]

지역기관의 설립방식은 지역주민 조직이 생태관광 관련주체와 '○○지역 갯벌생태관광협회' 또는 '운영위원회'를 발족하여 촉진하는 방식인데 대리인을 통한 작업보다 많은 시간이 소요된다. 이 경우 지역주민의 역량이 부족한 곳에서는 지역 내 시민단체 등이 지원하는 방법이 매우 효과적이라고 할 수 있다.

다) 지역주민 참여를 위한 방안

(1) 이익과 보전의 연계

많은 생태관광 프로젝트를 정당화해 주는 명분 중의 하나는 자연의 보존이 지역주민에게 돌아가는 이익과 매우 직접적인 관계가 있다는 것을 입증함으로써 주민의 보전동기를 촉진시킨다는 점이다. 기초자원의 보전과 지역사회의 이익 사이에 관계가 명확해야 생태관광이 효율적으로 추진될 수 있다.

지역주민이 참여하여 혜택을 얻을 수 있는 방안으로 '지역생산품의 이용판매를 통한 수입극대화'가 있고 이외에도 '갯벌생태관광 상품의 운영, 관리를 통한 소득', '관광과 관련된 서비스업종의 종사를 통한 수입향상' 등의 방안이 있다. 따라서 각 지역은 지역의 사정에 적합한 지역주민 참여방안을 마련해야 한다.

(2) 이익분배의 효율성 확보

누가 이익을 가져갈 것인지, 이익을 어떻게 분배할 것인지, 그리고 그 이익을 얼마나 오랫동안 그런 식으로 분배할 것인지를 고려하는 것이 중요하다. 특히 평가과정과 참여과정이 철저히 이루어져야 일부 유지와 외지인이 이익을 가로채 갈 수 있는 가능성을 사전에 배

23) 농어촌 체험마을 사업에서 외부 전문가를 일정한 월급을 주고 채용하여 마을 내 체험사업을 주도케 하는 제도. 월급은 대개 공공기관에서 지급하고 3년 이내의 기간 동안에 채용됨.

제할 수 있다.

많은 이익이 대다수의 사람들에게 제공되고 그들이 보기에 이러한 이익이 견실하게 지속될 수 있다는 확신이 서면 계획은 최상의 효력을 얻게 된다. 모든 사람들에게 직접 혜택이 돌아가게 할 필요는 없다. 생태관광 추진계획의 프로젝트에 대한 지지를 확실히 확보할 수 있는 정도면 충분하다. 개별적 이익과 공동체적 이익을 혼합해서 추구하는 것이 단기간에 다양한 사람들에게 접근하는 가장 좋은 방법이다.

2) 운영 주체 및 관련주체별 역할

생태관광의 운영이란 보전을 목적으로 한 자원의 파악 및 관리를 실시하여 생태관광 프로그램을 만들어 관광을 실천하는 일련의 활동을 의미한다. 그 중에서 중심이 되는 것이 '자원관리를 어떤 방법으로 실시할 것인가'라고 하는 것이다. 보호와 이용도 적절한 관리 위에 성립하기 때문이다.

이 경우 '여행업자-관광객'이라고 하는 관계에서 성립된 기존의 관광 추진체제로는 충분히 대응할 수 없다.

지역주민이 주체가 되고 연구자, 행정, 관광업자, 관광객 등의 관련주체 참가와 협력이 생태관광 운영에 필수적이다.

가) 지역주민

지역주민은 생태관광의 대상지인 자연, 역사, 문화자원과 가장 가까이에 접하고 있으며, 과거 역사 및 지역가치 등을 포함하여 폭넓게 파악하고 있다. 지역자원의 지속적인 이용을 실현하는 생태관광을 운영하기 위해서는 다음과 같은 측면에서 주민의 참가가 중요하다.

첫째, 지역에 생태관광의 도입주체는 주민 자신이다. 생태관광이 지역 주도형의 산업인 이상 생태관광을 개발하는 주체는 지역주민이 되어야 한다.

둘째, 지역자원에 접촉하는 방법, 지켜야 할 규칙 등을 체험적으로 알고 있는 입장에서 계획단계 및 프로그램 작성의 조언자로서 참가해야 한다.

셋째, 주민이 오랜 역사 속에서 축적해 온 자연과의 관계 및 가치관에 대하여 관광객이 체험하도록 하기 위해서는 가이드로 주민이 참가하여 자원의 소개와 자원의 이용에 관한 조정을 양립시키는 것이 중요하며, 이로 인하여 자원의 지속적인 이용이 실현된다고 할 수 있다.

나) 연구자

전문적인 지식을 가진 연구자는 다양한 자원을 과학적인 입장에서 보고 있으므로 자원관리에 관한 조언자 역할을 할 수 있다. 지역에서 자원의 과학적 역사적 문화적 가치 의미 및 접촉방법, 자원관리 및 프로그램의 내용에 관한 조언, 정보 등을 제공하는 역할을 한다. 관광객은 지역고유의 자연 및 문화자원과 연구에 근거한 견해를 알고 새로운 지역의 매력을 발견하고 감동이 가득 찬 여행체험을 할 수 있다.

다) 행정

행정은 과도이용에 따른 자원에 미치는 영향을 최소한으로 하도록 지침서 수립 및 법규제의 적용 등 지원 및 조치를 강구하는 등 행정적인 대책을 마련하는 역할에 의해 자원보호를 지원한다. 가이드 인력의 육성, 자원관리를 위한 조사연구의 추진 등을 통해 생태관광 육성을 지원한다.

라) 여행업자

여행업자는 관광객과 지역과의 가교 역할로서 지역의 자원 및 그 특성을 이해하고, 지역주민의 협력 및 연구자의 정보과 조언을 기초로 하여 관광 상품을 개발한다. 그리고 관광상품을 관광객에게 제공함으로써 지역자원을 경제적인 가치로 전환시키는 중요한 역할을 담당하고 있다. 특히 관광에 참가하는 관광객들에게 사전에 지역에서의 요구 및 주의사항, 지역의 자연 및 문화에 관한 정보를 전하는 역할을 담당하고 있다. 이러한 사전정보의 전달은 책임 있는 관광을 유도한다는 점에서 매우 중요하다.

마) 관광객

관광객은 생태관광에 참가함으로써 가이드를 통하여 귀중한 지역자원의 가치에 대한 이해자가 되고 지역에 직접적 · 간접적인 이익환원을 초래한다.

생태관광프로그램에 참가하여 매력을 느낀 관광객은 '재방문하고 싶다' 혹은 '친구 및 아는 사람에게 전하고 싶다'라고 하는 의식을 갖게 된다. 지역에서는 보다 매력적인 생태관광을 실천하여 재방문자를 확보하는 노력이 필요하다. 그렇게 함으로써 '관광객'은 지역의 자원보호와 경제환원의 좋은 이해자 · 협력자가 될 수 있기 때문이다.

제 10 장

워터프런트(친수공간) 개발

본 장에서는 워터프런트의 특성, 유형과 국내외의 조성사례 등을 살펴 보고자 한다.

1. 워터프런트(친수공간)의 개념

친수공간의 보편적인 개념[1)]은 해변, 강변, 호변 등 비교적 규모가 큰 수역을 사이에 두고 육역과 수역이 유기적으로 결합된 인간들이 활동하는 공간을 말한다. 이런 친수성 공간을 포괄적 의미로 친수공간이라 하며 유사 용어로 연안역, 워터프론트, 수변공간 등이 사용되는데 그 개념 속에 공간적 · 계획적 · 행위적 · 기능적인 구분이 내포되어 있다.

이러한 친수공간은 최근에 수면과 연안선, 육역 등에 대한 수요가 높고 용도가 다양하여지면서 문화의 중심공간이 되고 있다. 특히 18세기 이후 산업화에 따른 항만, 공단 등의 산업적 이용에 집중되다가 최근에는 소득발전과 더불어 새로운 레저 · 문화공간으로서 각광을 받아 각종 임해공원, 마리나 등 친수시설, 상업시설들이 들어서고 있다. 따라서 해양관광 측면에서도 매우 중요한 공간으로서 취급되고 있다.

표 10-1 친수성 공간의 위치 정의

구분	계획차원	장소차원	행위차원	기능차원	유사어
연안역(coastal zone)	국토계획	국토 · 지방	국토정책지역거점	거시적 기능배치	만(bay) 지역
워터프론트(waterfront)	도시계획	지방 · 도시지구	도시갱신지역핵	주거, 업무, 상업, 교통	해안역
수변공간(waterside)	지구계획, 시설계획	지구 · 해안선	디자인 친수공간창조	위락, 여가	해안공간, 임해부

자료: 해양수산부, 「친수성 항만공간 개발 실시계획검토 및 기본구상」, 1998, p.174.

1) 우리나라의 경우 "친수공간은 해안선을 사이에 두고 육역과 수역을 포함한 공간을 뜻하며… 육역과 수역이 아닌 이를 포괄한 개념으로 받아들이는 것이다."라고 통념적으로 이해하고 있으며, 일본건축학회 해양위원회에는 "해안선에 접한 육역 주변 및 그것에 근접한 수역을 병행한 공간"(横内憲久,『ウォーターフロントの 計劃 ノート』, 共立出版, 1996, p. 3.)이라 했다. 이처럼 친수공간은 단순히 물과 접한 공간을 뜻하는 것이 아니며, 수역, 육역의 어느 한 부분을 나타내는 개념이 아닌 서로 통합된 개념으로 해석할 수 있다.

2 워터프런트의 특성[2)]

워터프런트는 독특한 물리적 요소인 생산성, 다양성, 위락성, 방향성뿐만 아니라 정신적 요소로서 개방성, 어메니티성, 문화성, 역사성 등을 지니고 있다. 또한 물은 태초로부터 존재해 온 근원적인 물질로서 물이 가지고 있는 다양한 특성은 인간의 시각, 청각, 촉각에 작용하여 자연스러움과 활력을 불어넣어 줌은 물론이고 공간을 변화시키는 매력 있는 최고의 조경 또는 경관 소재로 각광받고 있다.

워터프런트는 입지에 따라 다소 상이한 환경적 특성을 가지고 있으나 대개 육역과 수역의 교차 지점이라는 특수한 환경으로 인해 다음과 같은 속성을 지니고 있다.

가. 경관적 특성

워터프런트는 넓은 수면의 조망으로 인한 개방적인 경관 제공과 함께 주변환경과의 조화가치가 매우 높다. 이 때문에 근래 들어서는 경관의 연출이 매우 중요한 요소로 부각되고 있다.

이러한 시대적 요구를 최대한으로 수용할 수 있는 가장 중요한 것이 시각적 경관요소가 되고 있다. 경관요소에는 가로수 등의 '아름다움', 지역의 동질성(Identity)인 '개성', 장소의 인식에 도움이 되는 '이해하기 쉬움'이라 하는 3개의 기능이 있다. 또 경관은 보여지는 대상과 그것을 보는 사람과의 상대적인 위치관계에 따라 매우 다양하게 변화한다.

워터프런트에서의 경관적 특징은 첫째, 시점과 대상 간에 항상 수면의 2차원적인 광대함이 있기 때문에 시야의 일부에는 반드시 수면이 포함되게 된다.

둘째, 육역과 수역으로 구분되는 물 경계선이 명확한 끝이 되고, 경관상의 초점을 형성하고 있다.

셋째, 수면상에는 시선을 방해하는 건물 등의 장애물이 없고, 대안(對岸) 또는 수상(水上)의 넓은 범위에서 대상을 볼 수 있다.

---

2) 부산발전연구원, 「부산의 수상공간 시민여가 및 관광기능 창출에 관한 연구」, 2003, p.6-10.

워터프런트의 경관을 연출하는 핵심요소로 재료와 채색의 조화, 스카이라인의 통일, 틈새(Slit)의 확보, 전망의 확보, 조망의 확보, 식재의 촉진, 랜드마크의 형성이 있다. 그리고 이들의 좋고 나쁨에 따라 워터프런트에 대한 이미지가 매우 달라지게 된다.

나. 생산 및 다양한 결합기능

어업 및 항만활동의 중요한 거점이면서 대부분 물 의존형의 1 · 2차 산업이 발달되어 온 워터프런트는 그 동안 많은 도시기능을 수용하고 도시성장을 촉진시켜 온 바탕이 되어 왔다.

특히 워터프런트만이 가질 수 있는 공간적 포용성으로 인해 예로부터 항구도시들은 이질문화(異質文化)를 그다지 저항하지 않고 받아들이는 등 다양한 목적을 가진 사람들이 교류하는 독특한 융합공간(融合空間)의 역할을 담당해 왔다.

또한 워터프런트는 물을 매개체로 한 운수, 생산, 상업 등과 같은 다양한 기능이 도입되고 교차하는 산업공간으로서의 기능과 더불어 이들을 상호연계 시키는 결합기능도 가지고 있다.

다. 개방성 및 공간의 연속성

워터프런트에서는 내륙지의 폐쇄된 생산공간과는 달리 어항 또는 항만기능 등과 같은 생산활동을 직접 눈으로 볼 수 있는 개방성을 가지고 있다. 특히 도시내륙부 개발에 있어서는 한정된 공간적 제약이라는 물리적 영향을 받을 수 있지만 넓은 수역을 가진 워터프런트는 해양토목 기술발달과 더불어 깊은 대수심까지 개발도 가능한 무한한 공간적 연속성을 지니고 있다.

라. 방향성과 랜드마크의 형성

도시의 워터프런트가 대부분 도시의 가장자리에 있다는 것은 일반적으로 도시의 위치관계를 보다 쉽게 이해할 수 있을 뿐 아니라 물이 높은 곳에서 낮은 곳으로 흐르듯이 물의 흐름방향에 따른 지형의 고저(高低)관계를 이해하기가 더욱 쉽게 된다.

즉 도시 속에 탁 트인 바다, 하천 등의 워터프런트는 지역 전체가 시야에 들어오게 됨으로써 도시의 위치를 보다 쉽게 판단할 수 있을 뿐 아니라 물 흐름의 방향성 등으로 알기 쉬운 도시의 지표가 될 수 있다.

마. 위락성

워터프런트는 그 자체가 자연이라는 특성과 함께 바다냄새, 파도소리, 야경, 이국정서 등 도시민이 일상생활에서 접하기 어려운 차별적인 분위기가 존재하고 있다. 이뿐 아니라 금후에 있어서도 도시민에게 인공공간의 가치보다는 자연공간의 가치가 더욱 중요성을 가지게 될 것이므로 자연의 워터프런트는 최상의 도시리조트 공급 공간이 될 수 있다.

바. 수변의 보전 및 방재 기능

워터프런트는 인간의 제반활동에 필요한 해양개발 또는 하천개발의 오류에서 야기되는 생태계 파괴 및 표사이용으로 인한 해빈침식, 항만매몰 등과 같은 인위적 해안재해를 비롯하여 홍수는 물론이고 거대한 바다에서 발생하는 높은 파랑, 고조(苦潮) 등과 같은 자연재해의 위험에 항상 노출되어 있다. 따라서 워터프런트는 변화무쌍한 자연재해로부터 배후지의 토지와 인간의 재산을 보호하기 위한 중요한 방재기능도 지니고 있다.

사. 환경 및 생태적 특성

물은 자연환경의 변화에 의해 수시로 급변하고 고조, 높은 파랑, 해양오염 등과 같은 환경변화의 속도가 육지에 비해 상대적으로 빠르다. 또한 다양한 생물의 서식처인 동시에 식량의 공급원이 되며 외부요인으로 인한 생태계의 균형 파괴가 일어나기 쉽다.

아. 심리적 특성

수변공간은 인간의 본능이라 할 수 있는 평온함과 포근함을 제공한다. 특히 일부 전문가들은 사람들이 심리적 요소와 지식의 87%를 시각을 통해 얻는다고 주장하는데, 모태의 양수에서 유영하던 것을 무의식적으로 경험한 인간은 물과 친수공간에 대한 끝없는 동경심을 갖고 있다.

3 친수공간 개발의 유형

가. 개발목적에 따른 분류[3)]

친수공간 조성가능 공간은 ①항만공간, ②어항공간. ③일반연안공간 등이있다. 특히, 도시내의 항만 재개발시 개발되는 경우가 많으나 최근에는 어항 배후지, 도심 밖의 한적한 연안 공간에도 많이 조성되고 있다. 본서에서는 도심지 연안이나 항만 공간에 비중을 두어 조성 유형을 검토하고자 한다.

먼저 개발 목적에 따라 살려 보면 다음과 같다.

1) 쾌적성(amenity) 활용형

수변이 갖는 공간적인 개발성, 낭만이 넘치는 경관과 물이 지니는 물결 소리나 향기 등 자연적 요소를 중시하여 주민이나 도시민들이 자연을 접할 수 있는 공간이 되며, 쾌적한 공간을 조성하는 개발이 가능하다. 수변공간에 업무나 상업기능 등 도시기능이 입지한다면 수변공간의 독특한 쾌적성으로 인하여 업무능력이 향상되고 상업활동이 활발해진다. 또한, 주거기능 도입으로 그 특성인 쾌적성을 극대화할 수 있을 것이다.

2) 도시문제 해결형

수변공간 개발은 도시문제 중의 하나인 주거문제의 해결 외에도 토지의 절대량 부족에서 야기된 교통, 환경, 산업입지 등의 문제를 해결하는 개발형태로 주목되며, 경직화된 도시구조를 해결하는 수단이 될 수 있다.

3) 유휴지 재생형

역사적으로 수변공간이 있는 도시는 그곳에 입지하는 산업, 해운항만 기능 등을 토대로 도시가 형성되어 왔다. 그러나 컨테이너화 등으로 항만 개념이 바뀌면서 시대의 요구에 안

3) 横内憲久, 「ウォーターフロント 開發と手法」, 東京 : 鹿島出版, 1990.

맞는 항만공간은 유휴화 되고 슬럼화 되기 시작하였다. 이처럼 진부화된 항만공간을 보존, 수복 또는 재개발하여 새로운 도시공간으로 바꾸려는 것이 유휴지 재생형 개발이다.

4) 시장성 도입형

수변공간이 갖는 집적성, 시장성에 착안하여 판매시설, 식당가, 위락시설, 문화시설 등의 다양한 시설을 갖춤으로써 도시의 활력과 번영을 제고시키는 것이 시장성 도입형 개발형태이다. 이 경우 친수공간의 훌륭한 경관과 환경이 개발의 전제가 되며, 그 지역의 역사 또는 문화 등과 연계되면서 시장과 같은 분위기 도출도 가능하다.

5) 도시기반 정비형

도시활동이 원활히 진전되기 위해서는 그 활동을 지원할 수 있는 도시기반시설의 끊임없는 정비가 요청된다. 상 · 하수처리장, 변전소, 터미널 등 도시기반시설은 도시의 골격을 구성하면서 넓은 공간을 필요로 하는 경우가 많다. 따라서 도심과 근접한 수변공간은 그 후보지가 될 수 있으며, 특히 연해부의 기존 기능이 노후화 · 진부화된 항만이나 공장 또는 신규 매립지가 기반정비의 거점지역으로 주목을 받게 된다. 권리관계가 복잡한 기존 시가지와는 달리 자유로운 토지이용계획이 가능한 친수공간은 그 공간적 특성에 맞추어 도심부에서 부족한 도시기능을 보완하거나 기반시설 정비를 가능하게 한다.

〈그림 10-1〉 일본 후쿠오카 나가노시마 친수공원의 배 모양 놀이시설

나. 개발형태에 따른 분류[4)]

1) 신개발

신개발은 수변개발의 가장 적극적인 형태의 개발 기법으로 연안매립과 인공섬을 만드는 방식으로 나눌 수 있다. 가장 적극적인 수변공간 개발기법인 인공섬 개발은 넓고 큰 수역으로 둘러싸이므로 수제부의 길이를 최대한 확보하여 개발에 따른 이미지를 높이는 데는 적합하지만, 투자비가 연안매립의 경우보다 엄청나게 증가하며, 인공섬 매립계획에서 실시 · 건축에 이르기까지 엄청난 시간을 요구하는 것이 단점이다. 신개발 방식은 갯벌이 적은 일본에서 많이 활용되는 방법으로서 대표적인 사례로는 고베의 포트아일랜드와 로코아일랜드, 그리고 싱가포르의 마리나 센터 등이 있고, 우리나라에서는 인천 송도지구가 대표적인 예이다.

2) 재개발

재개발은 이제까지 다른 목적으로 이용되고 있던 항만 등을 그 주위의 시설과 함께 새로운 목적으로 전용해서 다시 한 번 도시생활의 중요한 지역으로 복원시키고자 하는 계획이다. 현재 도시계획에서 사용되는 재개발 기법과 같은 것이다. 대개 19세기 말이나 20세기 초에 생성된 옛 항만도시를 대상으로 시행되고 있는 기법이다. 항만도시 생성초기와는 달리 최근에 무역형태의 혁신이 일어나 선박의 대형화, 전용화 등으로 항만 입지로 부적합해진 기존 항만도시 내의 기능이 쇠퇴하면서 재개발의 필요성이 절실히 요구되었기 때문이다.

3) 전용 · 보존 · 수복

전용도 보전의 일종으로 주로 건물에 대해 행해지는 것이다. 기존 건물에 최소한의 방법을 가미하여, 원래 기능을 다른 것으로 변화시키는 것이다. 항만 창고를 그대로 유지하면서 식당, 쇼핑몰로 이용하는 예가 바로 이러한 예이다. 또한 최근 친수공간에 조화시키기 위해

4) 田村正美, 「"ウォーターフロント", Process : Architecture」, 제52호, 1984.11.

배를 계류시켜 레스토랑이나 호텔 등으로 이용하는 예가 많아지고 있으며, 이것도 전용의 하나이다.

수복은 토지이용을 원칙으로 개선하거나 변화시키고 좋지 않은 영향을 미치는 일부 건물이나 기능 등을 제거하고, 지역의 양호한 스톡(자본, 건물)등을 부활 · 향상시키는 개발방법이다. 이에 비해 보전은 현재 건물 · 기능 등을 그대로 남기는 것을 원칙으로 하고, 물리적인 변형을 최소화하는 개발이다.

다. 개발입지에 따른 분류(도시공간 구조상)

1) 도심입지형

입지형태에 따른 분류는 개발지역의 위치에 따라 결정되는 것으로 도심입지형의 경우 개발 대상지역이 도심내부에 입지하는 것이다. 대부분 초기에 도시의 중심요소에서 점차 도시로부터 버려진 연안시설을 재개발이나 전용, 수복, 보존 등을 통해 개발하는 것이다. 다른 경우에 비해 도시문제 해결이나 유휴지 재생형태로 많이 개발되는 유형이다.

2) 도시주변 입지형

도시주변 입지형은 말 그대로 개발지역이 도시주변에 입지하고 있는 경우를 말하며, 도시 활성화를 위해 외곽에 새로운 친수기능이 만들어진 경우에 해당된다. 입지가 도시외곽에 있는 관계로 도시 내부에서 누릴 수 없는 저밀도의 자유로운 개발이 가능하고 반대로 도시적 이미지를 가미할 수 있어, 도시민들의 근거리 여가, 위락 및 기반시설 정비 등을 할 수 있는 경우이다.

3) 교외입지형

교외입지형의 경우는 도시와 멀리 떨어진 어촌이나 작은 지방항 등에 입지하는 친수공간을 말하며, 주로 단거리 혹은 근거리 수요를 충족하는 경우보다는 장거리 여행객 등 장기위락이나 여가를 활용하기 위한 경우가 많다. 어촌마을의 유휴지를 활용하거나 지역 문화 및 자연자원과 친수공간과의 접목을 통하여 새로운 형태의 친수공간을 개발하는 경우가 대부분이며, 대도시에서 이루어지는 친수공간 개발과는 다른 형태의 개발이 많이 일어난다.

위에서 언급한 친수공간의 분류에 따라 사례지별로 개발 유형을 분류하기에는 분명한 기준의 미비와 개발의 중복성 때문에 어려움이 많지만, 사례지의 개발형태나 특징, 성격 등에 따라 개략적으로 정리하면 〈표 10-2〉와 같이 분류할 수 있다.

표 10-2 외국사례의 개발유형별 분류

지역	도시	시장 도입형	유휴지 재생형	도시 기반형	쾌적성 활용형	도시문제 해결형	신개발	재개발	수복·전용·보전	도심 입지형	도시 주변형	교외 입지형
미국	볼티모어		●			●		●		●		
	샌프란시스코		●			●		●			●	
	보스턴				●	●		●	●	●		
	콜럼비아			●			●					●
일본	MM 21	●				●	●	●			●	
	도쿄 임해부	●		●			●				●	
	로꼬아일랜드	●		●			●				●	
	포트아일랜드	●		●			●				●	
유럽	도크랜드		●	●		●		●			●	
	바로셀로나			●		●		●	●	●		
	빈			●	●		●			●		
	스톡홀름	●				●	●	●			●	
기타	호주 시드니				●	●		●		●		
	싱가포르				●	●	●				●	

자료: 해양수산부, 「친수성 항만공간 개발 실시계획검토 및 기본구상」, 1998, p.179.

라. 친수공간 개발의 유형

친수공간의 개발은 유형적으로 매우 다양하고 특히 도시의 기존 환경에 따라 달라진다. 친수공간은 여러 유형으로 이루어지나 중심내용은 이러한 유형별 개발을 통해 집객력을 높이고 이용도를 증대시키려는 것이다. 여기서는 친수공간의 유형을 친수문화공간, 친수상업공간, 친수주거공간, 친수위락공간, 그리고 친수교통공간으로 구분하여 각 유형별 특징을 살펴본다.

1) 친수위락공간(Recreational Waterfront)

친수위락공간은 물과 관련된 위락과 유희시설을 친수공간에 집중시켜 개발하는 것을 말한다. 친수위락공간개발 시 주요 고려사항은 보행자 위주의 동선체계와 모노레일 등을 이용한 도시민들의 접근성 향상이다. 이와 함께 친수공간에 체험형 시설 등을 통한 교육기능과 방문자들을 위한 숙박 기능까지 도입하여 개발하는 것이 일반적인 친수위락공간의 형태이다.

2) 친수상업공간(Commercial Waterfront)

친수상업공간이란 친수공간이 도시민에 대해 갖는 유인력을 바탕으로 백화점부터 소규모 판매점에 이르기까지 판매시설 위주로 친수공간을 개발하는 것이다. 친수상업공간 개발의 일반적인 특징은 고품질의 상품 구성이나 풍부한 양을 내세운 대형 쇼핑센터보다는 작고 연속적이며 개방감을 제공하는 복합적이고 다양한 상점 구성으로 이루어진다는 것이다.

3) 친수주거공간(Residential Waterfront)

친수주거공간이란 도시민들이 갖는 다양한 주거방식에 대한 욕구를 효과적으로 충족시키기 위한 방편으로 개발되는 친수공간을 말한다. 이러한 개발에서는 친수공간이 갖는 환경적인 장점들을 이용하고 다양한 시설들을 종합적으로 배치하여 이용의 편익제고는 물론 도시생활의 쾌적성을 더할 수 있도록 다양한 부문들이 함께 고려된다.

4) 친수문화공간(Cultural Waterfront)

친수문화공간이란 도시의 역사나 전통을 나타낼 수 있는 시설물을 중심으로 개발되는 수변공간을 말한다. 따라서 도시의 수변공간이 친수문화공간으로 개발되기 위해서는 기본적으로 도시가 그 나름대로의 역사와 전통을 가지고 있어야 한다. 이러한 기본 조건을 바탕으로 수변공간이 친수공간으로 개발될 때 그 공간은 도시의 역사성과 상업성이 공유되는 공간으로 전환되게 된다.

예를 들면 오랜 역사와 전통의 도시 보스턴(Boston)은 친수공간을 개발하면서 도시 공간구조를 성공적으로 재편한 것으로 평가받고 있다. 역사성과 상업성이 잘 조화된 사례인 보스턴 퀸시 마케트 플레이스(Boston Quincy Market Place)는 페뉴얼 홀(Feneuil Hall)과 마케트 플레이스(Market Place)로 나누어진다. 여기서 페뉴얼 홀(Feneuil Hall)은 역사적 공간으로 미국의 독립전쟁 당시에 중요한 사건(보스턴 차 사건이 발생했던 장소)이 발생했던 장소로, 그리고 마켓 플레이스(Market Place)는 상업 공간으로 개발되어 역사성에 상업성이 잘 조화된 사례로 평가받고 있다.

친수문화공간 개발에서는 옛것과 새로운 것의 적절한 조화가 중요하기 때문에 대규모 업무 및 상업 시설 일변도의 개발과는 달리 개발의 방법도 기본 계획(Master Plan)에 의해 엄격한 규제를 통해 시행하는 것이 일반적이다.

5) 친수교통공간(Transportation Waterfront)

친수교통공간이란 육역과 수역이라는 서로 자연적으로 다른 공간이 만남으로써 생기는 교통의 결절점이라는 특징을 바탕으로 개발되는 친수공간을 말한다. 친수교통공간 개발은 국제무역 기능을 담당할 수 있는 항만 시설 및 각종 지원시설과 고속도로, 교량, 신교통 시스템을 주축으로 하는 기반시설 정비 · 확충이 일반적이다. 앞에서 설명한 다섯 가지 유형의 친수공간을 보유한 해외사례를 보면 〈표 10-3〉과 같다.

표 10-3 해외 주요 친수공간 개발의 유형

국가	도시	프로젝트	규모(천평)	유형	배후도시 인구
미국	뉴욕	Battery Park City	112	상업+주거	1,632만 명
		South Street Seaport	30	상업	1,632만 명
		Roosevelt Island	181	주거	1,632만 명
	샌프란시스코	Harbor Bay Business Park	1,119	상업	386만 명
		Pier'39	55	상업	386만 명
	시카고	Illinois Center	103	주거	684만 명
		McComic Place	151	상업	684만 명
	LA	Marina Del Ray	151	주거+상업	1,241만 명
영국	런던	Dockland	6,655	상업+주거	733만 명
프랑스	파리	Secteurt Seine Sud-Es	–	상업	947만 명
호주	토론토	Harbor Front	112	상업+위락	448만 명
		Railway Land Partil	245	복합	448만 명
	시드니	Darling Harbor	163	상업+위락	359만 명
	Brisbane	Brisbane 88	121	위락+문화	–

자료: 해양수산부, 상게서, p.207.

4 친수공간 정비 사례

가. 해외사례

이하에서는 각 국별로 친수공간의 사례를 간단히 보고자 한다.

1) 일본

가) 도쿄 임해부(Tokyo Waterfront City) 개발사업

(1) 개요

해상공원의 조성배경으로는 과거 자연여건이 수려한 도쿄만 일대가 도시민의 휴식공간 기능을 수행하였으나 경제 성장과정에서 대규모 매립과 함께 공장 조성, 항구 확장 등으로 휴식 및 생활의 장소로서 바다와 접할 수 있는 기회가 사라지게 되었다.

도쿄 임해부도심은 도쿄만의 442ha 매립지 위에 개발된 복합 도시공간으로 주거기능과 함께 상업, 국제교류, 관광, 휴식 등 비즈니스 도시를 목적으로 조성되었으며, 도쿄시에서는 워터프론트의 매력을 최대한 활용하기 위하여 개발면적의 27%를 친수공원(해상공원)이나 녹지로 정비하였다.

1940년대 이후 해상공원 구상이 발표된 이래로 도쿄항의 해상공원은 자연환경의 회복과 보전을 도모하고 항내 전역에 걸쳐 도쿄 시민이 항구의 경관과 물, 녹색공간을 접할 수 있도록 정비를 진행하고 있으며, 인공해변을 비롯하여 스포츠, 낚시, 철새관찰 등의 레크리에이션활동이 가능하도록 42개소 지역을 정비하였다.

오늘날, 도쿄시민의 주말 휴식공간으로 이용되고 있는 해상공원의 연간 이용객은 1,600만 명 정도이며 도쿄시민의 74.5%가 임해부도심의 워터프론트 시설을 이용하고 있는 것으로 추정하고 있다.

〈그림 10-2〉 도쿄 임해부도심 해상공원 위치도

	공 원 명
해변 공원	① 오다이바해변공원(お台場海浜公園)
	② 오오이부두해변공원(大井ふ頭中央海浜公園)
	③ 동경항조류공원(東京港野鳥公園)
	④ 카사이해변공원(葛西海浜公園)
	⑤ 약주해변공원(若洲海浜公園)
	⑥ 성남도해변공원(城南島海浜公園)
	⑦ 진기해변공원(辰己の森海浜公園)
부두 공원	⑧ 하루미부두공원(晴海ふ頭公園
	⑨ 항구부두공원(みなとが丘ふ頭公園)
	⑩ 동경해변공원(京浜島つばさ公園)
	⑪ 해변광장공원(水の場公園)
기타 공원	⑫ 녹지공원(辰巳の森道公園)
	⑬ 아리아케 테니스공원(有明テニスの森公園)
	⑭ 심벌 산책로공원(シンボルプロムナド公園)

〈그림 10-3〉 도쿄 임해부도심의 해상공원과 각종 친수공간 사례

(A) 오다이바 해변공원 전경 (B) 선박과학관 전경

(C) 도쿄 국제회의장과 빅사이트 전경 (D) 다케시에피어 해안산책로

(2) 도쿄항 내 주요 친수공원의 개요

■ 오다이바 해변공원

〈그림 10-4〉 오다이바 해변공원

(A) 오다이바 해변공원 안내도　　(B) 해변공원 유람선
(C) 해변 및 공원산책로　　(D) 해변공원 낚시터

도쿄시민의 친수시설 제공을 목적으로 조성된 오다이바 해변공원은 인공해수욕장 시설과 함께 보드워크(board work), 전망데크, 산책로 시설이 조성되어 있으며, 여름철에는 해수욕과 함께 윈드서핑을 즐기며 도쿄항 내를 운항하는 유람선도 승선할 수 있다. 주요 시설로는 마린하우스, 라커 및 샤워시설, 윈드서핑 보드, 식당, 매점, 세탁장, 주차장 등이 있다.

■ 카사이 해변공원(Kasai Marine Park)

도쿄만의 북서쪽에 위치하고 있는 카사이 해변공원은 도쿄시민의 주말 휴식과 산책의 공간으로 개발되었다. 카사이 해변공원은 인공해변과 수족관, 자연생태관, 전망데크 시설 등이 마련되어 있어 여름철 해수욕활동 및 해변에서의 레크리에이션 활동이 가능하며 수족관과 자연생태관에서는 다양한 수중생물을 관찰할 수 있다.

카사이 해변공원에는 위락시설과 함께 겨울철 철새를 관찰할 수 있는 탐조시설이 마련되어 있어 사계절 이용이 가능하도록 개발되었다.

- **계획목적** : 에도가와 해변을 매립하여 카사이 마린 파크 개발, 그 일부로서 Tokyo Sea Life Park 조성
- **시설구성** : 수족관, 전시시설, 관망타워, 야외 연못(펭귄), 워터 프라자(폭포) 등
- **규모** : 대지 - 80,379㎡(약 8ha) 전체 Kasai Marine Park 면적은 77ha시설 - 건축면적 11,129㎡, 연면적 14,722㎡

나) 요코하마 MM21(Minato Mirai 21) 사업

(1) 개요

동경에서 남쪽으로 30km 떨어져 있는 요코하마는 인구 373만 명으로 일본 제3의 도시이다. 1859년에 개항하여 일본 개화의 창구역할을 한 대표적 항구도시인 요코하마는 21세기 이상형도시로서 워터프론트 재개발을 위해 미나토미라이21(MM21)사업을 추진하고 있다.

21세기 새로운 워터프론트 창조를 목표로 추진되고 있는 MM21사업의 사업목표는 다음

과 같이 크게 3가지로 설정되었으며, 1983년 시작되어 2005년 기반시설이 완공되었다.

1. 요코하마 시의 자립성 강화 2. 항만기능의 질적 전환 3. 수도권의 업무기능 분담

MM 21 사업지구의 총면적은 부두와 조선소 등이 있던 기존의 임해지역 110ha와 해안을 매립해 조성한 76ha 등 186ha이며, 이를 택지 87ha, 도로 및 철도 42ha, 공원녹지 46ha, 부두 11ha로 새롭게 개발하였다.

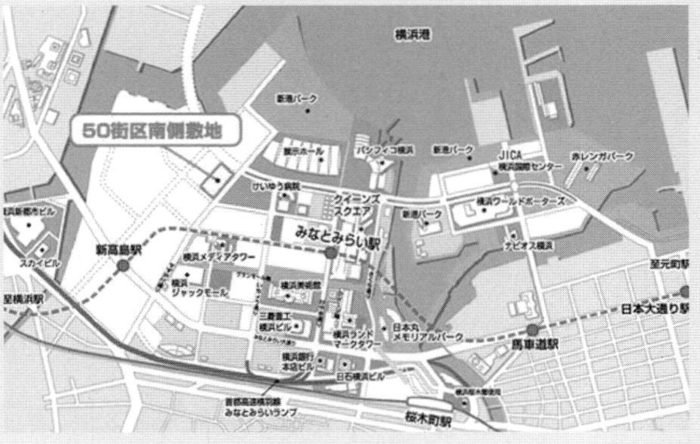

〈그림 10-5〉 요코하마 미나토미라이21(MM21) 지구

MM21 사업지구의 토지이용 현황에서 볼 수 있듯이 전체 지구면적의 25%를 녹지와 공원으로 조성하도록 계획하였다. 이는 도시의 쾌적성 확보를 통한 '물과 녹색, 역사에 둘러싸인 환경도시'의 이미지를 형성하기 위한 것이며, 이러한 개발컨셉은 일본 워터프론트 개발과 도시재개발의 대표적 모델로 평가받고 있다.

〈그림 10-6〉 요코하마 MM21 지구

(A) 요코하마 MM 21 지구 전경 (B) 요코하마 범선해양박물관

(C) 니혼마루 수변공원 (D) 임항공원 지구

MM21 사업의 중심지구는 퍼시픽 요코하마지역으로, 매립을 통해 조성된 이 지역에는 일본 최고층 빌딩인(높이 297m, 70층) 랜드마크타워와 국제회의장(5,000석 규모), 돛 형상의 그랜드인터콘티넨탈호텔(31층 규모) 등 사무실과 호텔, 쇼핑센터가 밀집되어 있다. MM21의 대표적인 시민 친수공간으로는 니혼마루 수변공원과 임항공원, 요코하마만의 3개 지역으로 나뉜다.

다) 고베 시의 메리겐파크와 모자이크

고베 항 효고부두는 1868년 고베 항이 개항할 당시부터 있었던 항만시설로서 낡은 화물창고와 쓸모없는 부두시설만 남은 지역이었으나, 고베시는 이 버려진 항만시설을 재개발하여 시민 친수공간을 만들었다. 메리겐파크는 과거 여객선 선착장으로 이용되었던 돌제(突堤) 옆의 해안을 매립하여 10.6*ha*의 면적에 잔디광장, 전망대, 해양박물관 등을 건설하였다. 한편 모자이크는 최근 패쇄된 화물역의 재개발사업으로 이루어진 하버랜드(Harbor Land) 사업지구에 이국적인 상업 시설과 잔디공원 등을 조성하는 형태로 이루어졌다. 그런데 '97년 대지진으로 파괴된 일부 시설은 그대로 전시되고 있다.

① 위치 : 고베 시 효고부두(재래부두)와 포트아일랜드 사이의 해안

② 개장기간 : 1987년, 1992년

③ 주요시설 : 메리겐파크(산책로, 분수, 잔디광장, 고베 포트타워, 해양박물관, 오리엔탈 호텔, 지진 피해 현장), 모자이크(각국 음식점, 영화관, 운하, 유람선, 여객선 터미널, 잔디공원, 산책로)

〈그림 10-7〉 고베 항내 친수공간 내 전망탑 (포트타워)

〈그림 10-8〉 고베 해양박물관

〈그림 10-9〉 고베 항 인근의 지진현장 전시시설

2) 미국

가) LA 롱비치

LA남쪽에 위치한 롱비치는 무역항과 해변의 수변공간 지역으로 구성되어 있고 마리나가 조성되어 있고 신선한 시푸드 레스토랑 외에 수족관, 퇴역 후 해상 호텔로 이용되고 있는 퀸메리(Queen Mary) 호 등 다양한 볼거리가 조성되어 있다. 롱비치 수족관은 1998년 6월에 오픈한 수족관으로 550종 1만 2,000점의 해양 생물들이 이곳에 전시되고 있다.

〈그림 10-10〉 물결 모양의 외관 디자인으로 유명한 롱비치 수족관 전경

〈그림 10-11〉 LA 롱비치에 계류된 퀸 메리 호텔

퀸메리 호는 1930년대 호화유람선으로 건조되어 당시 가장 빠른 정기선으로 승객수용 능력이 1,962명이며, 2차 대전 중에는 군 수송용으로 사용되기도 하였다. 많은 추억을 간직한 채 마지막 항해지인 롱비치에 도착한 후 퇴역하여 롱비치에 영구히 정박하면서 관광객들에게 퀸메리호([그림 10-11] 참조)에 담긴 추억을 보여 주고 있다. 퀸메리 호는 호텔로 이용되고 있으며, 특별한 결혼식을 위한 장소로도 많이 이용되고 있다. 퀸메리 호 바로 옆에는 러시아 잠수함도 같이 전시되고 있다.

나) 샌프란시스코 PIER 39 : 수변형 복합 상업시설

어업용으로 쓰던 부두(39번 Pier)를 수변공간으로 재개발하여 만든 연간 1,000 만 명 이상이 방문하는 수변형 상업시설로서 각종 쇼핑시설, 레스토랑, 테마상점, 전문박물관 등이 입지해 있다.

〈그림 10-12〉 재개발된 샌프란시스코의 Pier39의 모습

3) 캐나다

가) 밴쿠버의 그랜빌 섬(Granville Island)

캐나다의 밴쿠버의 그랜빌 섬(Granville Island)은 도서로 이루어진 수변 공간을 재개발하여 수변레저개발의 세계적인 모델로 변화시켰다. 그 개발내용은 다음과 같다.

• 개발유형 : 임해복합 레저형[5)]

• 사업주체 : 민간기업

• 개발이념 : 최고의 해양 및 수변 리조트

• 기타사항 :

  - 면적 : 137,978㎡

  - 보트 커뮤니티와 요트 계류장 및 수리소, 연계 해상택시 운영, 요트 애호가를 위한 제반시설이 갖추어져 있는 워터파크 및 여왕시장, 해양시장, 꼬마시장(kid's only market) 등

〈그림 10–13〉 캐나다 밴쿠버 친수공간 하버플레이스 (유람선 터미널, 백화점 등)

나) Canada Harbour Place(뱅쿠버)

• 계획목적 : 밴쿠버 부두 재개발, Expo '86의 일부로서 캐나다관으로 건설, 엑스포 때에 컨벤션센터로 활용. 부두시설의 재개발 사례로 기존의 부두 위에 호텔, 컨벤션 입지 등 입지

• 시설구성 : 켄벤션센터, 월드트레이드 센터, 호텔, 크루즈선 터미널, I-max 영화관, 해변 산책로(프롬나드), 쇼핑시설, 야외극장, 주차장

5) 이상춘 외, 「해양관광의 이해」, 2004, p.251.

• 규모 : 대지 - 길이 490m, 폭 100m(면적: 49,000㎡, 4.9ha)

시설 - 연면적 165,362㎡(호텔: 21층, 505객실 규모)

다) Ontario Place(토론토, 캐나다)

• 계획목적 : 토론토 시내 해변개발, 인공대지에 도시환경 개선을 위한 해변공원 조성
• 시설구성 : 해변공원, 전시공간, 마리나, 물 미끄럼, 어린이 마을, 해변산책로, 극장(cinesphere), 레스토랑, 스포츠 · 문화시설 등
• 규모 : 대지 - 186,148.2㎡

시설 - 연면적 17,651㎡(전시시설은 3층, 750㎡의 pod 5개 해상 건설)

4) 아랍에미레이트 시카고 비치타워호텔(두바이 시)

두바이 시는 최근 인공섬을 조성하여 관광, 주거 등의 시설과 아울러 다음과 같이 호텔 등을 건립하였다.

또한 새로운 계획에 의해 많은 인공섬 관광 및 주거단지를 조성 중이다.[6)]

• 계획목적 : 두바이 시의 관광산업 육성
• 시설구성 : 시카고 비치타워호텔, 주메이라 호텔, 마리나 공원
• 위치 : 두바이 도심에서 15㎞, 해변에서 400m 떨어진 인공섬에 별 7개의 시카고 비치타워 호텔(일명 Burj al arab) 건설, 인근 해변에 주메이라 호텔과 마리나 공원 위치함
• 규모 : 시카고 비치타워 호텔 - 높이 321m, 연면적 12만㎡

주메이라 호텔-26층, 객실 600개

마리나 공원: 15acre(30,702㎡, 약 6ha)에 이르는 해안휴양단지

(21동의 빌라, 파도풀장, 가족풀장, 롤러코스터 등 놀이시설을 갖춤)

• 접근방법 : 교량을 이용한 차량 접근, 호텔상부 헬기장을 이용한 공중 접근, 해상에서 요트로 접근
• 총 공사비 : 약 44억 달러(5조 원)

---

6) 제1장의 제5절의 내용을 참조하기 바람.

〈그림 10-14〉 시카고 비치타워호텔 전경

나. 우리나라의 친수공간 정비

우리나라의 연안친수공간은, 연안 정비사업, 항만재개발 및 정비사업, 일반도심지 및 어촌재개발 등을 통하여 이루어진다. 이를 분야별로 살펴보면 다음과 같다.

1) 연안 친수공간 정비 · 확충

국민들이 연안을 즐겨 찾을 수 있도록 연안에 쾌적한 휴식공간을 제공할 필요성에 따라 연안 친수공간은 지자체별로 일부 조성되고 있으나, 국가 차원의 종합적이고 체계적인 지원은 아직은 미흡한 편이다.

국가적으로 보면 다양한 형태의 관광수요에 대비한 연안친수공간(Waterfront) 확충을 위해 연안관리법에 의해 '93년 제1차 연안정비 10개년 계획(2000~2009)을 세운 이래로 연안정비시 친수공간 조성사업이 병행하여 시행되고 있다. 강원도에서는 '아름다운 동해안 가꾸기 사업' 등을 계획하여 사업지구를 지정하여 거점 정비를 추진해 왔다. 이러한 연안정비

사업중 가장 성공적인 사례는 부산 송도해수욕장의 복원이다. 부산에서 가장 오래된 송도 해수욕장은 모래침식 등으로 그 동안 폐장되었으나 연안정비사업비를 포함하여 약 400여 원을 들여 파도를 막아주는 해중 잠재(潛재)를 조성하고 모래를 보충해 주는 양빈사업 실시, 친수성 시설 조성 등으로 '05년도 새로이 개장하여 약 352만, 2010년에 473만 명에 이어 최근 케이블카, 해상구름다리 건설로 인해 2017년에는 천만 명이 다녀간 것으로 집계되고 있다.

현재 제2차 연안정비계획(2010~2019)이 2조5천억 원을 들여 시행중이며 이를 통해 '자연과 인간'이 조화된 연안관리를 통한 친수 공간 조성이 전국 18개소에서 이루어지고 있다.[7] 이중 친수 공간 등 휴양시설 정비는 74개소(10,386 억 원)에 이르고 있다.

〈그림 10-15〉 송도해수욕장의 정비 사업 위치도

(1: 잠재, 6: 양빈, 기타는 각종 친수시설)

7) 국토해양부, 「제2차 연안정비수정계획(2010~2019)」, 2012.2.

〈그림 10-16〉 최근 추진되는 제주국제자유도시의 서귀포 미항 지구 친수공간 구상도

2) 항만구역 내 친수공간의 조성

지금까지 시민들의 접근이 금지되었던 주요 항만지역에 일반시민들이 친숙하게 접근 이용할 수 있도록 친수공간 조성의 필요성이 증대되고 있다. 그동안 우리나라의 항만은 부족한 화물처리시설 위주로 개발되어 친수공간시설은 거의 조성되지 못하였다. 1999년 기준 전국항만의 친수공간은 15만 평(전국 야적장의 6%정도) 정도로 항만시설 확충 중심의 개발에 따라 시민들을 위한 환경친화적이고 레저가 가미된 개방적인 항만개발계획이 미흡하였다.

그러나 최근의 여건 변화에 따라 기존 항만 내 유휴부지나 구 항만지역의 노후화된 시설부지에 친수공간 조성이 촉진되고 있으며, 신규 항만에는 사업 초기단계부터 계획적인 친수공간 조성을 의무화하고 있다. 특히 지역마다 해상이나 해변에 조성되는 준설토 투기장은 계획 수립시 해변 친수공간 위주로 이용계획이 마련되고 있다.

우리나라 항만 친수 공간 사업을 위해 해양수산부는 '98년에 친수성 항만 개발 계획 연구용역을 실시하였고 2002년에는 노후항만 정비를 통한 '항만 친수공간 조성계획'도 수립하여 시행하였다.

〈그림 10-17〉 우리나라에서 가장 오래된 인천 월미도 친수공간

이어 해양수산부는 노후 · 유휴 항만 시설과 준설토 투기장 투기를 통해 새로이 조성된 항만 부지에 대한 항만친수공간 등 항만재개발 사업을 활성화하기 위하여 '07년도에 기존의 10개 항만, 12개소 계획을 수립하였으나 다시 '항만재개발 수정계획'(2011-2020, 2012.4. 수정)으로, 12개 항만, 16개소로 고시했다. 그 후 '제2차 항만재개발 기본계획'에 의거 13개항, 19개 대상지를 2016년 10월 확정 · 고시하여 2020년까지 5.5조원이 투입될 예정이다.[8] 여기에 따르면 2011-2020년간에 각 항만을 도심기능 · 복합거점, 해양산업 · 물류거점, 해양관광 · 여가거점, 개항역사 · 문화거점으로 개발될 수 있도록 하였다.

8) Metro, 2016.10.30

표 10-4 제2차 항만재개발사업계획(2011-2020) 지역 현황

항만형	위치	면적(천m^2)	추정사업비(억원)	거점 기능
인천항	영종도 투기장	3,316	4,367	도심기능 복합거점, 해양관광 · 여가거점
	중구 인천내항 1.8부두	286	401	
대천항	보령시 신흑동	331	3,413	해양산업 · 물류거점
군산항	군산시 장미동	421	1,088	개항역사 · 문화거점
목포항	목포시 해안동	88	144	개항역사 · 문화거점
	남항 투기장	377	1,107	해양관광 · 여가거점
제주항	제주시 건입동 내항	135	667	해양관광 · 여가거점
서귀포항	서귀포시 서귀포동	40	305	해양관광 · 여가거점
광양항	묘도투기장	3,239	5,857	해양산업 · 물류거점
	3단계 준설토 투기장	4,331	5,327	
여수	여수 신항	1,176	5,669	해양관광 · 여가거점
고현항	거제시 고현동	833	6,965	도심기능 복합거점
부산항	중 · 동구 북항	1,532	17,718	도심기능 복합거점, 해양관광 · 여가거점
	북항 자성대 부두	1,588	14,512	
	북항 용호부두	38	96	
구룡포항	포항시 남구 구룡포읍	49	128	해양관광 · 여가거점
포항항	포항시 송도동 일원	173	648	도심기능 복합거점
동해 · 묵호항	동해시 발한동 묵호지구 1단계	35	126	해양관광 · 여가거점
	묵호지구 2 · 3단계	1,010	881	
계	13개지구(19개대상지)	18,998	69,419	

자료: 해양수산부, 『해양수산 핵심통계 참고자료』, 2016.6. 주: 제2차 항만재개발계획 의거 추진 중인 재개발 사업, 사업비는 기반시설 비용임(상부건축비 제외)

3) 도심지 연안 친수공간 조성

현재 우리나라의 친수공간 조성은 다소 뒤늦은 감이 있다. 이는 선진 외국에 비하여 연안의 산업화가 늦어 항만 · 산업시설이 최근에 개발되었고, 따라서 노후화가 선진국에 비해 다소 늦어지기 때문이다. 최근 연안 도시의 친수공간 조성사례를 보면 다음과 같다.

가) 부산

부산은 해운대, 광안리 등 도심지 해수욕장을 중심으로 연안 친수공간의 조성에 주력해 오고 있고, 어항 등의 다기능화, 송도 해수욕장의 복원, 영도 연안주변의 연안산책로 조성

등이 활발히 이루어졌다. 향후 신항개발로 인해 남아돌게 될 기존의 북항 재개발로 향후 대대적인 친수공간 조성이 예상된다.

나) 인천

과거 송도유원지, 월미도 등을 중심으로 친수성 레저가 많이 이루어져 왔으나 향후 북항 지역의 만석동 일원의 재개발, 월미도 해양박물관 건설 구상에 따른 정비, 매립된 송도지구의 친수공원 조성 등이 예상된다. 500만 평 가까이 되는 청라지구가 아파트단지 외에 골프장, 테마파크, 화훼단지 등으로 대규모 개발될 예정이다.

이외에도 국제 자유도시를 지향하는 제주 서귀포시 미항가꾸기, 울산 고래공원, 목포 하당지구, 속초 EXPO공원 조성 등 각 도시마다 친수공원이나 친수공간 조성이 이루어져 왔다.

4) 어항 친수공간 조성

어항의 배후지에 소공원을 조성하거나 어항을 리모델링 하여 각종 문화 · 휴게 · 전시 · 공연 공간 등으로 조성되는 경우이다. 2000년대 초 지정된 전남 강진군 마량항 등 전국 13개의 다기능어항에 이러한 친수시설들이 조성되어 왔고, 2014년 10개 다기능어항을 신규로 지정하여 어항 친수공간 조성을 추진하고 있다.[9)]

특히 경기도 지역에서는 연안어촌관광계획에 따라 마리나, 해안 산책로, 어항공원지구 조성, 어촌민속관, 해수욕장 정비, 어촌체험시설 등이 많이 조성되어 왔다.

---

9) 해양수산부, 『주요 업무 추진현황』, 2016.5, p.210

제 11 장

해양리조트 개발

본 장에서는 해양리조트의 유형과 국내외 사례, 조성방안 등을 살펴보고자 한다.

1. 해양리조트의 개발 역사와 특성

리조트란 "어느 장소에 체재한다."라는 의미를 지니고 있는데, 관광측면에서 접근하면 관광객의 반복적인 활동을 불러일으키는 체재형 관광지로서 별장과 리조트 호텔이 위치해 있는 장소적인 의미를 내포하고 있다.[1] 이러한 리조트의 사전적 정의는 "휴가차 보양과 위락을 위해 사람들이 방문하는 곳"이라는 의미를 지니고 있다. 결국 리조트란 "보양과 위락을 하는 곳, 편안한 마음으로 의지할 수 있는 곳"으로 이해될 수 있다. 따라서 해양관광리조트라 하면 일정기간 동안 해안지구에서 휴양을 목적으로 한 여가활동을 즐길 수 있는 지역으로 다양한 해양위락을 즐길 수 있는 체제형의 종합위락시설이 갖추어진 관광지를 말한다.[2]

리조트 공간은 일정기간 동안 일상의 생활권을 떠나서 다양하고 쾌적성이 풍부한 여가활동이 이루어질 수 있는 시설로서 체재성, 자연성, 휴양성(보양), 다기능성, 광역성, 공익성 등의 성격을 갖는다. 리조트는 '제재'를 목적으로 하는데 반해 관광은 '경유'를 목적으로 하는 차이가 있다.[3] 규모상으로 보면 조그만 잠수리조트로부터 씨월드 같은 테마공원같이 수십만 평의 넓은 공간 등 다양한 규모로 조성된다. 그러나 이러한 리조트의 조건은 반드시 자연적인 혜택이 풍부한 지역뿐만 아니라 미국의 라스베가스처럼 자연적 조건이 양호하지 못한 환경지역도 자연 개조적인 개발을 통해 지역의 삶의 질을 향상시키고 또 새로운 부가가치를 창출하는 영역으로까지 발전되고 있다.

리조트의 역사는 일찍이 로마시대로 거슬러 올라간다. 이 시기에는 일부 특권계층을 위한 온욕탕이 있었으며 보양과 사교의 장으로 활용하였다.[4] 휴양성인 해양관광활동은 유럽의 대표적인 관광활동으로서 이를 시기적으로 보면 다음과 같다.

첫째, 16세기 이전에는 그리스트교 순례자가 순례도중 숙박으로 이용한 온천장이나 온

1) 이상춘 외, 「해양관광의 이해」, 2004, p.100.

2) 상게서, p.234.

3) 진형식 등, 「리조트 개발의 경영」, 행설출판사. 서울, 2006.4, p.17.

4) 이하의 내용은 이상춘(2004), 진형식등(2006)의 내용을 필자가 재정리함.

천의 치료적 효과를 이용하여 '스파'의 역할을 하면서 휴양적 의미로서의 관광지가 되었다.

둘째, 18세기 이전에 온천의 의학적 효과에 의거하여 발전이 이루어졌고 독일의 바덴바덴(Baden Baden)과 영국의 바스(Bath) 등 온천지역이 상류계층의 휴양지로 이용된 것이 그 시초이다. 특히 18세기에는 해수욕이 레크리에이션으로 보급되어 영국이 최초로 체육보건 향상에 효과가 크다고 하여 수영을 일반화하였고, 대상지가 바다로 되면서 해양관광이 본격화되었다. 19세기 후반부터 현재의 리조트 형태가 나타나기 시작하였으나 일반인들이 이용하기에는 거리가 멀었다.

셋째, 20세기는 휴가제도의 정착에 의해서 일반대중의 휴양이 시작된 시기로서 관광수요 증대와 함께 관광지가 대규모로, 그리고 다양하게 개발되기 시작한 시기이다.

그러던 것이 1950년이 되면서 철도의 발달, 항공기 보급과 제트화 진전으로 경제활동이 활발해지면서 일반대중들이 이용가능한 리조트가 탄생하기 시작한다. 즉 에게해 연안, 코스타 델솔, 캘리포니아, 플로리다, 하와이, 라스베가스, 코파카바나를 중심으로 리조트 개발이 활발히 진행되었으며, 하이얏트(Hyatt)등 각종 리조트 호텔들도 성장하기 시작하였다.

그 후 대중형 리조트는 1960년대를 지나 1980년대에 이르러 다양하고도 많은 발전을 하기 시작하였다. 즉 단순히 리조트 시설 내용 증가에서 리조트 대중화에 따른 수요 계층의 확대, 생활관과 가치관의 변화, 생활양식과 경제기반의 변화 등에 대응하기 위한 형태로 변모하게 된다. 예를 들어 스키 등 스포츠 리조트, 주말형 리조트와 농 · 어촌 휴양형 리조트 등이 다양하게 변모한 현대 리조트의 변화를 잘 설명해 주고 있다. 특히 해양리조트의 발전이 눈부시게 이루어졌다.

표 11-1 현대 리조트의 유형별 종류

유형	내용	해양에서의 사례
휴양형 리조트	자연조건을 바탕으로 한 자연 리조트	비치 주변 리조트
온천형 리조트	온천수의 특성을 이용하여 개발한 리조트	해수탕 등 구비
큐어형 리조트	특수한 질병의 치료를 목적으로 건립된 리조트	해수찜탕, 흑사찜질, 해수탕 등 치료 시설 보유
스포츠 리조트	도입시설 중에 반드시 스포츠 시설(골프, 스키)을 포함하여 개발한 리조트	마리나 등의 해양스포츠 리조트
위락형 리조트	쇼핑, 예술, 여가, 관광 등의 활동을 중심으로 조성된 리조트	도시 근교의 종합 해양리조트

자료: 이상춘 외, 「해양관광의 이해」, 2004, p.102의 내용을 기초로 필자가 정리함.

2 해양리조트의 조건

해양리조트의 입지조건으로는 먼저 가급적 관광 · 위락의 수요발생이 많은 도시지역으로부터 접근성, 시장성이 좋고 수림과 조망이 좋고, 요트 및 보트타기에 적합한 수역과 백사장 그리고, 기상(기온, 풍향, 풍속, 쾌청일), 해상(수온, 파도, 수심) 등의 자연적 조건이 양호한 지역이어야 한다.[5] 이를 보다 상세히 검토하면 다음과 같다.

해양 리조트는 여러 가지 조건을 갖추어야 하는데 첫째로 해양관광의 3요인인 3'S(Sun, Sea, Sand)를 갖춘 지역이어야 한다. 즉 뛰어난 바다 경관, 좋은 기후, 비치 등 다양한 해양관광 자원 등을 보유하고 있어야 한다. 그렇지 못한 경우에는 이러한 시설을 인공적으로 만들어 내야 한다. 프랑스 랑독루시옹의 경우에는 이러한 시설을 갖추기 위하여 못 쓰는 라군(Lagoon)을 이용하여 마리나, 비치 등을 인공적으로 조성하는데 주력하였다. 둘째로는 접근성이 뛰어나야 한다. 접근성이 뛰어나지 못한 경우에는 수요지와의 경쟁력을 갖추기 어려워 처음부터 접근성 개선을 위한 항공로 개설, 도로 개설 등이 이루어져야 한다. 호주에서는 어떤 무명의 도서를 개발하기 위하여 먼저 공항 개발부터 시작하였다고 한다. 셋째로는 지역 시설과의 연계가 많이 될 수 있을수록 좋은 해양 리조트가 될 수 있다. 자체에 여러 가지 시설을 갖출수록 유리하나 이 경우 투자비가 많이 들어가므로 인근의 기존 시설과 연계하는 것이 유리할 수 있다. 인근 해양자원을 이용하여 충분한 해양관광 시설을 갖추되 만약 마리나가 없거나 잠수시설, 유람선 등 해양관광 스포츠 시설이 없는 경우 이를 외부 관련회사와 연계하여 이용하면 좋은 해양 리조트가 될 수 있을 것이다. 넷째 계절성이 최소화되는 시설들을 가져야 경쟁력을 갖출 수 있다. 해양관광은 주로 하계 위주의 시설이 주된 것이나 배후에 골프코스나 헬스, 체육시설, 스키장 등과 연계될 수 있을수록 시설의 활용도는 높아지고 경쟁력을 갖게 될 것이다.

5) 이상춘외, 전게서, p.234.

3 해양리조트의 유형

통상 해양리조트의 유형은 주요해변시설인 해수욕장형, 마리나형, 종합형 등이 있으며 우리나라는 해수욕장형, 종합형이 잘 발달되어 있다. 또한 기존기능 전환형과 신규개발형이 있으며, 해남화원관광단지나 중문관광단지는 신규개발형이다. 이를 테마시설을 중심으로 분류해 보면 다음과 같다.

1) 종합 휴양

해양스포츠 시설, 비치, 풀장, 잠수훈련장, 기타 시설 등 다양한 시설을 배치하여 가족이나 친지 단위로 집객하는 경우로서 종합 해양리조트라고 할 수 있다. 우리나라의 경우는 이런 유형의 적지가 부족하나 열대, 아열대에 속한 괌, 싸이판, 프랑스 랑독루시옹, 멕시코 칸쿤, 태국 푸켓 등이 이러한 유형에 속한다. 종합화된 위락시설을 갖추어 거의 연중 운영되어 하계 휴양지로서 국제적인 명성이 높은 경우가 많다.

2) 해양테마 시설형

범고래, 돌고래 등 해양동물 쇼 외에 수족관, 파도타기, 유수 풀, 다이빙 풀 등 각종 물놀이 시설 등을 갖춘 시설 위주로 개발한 경우이다.

3) 비치 활동형

비치가 발달한 지역에서 이를 중심으로 수영, 비치 놀이, 경관 감상, 산책 등을 중심으로 해양관광 활동이 일어나는 유형으로 우리나라 해수욕장 인근의 리조트들이 이에 해당된다. 활동이 단순하고 비수기가 긴 편이다.

4) 마리나 시설형

요트, 모터보트, 제트스키 타기 등 해양스포츠 위주의 시설로 구성된 경우로서 미국 LA 마리나 델 레이나 통영 도남단지가 이에 해당된다.

5) 레저잠수형

레저잠수를 위한 훈련장, 훈련풀, 잠수 이동선 및 선박 대기소, 숙소 등으로 구성된 경우로서 소규모이며 우리나라 경북 등 동해, 제주 등지에 많다.

6) 해양수련형

해양소년단, 일반인 등의 훈련을 위한 강의실, 숙소, 운동장, 선박 및 승선 장소, 풀, 훈련 갯벌 등의 수련 시설을 갖춘 훈련용 시설로서 갯벌 등을 이용한 해병대식 훈련원, 해양청소년수련원, 일반 해변수련원 등이 이에 해당되나 휴식보다 훈련의 목적이 크다.

이러한 리조트의 개발시에 개발 규모에 따라 나눠 보면 다음과 같이 된다.

- 도시형 개발 : 해양리조트를 수km에서 수십km에 걸치는 도시 규모로 거대하게 조성하는 경우이다. 이것은 프랑스 랑독 루시옹이나 호주 골드코스트, 하와이의 와이키키, 멕시코 칸쿤처럼 거의 도시적 규모로 조성되는 것으로서 관광에 필요한 모든 시설과 정착하여 사는 정착민들의 생활시설, 상가들이 복합적으로 조성되게 된다. 도시개발계획 수준의 계획 수립이 요망되고 인공성이 크게 가미되게 된다. 현재 우리나라에서 구상하는 기업도시 구상은 이러한 도시형 개발에 속한다. 거의 모든 종류의 해양관광을 할 수 있게 시설하는 경우가 많다.
- 단지형 개발 : 일반 연안에 단지 규모가 비교적 큰 대단위 복합단지 시설로서 개발되는 경우이다. 우리나라의 제주 중문단지, 해남화원단지처럼 수십만평에서 수백만평에 이르는 규모이다. 단지 내 다양한 관광시설이 입지하여 관광객이 대부분의 서비스를 자체적으로 해결할 수 있다. 인공미의 조성과 아울러 자연 경관과 기존자원의 활용이 필요하다. 비치 리조트 등에 이러한 복합단지형 유형이 많이 나타나고 많은 해양리조트들이 집적 개발되어 다소 복합적인 해양이용이 나타난다.
- 단일시설형 : 단지 규모가 작고 주로 단일 시설로 구성되어 있다. 한 가지 활동 위주로 조성되어 자족성이 떨어져 필요시 인근의 시설을 함께 이용해야 하거나 이러한 시설들과 연계성이 있어야 한다. 자연적인 경관미를 나름대로 잘 살려 개발할 수 있는 경우가

많다. 대개 잠수리조트, 수련형리조트 등과 같이 중소규모로서 도시 외곽에서 떨어져 홀로 입지하는 경우가 많다.

표 11-2 해양리조트 시설의 개발 유형

	형태	내용	해외 사례	국내 사례
활동유형	비치형	해수욕을 중심으로 하고 그밖의 해변이용을 포함하는 해양성 레크리에이션을 진흥하는 형태	파타야 비치(태국) 존스 비치(미국) 구다 비치(인도네시아) 코파카바나(브라질)	해운대 해수욕장 경포대 해수욕장
	마리나형	마리나를 핵으로 하여 해양성 레크리에이션 기지화를 목표로 하는 형태	마리나 델 레이(미국) 천사의 마리나(프랑스) 실 숄 베이(미국) 롱비치 마리나(미국)	도남단지(충무) 수영만(부산)
	종합휴양형	장기체제를 염두에 두고 종합적인 휴양지 개발을 지향하는 형태	마이애미 비치(미국) 와이키키 비치(미국) 코스타 델 솔(스페인)	중문(제주)
신규여부	기능전환형	어항, 창고 등을 포함하여 기존기능을 전환시켜 새로운 레크리에이션적 수변이용을 촉구하는 형태	센토카사린독(영국) 미스테이크시보트 페뉴얼 홀마킷(미국)	
	신규개발형	대규모적인 인공개발을 통하여 해양성 레크리에이션 공간을 새롭게 조성하는 형태, 타 기능도 포괄적으로 개발을 전개	랑그독루시용(프랑스) 미션베이파크(미국) 메사두아치비치 (인도네시아) 아라모아나파크(미국)	

자료: 김상무외 7인, 「관광사업경영론」, 2001.

이를 리조트가 입지한 지역의 자원개발 방식에 따라 분류하면 다시 〈표 11-3〉과 같이 된다. 자연을 최대한 개발 · 이용한 유형에서부터 해양보전 지구(MPA, Marine Protected Area) 내 시설과 같이 보전을 전제로 최소한의 이용만을 추구하는 경우까지 다양하다.

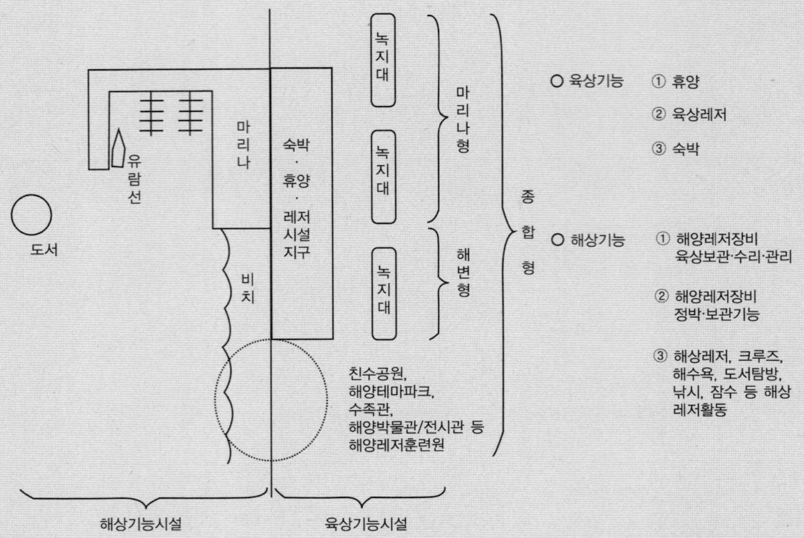

자료: 필자 작성.

〈그림 11-1〉 종합 해양리조트의 기능 개념도

육상기능 : ① 휴양, ② 육상레저 ③ 숙박

해상기능 : ① 해양레저장비, 육상보관 · 수리 · 관리 ② 해양레저장비 정박 · 보관기능
③ 해상레저, 크루즈, 해수욕, 도서탐방, 낚시, 잠수 등 해상레저활동

표 11-3 해양 리조트 자원의 개발방식과 사례

구분	특징	이용행태	사례
자연개조형	• 집약적 개발로 다수인이 이용토록 관리, 운영되는 자원지역 • 광범위한 레크리에이션 활동에 이용	• 자원의 집중적 이용 • 대량방문객 수용	미국 및 호주 시월드, 도쿄 디즈니시
자연조화형	• 해양경관지 및 해중경관 지역 • 자연의존 레크리에이션 활동에 이용	• 분산적 이용 • 특정지역에 고밀도이용 지구 설정	호주 골드코스트, 프랑스 랑독루시옹
자연보존형	• 보존가치가 높은 해양경관지 및 해중경관 지역 • 보는 활동 중시	• 특정지역에 고밀도이용 지구 설정	한국 해상국립공원 내 시설
완전보전형	• 보존가치가 대단히 높은 자원지역 • 학술연구 등 제한적 활동	• 보전이 전제된 매우 부분적인 이용	미국해양보전지역(MPA) 내 시설

자료: 한국해양수산개발원, 「국내 해양관광의 실태분석 및 발전방안 연구」, 1998의 자료를 이용하여 정리한 것임.

추진 주체로 보면 관(官)이 주도하여 개발한 랑독루시옹과 같은 관주도형이 있는가 하면 스페인의 마리나 델 솔이나 호주 골드코스트의 씨월드와 같은 민간주도형이 있다. 대부분의 경우에는 관의 부분적인 지원이 있거나 정부나 지자체의 촉진정책이 개입하는 경우가 많다.

위치로 보아 도시의 내부를 재개발하는 수변공간 재개발형의 리조트(미국의 샌디에고 미션베이 파크, 캐나다 그랜빌 아일랜드)가 있고 도시에서 떨어진 연안이나 도서의 리조트(멕시코 칸쿤, 태국의 푸켓, 중문단지)도 있으며 도시의 수요를 흡수하기 위하여 생긴 도시 근교형 리조트(계획되고 있는 영종 · 용유리조트)도 있다.

4 해양리조트의 시설

해양리조트는 이러한 입지여건을 갖춘 임해지역에 사람의 정주가 가능케 여러 가지 도시적 기능과 해양리조트 기능을 일체화시키고, 이용객의 체재생활에 만족을 제공하기 위한 생활 관련시설과 함께 [그림11-2]와 같이 다양한 해양관광, 레저행위를 연출하는 데 필요한 제반시설이 충분히 갖추어져야 한다.[6)]

이들 시설을 살펴보면 〈표 11-4〉와 같다. 리조트의 기본시설은 3가지로 구성된다.[7)]

① 숙박시설 : 숙박 등 기본 체재 시설

② 레크리에이션 시설 : 레포츠, 문화, 휴양 등의 시설

③ 서비스 시설 : 의료 · 건강관리, 커뮤니티, 상업, 교통, 지역서비스 시설

이러한 요소 중 레크리에이션 시설이 주로 해양성 시설일 경우 해양리조트가 된다. 이 경우 다른 시설들은 일반 육상 리조트 등과 거의 유사하다.

---

6) 이상춘 외, 전게서, p.235.

7) 진형식 등, 전게서, p.40~42. 4가지 유형으로 제시하고 있으나 본서에서 교통, 공익, 산업 지원 시설을 서비스 시설에 묶어 함께 분류함.

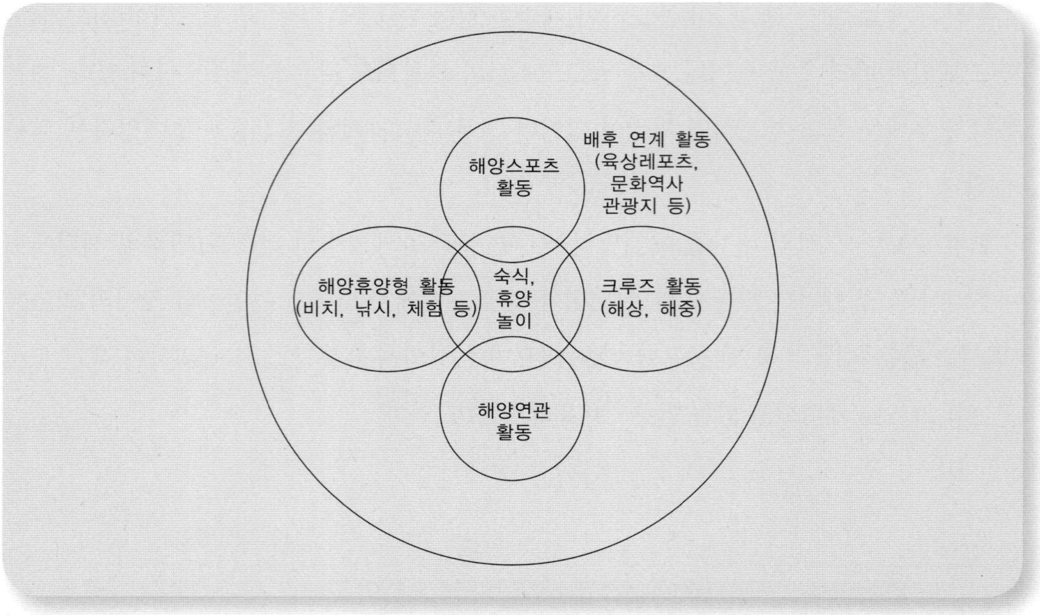

〈그림 11-2〉 해양리조트에서의 관광레저 활동

표 11-4 해양리조트의 시설 구성

시설 형태		주요시설 유형
숙박시설	숙박시설	호텔, 콘도미니엄, 여관, 민박, 휴양소, 별장, 리조트 맨션, 캠프장 등
레크리에이션시설	해양 위락시설	마리나, 해수욕장, 풀장, 해안공원, 바다낚시공원, 다이빙대, 보트 세일링 지역, 서핑지역, 유람선 등
	주변 위락시설	골프, 승마, 테니스, 라켓볼, 공원, 롤러스케이팅 코스, 체육관, 유원지, 야간 레저지역 등
	관광 · 문화시설	회의장, 극장, 음악홀, 야외 음악당, 도서관, 미술관, 박물관, 수족관, 해상 자료관, 어업자료관, 지방 특산물관 등
서비스시설	행정서비스시설	행정기관, 관광안내소, 여행대리점, 공공수송기관, 택시, 헬리포트, 탁아소 등
	의료 · 건강시설	병원, 진료소, 요양소, 의료소 등
	상업시설	음식점, 토산품점, 식료품점, 일용 · 고급잡화점 등

자료: 상게서, p.234.

리조트 개발은 다른의 모방자가 있으므로 이를 고려한 형태와 특징을 가져야 한다. 이러한 리조트의 성공을 위한 4가지 요소는 남이 모방할 수 없는 시설의 독창성(Originality), 지역의 특색을 최대한 반영한 지역성(Locality), 남이 추종하기 어려운 친절한 서비스(Service), 시설의 편리성, 해양에서 요구되는 안전성 등으로 요약될 수 있다.[8]

이러한 해양 리조트의 개발 시 검토해야 할 사항은 다음과 같다.

5 해양리조트 개발 시 검토사항

1) 자연을 최대한 이용하면서 조화 있는 개발

기존의 자연을 최대한 이용하여 다양한 활동이 가능하도록 개발하되 하수 등 수질, 소음, 교통 등의 처리에 있어서 주변 환경 등과 조화되게 완벽한 계획을 수립하여 개발해야 한다.

2) 다양한 활동 유치를 고려한 개발

가급적 다양한 활동이 가능하도록 하여 경쟁력을 높여야 한다. 이 경우 해양레저 활동을 최대한 지구 안으로 끌어들이도록 하고 골프 등 다양한 육상 활동도 포함하도록 한다. 기존의 역사문화자원이 지역에 부존된 경우 이를 함께 고려하여 테마의 다양성을 높이도록 해야 한다.

3) 적정 규모 개발

해변의 개발은 만, 반도, 수역, 비치 등 여러 가지 측면에서 환경적 용량과 도로 공항 등 교통 용량 등이 정해져 있는 경우가 많아 이를 고려한 적정한 규모의 개발이 요망된다. 개발밀도도 프랑스 랑독루시옹 같이 적정 밀도를 유지하는 것이 바람직하다.

4) 자연 재해를 고려한 개발

연안 지역은 매년 태풍, 폭풍, 해일 등 재해가 빈발하는 지역이므로 이를 고려하여 개발

8) 진현식등, 전게서, p.45-46.

이 이루어져야 한다. 특히 해안선과는 일정한 거리를 완충지대로 두어 시설이 보호될 수 있는 방안이 포함되어야 한다. 나라마다 혹은 지역마다 다르나 해일, 쓰나미 등 연안재해에 대비하여 해안에서 일정한 거리를 두고 건축을 제한하는 건축후퇴선(Setback Line)을 시행하는 경우도 있다. 또한 호텔 등 고층 시설을 해안선을 따라 집중적으로 배치하면 불어오는 해풍을 막아 이것이 해변 모래 유실의 원인이 되므로 이를 고려하여 계획되어야 한다.[9)]

5) 경관을 고려한 개발

해변지역은 경관이 뛰어난 지역이 많다. 그러나 고층의 건물이 들어서면 이러한 경관을 즐기기 힘들다. 그러므로 호텔 등 시설을 해안선에서 일정거리만큼 띄워 지어 해안경관을 보호하는 경우가 많다. 이러한 목적을 위해 제주도에서는 연안에서 고도 제한을 통하여 일정 높이 이상의 건물을 짓지 못하도록 하거나 아울러 해변에서 일정 거리 이상은 건물을 짓지 못하도록 하는 등의 연안지구 건축조례를 시행하고 있다. 또한 건물의 외양이나 지붕의 모양과 색깔 등을 일치시켜 통일성 있는 경관이 유지되도록 하는 것도 필요하다. 해변지역은 지중해식, 카리브해식 등 다양한 양식의 시설로 통일성 있게 조성되어야 가치를 높일 수 있다.

6) 지역 인프라의 활용

개발 지역 인근에 항만, 어항 등이 있으면 이를 적극적으로 활용하여 마리나, 유람선 부두, 바다낚시, 레저잠수 등 레저 활동 기지 등으로 연계 이용할 수 있도록 계획시 부터 검토하여야 한다. 이러한 시설들은 독자 개발 시 비용이 많이 들어가므로 주변 유사시설을 연계하여 이용할 수 있도록 하여야 한다.

---

9) 부산 해운대 지구는 고층의 건물을 해안변에 집중 개발하여 지나가던 해풍이 차단됨으로 인한 해변 모래 유실로 매년 많은 모래를 외지에서 사다가 해수욕장 모래를 보충하는 양빈(養濱)사업을 시행하고 있다. 하와이 와이키키도 해수욕장 배후에 고층 빌딩이 건설된 후 유사한 현상이 나타나고 있다.

7) 가급적 집적시켜 개발

다양한 시설을 개별적으로 조성해 나가는 경우 개발 비용이 많이 들므로 가급적 유사한 시설들을 집적하여 시설의 공동이용이나 공동 마케팅이 가능하도록 하여 집적의 이익을 누리도록 하여야 한다. 과거 프랑스 랑독루시옹 등은 집적된 해양관광단지들로 구성되어 거의 모든 해양레저 활동을 한 장소에서 할 수 있도록 조성하였다. 최근 관광형 기업도시 조성을 추진하고 있는데 이 경우에도 골프중심 도시, 해양관광 중심 도시, 동계관광 중심 도시 등을 만들되 유사한 시설을 인근에 집적시키면 이러한 잇점을 살릴 수 있을 것이다.

8) 지역민과의 조화

시설 개발로 지역 주민 등에게도 혜택이 돌아가도록 지역민 고용, 시설이용 특권 및 할인 조치 등 각종 우대조치, 이익의 일정 부분 지역 환원 등이 필요하다. 또한 의사결정시 지역민 참여가 가능토록 하여야 한다.

9) 체계적인 개발

처음부터 마스터플랜을 수립하여 이에 의거하여 개발함으로써 난개발을 방지하여야 한다. 스페인의 코스타 델 솔은 민간기업의 투자에 의해 투자 유치는 성공적이었으나 처음부터 마스터플랜 없이 개발되어 난개발을 초래하였다는 비판이 있어 왔다. 하와이 와이키키 지역도 난개발로 비슷한 비판을 받아오고 있다.

10) 개발 조직의 조직화와 일관성 유지

개발을 위한 중앙정부, 지역정부, 민간기업, 지역단체 등의 합의 조직을 설치, 운영하되 사업 종료시까지 일관성 있게 운영되게 하여야 한다. 대표적인 것이 프랑스 랑독루시옹 공동개발위원회이다.

국내외의 해양 리조트 개발행태와 성공, 실패 사례를 살펴보면 우리나라에서 앞으로 어떤 식으로 해양관광 개발을 해 나갈지에 대한 비전을 얻을 수 있고 향후에 전개될 개발 방향과 노하우(Know-how)를 조기에 축적할 수 있다. 이러한 측면에서 이하에서는 국내를 포함한 각국의 해양리조트 등 해양관광 개발사례를 살펴보고 이것이 갖는 의미를 음미해 보고자 한다.

6 해양리조트 개발 사례

가. 외국 사례

1) 프랑스

남부프랑스에 있는 지중해 최대의 해양리조트는 랑독루시옹 지방(Languedoc-Roussillon)의 7개 해양리조트 단지들이다. 지중해 연안의 푸른 바다와 아름다운 백사장, 300일의 쾌청일수 등 연중 온화한 기후를 배경으로 조성된 이들의 개발과정은 다음과 같다.

랑독루시옹은 남부 프랑스의 해안지방으로 지중해 연안을 따라서 석호, 사구, 사주 등의 해변습지가 발달되어 있다. 그러나 해변지역은 모기 떼로 인하여 사람이 거의 살지 못하는 주거환경을 가졌다. 이 지방의 경제활동은 농업, 포도주 생산과 연안을 따라 소규모 어업이 주를 이루고 있었다. 랑독루시옹 지방의 포도주는 품질이 좋지 않아 수요가 감소하고 젊은 층이 새로운 일자리를 찾아 타 도시로 이주함에 따라 지역경제가 점차적으로 침체되었다.

〈그림 11-3〉 개발 전 랑독루시옹 해안습지(a)와 조성된 해안도시(b) 전경

따라서 1960년까지만 해도 랑독루시옹 지방은 프랑스에서 가장 가난한 지방이었다. 한편 이 지방은 좋은 날씨와 모래 해변에도 불구하고 해변습지의 모기 떼, 숙박시설의 부족으로 외국인은 물론이고 프랑스인조차도 방문을 기피함에 따라서 관광산업까지 침체하게 되었으며 1961년에 이 지역을 방문한 관광객은 3만 명 정도에 불과하였다. 이에 1963년 프랑스의 드골 정부는 랑독루시옹 관광개발계획을 수립하고 이후 20년간 지방정부와 파트너십을 형성하여 이 지역개발을 위한 기반시설에 투자하기로 하였다.

개발 목적은 먼저 대단위 관광지역을 조성하여 포도 재배에 의존하는 지역경제 구도를 탈피하여 지역경제를 다각화하고 젊은 층에게 새로운 일자리를 제공하여 고용창출과 함께 인구감소 현상을 완화하고자 하였다. 이를 통해 대중 관광수요 및 해외로의 국내관광객 유출에 따른 관광적자를 해소하고자 하였다. 프랑스정부는 정부 내 프로젝트 팀을 발족하고 La Grande Motte, Le Bassin de Thau, Valras-Gruissan, Canet, St. Cyprien, Argeles지역에 7개 해양리조트 단지를 개발하도록 하였다. 단지 당 10만 명씩 수용, 총 70만 명을 수용하되 주변지역은 2백만 명 수용을 목표로 호텔, 별장 등 숙박촌을 건립하였다.

표 11-5 랑독 · 루시옹 지역별 개발유형

지역	개발내용	개발유형
빨라바스 (Palavas)	• 마리나항을 중심으로 양쪽의 해변을 개발 • 자연형 석호에 의해 선형 리조트로 개발됨	신규
그랑모뜨 (Grande Motte)	• 피라미드식 고층건물과 백색을 주제로 형이상학적 건축 디자인(유럽의 명물리조트로 급부상) • 마리나를 중심으로 7개 지구로 분산 배치 • 골프장, 녹지축을 구성하여 인공적인 건축물의 답답함을 완충	〃
깝다그드 (le Cap Dagde)	• 4~5층으로 주황색과 직선으로 구성된 독특한 기법사용 • 독립된 리조트 분위기 연출 • 차량동선을 단지 외로 설계	〃
그뤼쌍 (Gruissan)	• 별장형 건물을 배제하고 전 단지를 2층 이하로 설계 • 가족단위의 절약형 관광객을 대상으로 설계 • 해양경관을 훼손하지 않고 독특한 단지환경 유지 • 최근 유럽인들의 자연친화적 관광행태로 인기 있는 지역	〃
나르본 (Narbonne)	• 주황색과 원형의 건축물로 3~4층 저밀도 개발 • 선형으로 개발하면서 도시와 근접하게 상업성 유지	〃
세뜨 (sete)	• 항구도시로 인구는 5만 명이지만 관광중심으로 발전 • 수운이 발달하여 도심 내 운하와 조형미를 높임 • 랑독루시옹을 방문하는 관광객 중 상당수가 방문함	구 어항 지구의 마리나화 및 도심화

자료: 해양수산부, 「해양관광 현황 및 진흥방안」, 1998.

그리고 파트너십 정책에 의해서 중앙정부와 지방정부, 민간기업이 함께 하는 공동개발 위원회를 설립하고 토지 매입, 리조트 단지 개발 및 조성, 건축설계 등을 협의하였으며, 중앙정부는 도로, 항구, 마리나, 모기 퇴치, 조경, 재정계획 등 기반시설의 개발을 담당하였다. 또한 리조트마다 자연과의 조화 및 독특한 경관을 형성하기 위해서 장 발라뒤르 등 유명건축가 7인에게 각지역 프로젝트 전체의 건축 설계를 맡겼으며, 이들은 지역에 따라서 기존의 건축물과 새로 조성될 리조트들이 조화를 이루면서도 지역마다 각기 다른 특색을 갖는 건축물들을 설계하였다.

〈그림 11-4〉 그랑모트 전경

〈그림 11-5〉 까마르크항(좌)과 까르뇽 전경(우)

1965년에 착수하여 1975년 완공 목표로 정부예산 8억 5,000만 프랑, 민간은 80억 프랑으로 확정하며 추진하였다. 계획은 1993년까지 연장되어 정부는 30억 프랑을 투자하였으며 이 중 50%가 도로투자이다.

이들의 바닷가 앞에는 자연석으로 된 이안제(離岸堤)를 설치하고 모래가 자연적으로 쌓이게 만들어 크고 작은 해변을 조성하였다. 또한 대규모 리조트단지를 조성하면서도 주변 지형과 조화를 이루도록 설계하여 환경친화적인 개발사례들로 평가받고 있다.

이러한 랑독루시옹 지역의 관광개발 성과로는 우선 개발 전인 1960년대 초기에 3만 명 정도가 이 지역을 방문했던 것에 비해 현재 연간 1,400만 명이 이 지역을 방문하고 있으며, 130만 개의 숙박시설이 확충되었고 이에 따라 관광객의 평균 체류기간도 20일에 달하고 있다. 또한 5만~6만 명의 고용이 창출되었다.

오늘날 랑독루시옹 관광개발사업은 국가적 계획에 의한 대규모 개발사업이면서 관광 파트너십에 입각한 성공적인 관광개발 사례로 평가받고 있다. 또한 랑독루시옹 개발계획은 환경을 보전하면서 토지 투기를 유발하지 않고 황폐해가던 자연을 관광개발을 통해 회복시켰다는 점에서도 성공적인 모델로 인정받고 있다. 제1단계로 1961년에 토지 1,200만m^2 미리확보, 제2단계로 「토지수용과 지가 종결의 법」을 제정하여 토지를 저렴하게 확보하였다.

랑독루시옹 관광개발이 성공한 사례로 평가되는 데는 몇 가지 이유가 있었다. 즉 정부차원에서는 개발을 성공적으로 이끌기 위해 다음과 같은 원칙을 설정하였다.

첫째, 리조트 조성지역과 자연보전 지역간의 균형을 유지한다. 둘째, 리조트마다 서로 다른 건축양식을 적용하여 리조트지역으로 개발한다. 셋째, 해변 1ha당 최대 수용인원은 800명을 넘지 않는다. 넷째, 마리나 활동을 위한 충분한 수용력을 확보한다. 그리고 마지막으로 사회복지관광을 위하여 25%의 토지를 유보한다는 것이었다. 그리고 이러한 원칙들과 함께 개발계획 수립 후 20년간 개발정책과 프로젝트 팀을 그대로 유지시켰던 점과 개발 초기에 토지매입을 정부에서 적극적으로 추진하여 개발계획 발표 전 토지가격으로 토지구입을 하는 조치로 개발비용을 줄인 점이 이 지역개발을 성공하게 하였던 요인으로 평가되고 있다.

2) 일본

가) 하우스텐보스

(1) 개요

(가) 개발방법

큐슈 나가시키시에 152ha(약 50만 평)의 규모로 조성된 하우스텐보스(Huis Ten Bosch)는 나가사키 현이 고도 성장기를 구가하던 1988년부터 조성된 것으로, 1970년대 말 오일쇼크 이후 유휴지가 되어 버린 큐슈 오무라(大村) 만의 침미(針尾)공업단지를 개발하여 불모의 토지에 풍요롭고 쾌적한 환경을 소생시키려고 계획되었다.

나가사키 현 사세보 시 등의 지자체, 일본개발은행 등의 공공적 성격을 지닌 금융기관과 30개 일본기업이 제3섹타 방식으로 공동 출자하여 나가사키 (주)오란다촌이 개발을 담당하고 네덜란드 정부의 적극적 지원을 받았다.

(나) 계획의 특징

하우스텐보스의 명칭은 나가사키 현과 최초로 교역한 네덜란드의 베아트리우스 여왕 궁정 이름인 '숲속의 집'을 의미한다. 이는 바닷가의 매립지에 세워진 인공도시로서 국토의 1/3을 간척에 의해 넓혀온 네덜란드 국토 건설의 지혜와 철학을 일본 내에 재현하려는 것이었다.

하우스텐보스에서 바다 건너 약 10km 지점에는 오란다촌(네덜란드 촌)이라고 하는 하우스텐보스와 유사한 곳이 있는데, 그 이전에 세워져 하우스텐포스보다 시설 수준이 많이 노후화된 곳이다.

(2) 개발 개념[10)]

물과 공존하는 가로(街路) 조성이라는 개발개념에 의해 조성된 하우스텐포스 최대의 테마는 불모의 토지에 풍부하고 쾌적한 환경을 소생시키는 일로서, 개발에 의해, 환경을 파괴함이 없이, 미래 세대들에게 새로운 재산을 남겨 준다는 장대한 플랜이었다.

---

10) 필자가 「아쿠아스페이스 II : 물의 조경」(I 판, 일어판), 〈(주)프로세스 아키텍쳐, 동경, 1994〉 내용을 중심으로 재구성한 것이다.

〈그림 11-6〉 하우스텐보스의 주요 호텔 전경

〈그림 11-7〉 하우스텐보스 내의 네덜란드 풍의 정원

하우스텐보스에서는 유람선이 우아한 모습으로 6km 길이의 운하를 지나가고 고기들이 깊은 데서 뛰노는 것을 볼 수 있게 하였다. 운하와 해안선은 자연환경을 살리기 위해 콘크리트를 쓰지 않고 모두 석축(石築)으로 쌓아 자연친화적으로 만들었다. 리조트를 위한 기술적인 지원은 지하공동구에서 수행된다. 3200m, 6m 반경, 3m 높이의 터널로 전기서비스, 휴대용 물, 하수라인 그리고 통신시스템이 공급된다.

하수는 3차 처리되어 관개에 쓰이기도 하고 토지 층을 통해 박테리아에 의해 분해 · 여과하는 방안을 써서 인근 오무라 만에 오염된 물은 흘려보내지 않는다.

〈그림 11-8〉 보행에 용이한 보도블럭과 환경친화형 자연석 호안

(3) 최근의 동향

앞에서 본 바와 같이 하우스텐포스는 1992년 나가사키(長崎)현의 사세보(左世保)시에 총 2200억엔을 들여 개원한 유명한 테마파크로 도쿄 디즈니랜드의 1.5배에 달하는 방대한 지역에 네덜란드의 거리를 그대로 재현한 테마파크다. 그러나 개장 이후 18년째 적자를 이어가던 중이었다.[11)]

하우스텐보스는 1992년 3월 개장 이래로 입장객 수가 1996년도 425만 명을 피크로 줄어들기 시작해 2006년 214만명으로 하락하여[12)] 경영난에 빠지기 시작했다. 물을 주재로 한다는 소재의 단순성 외에 인구 밀집지역에서 멀리 떨어져 접근성이 떨어지는 등 불리한 시장 여건도 수요증대의 한계요인으로 작용하였다. 또한 공원 내에 다양한 놀이나 흥미유발시설 등을 갖고 있는 미국 계열의 테마파크 등에 비해 하우스텐보스는 박물관, 영상관, 쇼핑몰, 유람선 등의 정적인 시설로만 구성되어 있어 흥미유발에 실패하였고, 마케팅 등도 취약하였던 것이다. 결국 아무리 환경친화적이고 환상적인 구상도 경제성이 뒷받침되지 않으면 실패하는 수밖에 없다는 교훈을 주는 사례이다.

그러나 2010년 일본의 HIS라는 관광여행 전문구룹(사와다 히데오(澤田秀雄) 회장)이 인

11) EconomyChosun, 2013.1.1. 및 동년 7.1

12) 강승철(SEA&), 미래의 블루오션 해양레저산업, 2011.8.8.

수하여 비용 절감, 다양한 연계서비스 도입 등 다양한 방안들을 적용하여 개업 이후 18년째 적자를 이어가던 이곳의 경영을 맡아 1년 만에 흑자로 전환시켜 지금까지 이어오고 있다.[13)]

나) 도쿄 디즈니 씨(Tokyo Disney Sea)

도쿄 디즈니 씨는 도쿄 디즈니리조트의 하나로서 도쿄 디즈니랜드 옆에 새로이 개장한 테마파크형 리조트로 다양한 해양 테마형 볼거리를 제공한다.

2001년에 완공된 도쿄 디즈니 씨는 장장 13년에 걸쳐 총 투자비 3,380억 엔(미화 28억 2,000만 달러)으로 도쿄만 일대를 매립, 총 48ha(약 15만 평) 부지에 조성되었다. 바로 인접한 도쿄 디즈니랜드와의 시너지 효과로 연간 입장객 2,500만 명을 유치하여 아시아 최대의 테마파크로 부상한다는 것이 운영회사인 오리엔탈 랜드 사(社)의 당초의 계획이었다.

도쿄 디즈니 씨(Tokyo Disney Sea)는 세계 최초의 해양 테마파크로 바다를 주제로 구성되었다. 도쿄 디즈니 씨는 유럽풍의 '지중해항'을 통해 입장하며 관람객들은 취향에 따라 베니스의 곤돌라를 타고 이탈리아 민속음악을 들으며 입장할 수도 있다. 이어 증기선을 이용, 1930년대풍의 유람선 분위기를 만끽하고 영화 인디애나존스에 등장하는 것과 같은 크리스탈 해골사원에 도착, 롤러코스트를 탈 수 있으며 또한 3차원 기상변화 센터에서 시뮬레이션으로 작동되는 태풍과 폭풍우 등 갖가지 모험을 즐길 수 있다. 디즈니 씨의 내부는 다시 바다와 물을 테마로 총 7개의 작은 테마로 다시 구분된다.

7개의 테마별로 나뉘어 있어 볼거리는 물론이고 식사, 쇼핑도 한 번에 가능한 볼거리, 즐길 거리, 쇼핑거리를 모두 갖춘 독특한 테마파크이다. 도쿄 디즈니 씨는 동경의 새로운 관광 명소로 자리 잡고 있긴 하나 경영상으로 볼 때 목표치보다는 낮은 연간 1,500만 명의 방문객들이 찾고 있다. 이는 매 볼거리 사이가 너무 떨어져 있어 지루한 느낌이고, 롤러코스터가 더 많은 인근 디즈니랜드보다 재미가 덜해 선호도가 떨어지기 때문이라는 지적이 있다.

2018년 6월 2022년 개장을 목표로 판타지세계를 모티브로 한 신테마포트 확장을 발표하였다. 모티브가 된 영화는 겨울왕국, 라푼젤, 피터팬 등이다.

---

13) EconomyChosun, 2013.1.1. 및 동년 7.1

3) 미국

미국은 20세기 후반 들어 제트 항공망의 확충, 고속도로의 정비 등과 더불어 각지에서 리조트가 개발되거나 정비되었다.[14)]

대체로 유럽과 미국의 리조트 차이를 보면 유럽의 경우는 그들이 갖고 있는 기후 특색을 반영하여 태양과 모래가 있는 지중해 연안을 중심으로 리조트의 개발이 두드러지고, 미국의 경우는 주변의 환경을 극복하기 위한 목적이나 주변의 환경을 잘 이용하기 위한 목적으로 리조트가 개발되었다.

이하의 미국의 사례에서는 연간 8.6백만 명(소비액 150억 달러, 2015)[15)]이 방문하는 세계적인 하와이의 해변 관광단지 개발 사례들을 소개하고자 한다.

가) 하와이

(1) 개요

1893년 하와이가 미국의 영토가 되고, 1927년에 지금의 로열 하와이언 호텔이 건설되면서 미국 본토 부자들의 휴양지로 각광을 받기 시작하였다. 와이키키는 호놀룰루 시가 마스터플랜을 마련하기 이전에 개발된 곳으로 1959년 하와이 주가 미국의 50번째 주로 승격되고 1960년대에 제트기 시대가 시작되면서 급성장한 휴양지이다.

1960년 하와이 주는 관광단지 개발을 특정지역에만 제한하는 개발방안을 마련하였다. 그 이유는 분산된 관광단지 개발에는 엄청난 시설비가 들며 또 분산된 개발은 더 큰 환경훼손을 가져오기 때문이다. 호놀룰루가 있는 오아후 섬에는 와이키키 지역 이외에 세 지역이 관광지로 추가되었으며, 제주도와 유사한 크기의 마우이 섬(인구 10만 명)에도 와일레아, 카아나팔리, 그리고 카팔루아의 3개 단지가 지정되었다.

마우이 섬의 이들 3개 단지는 다음과 같은 공통점을 가지고 있다. 모두가 단일 대형 농장주들의 땅으로 관광단지 개발시 매입과정의 번거로움과 어려움이 없었다. 또 각 단지에 많

---

14) 이상춘 외, 전게서, p.243.

15) 영어 위키피디어

은 다른 투자가들이 다양한 규모와 형태의 투자를 하여 서서히 개발되었으며, 일찍 투자하여 흑자로 운영하는 성공 사례가 다른 투자들을 계속 불러들였다. 이들 단지의 주요 내용은 다음과 같다.

- 와일레아는 180만 평의 단지로 1970년대에 개발이 시작되었다. 현재 6개 호텔의 2,600객실, 6개 콘도 마을의 1,100세대, 430개의 단독주택을 각각 3,500객실, 3,000세대, 1,000개로 늘릴 계획이고 3개의 18홀 골프장이 있다.
- 카아나팔리는 127만 평이며 1960년대에 개발이 시작되었다. 12개 호텔 5,700객실, 콘도 2,500세대, 연립아파트 1,000세대, 개인주택 1,500세대, 약 1만 9,000평의 상업지역, 3개의 18홀 골프장이 있다. 30년 이상이 걸려 개발되었으며 현재 재개발 과정에 있다.
- 카팔루아는 90만 평으로 1970년대부터 개발을 시작하여 2개 호텔 850객실, 200여 세대의 콘도, 2개의 18홀 골프장이 있다.

400만 평의 메가리조트인 3개 단지와 또 다른 하와이 섬들의 관광단지 개발에 세계적인 투자가 가능하였던 것은 첫째, 미국이 투자 선호국이라는 지위가 있었고, 하와이라는 명성과 좋은 기후가 있었으며, 단일 토지 소유권으로서 토지가격이 상대적으로 저렴하였기 때문이다. 한마디로 충분히 수익성이 보장되는 조건이었으며, 이와 같이 상대적으로 유리한 조건하에서도 개발 준비과정은 평균 10년이 걸렸으며 완성까지는 평균 30년이 걸렸다. 이하에서는 하와이의 각 지역별로 개발내용을 살펴보고자 한다.

(2) 카아나팔리(Kannapali) 리조트

(가) 개요

- 위치 : 하와이 주 마우이 섬 서북지역
- 면적 : 2.05㎢
- 개발주체 : 호놀룰루 소재 AMFAC Inc. 민간기업

(나) 주요내용 및 시설

해상과 수면을 이용한 동적인 관광활동이 형성될 수 있도록 세일링, 파라세일링, 스쿠버다이빙, 요팅, 윈드서핑 등을 중심으로 한 시설과 테니스 코트(30개소), 골프장(4개소), 호

〈그림 11-9〉 카아나팔리의 해변과 놀이시설

텔(5,400실), 콘도(1,030세대), 상가, 레스토랑 등의 이용시설을 개발하였으며, 연간 관광객이 40~50만 명에 이르며, 관광객은 주로 미국 서부지역인을 중심으로 캐나다, 유럽, 아시아인 순으로 방문하고 있다.

1960년대 600만 달러를 투자하였고 지속적인 재투자 개발을 하는 단계적 개발방식을 도입하고 있다. 해변 주위에 인도와 차도가 순환 연계되어 있고 단지 내에 셔틀버스가 운영되고 있으며, 인접지역에 비행장이 위치하여 접근이 매우 양호하고 도입시설이 자연과 조화를 이루도록 배치되어 있다.

관광객의 50% 가량이 단체쇼핑을 즐기며 콘도미니엄은 1/5 정도를 외국인이 소유하고 있다.

(3) 하와이 와이키키 해변 휴양지

하와이에 자리한 와이키키 비치(Waikiki Beach)는 세계적으로 유명하다. 1년 내내 수영이 가능한 천혜의 해수욕장으로 다이아몬드 헤드에서 알라와이 요트 하버까지 3.2㎞에 걸쳐 펼쳐진 하얀 모래 해수욕장으로 경관이 수려하다. 와이키키 비치는 일광욕, 서핑, 수영, 조깅 등을 하는 관광객들이 1년 내내 방문하고 있는 세계 최대, 최고의 관광지이다.

〈그림 11-10〉 와이키키 비치와 호텔들

오늘의 와이키키는 약 60만 평의 지역으로 60%가 공공 녹지지역으로 되어 있지만 3만 2,000객실과 1,000개의 음식점과 상점들, 또 350개의 술집과 나이트클럽이 있다. 이 지역은 매일 평균 7만 명의 관광객이 머물고 있어 3만 9,000명이 고용되고 있다. 그뿐만 아니라 약 2만 명의 상주민이 살고 있고 주위에는 21만 평의 공원, 동물원, 18홀 시립골프장, 테니스장, 해양박물관, 초등학교, 도서관이 있다. 미국의 도시계획 전문가들의 높은 안목으로 볼 때는 전체적인 계획 없이 개발되었기에 '실패작'이라고 하지만, 하와이의 경제를 좌우하고 있다. 그래서 호놀룰루 시는 계속하여 막대한 예산을 들여가며 와이키키 지역 재정비를 하고 있다.

와이키키는 모두 8개의 해변으로 약 3.2km에 달하며 서쪽의 알라와이 요트 항구에서 동쪽의 다이아몬드 헤드까지 높은 고층 호텔들이 모여 있는 활 모양을 하고 있다. 8개의 해변들은 각기 다른 이름을 가지고 있으며, 휴양지로서의 성격도 조금씩 틀린다. 그 중에서 서핑, 스노클링, 카누 등 다양한 해양스포츠를 즐길 수 있는 와이키키는 중심부로서 쉐라톤 와이키키에서부터 쉐라톤 모아나 서프라이더까지 많은 관광객들이 찾아와 항상 붐비는 곳이며, 쿠히오 해변은 방파제가 있고 내부에 해수욕장이 있어 아이들이 놀기엔 적합한 곳으로 가족이 함께 가서 즐길 수 있는 곳이다.

와이키키는 원래 습지가 대부분이었기 때문에 본격적인 리조트개발이 이루어진 1922년부터 지금까지 해양침식이 이루어져 해변 습지를 메우기 위한 모래를 호주 등지에서 수입하고 있다.

나) 샌디에고 미션베이 파크

(1) 개요

캘리포니아 주 남부 샌디에이고 시에 위치하며 면적은 18.6㎢이다. 개발주체는 샌디에이고 시 정부로서 민자와 공동 개발하였으며 개발형태는 해안 복합개발형(해상공원)이다.

〈그림 11–11〉 샌디에이고의 명물 씨월드

(상:씨월드 전경, 하:범고래 쇼 장면)

(2) 주요시설 및 내용

1945년 6,500만 달러(공공 52%, 민자 48%)의 투자로 개발에 착수하였으며, 사유지의 습지대를 개조하여 560만 평의 바다와 육지에 걸쳐 개발하였다. 이에 따라 샌디에고시는 군항도시에서 관광휴양도시로 변모하였고, 해양형 종합레크리에이션 기지가 되었다. 수족관과 고래쇼 중심의 해양테마파크인 씨월드로 유명하고 피크닉장, 마리나, 해변골프장, 유원지, 보트클럽, 콘도, 회의장 등의 시설이 함께 개발되었다. 매년 300만 명이 수용 가능하고 자연을 배려한 아름다운 공원이긴 하나 무질서한 건물과 간판, 멋없는 가로시설물 등이 문제점으로 지적되고 있다.

(3) 특징

공공사업이면서 재원을 먼저 융자하였고, 나중에 공공 투자분을 회수(연간수지 흑자)하였다. 대도시에 위치한 레크레이션 활동의 거점으로서 큰 잠재력을 유지하였고, 공공부분과 민간사업자의 이해가 일치하여 개발이 용이하였다. 아울러 개발주제와 목표에 일치되는 관광시설의 입지를 유도하였고 대도시 근교라는 입지로 인해 당일관광이나 단기체제형을 표적으로 시장화 하였다. 시설로는 해양수족관의 대명사로 불리는 씨월드(Sea World)와 7개의 스테이지, 그리고 10개 이상의 파빌리온을 보유하고 있다. 개발유형은 해양형 테마파크[16)]로서 기업주체는 Busch Entertainment(1989년까지 HBJ)이다. 세계 최대의 해양 레저랜드로서 약 16ha(48,512평)이다. 이러한 씨월드는 미국 전역에 4개소가 있어 체인형태 주제공원으로 운영되고 있다. 샌디에고 씨월드는 1986년에 개장하였으며 특히 범고래(일명 타무) 쇼가 유명하고 관련 시설은 다음과 같다.

- Dolphin Stadium, Shamus Stadium, Sea Lion & Otter Show
- New Penguin Encounter, Atlantic Theater, Water Show
- Whale & Dophin Stadium, Sky Tower

16) 이상춘 외, 전게서, pp.252-253.

다) 마리나 델 레이(Marina Del Rey)

마리나 델 레이는 미국의 대도시 LA시 인근에 있는 세계 최대의 마리나 리조트이고 도시 근교형 시설로서 그 내용은 다음과 같다.

대규모 임해복합 개발형(마리나+주택)[17]로서 사업주체는 로스앤젤레스시이다. 대규모 임해 개발로서 1957년 공공 3,600만 달러, 민간 1억 5,000만 달러가 투자 되었으며 면적은 162ha로 마리나, 아파트, 호텔, 레스토랑, 요트클럽 등이 건설되었다. 레크리에이션 기능과 주택의 균형 있는 조화를 추구하였으며 대도시 주민의 해양레저 요구에 대응할 목적으로 변화하는 고객의 기호를 파악하여 해상공원, 수상구조물, 바다 위 레스토랑 등을 함께 건설하였고 습지대의 유효 이용, 해충의 박멸 등의 부수적 효과도 거두었다.

라) 미국의 플로리다 지역

(1) 마이애미 비치

미국 유일의 피한지로 많은 노인들이 남은 여생을 보내고 싶어하는 곳이 마이애미 비치이다. 마이애미 지역은 중남미로 가는 현관이기도 하여 남미인들을 비롯해 외래관광객들이 많이 방문하는 곳이다. 마이애미는 플로리다 반도 동남부의 비스케인만을 낀 세계적인 휴

〈그림 11-12〉 마이애미 비치

17) 이상춘 외, 전게서, p.252. 만여척 이상의 레저보트를 수용하는 세계 최대 규모의 마리나 리조트

양지로 유명한 도심지 해수욕장들, 크루즈 터미널들, 컨벤션 센터 등이 있어 연간 1천5백90만 명(2017)이 방문하여 지역경제에 261억 달러의 기여를 하고 있다.[18)]

(2) 올랜도 지역

미국 올랜도는 플로리다 반도 중앙에 위치한 휴양도시로, 1971년 개장한 디즈니월드에 이어 여기에 부속으로 1983년 개장한 씨월드 외에 유니버설 스튜디오 등 다양한 테마파크와 해양스포츠를 즐길 수 있는 200여개의 호소, 800여개의 공원으로 이루어져 있다. 해마다 7,000만 명의 관광객이 찾아 세계 최대의 테마파크 지역으로 자리 매김하고 있다.[19)]

4) 호주

가) 골드코스트

호주의 골드코스트는 호주를 대표하는 리조트이며, 남반구 최대의 리조트 거점이기도 하다.[20)] 북반구와 계절상으로 반대의 기후이기 때문에 거리적으로 먼 곳에 위치하고 있지만, 외국인 관광객이 많이 찾아오고 있는 곳으로 브리스번에서 남쪽으로 한 시간 거리에 있는 해변도시이다. 골드코스트는 브리스번 남쪽 65㎞ 지점에 위치한 사우스 포트로부터 쿨랑가타에 이르는 42㎞의 해안선으로 이루어진 천혜의 휴양지이다. 그 중 서퍼즈 파라다이스는 이름 그대로 서퍼들의 매력을 사로잡는 높은 파도가 있는 곳이다. 골드코스트는 하구, 운하, 풍부한 평원, 구릉 등 뛰어난 자연환경을 자랑하는 종합리조트 지역이다. 특히, 1년 평균 기온이 24도, 연중 300일 동안 맑은 날이 계속되는 기후조건, 끝없이 펼쳐진 황금 모래사장과 바다는 골드코스트를 세계적인 휴양지로 만들게 하였다. 따라서 정부의 적극적인 관심과 민간기업의 참여로 이곳에 다양한 해양관광 개발사업을 추진하였다.

골드코스트에는 커럼빈 생튜어리라는 참여형 야생동물 보호구역과 호리즈 야생동물원, 야간활동을 위한 조명시설을 갖춘 호주 최대의 수상스키 공원인 케이블 스키월드, 그리고

---

18) 영어 위키피디어

19) 영어 위키피디어

20) 이상춘 외, 전게서, p.244.

온 가족이 함께 즐길 수 있는 테마파크인 드림월드, 웨트 앤 와일드 워터파크 등이 있으며, 환상적인 해양 테마파크인 씨월드 등이 있다. 이곳은 국제규모의 호텔, 리조텔, 렌탈하우스, 홀리데이 아파트 등의 숙박시설을 중심으로 각종 편의시설이 마련되어 있다.

나) 골드코스트 씨월드(Seaworld)

골드코스트의 명물인 씨월드는 1971년 네랑(Nerang)강에서 케이쓰 윌리엄스(Keith Williams)에 의해 창설되었고 워터스키 쇼로 시작했으며 1973년에는 돌고래 쇼 및 수상오토바이 쇼을 추가해 완전한 규모의 물놀이 시설로 운영되어 왔다. 1984년에 Peter Lawrence Public Co.에 매각된 후 다시 1992년에 워너브라더스(Warner Brothers)사가 인수하여 Wet'n Wild, Movie World와 함께 운영중이다. 워너브라더스 인수 후 버뮤다 트라이앵글(Bermuda Triangle) 등 미국 테마파크식의 놀이체험시설이 설치되었다.

미국의 씨월드(Sea World)와는 이름이 같으나 Licence상으로는 무관하고 약 4반세기에 걸쳐 점진적으로 개발되어 왔다. 여러 가지 볼거리와 놀이시설로 구성되어 있어 다양한 연령층으로 구성된 가족을 주고객으로 삼고 있으며, 특히 젊은 가족세대와 나이가 어느 정도 든 아이들이 대상고객이라고 한다. 시설부지가 광대하고 대형화된 미국의 그것과 비교할 때 컴팩트하면서 시설이 다양한 점이 특색이다. 전체 크기는 70ha(약 20만 평)이다. 이곳에서 단계별로 개발된 시설들에 총 9억 7,000만 호주 달러가 투자되었다고 한다. 현재도 새로운 매력 시설물(Attraction)의 증축공사가 계속 진행 중이다.

현재 매년 140만 명이 방문하고 주고객은 아시아인, 호주인 등이며 현재 주식이 상장된 주식회사형이다. 회사의 구성은 Trust Fund, Managing Co., Operation Company로 이루어져 있다. 크리스마스 이외에는 연중 개장하고 크리스마스 후 3~4주간이 피크(즉, 1월이 피크 시즌)이며, 겨울에도 10~20°C로서 사철 개장이 가능하여 수익성에 문제가 없다. 수족관은 아주 작은 시설로 중심시설은 아니며 고래와 같이 유영할 수 있는 시설, 상어를 길들여 상어 쇼를 하는 것 등이 이색적이다. 전망탑이 없는 대신에 5개 코스(38달러~180달러까지 다양)의 골드코스트 순회관광 헬리콥터가 운영 중이다.

〈그림 11-13〉 호주의 골드코스트와 씨월드의 전경

다) 기타

호주의 몽키 마이어(Monkey Mia)는 샤크베이 근처 덴흠이라는 마을의 북동쪽 약 27*km* 떨어진 곳에 위치하고 있다. 에메랄드빛의 환상적인 바다풍경과 함께 이곳은 돌고래와 듀공 등을 아주 가까이 볼 수 있는 곳으로, 돌고래와 수영하기, 먹이주기 등으로 세계적으로 유명한 해양관광지이다. 이외에 호주에는 천혜의 자연환경을 배경으로 자연친화적으로 개발한 테마파크인 코란코브 리조트 등도 유명하다.

〈그림 11-14〉 호주 코란코브 리조트 전경

5) 스페인 코스타 델 솔(Costa-del-sol)

스페인 최대의 해양리조트는 코스타 델 솔로서 '태양의 해변'이라는 뜻이며 양호한 기후를 배경으로 민간인 주도로 개발된 지역이다. 사업주체는 민간기업[21]이었으며, 태양의 혜택을 받는 종합 리조트의 형성이 개발 이념이다. 개발유형은 해안 복합개발형(광역 리조트 지대)로서 해외, 민간자본에 의한 리조트개발이 많아 사업의 추진이 빠르고, 국제적 색채도 풍부하다. 이와 같이 해외자본에 의한 리조트시설이 다수이나 계획성 없이 난개발이 이루어졌다. 즉 국외투자에 대한 우대조치로 투자자금 유치에 성공하였으나, 전체 계획이 없이 이루어져 환경보호계획 미비로 일관성 없는 개발이라는 비판을 받아왔다.

6) 멕시코 칸쿤[22]

〈그림 11-15〉 칸쿤의 위치

멕시코 유카탄반도의 남단, Quintana Roo 주에 있는 칸쿤의 관광개발은 1969년부터 전담기구인 관광개발공사(FONATUR)를 설립하여 다음과 같이 약 15년에 걸쳐 개발되었다.

---

21) 이상춘 외, 전게서, p.254.

22) 「남해안 관광개발전략」(한국무역협회 등, 2004.12) 중의 일부를 발췌함.

- 1단계 : 기반시설 조성 공사
- 2단계 : 호텔 등 관광숙박시설 및 공항 건설
- 3단계 : 기타 서비스시설 및 호텔 건립

인근의 마야문명 유적지, 8km의 비치, 배후의 각종 해양 레포츠가 가능한 라군(Lagoon) 등 개발 잠재력이 높다. 1974년에 첫 리조트 호텔단지가 세워진 이래 현재까지 빠른 속도로 관광산업이 성장하였다. 이로 인해 수십 명에 불과하였던 칸쿤시 인구가 30년 만에 90만 명으로 증가하였고 140여개 호텔(24,000여실)에 연간 400만 명이 관광객이 방문하고 있다. 비치를 이용한 해변활동, 라군에서의 각종 요트, 윈드서핑, 수상오토바이등 해양스포츠, 인근의 세계적 해저경관지인 코수멜섬 등에서의 레저 잠수, 바다낚시, 그리고 인근의 마야 문명 유적지, 정글 투어 등 다양한 활동의 연계가 가능한 카리브 관광의 한 거점이 되고 있다. 인근 세계적 해저관광지인 코수멜섬에는 대규모 크루즈 선박이 기항하여 세계적 휴양지가 되고 있다.

〈그림 11-16〉 칸쿤 비치와 호텔지구의 전경

7) 홍콩 해양공원(Ocean Park)

홍콩의 중심지인 홍콩 섬은 뛰어난 야경, 정크와 수상가옥 삼판(Sampan)이 떠다니는 에버딘항, 네온사인이 눈부신 수상 레스토랑, 아름다운 라펄스베이 해변이 유명하다. 특히 동양최대의 해양공원에는 수족관, 정원, 동물원, 가든극장 등이 있어 해양관광산업을 활성화시키고 있다. 홍콩 섬 남쪽에 위치한 오션파크는 70만㎡의 부지에 산기슭의 로우랜드와 언덕 위의 헤드랜드로 나뉘며 1.4㎞케이블카로 연결되어 있다. 5,000명 수용의 로우랜드에는 인공파도 풀, 폭포파크 등 놀이시설을 갖춘 워터월드, 열대온실과 나비를 모은 버터플라이하우스, 150종의 새를 사육하는 '백조거'가 있다. 헤드랜드에는 돌고래와 범고래쇼를 볼 수 있는 4,000명 수용규모의 해양극장이 있으며, 약 3,000 종류, 3만 마리의 어족을 감상할 수 있는 수족관 형태의 '해양관'이 유명하다. 현재 숙박시설이 부족하여 체재형 리조트로서 문제가 있으나 중국인들의 소득증대에 대비하여 호텔 등 고급숙박시설, 해양 물놀이시설, 도시철도 등 교통시설 인입 등 추가 개발에 나서고 있다.

8) 싱가포르 센토사 개발

아시아의 관광선진국인 싱가포르는 관광산업 활성화를 위한 시책으로 해상 크루즈, 해양수족관, 마리나 등의 해양관광 개발에 중점을 두고 있다. 싱가포르 정부는 센토사 개발공사를 설립하고 일반국민을 위한 관광시설 및 오락장소를 마련하기 위해 센토사 섬을 비롯한 인근 섬을 권역으로 묶어 개발하였다. 주요시설로는 인공적으로 조성된 해수욕장, 해양수족관, 3에이커의 조개전시관, 0.7에이커에 달하는 인공적 해양박물관, 총 5.576㎢에 해당하는 캠프장, 18홀의 골프장, 호텔 등 종합숙박시설, 피크닉그라운드, 항복기념관, 마리나 등이 있다. 또한 센토산섬 인근에서는 센토사를 배경으로 각종 연안크루즈가 밤낮으로 운행되고 있다. 이외에 싱가포르는 말레이지아령 빈탄 섬을 조차하여 인도네시아와 함께 자국민들과 아시아인들을 위한 종합해양관광리조트를 개발 · 운영하고 있다.

〈그림 11-17〉 센토사 섬 중앙의 분수대

〈그림 11-18〉 센토사 섬으로 들어가는 여객선 터미널과 싱가포르 상징인 배후의 머라이언(바다사자) 상

9) 태국의 해양리조트들

국내인들에게도 친숙한 태국의 파타야(Pataya)는 방콕에서 동남쪽으로 150km 떨어진 최대의 휴양지이다. 총 길이가 4km인 파타야 비치는 한 해 최고 100만 명 이상의 외래관광객이 방문하는 해변지역이다.

윈드서핑, 수상스키, 바나나보트, 수상스쿠터, 스노클링 등 다양한 해양레저스포츠를 즐길 수 있는 지역이라 더욱 매력적인 해양관광지로 각광을 받고 있다. 또한 태국의 수도 방콕에서 867km떨어진 태국의 푸켓(Puket)은 안다만 해에 있는 태국 최대의 섬으로 12개의 해변이 있다. 3~4km 간격으로 들어선 파통비치, 카론비치, 카타비치 등이 유명하며 열대에서 가능한 해양스포츠를 마음껏 즐길 수 있다. 푸켓은 파타야와는 달리 미국식 휴양지가 아닌 유럽식 휴양지로 발전되어 왔다. 특히 이곳의 아름다운 해안관광지인 카타 휴양지는 프랑스 클럽메드 사와 합작을 통하여 개발되었다. 이 지역에 도입된 해양레크리에이션 시설은 수영장, 나이트클럽, 극장, 골프연습장, 테니스코트, 윈드서핑, 스쿠버다이빙, 보트 놀이시설 등이다.

이외에도 해변지역에 다수의 해양리조트가 개발되었다.

10) 필리핀

필리핀의 보라카이(Boracay)는 화이트 비치(White Beach) 또는 롱 비치(Long Beach)라고 불린다. 보라카이 백사장은 길이가 4km이고, 폭이 넓은 곳은 50m나 된다. 마녹마목 바랑가이 지역은 바위지대와 백사장이 혼재해 있고, 바다수심이 깊어서 수영이나 스킨스쿠버에 적당한 지역이다. 기타 필리핀에는 우리나라 사람들이 많이 찾는 세부(Sebu) 등 다수의 해양관광리조트와 비치리조트가 지역별로 산재하여 있다.

11) 국외 해양리조트 개발의 특성

앞에서 본 여러 종류의 해양리조트들이 성공한 요인을 살펴보면 다음과 같다.

가) 해양레저와 자연과의 조화

- ㅇ물이라는 요소와 레저활동의 요소가 포함된 해양레저산업은 두 가지 요소의 조건을 적절히 수용하여야 성공확률이 높아짐
- ㅇ개발시 가장 고려할 부분이 자연환경의 보호이고, 공간의 이용과 시설배치에 있어서도 경관의 미를 강조함

나) 단지형식의 리조트 형태

- ㅇ해양레저활동을 하기 위한 시설들을 배치하고 이들을 원활히 운영하기 위한 부대시설

을 완벽하게 갖춰 고객의 입장에서 편의성이 뛰어난 해양레저단지 조성

○해안을 끼고 있는 여건이 양호한 기존 도시를 이용한 도시 재정비 형태나 자연조건이 우수한 지역을 선정하여 집중적인 개발을 통하여 새로운 도시조성 형태의 개발사업으로 추진되고 있음

다) 해양레저활동과 내륙레저활동과의 연계성

○새롭게 조성되는 해양리조트는 교통 접근성이 중요하며 해양레저활동과 내륙레저활동이 연계되도록 기반시설을 계획하여 시간과 사회간접자본의 절약이 필요함

라) 장기적인 계획

○해양스포츠와 관련된 관광개발은 자본이 거대하게 소요되는 개발임

○전체적으로 통합된 마스터플랜의 수립 후에 시간을 충분히 가지고 장기적으로 진행되는 경우 성공 확률이 높음

나. 국내 해양관광 개발사례

1) 제주 중문관광단지

제주 중문관광단지는 우리나라 최초의 단지형 리조트 개발사업으로 대상은 제주도 서귀포시 색달동, 대포동 일대로서 총 개발 면적은 3.24㎢에 달한다. 1978년에 개발에 착수되어, 1단계 사업으로 1991년까지 중부지역 2.09㎢가 개발이 완료되었고, 현재 2단계 사업지 1.15㎢를 개발하고 있다. 참고로 중문관광단지의 개발방향은 다음과 같다.

① 국제수준의 휴양관광단지 조성

② 제주도의 관광거점지로 조성

③ 천연자원과 전통적 민속자원의 조화 있는 개발

④ 휴양 · 레크레이션시설 확충

〈그림 11-19〉 제주 중문관광단지 및 단지 내 호텔 전경

제주 중문관광단지 1단계 개발실적(1978~1992)으로는 정부가 도로, 통신시설 등 기반시설 건설에 44억 6,500만 원을 투자하였으며, 한국관광공사가 개발사업 주체가 되어 단지조성, 조경, 하수처리시설, 관리청사, 해안상가, 골프장을 건설하고, 토지매입 등에 548억 원을 투자하였다.

민간자본의 투자로 하얏트호텔, 신라호텔, 롯데호텔, 한국 콘도미니엄이 개관되어 영업 중이며, 그 외에도 돌고래 쇼장, 여미지 관광식물원(112,499㎡), 관광어촌, 쇼핑상가 등이 민간자본에 의하여 개발되었다.

현재 2단계 개발사업진행 되어 제주 컨벤션 센터 등이 건립 · 운영되고 있고 중문랜드(운동오락시설), 자연수련장(휴양문화시설), 관광호텔 등이 계획 혹은 개발되어 있다.

2) 통영 도남 관광단지

한려수도의 수려한 해안자연경관과 역사 · 문화적 유적자원을 활용하여 국제적인 해양관광단지를 개발하려는 계획으로 출발된 것으로 그 개발계획 내용은 다음과 같다.

① 통영 도남지역을 관광중추기지로 개발하고, 휴양시설, 해상전망시설 등을 설치하며, 유람선, 요트, 수상스키, 바다낚시 등의 해상레크레이션 활동을 도모

② 이충무공 유적지 및 고전장(古戰場)을 관광코스로 연결하여 문화유적관광과 휴양관

광지로 개발하려는 계획

이 통영 도남관광단지는 마리나 시설을 갖춘 국내 최초의 해양관광 시설로서 당초 사업자인 금호그룹은 경상남도로부터 매입한 2만 4,000평의 부지에 요트호텔, 콘도미니엄, 가족호텔 등 숙박시설 4동, 요트하우스, 보트장 등 위락시설 5동, 유람선 터미널, 해상 급유소 등 터미널시설 3동 등을 2단계에 걸쳐 건설할 계획이었다. 현재는 1단계 사업인 콘도미니엄(406실), 마리나(보트장, 98척 수용 가능) 등만이 건설되어 운영되고 있다. 이 관광단지의 전체 면적은 41만 122m^2(12만 4,062평)이며, 개발면적은 13만 8,042m^2(4만 1,758평)이다. 아직까지 도남 관광단지는 요트타기 등 마리나 이용이 저조하여 지역 호텔 수준의 역할밖에 못하고 있어 향후 활성화 방안 시행이 요망된다.

3) 안면도 롯데 오션캐슬

〈그림 11-20〉 안면도 롯데 오션캐슬 조감도

안면도 롯데 오션캐슬은 1978년 해안국립공원으로 지정된 태안 해안국립공원 안에 위치하고 안면도 꽃지해수욕장 일대 내륙 200만 평, 해수면 500만 평에 충청남도가 계획한 최대의 국제 해양관광휴양 계획의 일부이다.

안면도 롯데 오션캐슬은 21세기 신해양 휴양 리조트로서 계획되었다. 바다와 꽃과 소나무가 어우러진 최고의 자연환경에 약 10여 종의 해양스포츠, 대단위 위락상가와 콘도미니엄, 빌라, 관광호텔, 가족호텔 등의 숙박시설을 갖추려는 계획이었다. 최첨단 인텔리전트 시설과 최고의 서비스를 갖추고 진정한 휴양문화를 선보인다는 계획이 수립되어 호텔, 빌라 등 일부 시설이 완성되었고 계속 개발될 예정이다.

상품 구성으로는 콘도미니엄, 해양스포츠, 아쿠아월드(온천성), 골프 등으로 구상되었으나 아직까지는 콘도와 아쿠아월드 위주로 운영되고 있다. 안면도 꽃 박람회 이후 서해안고속도로 개통 등 접근성 개선으로 상당한 호황을 누리고 있으나 개발과정에서 사구와 모래비치의 훼손 등 환경훼손이 많이 이루어졌다.

4) 해남 화원관광단지

한국관광공사는 전국 관광 균형발전 및 지역경제 활성화를 위해 해남 화원관광단지사업을 역점사업으로 추진하여 중국과 일본 그리고 제주 중문관광단지 등을 연계하는 동북아 허브관광단지로 개발하고 있다. 이 사업은 전라남도 해남군 화원반도 일원 154만 평에 1조 원 정도가 소요되는 대규모 해양리조트 건설사업으로 27홀의 골프장과 300척 규모의 마리나, 호텔, 콘도, 펜션 등 다양한 숙박시설, 각종 위락시설 등이 계획되어 개발되고 있다.

특히 남녘의 분위기를 연출할 수 있는 조경과 아울러 화원(花源)이라는 지명에 걸맞도록 캐나다 부차트가든에 버금가는 세계적 정원을 조성할 계획이며, 온천을 이용한 대규모 워터파크 등 국제적 규모의 각종시설들이 계획되고 있다. 이 사업은 지난 1994년 관광단지 개발을 위한 조성계획 승인을 얻은 후 관광단지 전체 구간에 대한 기반조성공사와 아울러 골프장이 개발되었다. 그러나 나머지 민간투자유치시설들은 개발이 지연되고 있다.

기타 추진 중 인 대규모 해양관광단지로서 경주 감포 해양관광단지, 제주 성산포 해양관광단지, 여수 화양관광단지 등이 있으며, 최근에 감포 해양관광단지는 골프장과 중심시설 기반공사가 완료되고 기타 사업은 민자 유치중이고 여수 화양 관광단지도 리조트 호텔, 골프장 등이 건설되어 이용되고 있다.

5) 엘도라도 리조트

전남 신안 증도의 엘도라도 리조트는 2006년 4월에 개장하였으며 총 390억원의 민간자본이 투입되어 주요시설 19동, 108실의 객실과 골든베이, 골든힐, 골든비치 등 3개의 부대 시설을 갖추게 된 모범적인 해변 리조트 중의 하나이다. 2003년에 9월에 시작된 이 사업은 중국의 인근에서 인양된 송원대 보물선 등의 특성과 우전 해수욕장, 인근의 해송숲과 게르마늄 갯벌 등 아름다운 다도해 풍광과 인접한 것을 고려하여 '건강을 찾을 수 있는 보물섬'의 리조트 컨셉으로 추진되었다.[23] 또한 인근에는 남해안관광벨트사업으로 136억원이 지원되어 갯벌생태전시관이 건설되었고 이의 활성화와 염전과 수산업 위주로 이루어졌던 기존 지역경제 활성화를 도모하기 위하여 신안군이 인허가 등의 편의 제공 등을 적극적으로 하여 자본이 유치된 경우이다. 신안군은 이 민자 유치를 성공적으로 이끌기 위하여 1년 6개월이 걸릴 인허가 과정을 6개월로 단축하고 부지를 직접 매입하여 투자자에게 매각하여 투자 기간을 줄이는 등 각종 지원을 아끼지 않았다.[24] 민간투자자도 아름다운 해변에 걸맞게 각종 해양스포츠가 가능한 고급스러운 이미지의 리조트를 완성하여 인근의 태평염전, 해수욕장, 어촌갯벌체험, 생태관 등과 연계함으로써 높은 분양율 거양과 사업 성과 제고에도 좋은 효과를 얻게 되었다. 아울러 총 근무인원 79명 중 약 50%에 해당하는 38명이 지역 주민 중에서 선발되어 취업이 되었고 인근의 태평염전, 염전박물관, 지역특산품 판매, 갯벌체험 등의 활성화와 지역 조세 수입 발생 등 다양한 효과가 나타나고 있다.[25]

표 11-6 엘도라도 리조트 일반 현황과 전경

구분	주요 내용	
위치	전남 신안군 증도면 우전리 233번지 외 21 필지	
사업 기간	2003 9 – 2005 10(2년)	
총 사업비	390억원(민자)	
대지 면적	76,817m^2	
총면적	23,464.30m^2	
건폐율	12.29%(법정 40%)	

23) 한국문화관광연구원, 『해양관광 사례 연구: 국내외관광사례(Ⅱ)』, 2007, pp.104-106

24) 상게서, p.115

25) 상게서, p.113

건축 규모	– 숙박시설: 15,350.75m² – 근린생활시설: 3,839.23m² – 전망대공원: 3,466m² – 야외테마공원: 5,686m² – 갯벌생태전시관(신안군): 4,120.38m²(좌측 사진)	
주요 시설	– 객실(19동 108실): 롱비치빌라, 오션클리프빌라, 미치프론트빌라, 선셋빌라(2007년 9동 69실 증축) – 골든베이: 오션스파랜드, 로비라운지, 비즈니스센터, 엘도마켓, 노래방 – 골든힐: 바다전망카페, 골드레인광장, 난조전망데크, 야외호프 – 골든비치: 비치바베큐, 야외테라스, 연호장, 노래방, 세미나실	

자료: 한국문화관광연구원, 『해양관광 사례 연구: 국내외관광사례(Ⅱ)』, 2007, p.106 및 엘도라도 리조트 홈페이지

5) 요약 및 시사점

우리나라의 해양관광단지는 앞에서 언급된 바와 같이 규모가 큰 상당한 수의 해양리조트가 개발 중이나 대체적으로 사업 추진이 부진한 편이다. 연안에서의 민간 주축의 소규모 개발도 사업이 상당히 지연되는 경우가 많이 발생하였다. 이들 개발 시의 문제점과 시사점을 열거하면 다음과 같다.

가) 개발 시 토지구입 등 사업 절차상의 문제

사업 이전에 개발 소식이 전해지면서 토지가 상승으로 사업비가 급상승하며 토지가격 상승 통제 등 절차상의 장애요인 제거방안 마련이 필요하고 주택, 물권, 어업권 등에 대한 보상 등의 문제가 많아 지연 사례가 많다. 공유수면사용, 환경 문제 등 인허가 등에 있어서도 관련절차와 시간이 많이 소요되기도 한다.

나) SOC 등 타사업과 연계성 부족

해안지역은 기본적으로 원거리에 많이 위치하여 도로 등 SOC의 동시적 개발이 안 되어 접근성, 연계성 등의 문제가 많다. 따라서 해양관광단지 조성지역은 사전 타당성 분석 시 이를 충분히 검토하는 것이 요망된다.

다) 해양관광 활성화 부족으로 사업의 파행성

해양관광이 아직까지 활성화되지 못하여 시설 중 일부는 활용도가 낮거나 파행 운영되는 경우도 발생한다. 마리나 등 수익성이 낮고 공공성이 강한 시설에 대한 공공 투자 유치 등 공공기관의 각종 지원 시책의 수립과 기반시설 선도투자가 요망된다.

라) 민자 유치 등의 어려움으로 사업 장기화

해양관광 적지는 대개 수요지와 원거리인 경우가 많아 수요 부족으로 민자유치나 토지분양이 어렵다. 또한 소규모 자본유치시 자금난으로 중간에 사업을 포기하는 사례가 많이 발생하여 공공기관의 정책자금 지원이나 견실한 민간 자금유치가 요망된다.

마) 수역 활용 등에서 이해당사자들과의 상충

대부분의 마리나, 잠수리조트들의 경우 어업인들과 상충관계가 높으며 불법 양식장 등의 항로 점거 등으로 정상적인 해상레저 활동에 장애요인이 되고 있다. 따라서 지방자치단체에서 일본의 해역 이용 조정제도와 같이 수역 활용에 관한 종합적인 조정 역할을 해 주어야 한다.

바) 다양한 테마개발 부재

해양공원 등 특화시설 개발이 취약하고 무형문화재, 향토문화재, 해양역사 소재의 관광상품 개발이 미흡하다.

이러한 점들을 종합적으로 고려하여 볼 때 우리나라에서 해양 리조트 개발사업은 앞에서 본 바와 같이 저렴한 토지 확보, 다양한 자금 조달, 합리적 개발추진체 수립, 경쟁력 있는 테마의 확보, 공공부문의 기반투자 선행, 수요의 확보 방안 등의 측면에서 다양한 외국 사례의 장점을 벤치마킹할 필요가 있다고 본다.

제 12 장

해양보전지역의 관광적 이용 및 관리

본 장에서는 해양보전지역 개념과 활용되는 사례를 검토한다. 특히 해양보호구역, 해중공원, 해상국립공원 등 다양한 해양보전지역의 보존과 이용의 문제를 살펴보고자 한다.

1. 개요

해양보전지역은 대개 생태적으로나 경관적으로 민감한 지역으로서 보호구역으로 지정된 경우가 많다. 이하에서는 이러한 해양보전지역 중에서도 특히 보호구역(이하 '해양보호구역'으로 약칭)으로 지정된 곳의 지정 · 관리 · 이용에 대하여 알아보고자 한다.

먼저 해양보전지구의 하나인 해양공원의 최초 설정은 1935년에 이루어졌다.[1] 미국의 국립공원의 하나이며, 국가보존물(national monument)인 플로리다 반도의 산호초 플로리다 키즈(Florida keys)의 선단 키 웨이스트와 그 서쪽 65마일에 위치한 드라이 토투가스(Dry Tortugas) 초(礁)에 있는 역사적 건축물인 제퍼슨 보루가 보존물로 지정되면서 동시에 주변의 산호초도 포함된 것이 그 시초라 볼 수 있다. 1950년경에는 미국의 카리브 해와 오스트레일리아의 그레이트 배리어 리프의 산호초호(礁湖)에 있는 여러 섬이 국립공원 또는 국가보존지로 설정되었다.

1960년대 선진국에서는 개발에 의한 자연훼손이 서서히 나타나기 시작하고, 연안의 천해역도 그 예외가 아니었다. 풍부한 연안의 천해역을 공원이나 보호구역으로 지정하여 보호 · 보전해야 하는 것이 세계적인 과제로 대두되었다. 1960년에 산호초(Key Largo)가 플로리다 주에 의해 공원으로 지정되었고, 펜니 캠프(Penne-kamp) 산호초가 공원으로서 지정되었으며, 1961년에는 카리브 해의 미령 버진제도에 있는 산호초의 소도와 백섬이 국가보존물로 지정되어 주변의 산호초와 함께 보호받게 되었다. 이와 같은 선진국 연안지역의 보호 · 보전이 세계적인 추세로 발전하기 시작했다.

1962년 국제자연보존연맹(The International Union for Conservation of Nature and Natural Resources, IUCN)에 의해 미국의 시애틀에서 개최된 제1회 세계국립공원회의는 위기에 직면한 천해의 생물서식지를 보호하기 위해 해중에 공원 또는 보호구를 설정하도록 각국 정부에 권고할 것을 결의하였다. 일본에서도 이 권고를 받고, 해중공원의 설정에 필요한 조사연구와 후보지 조사가 시작되었다. 그 결과 국립공원의 연장으로서 해역에 보호구를 설치

1) 정석중 외, 『해양관광론』, 2004, p.270.

하는 것이 시작되었고, 1970년 자연공원법을 개정하고 우수한 해중경관을 갖는 해역을 해중공원지구로서 지정하게 되었다.[2] 호주의 경우에는 대산호초 국립공원을 1981년 해상에 지정하여 관리하여 왔으며, 이들은 모두 우리나라의 해상국립공원과 유사하게 운영되고 있다.

1972년에는 미국에서 National Marine Sanctuary Act를 제정하여 해양보호구역(Marine Sanctuary) 개념을 도입하였으며, 여기에 해중경관지구도 일부 포함되었고 내용상 이용보다는 보전적인 성격이 강하다.

UN에서는 이들을 몇 가지로 나누어 보호구역을 구분하고 있고, 특히 그 구분은 이용과 보존의 비중 정도에 따라 나누어진다. 특히 1968년 11월 인도 뉴델리의 제10차 국제자연보존연맹(IUCN) 총회에서 국립공원에 대한 정의를 마련한 후 1994년에는 이를 〈표 12-1〉의 6개 범주로 확정하였다.[3] 이 중에서 Ⅰ~Ⅲ구역은 가장 보호 및 보전 강도가 강하고 나머지 구역들도 이용에 상당한 규제가 따른다. 참고로 IUCN 분류에서 우리나라의 국립공원(해상국립공원 포함)·도립공원은 카테고리 Ⅴ 혹은 Ⅵ에 해당한다.[4]

표 12-1 IUCN에 의한 보호구역의 6등급 관리 범주

범주 (Category)	유형(Type)	특징(Characteristic)
Ia	Strict Nature Reserve (절대보호구역)	Protected area managed mainly for science (주로 과학적 목적으로 관리되는 지역)
Ib	Wilderness Area (야생보호구역)	Protected area managed mainly for wilderness protection (주로 야생보호를 목적으로 관리되는 보호지역)
II	National Park (국립공원)	Protected area managed mainly for ecosystem protection and recreation (생태계보호와 레크리에이션을 위주로 관리되는 지역)
III	Natural Monument (천연기념물 보호구역)	Protected area managed mainly for conservation of specific natural features (독특한 자연적 특징의 보전을 위주로 관리되는 지역)

2) 일본해중공원홈페이지 ; http://www.coremoc.go.jp, 2003.

3) 한국해양수산개발원, 「해상국립공원의 합리적인 관리방안 연구」, 2002.11, p.7.

4) 우리나라의 국립공원 중 설악산 이외에는 국립공원으로서 임목밀도 등 Ⅱ구역의 기준을 대부분 충족시키지 못하고 있다.

IV	Habitat/Species Management Area (서식지 및 종 관리구역)	Protected area managed mainly for conservation through management intervention (주로 관리를 통하여 보전할 지역)
V	Protected Landscape/ Seascape (육상 및 해상경관 보호구역)	Protected area managed mainly for landscape/seascape conservation and recreation (주로 육상 및 해상 경관의 보전과 레크리에이션을 위한 보전지역)
VI	Managed Resource Protected Area (자원 보호구역)	Protected area managed mainly for the sustainable use of natural ecosystems (자연생태계의 지속적인 이용을 위해 관리되는 보전지역)

자료: 해양수산부, 「해중경관지구 정책방향 도출을 위한 연구」, 2003, p.61.

이하에서는 각국별 보호구역의 내용들을 해양관광상의 이용 · 보존 측면에서 개략적으로 살펴보고자 한다.

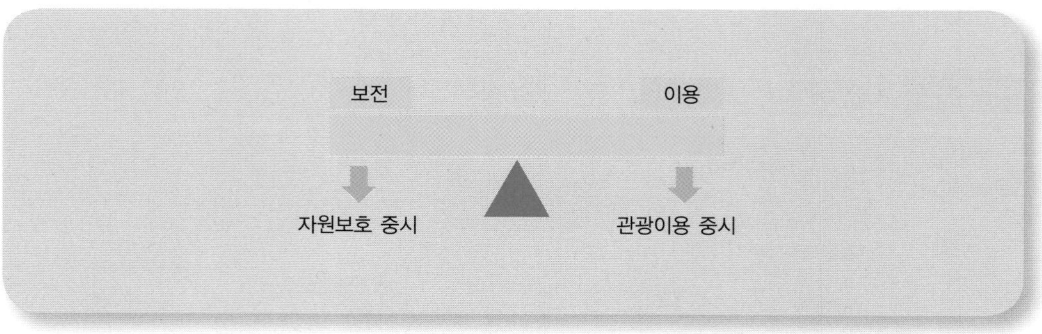

〈그림 12-1〉 이상적인 구역 이용 · 보전 개념

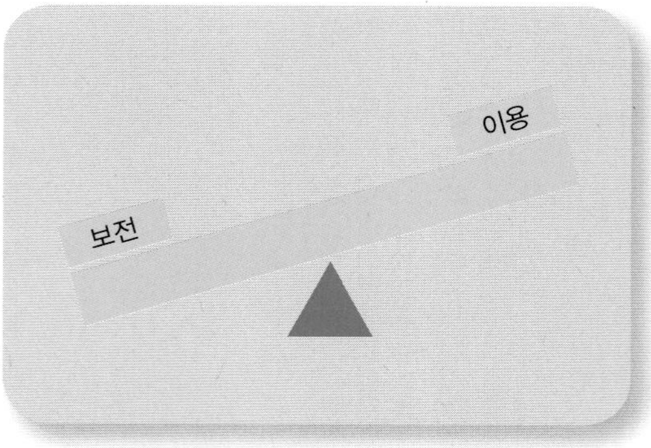

〈그림 12-2〉 보호구역

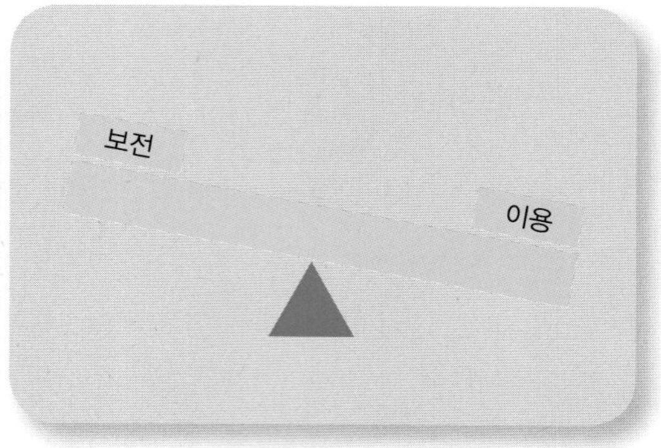

〈그림 12-3〉 일반이용 구역의 경우

2 일본[5)]

가. 해중공원의 지정 목적

해중경관이란 바닷속의 산호, 열대어류, 해조류 등의 동 · 식물과 독특한 해저지형이 어우러져 만들어내는 경관으로 앞에서 언급된 바와 같이 일본에서는 경관이 우수한 지역을 해중공원으로 지정 · 보호하고 있다. 해중경관의 보호와 함께 이의 이용을 도모하기 위해서 마련된 해중공원제도는 일본의 국립공원과 국정공원 중 해중경관이 수려한 지역이 대상이다. 일본 해중공원제도의 설립과정을 살펴보면 다음과 같다.

1968년 시작된 해중공원지구의 지정은 환경청장관이 국립공원 또는 국정공원의 해중경관을 유지하기 위해 공원계획에 근거하여 일정 구역을 지정할 수 있다. 이들은 자연공원법에 따라 지정 및 관리되며 다음과 같은 행위는 국립공원의 경우 환경청장관, 국정공원의 경우 도도부지사의 허가에 따라야 한다.

표 12-2 해중공원 지구 내의 허가 및 금지행위

구 분	행 위 내 용
허가가 필요한 행위	• 해면을 매립하거나, 간척하는 행위 • 해저의 형상을 변경하는 행위 • 환경청장관이 지정한 열대어나 산호 등을 포획, 채취하는 행위 • 관련시설로부터 오수를 배출하는 행위
금지행위	• 대량의 오폐물을 폐기하는 행위 • 해중공원 방문객에게 불편을 끼치는 행위

해중공원지구의 지정요건을 살펴보면 다음과 같다.

- 해중공원지구 주변의 해역과 육역이 국립공원 또는 국정공원구역으로 지정되어 있으며 육역의 자연보호가 가능한 지역일 것
- 해저지형이 특색을 가지고 있으며 해중 동 · 식물이 풍부할 것
- 해수가 맑고 깨끗하며 하천에 의한 오염의 우려가 적을 것

5) 다음 서적의 내용 일부를 정리함. 해양수산부, 「해중경관지구 정책방향 도출을 위한 연구」, 2002, pp.31-36.

- 수심은 평균 20m 이내의 지역일 것
- 파도 및 조류의 흐름이 강하지 않은 지역일 것
- 선박 접안시설(부두), 휴게시설, 학습관, 주차장 등의 육상시설을 조성할 수 있는 배후 부지가 마련되어 있을 것
- 어업활동의 조정이 가능하며 해중경관지구의 지정 및 보호와 관련하여 어업관계자와 협력할 수 있는 지역일 것
- 기타 각종 산업활동에 의해 경관파괴의 우려가 적은 지역일 것

나. 해중공원의 지역적 분포

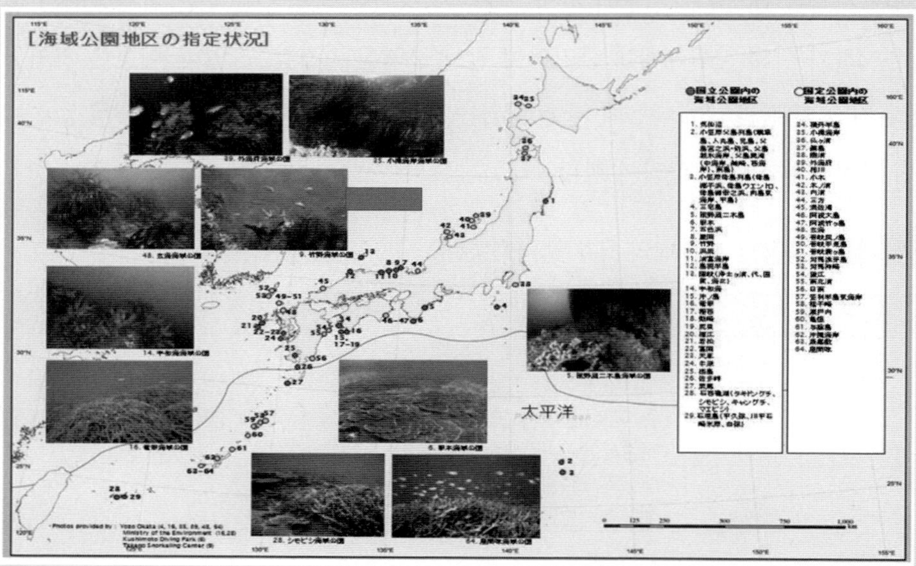

〈그림 12-4〉 일본 해역공원지구 지정 현황

자료: 일본 쿠시모토 해양공원 홈페이지(http://www.env.go.jp/nature/nco/kinki/kushimoto/JP/06_about_mp_01_list.html (2019.10.26.))

일본의 해중공원지구는 2010년 자연공원법에 의해 국립공원이나 국정 공원 중에도 지정되며 현재는 해역공원(海域公園)지구로 바뀌어 불리며 2017년 3월 현재 30개소의 공원 중

에 총 128개 해역공원지구가 지정되어 있고 그 면적은 56,401.4ha에 달한다.[6]

다. 쿠시모토(串木) 해중공원

1) 쿠시모토 해중공원 개요

쿠시모토 해중공원은 1970년 7월 일본에서 최초로 지정된 해중공원으로 일본 오사카 시 남쪽 와카야마 현에 위치한다. 이 지역은 연중 온난하며 쿠로시오 해류의 영향으로 물이 맑아 투명한 바다를 관찰할 수 있다.

쿠시모토 해중공원에는 해중공원지구를 소개하는 해중공원 센터와 해중전망탑, 수족관, 글라스보트 등 바닷 속을 관찰할 수 있는 시설과 함께 레저잠수활동도 즐길 수 있도록 다이빙 파크도 함께 조성되어 있다.

〈그림 12-5〉 쿠시모토 해중공원의 조망도

2) 쿠시모토 해중공원의 주요시설

가) 해중전망탑

해안으로부터 140m 떨어진 해상 위에 설치된 쿠시모토 해중전망탑은 1970년에 완성되었다. 쿠시모토 해중전망탑은 40개의 창(직경 30㎝)을 통하여 수심 6.3m의 바다 속을 관찰할

6) 일본 위키피디어

수 있도록 설계되었다.

〈그림 12-6〉 쿠시모토 해중전망탑(좌)과 관찰생물(우)

해중전망탑은 잠수복이나 잠수장비 없이도 바다 속의 경관을 관찰할 수 있게 하기 위하여 설치되었으며 이를 통하여 쿠시모토 앞바다에 서식하는 270종의 물고기를 관찰할 수 있다.

나) 글라스보트(glass boat)[7]

1999년 새롭게 건조된 글라스보트는 쿠시모토 해중공원을 선박을 통하여 관찰할 수 있도록 하기 위하여 도입되었으며 기존의 선저가 평평한 글라스보트와는 달리 2층 구조로 1층

〈그림 12-7〉 해중공원의 글라스보트

7) glass bottom boat라도 불리며 배 밑층에 둥근 유리창이 달려 있고 선상으로 탑승하여 배 밑으로 내려가 해중 및 해저 관측을 가능케 하는 선박.

은 반잠수함 형태로 건조되어 바다 속을 좀더 자세히 관찰할 수 있다.[8)]

3) 수족관과 다이빙파크

쿠시모토 해중공원에서는 주변 바닷가의 다양한 생물을 자세히 관찰하기 위하여 마린 파빌리욘'(Marine Pavilion)'이라는 수족관이 조성되어 있다. 이 수족관에는 다양한 해저 생물의 전시와 함께 방문객 센터의 기능도 함께 수행하고 있다.

쿠시모토 다이빙파크는 쿠시모토 해중공원의 모습을 직접 관찰하고 싶은 스쿠버다이버를 위해서 마련된 공원으로 다이빙시설의 임대 및 교육을 받을 수 있는 다이빙센터와 숙박시설이 함께 마련되어 있다.

〈그림 12-8〉 쿠시모토 수족관(좌)과 다이빙 파크(우)

라. 가츠우라(勝浦) 해중공원

가츠우라 해중공원은 일본 치바 현에 위치하며 이 지역은 한류와 난류가 접하는 리아스식 해안으로 독특한 해저지형과 어류자원을 바탕으로 이 일대 14.5ha가 해중공원으로 지정되었다.

해중공원의 주요시설로는 일본에서 제일 큰 규모를 자랑하는 해중전망탑(높이 24.4m, 수

---

8) '스테라마리스'라고 불리는 이 해중 관광선은 라틴어로'바다의 별'이라는 의미이며 50명 정원이다. 1회에 30분 정도를 운항하며 쿠시모토 바다 속의 산호군락과 어류, 수달 등을 관찰할 수 있다.

심 8m)이 있어 이를 통하여 계절마다 다양한 어종을 관찰할 수 있고 해저의 모습도 볼 수 있다.

가츠우라 해중공원에는 해중전망탑과 함께 이 지역의 해양생물들과 어업의 역사를 소개하는 바다자료관이 마련되어 있으며, 방문객센터 2층에 이 지역의 수산물을 시식할 수 있는 식당이 자리잡고 있다.

해중전망탑은 쿠시모토, 가츠우라를 포함하여 일본 전국에 6~7개소가 설치되어 있다.

3 미국[9)]

가. 해양보호구역(National Marine Sanctuary, NMS) 개요

1) 해양보호구역의 지정 배경 및 목적

미국의 해양보전지구는 해안과 해양생태계의 생물학적 다양성 유지, 생태학적 보전, 문화유산의 보호를 목적으로 지정된다. 해안 또는 해양지역의 자원과 문화를 효과적으로 관리하기 위한 해양보전지구의 지정은 미국의 국립공원제도에 기반을 두고 있다.

1872년 미국의 옐로우스톤 파크가 국립공원으로 지정된 뒤 자원의 보호와 함께 이의 이용을 도모하려는 미국의 국립공원 정책은 내륙 자원을 중심으로 추진되었다. 이후 100년간 국립공원의 보호와 관리는 계속 육상지역만을 중심으로 운영되었으나 1969년 남부 캘리포니아 연안의 기름유출사건으로 수많은 해양생물들이 피해를 입고 해양생태계 및 주변자원에 악영향을 미치게 되자 환경오염으로부터 해양자원을 보호하기 위한 정책의 마련이 필요하게 되었다.

이에 따라 해양대기국(NOAA)의 설치와 함께 '해양보호구역 프로그램(National Marine

9) 상게서, pp.36-43.

Sanctuary Program)'을 도입하였으며 1972년 '해양보호구역에 관한 법률(National Marine Sanctuaries Act)'이 마련되었다.

미국 해양보호구역제도의 특징은 산호초, 고래, 상어, 바다거북, 해마 등의 해양생태계 자원에 대한 보호와 함께 해저유물, 난파선 등의 보호를 포함하여 '문화적 자원'의 가치 또한 중시하고 있다.

이러한 배경과 목적에 따라 미국에서 최초로 지정된 해양보호구역은 남북전쟁당시 전함 '모니터(USS Monitor)'호가 침몰된 지역이며, 이후 산호초 연안지역과 고래보호구역 등이 해양보호구역으로 지정되었고, 내륙에서는 5대호 지역도 포함되었다.

이러한 해양보호구역(Marine Sanctuary) 외에 국립공원조직법(Natioanl Park Service Organic Act), 국립역사유물보존법(National Historic Preservation Act), 연안관리법(Coastal Zone Management Act) 등이 있어 각각 해역에 적용되고 있다.

2) 해양보호구역의 분포 및 지정 요건

미국의 해양보호구역은 노스캐롤라이나 주 연안의 'USS Monitor'호 침몰지역이 최초로 지정된 이래 총 13개 지역(18,618㎢)이 지정되었으며, 최근 하와이의 산호초 보호지역 등 2곳이 추가로 지정되었다.

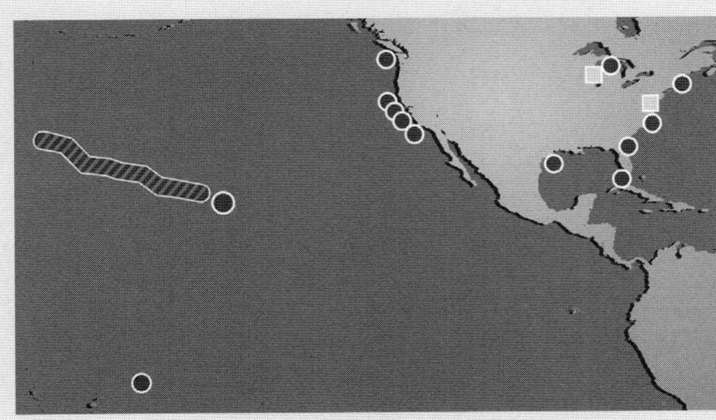

자료: 미상무성 NOAA NMS 홈페이지(https://sanctuaries.noaa.gov/, 2018 1.5),
동그라미 해양보호구역(NMS), 네모의 두 곳은 marine national monuments

〈그림 12-9〉 미국의 해양보호구역(NMS)

해양보호구역의 지정절차를 살펴보면 지구 지정은 1972년 제정된 '해양보호구역에 관한 법(National Marine Sanctuaries Act)'에 근거하며 이 법률에 따라 관광부서인 상무부 장관은 다음의 요건을 만족시키는 지역을 법에 따라 해중보호지구로 지정할 수 있다.

- 해양지역이 생태적, 휴양적, 역사적, 과학적, 문화적, 고고학적, 미학적 차원에서 국가적으로 중요한 가치가 있어야 하고,
- 해당 주와 연방정부는 자원보호, 과학조사, 공공교육 등의 보전 및 운영계획을 올바르게 수립하여 해양보전지구의 지정 목적을 달성할 수 있어야 하며,
- 보전과 관리가 조화를 이룰 수 있어야 한다.

바다의 국립공원으로 표현되는 미국의 해양보호구역은 해양생태계 자원과 역사적 가치가 있는 침몰선박, 해저유물을 중심으로 NOAA의 특별관리계획에 따라 운영되며 자원의 보호와 함께 민간의 이용도 함께 고려하고 있다.

해양보호구역의 운영과 관련해서는 구역의 성격에 따라 허가 및 금지행위 등에 대한 규정을 가지고 있으며, 공통적으로 적용되는 금지행위를 살펴보면 다음과 같다.

- 보호구역 내 폐기물이나 기타 물질의 배출
- 보호구역 내 신규건축이나 개조 등에 의한 해저지형의 변경이나 훼손
- 보호구역 내 해저 유물의 훼손
- 보호구역 내 해저유전이나 가스, 광물의 탐사와 개발, 생산

나. 모니터 해양보호구역(Monitor National Marine Sanctuary)

1) 모니터 해양보호구역의 지정개요

'모니터 해양보호구역'는 1975년 미국에서 최초로 지정된 해양보호구역이다. 'USS Monitor'호는 남북전쟁 당시 사용되었던 군함으로 1862년 노스캐롤라이나 앞 바다에서 강풍에 의해 좌초되어 100년간 발견되지 않았다.

이후 1973년 듀크대학의 과학자들이 음파탐지기로 '모니터(USS Monitor)'호를 발견하였

으며 발견당시 240ft의 해저에 거꾸로 가라앉아 있었다. 그러나 '모니터(USS Monitor)'호 주변 자연여건 때문에 선박의 상태가 점차 악화되고 있었다.

이에 따라 해양보호센터에서는 역사적으로 가치가 높은 침몰선의 악화방지와 유물보호 등을 위하여 반경 1마일에 걸쳐 선박이 닻을 내리거나 어업 등의 활동을 금지하였고 1975년 이 지역을 해양보호구역으로 지정하였다.

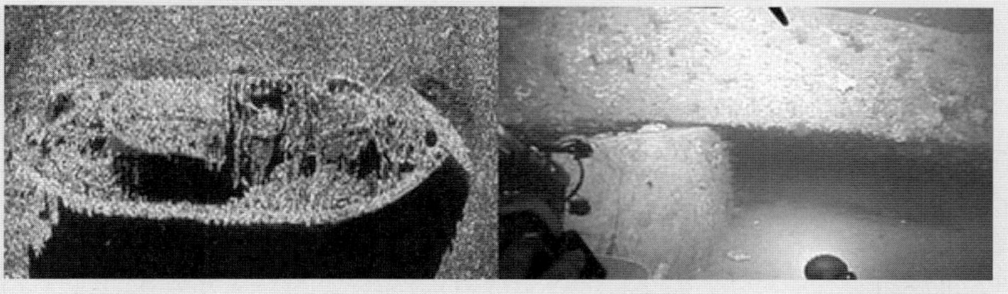

〈그림 12-10〉 모니터 해양보전지구(Monitor National Marine Sanctuary)의 해저 모습

해양보호구역으로 지정된 이후 NOAA에서는 고고학적으로 가치가 높은 '모니터(USS Monitor)'호의 정밀한 조사와 함께 주요 유물들에 대한 발굴과 보호, 복원작업을 진행하고 있다.

2) 모니터 해양보호구역의 운영

'모니터 해양보호구역'의 운영과 관리는 주정부와 연방정부의 관리계획에 따라 이루어지며 연차별 계획에 따라 침몰선의 복원작업이 진행되고 있다. '모니터 해양보호구역'의 보호를 위한 금지 행위를 살펴보면 다음과 같다.

- 보호구역 내의 선박운행, 정박, 정선
- 해저면에서의 인양, 복원작업
- 잠수장비나 잠수정을 이용한 잠수
- 해저면의 준설이나 시설물 철거

- 해저에서의 폭발
- 해저천공
- 해저케이블의 설치
- 트롤어업
- 폐기물의 투입

'모니터 해양보호구역'은 보호구역으로 지정된 이후 침몰선과 해저유물의 보호를 위하여 과학자를 제외한 일반인의 접근을 금지시켰다. 이후 1994년부터 연구목적 이외의 일반 다이버들에게도 방문 기회를 부여하여 침몰선을 관찰할 수 있도록 하고 있다.

따라서 일반인의 방문은 다소 제한적이며 해저유물이나 침몰선을 자세히 살펴보기 위해서는 버지니아 뉴포트에 위치한 'The Mariners' Museum'을 방문해야 한다. 이 박물관의 'The Monitor Collection'(1984년 조성)에는 보호구역에서 수집한 100점의 유물이 전시되어 있다.

다. USS Memorial Park

1) USS Memorial Park의 개요

USS Memorial Park은 제2차 세계대전 당시 일본의 진주만 공격으로 침몰한 해군 전함 '아리조나(USS Arizona)'호를 기념하기 위해 조성된 국립공원으로 앞의 해양보호구역과는 달리 미국 국립공원 관리사무소에 의해 관리 · 운영된다.

1941년 침몰한 '아리조나(USS Arizona)'전함의 희생자를 추모하기 위해 건립된 USS Memorial Park의 공원사업은 1943년 전쟁 희생자를 기념하기 위한 태평양전쟁기념 위원회의 발족과 함께 시작되었다.

태평양전쟁기념 위원회는 기념공원 조성을 위해 전쟁기념품 수집작업을 실시하였고 1950년 지금의 침몰선 위에 기념공원을 조성하는 계획을 수립하여 1962년에 기념공원이 완성되었으며 1980년 국립공원으로 지정되었다.

2) USS Memorial Park의 이용

하와이 진주만에서 2마일 떨어진 해상에 조성된 USS Memorial Park은 184ft의 길이에 3개의 방으로 구성되어 있으며 벽면에는 희생자들의 명단이 기록되어 있다. 이 기념공원은 전쟁 희생자의 추모와 전쟁의 교훈을 가르치기 위해 조성되었으며, 매년 180만 명 이상이 방문하고 있다.[10)]

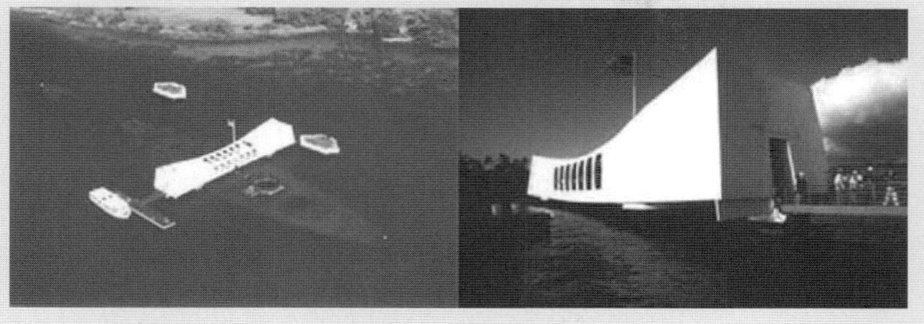

〈그림 12-11〉 하와이 USS Memorial Park

(좌측 기념관 밑으로 아리조나 호가 보임)

방문객들은 방문객 센터에서 홍보영화를 관람한 뒤 선박을 이용하여 해상의 기념관을 방문하여 수중에 침몰한 아리조나(USS Arizona)호를 직접 구경하고 방문객센터로 돌아와 역사적 교훈에 대한 홍보를 받도록 하고 있다.

이외에 'Michigan Underwater Diving Preserves Protect'는 미국 5대호 지역 중에서 과거 난파선이나 해저유물 등이 가라앉아 있는 지역을 보호하기 위하여 마련된 제도로 Whitefish Point, Alger, Marquette, Keweenaw, Straits Underwater Preserves의 11곳이 지정되어 있다.[11)]

수중 다이빙 보호구역의 지정은 5대호 해저유물들의 도난과 불법적인 이동 등을 방지하

10) Pearl Harbour Historic Site 홈페이지, http://www.pearlharborhistoricsites.org/pearl-harbor/arizona-memorial (2018.10.26.)

11) The Magazine Divers Trust, 『Scuba Diving』, 2007, 2. p.37.

고 유물을 보호하기 위한 목적으로 시작되었으며, 1980년 미시간 주 스포츠 다이버들의 지원으로 관련법령이 제정되었다.

〈그림 12-12〉 Alger Underwater Diving Preserve의 다이빙 투어

4 호주[12)]

가. 대산호초해양공원(Great Barrier Reef Marine Park) 지정 개요

호주 북동부 퀸즈랜드주의 대산호초(Great Barrier Reef) 군락은 세계 최대의 산호초군락으로 34.44만㎢, 2,000여㎞에 걸쳐 뻗혀 있으며 이곳에는 900개의 크고 작은 섬과 2,600종의 산호초, 1,500종의 어류, 350종의 경산호, 240종의 조류가 분포하고 있다.

호주정부에서는 산호초 군락을 보호하기 위하여 1975년에 GBRMP법(Great Barrier Reef Marine Park Act 1975)를 제정하고, 이 지역을 대산호초 해양공원(Great Barrier Reef Marine Park, 이하 GBRMP)으로 지정하여 관리하고 있다. 이 공원은 대산호초 공원청Great Barrier

12) 상게서, pp.43~46.

Reef Marine Park Authority, GBRMPA)에 의해 관리되고 있다. 관리의 구체적인 내용은 제13장을 참고하기 바라고 여기에서는 GBRMP의 개략적인 내용을 소개하고자 한다.

1) GBRMP의 공원관리 기본방향

GBRMP 공원관리청의 공원관리 기본방향은 다음과 같으며 생태계의 보호와 함께 이의 이용을 함께 도모하고 있는 것이 특징이다.

- 생태계 전반을 보호하기 위한 생태계 차원에서의 관리
- 생태계는 보호하되 대산호초지역에 대한 지속가능한 이용과 여가를 제공하기 위한 보존과 합리적인 이용의 조화
- 관리계획의 수립과 시행에 일반 국민과 지역사회의 참여를 유도
- 관리에 대한 성과 측정과 지속적인 모니터링

2) GBRMP의 용도지구 제도

GBRMP는 해양생태계의 보존과 함께 이의 합리적 이용을 제공하기 위해 1975년에 제정된 GBRMP법을 통하여 정한 공원지구에 따라 공간 용도를 철저하게 구분하여 관리하고 있다.

즉 용도지구제의 도입을 통하여 영구히 보존되어야 할 지역은 연구목적 외 출입금지 지역으로 지정하여 일정기간 잠재적 위험으로부터 보호받을 수 있도록 하였다.

GBRMP법 제32조 제7항에서 정의하고 있는 용도지구제의 기본 목표는 다음과 같다.

- 대산호초의 보호
- 대산호초지역의 합리적인 이용을 허용하면서 보호하기 위한 이용의 규제
- 대산호초지역의 자원 채취 행위에 따른 영향을 최소화시키기 위한 규제
- 일부 지역의 감상과 여가 제공
- 자연상태로 보존하기 위해 과학적 연구 목적 외에는 인간의 간섭 배제

기본목표에 따른 용도지구는 다음과 같이 구분된다.

- **일반이용구역** : 다양한 휴양활동이나 상업활동이 이루어지는 지역이지만 지역의 장기적 보존전략과 일치하여야 한다.

– **서식지 보호구역** : 민감한 서식지 보호 및 관리를 위한 지역

– **연방정부 도서구역** : 간조선 위의 공원구역을 보전하기 위한 구역

– **공원보전구역** : 제한된 범위에서 오락적 낚시 같은 것을 포함하면서 감상과 휴양을 즐기기 위한 구역

– **국가해양공원구역** : 비교적 교란받지 않는 상태에서 감상과 휴양을 즐기기 위한 지역. 이 지역은 낚시를 포함하여 자연자원을 반출하는 모든 행위가 금지된다.

– **완충구역** : 통상 500m 폭으로 모든 어로행위가 금지되나 산호초 주변에서 저서동물을 포획하기 위한 견지낚시가 허용된다.

– **과학 연구구역** : 과학적 연구목적만을 위해 지정된 지역. 다른 목적의 출입과 이용은 금지된 지역

– **보존구역** : 자연 상태로 보존하기 위한 지구. 비상사태 외에는 모든 출입이 금지되며, 다른 곳에서는 불가능한 과학적 연구만이 가능

구역 행위	일반 이용 구역	서식지 보호 구역	공원 보전 구역	완충 구역	과학 연구 구역	국가해양 공원구역	보존 구역	연방정부 도서구역
자연환경에 영향이 적은 행위	●	●	●	●	●	●	×	●
어업 및 채집	△, ●	△, ●	△, ●	○	×	×	×	×
전통적 해양자원 이용	△, ●	△, ●	△, ●	△, ●	△, ●	△, ●	×	△, ●
연구	△, ●	△, ●	△, ○	△, ○	△, ●	△, ○	△	×
교육	△, ●	△, ●	△, ○	△, ○	△, ○	△, ○	×	○
선박 및 항공기 운항	△, ●	△, ●	△, ●	△, ●	△, ●	△, ●	○	△, ●
양식	△	△	△	×	×	×	×	×
관광	△	△	△	△	△	△	×	△
준설, 매립, 해변보호 시설 등	△	△	×	×	×	×	×	×
동식물 포획 및 채취	△	△	△	△	△	△	×	△

자료: 정지호, "해양용도구역제 해외사례 분석 및 국내 활용방향", 해양국토21, 2010 2월호, p.50 'ㅇ':허용, '△':허가 필용 허용, '×':금지, '●':ㅇ보다 허용 폭이 큼.

〈그림 12-13〉 GBRMP 용도 구역별 허용 가능 행위 목록

3) GBRMP 내의 이용 사례: 호주의 케언스

호주 GBRMP의 바다 속 여행을 위해서는 현지 업체들이 산호초 부근에 띄워 놓은 바지선이나 무인도로 향한다. 보통 200명 정도 탈 수 있는 크루즈선을 타고 바다로 나간다. 이동하는 도중 스쿠버다이빙을 연습할 수 있도록 선저(船底)에 대형 탱크를 설치해 놓은 크루즈선도 있다. 예정된 무인도나 부유식 바지선(floating platform, pontoon)에 닿으면 스노클링과 스쿠버다이빙은 물론, 바닥이 유리로 되어 있는 보트(Glass Boat)나 잠수정을 타고 바다 속을 유영하기도 하고 헬리콥터 여행을 하기도 한다. 또한 머리에 헬멧을 착용하고 바다 밑을 걷는 씨 워킹(Sea Walking) 체험도 가능하다. 배에는 해양학자가 동승하는데, 이들의 비디오 · 슬라이드 강의를 주의 깊게 들으면서 아름다운 바다 속을 관찰할 수 있다. 이외에 해양학자를 포함하여 5~6명이 짝이 되어 특별 스노클링을 즐길 수도 있다.[13)]

〈그림 12-14〉 호주의 대산호초해양공원 구역

13)『한국경제신문』, 2003.5.11.

특히 다음 그림들은 호주 케언즈 시에서는 리프 매직 크루즈라는 관광선을 타고 2시간 동안 해상으로 나가 매직 월드(Magic World)라는 폰툰(pontoon)에서 반잠수선, 헬기 관광, 아니면 장비를 갖추고 스노클링이나 스쿠버다이빙 등 다양한 해양레저를 즐기는 모습들을 보여주고 있다.

자료: http://post.naver.com/viewer/postView.nhn?volumeNo=10377835&memberNo=5038877 (2018.1.10.)

〈그림 12-15〉 GBRMAP 케언즈에서 취항하는 관광선(우), 폰툰(중), 반잠수선(좌)

자료: http://blog.naver.com/nstyle_tour/220537785030 (2018.1.10.)

〈그림 12-16〉 폰툰의 모습(좌상)과 그 안에서 준비하는 사람들(우상), 헬기관광(좌하), 반잠수선 관광(우하)

5 유럽 덴마크~독일~네덜란드 바덴 해 갯벌국립공원

덴마크 서해안의 호(Ho)만에서 시작해 독일을 거쳐 네덜란드 텍셀(Texel)섬에 이르는 바다를 바덴(Wadden) 해라고 부른다. 북해의 일부인 바덴 해는 밀물과 썰물의 간만차가 3m를 넘어 세계 최대 규모의 갯벌 중 하나다. 갯벌 길이만도 무려 1만km에 이른다.

이 갯벌에서는 태고적부터 내려온 자연 그대로의 지형변화와 생물학적 진화가 지금도 진행되고 있다. 이 때문에 전 유럽을 통틀어 손상되지 않은 유일한 해안습지로 평가된다. 또 셀 수 없이 많은 해양식물, 무척추동물, 어류, 양서류, 파충류, 조류, 포유류 등의 보금자리로 손꼽힌다.

이 중 독일에 위치한 슐레스비히홀슈타인 갯벌에서는 고유의 해양 무척추동물만도 2,000종이 넘게 살고 있고, 독일에서는 유일하게 회색 바다표범 1만9,000마리가 자연 번식하고 있다. 북해의 돌고래는 이 갯벌 연안에 있는 질트 섬과 암룸 섬 근처 바다를 산란장으로 이용한다.

바덴해 갯벌에는 매년 1,000만 내지 1,200만 마리의 새가 날아들어 휴식처로 활용하고 있다. 북시베리아와 남아프리카를 오가는 41종의 철새가 중간 휴식지로 이용하고 있고 총 50종이 넘는 새들이 년 중 이용하고 있다.

〈그림 12-17〉 바덴해의 모습

이러한 자연의 보고(寶庫) 바덴 해의 갯벌을 지키기 위해 독일, 네덜란드, 덴마크 3개국이 협력하고 있다. 갯벌이 인위적인 국경에 따라 나뉘어 있지 않고 식생과 서식 동물도 국경 구분과는 상관없기 때문이다.

이들 3개국은 1977년부터 갯벌 보전을 위해 협력을 시작했고, 공동사무국까지 구성해 보전활동을 조율하고 있다. 특히 3개국은 매년 50만 유로(약 7억 여원)에 이르는 보전비용을 똑같이 삼등분해서 지원한다. 각국은 공동사무국의 조율에 따라 자국 소속 갯벌에 대한 구체적인 보전작업에 착수하고 있다.

독일의 경우 1985년 슐레스비히홀슈타인 갯벌을, 이듬해에는 니더작센 갯벌을 국립공원으로 지정했다. 1992년에는 함부르크 갯벌이 국립공원으로 추가됐다. 슐레스비히홀슈타인 국립공원은 지정 당시 면적이 4,410km^{2}로 이 중 갯벌 면적이 1,300km^{2}인 유럽 최대의 단일 국립공원이었다. 이 국립공원은 1999년 한 차례 확대지정되었고, 2010년에 덴마크의 1200km^{2}이 포함되어 현재 면적은 3,500km^{2}가 되었다. 네덜란드와 덴마크는 자국지역의 갯벌을 국립공원으로 지정하지는 않았지만, 보호구역으로 만들어 보전하는 방법을 택했다. 이를 통해 3국에 걸친 총 2만2천km^{2}의 와덴해 중 1만1200km^{2}가 법적보호구역으로 지정 · 관리중이다.[14] 독일의 경우 모든 출입이 통제되는 절대보전구역, 갯벌 연구자만 출입가능한 상대보전구역과 관광객 개방이용구역 등 3개 구역으로 나누어 관리 · 이용하고 있다.

표 12-3 북해 바덴해 갯벌의 관리

국 가	보호구역(I 구역)	전이구역(II 구역)	휴양지역(III 구역)	비 고
독 일	SH: 36% NS: 54% HB: 70%	SH: 36% NS: 45% HB: 30%	SH: 28% NS: 1% HB: 0%	SH: 슐레스비히 NS: 니더작센 HB: 함부르크
네덜란드	7%	88%	5%	바덴해 규약 및 자연보전법: 2,400km^2
덴 마 크	10%	60%	30%	자연과 야생동물 보전지역: 1,000km^2

자료: 전승수, "우리나라 갯벌의 특성과 갯벌선진국의 예를 접목한 활용극대화 방안", 「갯벌의 보호 및 관광활성화 방향정책토론회 자료집」, 2006.11.21.

14) 문화일보, 2013.10.30.

이러한 노력의 결과로 독일의 갯벌국립공원을 포함한 바덴해 갯벌의 많은 지역이 습지보호를 위한 국제협약인 '람사협약(Ramsar Conventiom)'에[15] 의해 1992년 '국제적으로 중요한 습지'로 지정되었다. 1990년에는 유네스코가 슐레스비히홀슈타인 국립공원을 '인간 및 생물의 생태계 보호지역'(Man and Biosphere Progam, 약칭 MAB)으로 등록하여 보전하고 있고 '09년 독일, 네덜란드 갯벌이 World Heritage 리스트에도 등재 되었다.

이외에도 오슬로/파리 협약에 의한 '해양보호구역(Marine Protected area), IMD의 특별히 민감한 바다 지역(Particular Sensitive Sea Area, 일명 PSSA)' 으로 지정 · 관리되고 있다.[16]

3개국은 갯벌 보전을 위해 무조건 인간의 접근을 막는 방법을 쓰지는 않는다. 대신 '안정되고 지속 가능하며 오염 없는 바덴해'라는 목표를 지역 주민들과 방문객들에게 이해시켜 자연스럽게 보전하는 방안을 택하고 있다. 이런 과정을 거치면 바덴해 갯벌에 친근감을 갖고 이를 보전하려는 자발적인 욕구도 우러나오기 때문이다.

독일 슐레스비히홀슈타인 국립공원의 경우 보전 목표를 충족하는 가장 효과적인 산업으로 관광업을 선택했다. 매년 300-400만 명의 독일 국내외 관광객이 이곳에서 하룻밤 이상 묵는다. 하루 일정으로 잠깐 들러보는 관광객만도 매년 1,100~1,400만 명에 이른다. 관광객들은 배를 타고 갯벌 연안을 따라가며 새와 바다표범, 돌고래 등을 관찰한다. 썰물이 되면 직접 갯벌을 걸으며 자연을 느끼기도 한다.

관광객들의 갯벌 산책을 이끄는 70여 명의 안내인은 모두 지역 주민들로 갯벌과 날씨, 조류의 움직임에 대해 상세한 정보를 제공한다. 여기서 나오는 관광수입은 슐레스비히-홀슈타인 주 국내총생산(GDP)의 30%를 차지하고 있다고 한다.

현재 독일, 덴마크, 네덜란드 등 바덴 해 전체적으로 매년 6,950만 명의 숙박관광객이 발생하여 총 28억~53억 유로(3조~6조 이상)의 소득을 발생시킨다.

---

15) 1971년 12월 이란의 람사에서 열린 국제회의 때 채택되어 람사조약이라고도 한다. 가맹국은 영국 · 러시아 · 오스트레일리아 등 24개국이다. 가맹국은 철새의 중계지나 번식지가 되는 물가의 습지를 보호할 의무가 있으며, 가맹할 때는 국제적으로 중요한 습지를 1개소 이상 보호지로서 지정해야 한다. 우리나라도 가입하여 현재 순천만, 우포늪지 등이 사이트로 등록되어 있다.

16) Hubert Farke, "THE NATIONALPARK LOWER SAXONY WADDEN SEA ; 20 Years of Experience in Nature Protection and Management of A Coastal Marine Park in Germany", 「갯벌의 보호 및 관광활성화 방향정책토론회 자료집」, 2006.11.21.

6 해외 해양보전지역의 사례분석 결과

일본과 미국, 호주의 해양자원 및 경관의 보전과 관련된 제도를 종합적으로 검토해 보면 다음의 표와 같다. 이들 국가별 지정목적은 해양자원의 보호와 이용측면에 따라 다소의 차이를 보이고 있다.

표 12-4 해외 해양보전 지역 관련제도의 내용 비교

구분	해양관련 보호제도	지정 내용
일본	해중공원제도	• 지정목적 : 바닷속 동 · 식물과 독특한 해저지형 등 해중경관이 우수한 지역을 대상으로 경관보호와 함께 이용 도모 • 지정대상 : 국립공원과 국정공원 중 해중경관이 수려한 지역
미국	해양보호구역	• 지정목적 : 해안과 해양생태계의 생물학적 다양성유지, 생태학적 보전, 문화유산의 보호 • 지정대상 : 해양지역이 생태적, 휴양적, 역사적, 과학적, 문화적, 고고학적, 미학적 차원에서 보존가치가 높은 지정
호주	해양공원제도 (Great Barrier Reef Marine Park)	• 지정목적 : 산호초군락 등 생태계의 보호와 함께 이의 이용을 함께 도모 • 지정관리 : 해양생태계의 보존과 함께 이의 합리적 이용을 제공하기 위해 공원지구에 따라 용도를 철저하게 구분하여 관리
유럽	갯벌국립공원/ 보호구역	• 독일 : 3개 구역으로 나누어 보전 · 이용 • 보전과 더불어 적극적인 관광객 이용 허용

우선 일본의 경우 해중공원제도는 국립공원과 국정공원 중 해중경관이 수려한 지역을 대상으로 지정하고 있어 해양자원의 보호와 함께 이용의 측면을 다소 강조하고 있으며 지정지역 또한 상대적으로 많다. 그리고 해중공원의 이용과 관련하여 해중전망탑, 수족관, 관광선, 다이버센터 등을 함께 마련하여 이용객의 편의성을 고려하고 있다. 즉 일본의 경우 해양자원의 보호와 함께 관광적 가치를 높게 평가하고 있는 것으로 판단된다.

이에 반하여 미국의 경우 해양보호구역 지정은 해양자원의 보호기능을 강조하고 있으며, 생태계자원뿐만 아니라 해저유물이나 침몰선 구역까지도 해양보호구역으로 지정하고 문화적 자원의 가치 또한 중요하게 여기고 있는 것이 특징이다. 그리고 미국 해양보전지구의 경우 이용적 측면은 다소 약하고 보전적인 측면이 강한 편이다. 다만 USS Memorial Park의 사례에서 보듯이 난파선이나 해저유적지를 공원으로 지정하여 일반인에게 공개하고 있다.

호주의 경우에는 보전과 이용을 동시에 고려하고 있는 것이 특징이다. Great Barrier Reef Marine Park의 사례에서 보듯이 공원지구제도를 도입하여 보전지역과 이용지역으로 구분하고, 보전지역의 경우에는 자원의 보호에 중점을 두고 있으며, 이용지역의 경우에는 관광적 이용을 부분적으로 허용하고 있다. 즉 호주의 해양공원제도는 오늘날 개발 이슈로 부각되고 있는 지속가능한 이용 및 개발에 주안점을 두고 있으며, 이용을 통한 환경교육과 자연자원의 보존가치를 높이고 있다. 독일의 경우 바덴(Wadden) 갯벌 지구를 국립공원 등으로 지정하여 3개 구역으로 나누어 보호 · 관리하되 이용적 측면을 적극적으로 수용하여 운영하고 있다.

7 우리나라의 해양보전지역

우리나라의 해양보호구역 종류는 10여가지 정도로 나누어진다. 이중 관광적 이용이 높은 해양국립공원 등에 대해 먼저 알아보고자 한다.

표 12-5 연안 · 해양보호구역 지정 현황

구분	개소	면적(㎢)	관련 부처	관련 법령	비고
해양생태계보호구역	13	259.332	해양수산부	해양생태계보전법	'18.12 기준
해양경관보전지역	1	5.23	해양수산부	〃	'18.12 기준
연안 습지보호지역	14	235.81	환경부, 해양수산부	습지보전법	'18.12 기준
해양생물보호구역	1	91.237	〃		'18.12 기준
해상국립공원	4	3,348.43	환경부	자연공원법	'16
환경보전해역	4	1,882.13	해양수산부	해양환경관리법	'18
수산자원보호구역(해역)	10	2,861.181	해양수산부	수산업법	'17 말
천연기념물 (천연보호구역 포함)	6	32.42	문화재청	문화재보호법	2014. 3 기준

자료: 국토해양부, 제2차연안통합관리계획(안), 2010; 박수진, "해양생태계 보전 및 관리에 관한 법률", 국토인재개발원, 해양환경정책과정 교재, 2012, p.101. *참고: ( )는 2014 3월 자료(해양수산부, 『해양수산 주요 용어 및 통계 』, 2014 3, p.137), 해양생태계보호구역, 연안습지보호구역, 해양생물보호구역 자료는 윤인주 등, 『북한지역 해양생태관광 협력 방안 연구』, 2017.12, p.65

가. 해상 · 해안국립공원

우리나라 국립공원 전체 면적은 약6,726km²이며 이 중 해상(안)국립공원은 약 3,333km²로서 전체 국립공원의 50.6%를 차지한다. 그리고 국내 해안 · 해상국립공원 가운데 다도해해상국립공원이 전체 해상국립공원 면적의 68%로 가장 넓은 면적을 차지하고 있으며, 이들 해상국립공원 전체 면적의 약 83%가 해역으로 이루어져 있다.

표 12-6 우리나라의 해안 · 해상국립공원의 개요('16)

공원명		공원면적(㎢)	해역면적(㎢)	해역 면적 비율(%)	주요 지역
해안(상) 국립 공원	한려해상	535.676	408.488	76.27	거제도, 갈곶도, 외도, 대 · 소병도, 매물도, 한산도, 남해도
	태안해안	377.019	352.798	93.5	학암포, 만리포, 연포, 몽산포, 청포대
	다도해해상	2,266.221	1,975.198	87.16	홍도, 흑산도, 진도, 나로도, 거문도, 관매도, 보길도, 신지도
	변산	153.934	17.227	11.18	해역은 변산반도 국립공원 내
	소계	3,332.85	2,753.709	82.62	
내륙 국립공원		3,393.448			
총계		6,726.298	2,753.709		

자료: 국립공원 관리공단.

국내 해안 · 해상국립공원의 용도지구는 크게 공원자연보존지구, 공원자연환경지구, 공원마을지구, 공원문화유산지구로 대별된다. 절대적 보존을 요하는 공원자연보존지구의 비율은 육상국립공원이 해안 · 해상국립공원보다 월등히 높은 반면, 해안 · 해상국립공원에서는 보존과 이용의 완충지대인 공원자연환경지구의 비율은 전체 공원구역의 약 93%에 달한다. 특히 해상(안)국립공원 내의 해상은 모두 공원자연환경지구로 지정되어 각종 해역 이용 · 개발에 제약이 많아 거의 이용되지 못하고 있다. 따라서 앞으로 일본의 국립 혹은 국정 공원 내 해역공원 지구(128개)의 설정과 같이 해역의 특성에 맞게 별도의 해역 지구 지정 시스템 도입을 통해 바다 공원의 적극적인 이용 및 보존 방안 수립이 요망된다.

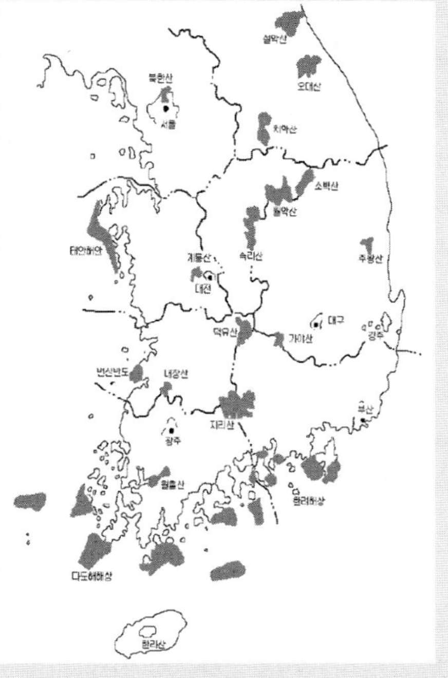

〈그림 12-18〉 우리나라의 해상국립공원 현황도

표 12-7 국립공원 내의 용도지구 내용(자연공원법 제18조)

용도지구명	내용	비고
공원자연보존지구	다음 각 목의 어느 하나에 해당하는 곳으로서 특별히 보호할 필요가 있는 지역 가. 생물다양성이 특히 풍부한 곳 나. 자연생태계가 원시성을 지니고 있는 곳 다. 특별히 보호할 가치가 높은 야생 동식물이 살고 있는 곳 라. 경관이 특히 아름다운 곳	보존관리를 위하여 필요한 최소한의 행위
공원자연환경지구	공원자연보존지구의 완충공간(완충공간)으로 보전할 필요가 있는 지역	공원시설 설치 및 공원사업
공원마을지구	마을이 형성된 지역으로서 주민생활을 유지하는 데에 필요한 지역	공원시설, 주거용 건축물 설치 및 생활환경 기반시설 설치
공원문화유산지구	「문화재보호법」 제2조제2항에 따른 지정문화재를 보유한 사찰(사찰)과 전통사찰보존지 중 문화재의 보전에 필요하거나 불사(불사)에 필요한 시설을 설치하고자 하는 지역	공원시설, 사찰 시설 설치

자료: 국회 법률정보시스템.

표 12-8 국립공원 내 용도지구별 현황

구분	전체	육상 국립공원	해상 · 해안 국립공원				
			소계	한려해상	태안해안	다도해해상	변산
면적	6723.3	3773.2	2950.1	153.3	377.0	2266.2	153.9
공원자연보존지구	1523.2 2.7%	1307.8 34.7%	215.41 7.3%	89.1 58.1%	0.01 0.1%	105.2 4.64%	21.1 14.4%
공원자연환경지구	5173.9 76.9%	2443.7 64.8%	2730.2 92.5%	64.1 41.8%	376.7 99.9%	2159.1 95.3%	130.3 84.6%
공원문화유산지구	18.7 0.3%	17.0 0.5%	1.7 0.1%	0.1 0.1%	0.0 0.0%	0.2 0.1%	1.3 0.9%
공원마을지구	10.4 0.2%	8.2 0.2%	2.2 0.1%	0.0 0.0%	0.3 0.1%	1.7 0.1%	0.2 0.1%

자료: 국립공원관리공단, 『국립공원 기본통계』, 2017.

전체 국립공원에서 해상국립공원이 차지하고 있는 탐방객 비중은 1994년 15.7%에서 2009년 20.2%, 2016년 27%로 꾸준히 증가한 것으로 나타나고 실제 숫자로는 2010년부터 1000만 명을 넘어서 정체하고 있다. 특히 국립공원 면적 대비 50%인 해상(안)국립공원이 이처럼 탐방 비율이 낮은 것은 이들이 주로 신안, 진도, 완도 등 도서 낙도 지역에 많이 산재하여 접근성이 불리하기 때문인 것으로 보인다. 따라서 앞으로 해운교통편 증대 등 접근성이 개선되면 탐방객은 보다 증대할 것으로 전망된다.

분기별로 보면 해상국립공원의 경우 주로 하계절에 많이 몰려 휴가철에 많이 이용하는 것으로 보이고, 육상국립공원은 겨울 이외의 3계절에 고루 이용되는 것으로 나타나고 있다. 따라서 해상국립공원의 경우 봄 · 가을에 크루즈 등을 이용하게 하는 등 여름 이외의 이용 확대 방안 수립도 필요하다.

표 12-9 해상국립공원 탐방객 추이

(단위: 천 명)

구분		2009	2010	2012	2014	2015	2016
국립공원 전체		38,219	42,658	40,959	46,406	45,332	44,358
해상 국립 공원	한려해상	4,232	4,245	6,077	6,164	7,050	6,784
	변산반도	1,762	4,088	1,687	1,930	1,935	1,930
	태안해안	411	692	1,153	1,203	1,234	1,108
	다도해상	1,321	1,003	1,338	1,453	2,088	2,128
	소계	7,729	10,028	10,255	10,750	12,307	11,950
	전체 국립공원 대비	20.2%	23.5%	25.0%	23.2%	27.1%	26.9%

자료: 국립공원관리공단, 「탐방객 현황자료」, 각년도.

〈그림 12-19〉 다도해 해상국립공원(좌:백도지구, 우:홍도지구)

나. 해양생태계 보전지역

우리나라의 「습지보존법과」 「해양 생태계의 보전 및 관리」에 관한 법률에서는 습지와 해양의 생태계가 양호한 지역을 보호하도록 하고 있다. 특히 2018년 12월 현재 연안에 습지보호지역 14개소, 해양생태계 보전지역 13개소, 해양생물보호구역 1개소 등이 지정되어 있다. 해양생태계보호구역으로 지정된 지역은 제주도 서귀포시 문섬 일대, 인천광역시 옹진군 대이작도 인근, 부산 오륙도 지역 등이고, 해변지역으로는 신두리 사구, 낙동강 하구 등이다. 서귀포 문섬 일대는 세계 유일의 맨드라미 산호군락이 서식하는 지역으로 시립해양공원지구로 지정되어 있고, 각종 수중사진촬영대회가 개최되는 등 국내에서 가장 유명한 해중경관으로 알려져 있다. 또한 기존에 조력발전 후보지로 거론되던 가로림만 지역은 점박이물범(천연기념물 제331호, 멸종위기야생동물 2급), 상괭이(멸종위기 취약등급), 수달(천연기념물 330호), 삵(멸종위기야생동물2급), 황새(천연기념물 제199호, 멸종위기야생동물 1급) 등이 서식하고 있어[17] 2016년 7월 해양생물 보호구역으로 지정되었다.[18] 이러한 지역에서는 생태계를 보호하기 위한 행위 이외에는 일체의 행위를 불허하고, 생태계의 보전을 위한 행위만을 허용하고 있어 이용에는 상당한 제약이 따른다. 이런 지역들은 생태계보전지역 지정에 따라 조사를 거쳐 보전 및 관련계획을 수립하여 보전하고 있다.

표 12-10 해양 보호구역 현황

보호구역 명칭	지정 개소	지정 지역
습지보호지역	14개소	옹진장봉도갯벌, 송도갯벌, 시흥갯벌, 서천갯벌, 부안줄포만갯벌, 고창갯벌, 무안갯벌, 증도갯벌, 진도갯벌, 순천만갯벌, 보성벌교갯벌, 봉암갯벌, 비금 · 도초도갯벌, 대부도갯벌
해양생태계보호구역	13개소	대이작도 주변해역, 신두리 사구해역, 오륙도 및 주변해역, 문섬 등 주변해역, 가거도 주변해역, 소화도 주변해역, 남형제섬 주변해역, 나무섬 주변해역, 청산도 주변해역, 울릉도 주변해역, 추자도 주변해역, 토끼섬 주변해역, 조도 주변해역
해양생물보호구역	1개소	가로림만해역
해양경관보호구역	1개소	보령 소황 지구(2018.12. 지정)

자료: 해양환경관리공단(KOEM) 홈페이지, https://www.koem.or.kr/mkoem/subIndex/1405.do (2018.1.5.)

기타 수산자원보전지구, 문화재보호구역(천연기념물) 등이 있어 해안과 해양에 있어서의 중요지역을 보전하는 제도로 채택되어 활용되고 있으나, 주로 보전적인 목적에 국한되고 이용은 부진한 편이다.

17) 환경운동연합, http://kfem.or.kr/?p=164634 (2018.1.5.)

18) 위키백과(검색어: 가로림조력발전소).

제 13 장

지속가능한 해양관광 관리방안

본 장에서는 앞에서 제시된 여러 가지 해양관광상의 문제점들에 대한 해결방안을 제시하고 지속가능한 해양관광을 위한 관리방안을 제시하고자 한다. 이하에서는 먼저 해양관광 기회의 평가, 관리전략 및 관리사례, 관련 개념들, 관리의 성과측정, 해양공원 관리기법, 지속가능성, 생태관광, 각국의 해양관광 정책 등에 대하여 검토하고자 한다.

1. 해양관광 기회 평가기법[1)]

1979년에 미국 산림청의 Roger Clark와 George Stankey는 산림과 다른 다양한 자연 지역에서 이용 가능한 각종 관광활동과 배경을 명확히 하는 데 쓰이는 모델을 제시하였다. 이것은 Recreation Opportunity Spectrum(ROS)라고 불리고 야외관광을 묘사하고 계획하는 대단히 인기 있는 모델이 되었다. 그러나 이 모델은 야외에서 관광 활동을 처방하는 데 쓰기 위한 기법으로 저자는 이 기법들을 적용하는 이들에게 활용 시 주의할 것을 권고하는데 이는 이 모델의 특성이 묘사적이고 분석적인 도구로서 주로 쓰인다는 데 있다. ROS기법은 자연환경을 물리적 특성, 그것이 제공하는 관광경험 및 환경에의 인간 영향도 등에 기반을 둔 여러 범주(Categories)들로 자연환경을 나눈다. 따라서 이 모델은 관광에 활용되는 범위가 넓은 육상지역을 분석하는 데 크게 유용한 것으로 입증되었다. 이것을 해양관광 현상에 적용해 보고자 한다.

해양환경에서 관광객들이 관광을 할 수 있는 기회 범위는 역시 해양관광 범주(Spectrum of Marine Recreation Opportunities, 이하에서 SMRO라 부른다) 내로 볼 수 있고, 지리적으로는 〈표 13-1〉과 같이 나타낼 수 있다. 이러한 계층들은 바다로부터의 거리에 따라 해양관광을 범주화시킬 수 있다. 이는 바다로부터의 거리가 수행활동이나 이용 가능한 체험 그리고 활동이 일어나는 환경유형 등에 가장 크게 영향을 미치는 거의 유일한 요인이기 때문이다. 이러한 계층범위의 극단 한쪽에 해변(near-shore) 환경이 있고, 관광객들은 인간이 만든 구조물에 의해 이러한 환경에서 다양한 해변활동들을 수행할 수 있다.

1) 이 장의 1, 2절 내용은 다음 책의 4-6장의 내용을 중심으로 발췌 · 축약하여 정리한 것임을 밝혀 둠. Mark Orams, Marine Tourism: Development, impacts and management, London, 1999. 따라서 본 장에 나오는 자세한 내용은 원본을 참조하기 바람.

표 13-1 해양관광 기회의 범주(Spectrum of Marine Recreation Opportunities)

특성	등급(Class) Ⅰ 쉽게 접근	등급(Class) Ⅱ 접근가능	등급(Class) Ⅲ 덜 접근가능	등급(Class) Ⅳ 다소 떨어짐	등급(Class) Ⅴ 상당히 떨어짐
경험	타인과의 사회적 접촉 고도의 서비스와 지원 대개 혼잡함	타인과 잦은 접촉	다소의 타인 접촉	평화롭고 조용하고 자연에 가깝고 드물게 타인과 접촉	고독 고요함 자연과의 접근 자족성 (접촉 거의 없음)
환경	많은 인간 영향과 구조물 낮은 질의 자연환경 구조	가시적이고 가까운 인위적 구조 물들과 영향들	가까이에 몇몇의 인위적 구조물들 – 몇 가지는 가 시적임	몇 가지 인간 활동의 흔적들, 해변 불빛과 정박용 부이	고립되고 고품질의 적은 숫자의 인위적 구조물들와 영향들
장소	도심지에 가깝거나 도심지 내 지역, 해변이나 조간대	조간대 → 100 미터 연안	100m 연안 → 1 km 연안	1~50km 떨어진 고립된 연안	비거주 연안 50km 연안
활동의 예	일광욕 인파 구경, 수영 놀이하기 먹거리 즐기기 둘러보기 보드타기	수영 스노클링 낚시 제트스키 타기 무동력선 타기 서핑, 파라세일링 윈드서핑	보트 중심 놀이 항행 낚시 스노클링/스쿠버 다이빙	스쿠버다이빙 해저잠수정 파워보트 타기 대규모 선박 이용한 항행	근해 항행 바다낚시 원양 바다카약 타기

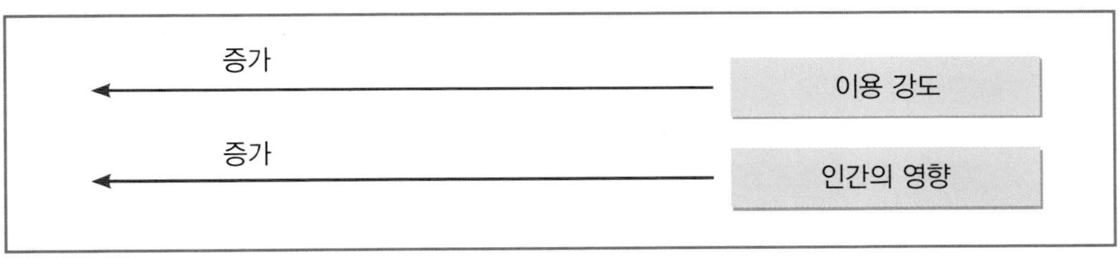

자료: Mark Orams, 상게서.

다른 한편에는 해변으로부터 멀리 떨어진 개방해역에서 일어나는 활동들이 있다. 이런 활동들은 원양으로 가는 배들이나 고립된 활동, 자연과의 근접성 및 타인과의 최소한의 접촉 등으로 특성화 될 수 있다.

이들 극단들 사이에 사회적 접촉의 증감, 인간 영향 증감, 해변으로의 거리 증감에 따른 참여자의 숫자 증감 등 다양한 배경과 체험들이 존재하게 된다.

SMRO 상의 어느 등급부분에서 특정 관광활동이나 사업이 이루어지는가를 고려하면 환경 특성들과 다양한 이용가능 체험들을 명확히 알 수 있게 해 준다.

해양의 각 상황에서 세계적으로 인기 있는 해양관광에는 많은 활동이 있지만 이들은 각각 어떤 유형의 해양환경에 의존하고 있다. 참여자들에게 있어서는 지역보다는 활동 그 자체가 더욱 주요한 매력이다. 이러한 것들의 예를 들면 서핑, 윈드서핑, 워터스키, 레저잠수, 낚시 등인데 이들 각각은 현재 수만 내지 수십만 이상의 참여자들이 있다.

이러한 종류의 활동들에의 참여기회는 각각에게 요구되는 조건에 크게 의존하고 있다. 예를 들어 워터스키는 조용한 해수면을 요구하는 반면 서핑은 전적으로 파도치는 바다의 특성을 요구한다. 많은 활동들은 서로 다른 환경조건들에 적응하여 다양한 형태로 나타나기도 한다. 예를 들어, 요트타기(Sailing)는 작은 배로 해변가 옆의 해안(SMRO class Ⅱ)에서 이루어지기도 하며, 다소 배가 커지면서 해안에서 좀 떨어진 곳(SMRO class Ⅲ), 그리고 원양(SMRO class Ⅴ) 등에서 이루어진다. 유사하게, 바다낚시는 SMRO 등급 Ⅴ에서는 다소 제한적이나 기타 다른 SMRO 등급(class)에서 많이 행해지고 있다.

이러한 거리 특성과 활동특성을 고려하여 각종 관광활동을 처방하는데 이러한 SMRO 기법이 쓰일 수 있다.

2 해양관광 관리

가. 관리 방법론

해양관광에 대한 시각은 보는 관점에 따라 부정적일 수도 있고 긍정적일 수도 있어서 보는 입장에 따라 달라질 수 있다. 관리를 위해 관광에 따른 상대적인 비용과 이익을 판단하는 것은 쉬운 일도 아닐 뿐만 아니라 때로는 불가능하기도 하다. 다만 긍정적인 면을 극대화시키고 부정적인 면을 줄이는 목표를 갖는 것이 의미 있을 것이다. 관리적 측면에서는 이점을 극대화시키고 나쁜 점을 극소화시킬 수 있는 해양관광 관리시스템을 만드는 것에 역점을 두어야 할 것이다. 이러한 체계하에서 사용되는 전략은 상당히 광범위하고 문헌상에서도 다양하게 나타난다.

실제로 잘 알려진 몇 가지 전략들이 해양관광 활동과 관광객들을 관리하기 위하여 활용되고 있다. 이러한 전략은 아무 것도 통제하지 않는 무통제 전략에서부터 시작하여 구조적, 기술적, 경제적, 법적 및 교육적인 것들의 복잡한 혼합체 등까지 다양하다. 이러한 다양한 것들을 단순화시키면 다음 네 가지로 집약된다. ①규제적인 것, ②물리적인 것, ③경제적인 것 및 ④교육적인 것 등이다. 처음의 두 가지는 외부적인 조작을 통하여 관광객들의 행동을 통제하자는 것이고, 이것이 과거에 해양관광을 통제하고 관리하는 데 주요한 전략들이었다. 최근에는 경제적인 전략들이 많이 이용되고 있다. 교육적인 것은 전통적으로 공원관리 활동에서 많이 채택되어 왔으나, 다른 곳에서는 활용에 제약이 있었다. 〈표 13-2〉는 이 네 가지 전략들의 개요와 이들의 특별관리 행위들에 대하여 사례들을 포함하여 언급하고 있다. 이하에서 이들을 살펴보고자 한다.

1) 규제적 관리

이 관리전략은 해양의 배경에서 관광 활동들을 관리하는 전통적인 방안이다. 방문자들의 행위, 접근, 시간 및 방문자 수를 규제하고 이것이 간판, 경고문 및 문서로서 게시되기도 한다. 집행은 경찰이나, 공원관리자(Park Ranger) 혹은 다른 관리청에 의하여 이루어진다. 위반 정도에 따라 강도가 점진적으로 증대되는 강화 시스템이 공통적이다. 즉, 처음 위반에는 경고, 두 번째 위반시 추방, 보호종의 학대나 살해 등의 범법행위시 벌금부과나 금고형 등이 점증적으로 부과된다.

규제적 관리의 목적은 세 가지로서 첫째, 관광자 개개인의 안전을 보호하고, 둘째로 관광객들 사이의 갈등을 줄이며, 마지막으로 부적절한 관광객들의 행위에 따른 부정적인 효과들로부터 해양환경을 보호하려는 것이다. 해양관광 지역의 증가와 상업 관광시설의 운영증대에 따라 해양활동 규제도 늘어나는 추세이다. 이러한 규제들은 때로 관광객들이 하려는 행위의 자유를 구속하여 체험의 즐거움을 반감시킨다는 증거들도 제시되고 있다.

이러한 규제에 따른 또 다른 어려움은 규제 집행시 비용의 증대인데, 특히 방대하고 원거리의 해양지역에서는 더욱 그러하다. 하지만 이러한 법적인 규제가 관광압력 증가에 대응되는 관리방안으로 가장 많이 쓰이는 방법이다.

표 13-2 해양관광 관리 기법들

기술		내용	사례 예시	목적	의미
물리적 환경	장소의 기능강화	자원의 지속성 증대	산책보도, 콘크리트 접안시설 정박부표	적극적 이용(기타 침식 등)에 따른 부정적 환경 영향 저감을 위함	지역개발 고양
	시설설치	적정지역에 운하이용을 위한 시설의 지리적 위치	민감한 지역으로부터 떨어진 보트접안시설, 마리나, 정박지 입지	민감하고 부적절한 곳에 이용을 자제시키기 위함	특별 지역에서의 이용 강화
	시설 디자인	안전하고 지속적이며 무해한 아이템 설계	어린이들의 낙후된 목재해변놀이시설을 현대적이며 플라스틱 소재의 시설로 대체	어린이들에게 안전하고 좋은 레크리에이션 수요를 충족하고 시설훼손 등을 줄이기 위함	초기 레크레이션 시설비용 증가- 유지관리비용 감소
	희생지역	중요지역을 보전할 목적으로 적극적 이용을 위한 특별지역 할당	주요 해변에 대다수 이용자들의 이용도를 높이기 위하여 상기 기술들을 활용함으로써 다른 인근 해변의 압력 감소	이용수준이 낮은 지역을 위해 이용을 집중시킴으로써 특별지역을 희생시킴	• 희생지역의 급속한 악화 • 이웃지역으로 확산 • 이용자간의 상충가능성 증가
	매력(유인요소)의 제거 및 변화	매력요소를 변화시킴으로써 사람들의 방문동기 저감	플로리다 페내캄프 마리나에서 산호절벽에 있는 "Christ of Deep" 동상을 아래 모래사장으로 이전	특별지구의 고밀도 이용 감소	매력요소 제거에 대한 공공의 반대 ; 매력에 대한 잠재적인 위해
	복원/복구	질적 향상과 훼손 저감을 위한 지역의 활발한 개선	식생조성 프로그램; 멸종위기종(위험종) 등의 유치	자원의 질적 향상을 위함	• 활동프로그램 필요 • 복구기간 동안 대상지 이용이 불가능할 경우도 있음
규제적 조절	방문자수 제한	대상지의 최대수준을 설정하고 한계에 다다르면 추가적인 이용을 위해 대상지 폐쇄	모든 정박지가 사전 예약될 수 있는 체제 – 일단 예약완료시 더 이상의 예약 불가	방문자수를 통제함으로써 영향요소 통제를 위함	수요를 못 맞추고 일반 이용자들이 방출될 경향이 있음
	행위제한	다른 사람에게 극도로 영향을 미치거나 위해한 활동금지	해안에서 100m 내의 모터 수상시설 이용금지	충돌 및 위험제거를 위함	배제 구릅이 싫어함 강화 필요
	활동/이용지역 폐쇄	모든 이용자 또는 특정한 이용활동, 특정시간 등에 특별지구 폐쇄	식생 생육을 위하여 6개월간 사구지역에 펜스시설 설치	회복을 위한 영역허용 활동으로 인한 영향 제거	• 강화 필요 • 위해한 이용을 다른 곳으로 이전

	활동 분리 최소한의 기술 수준 요구	지리적으로 또는 시기적으로 활동 분리 특정 교육이나 자격기술을 가진 사람들로 이용 제한	특별이용을 위한 지역 용도화 ; 특정일에 수영활동, 윈드서핑 등 분리 허용 • 물에서 안전 및 구조 자격이 있는 방문객 • 스쿠버나 CPR/응급조치 자격을 가진 방문객	함께 용이 불가능한 활동 분리 • 자연의 도전에 따른 기술의 확보 • 부정적 영향을 감소하기 위함	• 교육 및 강화 필요 • 선택의 자유를 제한 적절한 교육코스가 유용
경제	차별화된 요금	특정 시간, 장소 높은 요금부과	비수기 보트시설 이용시 감액	• 이용확대를 위함 • 참가자들에 의해 지불된 특정활동관리비용	• '이용자 지불'이 몇 나라에서는 받아들여지지 않음 • 낮은 사회경제적 그룹을 위해 접근 제한
경제	훼손 채권	대상지가 안 훼손되면 이용자에게 되돌리는 훼손 예탁금 부과	대상지 훼손시 이용자에게 부담되는 해변이용 예탁금	• 바람직한 활동유도를 위하여 금전적 인센티브를 제공하기 위함 • 필요시 청소비, 복구비 등을 제공하기 위함	재정시스템 및 조사관리 필요
경제	벌금	훼손 및 불법행위에 대한 벌금 부과	쓰레기, 기물파손, 규제위반에 대한 벌금	위해한 행동에 벌칙을 가하기 위함	집행강화 필요 입법지원 필요
경제	보상	불법행위를 신고하거나 선행 등을 할 경우에 금전적 보상 제공	• 일주일간 쓰레기 수집왕 상 • 기물훼손 신고 보상	• 규제 강화를 위함 • 선행에 대한 인센티브	재원 필요
교육	유인물	바람직한 행동을 유도촉진하기 위하여 방문객들에게 유인물 배포	모든 방문객에 쓰레기 되가져가기 계몽 브로셔 제공	방문객의 영향을 최소화하는 바람직한 행동 촉진을 위함	방문 전이나 방문기간 동안 접근 및 접촉 필요
교육	저주파 라디오 방송	AM 라디오채널을 통해 방문객에게 중요한 정보 방송	날씨, 오염, 최근 문제 등 지역상황에 관한 메시지 전달	〃	〃
교육	표지	적정한 곳에 알림 표시 설치	'사구 복구 중–탐방로에서만 머물러 주세요'	〃	긍적적인 단어의 사용과 표시가 거부감 주지 않는 것이 중요
교육	방문객 센터	교육을 위해 중점적인 구조물	해양공원 방문객센터	〃	주된 재정비용
교육	안내보도 및 가이드	직원에서 방문객까지 전형적인 의사소통 프로그램	안내된 가이드 코스	〃	양질의 교육기술 필요
교육	활동	오락과 교육을 위해 설계된 활동 프로그램	인명구조기술 지도	〃	〃
교육	개인 접촉	직원과 방문객간의 일반 커뮤니케이션	우수한 해변과 암벽에 대한 질문답변	〃	직원의 이용가능성 중요

자료: Mark Orams, 상게서.

2) 물리적 관리

물리적 관리는 수행되는 활동의 움직임이나 유형을 제약하여 인간활동을 통제하는 인위적인 전략이다. 해양에서 가장 전형적인 경우가 습지를 가로지르는 관찰로(boardwalk)의 건설이다. 이러한 물리적인 구조는 관람객들의 움직임을 통제하고 관람을 용이하게 하며, 민감 지역을 걸을 때 일어나는 부정적인 영향을 제거하게 된다. 또 다른 예로서는 해중전망탑, 해중 어초상에 정박하는 선박을 위한 정박부이(mooring buoys), 바다 속의 우리(sea pens) 등 다양하다. 해양 환경 상에 이러한 구조물을 세우는 데에 어려움이 많아 물리적 통제는 해양관광을 통제하는 데 있어서 그리 흔한 시스템은 아니다. 그러나 이들은 갯벌 등 보호 구역을 보호하는데는 대단히 많이 쓰이고 있다. 산호초상에 닻을 내리면서 생기는 피해를 극소화하려는 정박 부이(mooring buoys)의 활용은 호주 등 외국에서는 상당히 성공적인 이야기가 되고 있고, 이 외에도 제한적으로 해저를 이용하게 하는 반잠수정, 해저잠수정, 자항식(self-guided) 해저 산보도(underwater trails) 및 해변 자전거도로 등도 여기에 포함될 수 있다.

인공적인 구조물도 관광객들에 대한 추가적인 기회와 서비스를 위해 활용된다. 그 예로서 마리나, 선창(wharves), 보트 램프(boat ramps) 및 전망대(observation platform) 등이다. 특히 한 지역에서 활용되는 선박의 유형에 대한 규제도 가능하다. 예를 들면 환경이나 소음에 예민한 지역에서는 전기모터의 선박만을 쓰게 할 수도 있다. 이렇게 함으로써 규제적이고 물리적인 접근법이 동시적으로 적용되어 나쁜 영향이 줄어들 수도 있다.

3) 경제적 관리

경제적 관리전략은 인간의 행위를 변화시키기 위하여 긍정적 인센티브나 부정적인 인센티브로서 가격을 활용하는 전략이다. 이러한 경제적 기법들은 뚜렷한 주목을 받아 오지 못하였으나 근래에 자연의 지역들에서 활용되어 오고 있다. 이러한 전략 유형들 중에서 대표적인 것이 피크 시간대에 방문객들을 분산시키기 위하여 높은 시설입장료를 받는 것이다. 낚시 면허제나 상업적인 사업 운영자들에게 면허를 사고팔게 하는 것도 운영자의 숫자를 줄이는 방안이다. 쓰레기 투척, 규격 이하의 어획 혹은 다른 부적절한 행위에 대한 벌과금

부과 등이 또 다른 관리전략의 예이다.

해양관광에서는 경제적 전략의 활용이 흔치 않지만 상당히 쓰일 만한 잠재력이 있는 것도 있다. 예를 들어 방문하는 동안 쓰레기 제거 작업, 연구 사업에 조력을 하게 되면 해양공원에 대한 접근비용을 경감해 주는 방안도 있을 수 있다. 야생동물들이 민감해질 때는 입장료를 더 높이고 이렇게 함으로써 다른 때에 방문하도록 유도할 수도 있다. 대부분의 해양자원들은 공공적으로 기금을 받는 기관들에 의해 관리된다. 이처럼 공공관리기관들이 받는 재정적인 부담의 증가를 고려할 때 추가 재원을 확보하면서 관리목적을 달성하기 위하여 경제적인 기법을 활용하는 것도 의미 있는 일이다.

4) 교육적 관리

교육에 기반을 둔 관리 전략(education-based management strategies)은 교육을 통해 자발적인 변화를 유도하여 부적절한 여행객들의 행위를 줄이면서 그들의 즐거움과 이해를 증대시키고자 하는 것이다. 그래서 많은 학자들은 교육을 해양환경과 관광객들 모두에게 유일한 윈-윈 전략으로 이해하고 있다. 그러나 관광에서 관리전략으로서 교육의 활용은 물리적 혹은 규제적 전략들의 활용보다 흔치는 않았다. 그 이유는 관광객들에 대한 효과적인 교육프로그램들의 계획 수립과 실행을 어렵게 하는 몇 가지 요인들이 있기 때문이다. 이러한 요인들은 서로 다른 그룹의 크기, 나이 및 교육적 배경과 기타 관광객 그룹들의 다양한 특성 등에 연유한다. 결과적으로, 각 관광객들의 욕구가 독특하여 교육프로그램의 수립시 일일이 고려하기도 어렵게 한다. 더욱이 이것은 해양관광객들의 활동적인 특성-원하는 대로 오고 가고, 자기의 욕구나 흥미에 안 맞으면 떠나는 특성-때문에 더욱 복잡해진다. 관광객들의 다양한 지역 산재, 기동성(mobility)과 광범위한 지리적 분포 등으로 인해 일정 장소나 일정 시간에 교육프로그램을 잡기도 어렵게 만든다.

해양환경에 대한 이해부족과 적절히 훈련되고 자격을 갖춘 교육요원들의 부족도 효과적인 교육프로그램의 수행을 어렵게 만든다. 이러한 요인들은 교육을 관리전략으로 사용하기 어렵게 하고 물리적 혹은 규제적 기법들의 활용을 우월하게 만든다. 그러나 많은 학자들은 교육이 자연기반(nature-based) 여행체험들의 중요한 요인이며, 그렇게 되어야 한다고 주장하고 있다. 이러한 주장들은 자연에 대한 해설(interpretation)이 자연체험 시 교육적으로 크게 유익한 것으로 보기 때문이다.

5) 관리 사례: 미국 Florida Keys 지역

Florida Keys 산호초들은 북미의 유일한 광범위한 산호초 영역으로서 세계에서는 세 번째 크기이다. 이들은 특이하고 위험에 처한 많은 종들을 포함하고 있으며, 집중적인 관광활동이 일어나고 있어 연간 지역경제에 미화 18억 달러에 달하는 거대한 관광산업을 지원해 주고 있다.[2)]Key 지역의 해양환경을 보기 위해 매년 300만 명 이상의 방문객들이 모이고 있다.[3)] 따라서 이들이 거대한 해양환경에 미치는 영향에 대한 관심도 높은 편이다. 대량의 해양관광객들에 대한 반응은 다음과 같다.

그들은 유류상품들과 쓰레기로 해수면과 그 안에 있는 모든 것을 오염시킨다. 때로는 미숙한 선박 운전자들이 산호초 속으로 돌진해 들어가기도 한다. 바다에 플라스틱 컵과 가방류, 알루미늄 컵, 병 등 유리류, 그리고 수마일의 얽힌 그물들이 버려지고 있다. 이들은 멀리 이동하지 않고 한 두 곳에 집적되어 환경을 파괴시킨다. 수천 명의 수영객들이 해안에 북적거리고 따라서 산호초와 부딪히거나 비벼대면서 밟기도 한다.

이를 방지하기 위해 미국은 1990년 연방법에 따라 Florida Keys를 국가 해양보호구역(National Marine Sanctuary)로 선포하였다. 미국의 국가 해양보호구역은 NOAA(National Oceanic and Atomersperic Administration)라는 연방기구에 의하여 관리된다는 것은 이미 설명한 바와 같다. 이들 생태계보전지구에 대한 중심적인 관리도구는 종합적인 마스터플랜이다. 이 계획은 특정 목표들과 정책들, 그리고 생태계에 대한 가이드라인들을 설정하고 그리고 실행되어야 할 규정들을 결정하는 데 도움을 준다. 이러한 관리계획은 앞에서 설명된 관리전략들을 고려하고 지역자원 보호에 적당하다고 생각되는 정책들을 채택하면서 관광 등

---

2) Vernon R. Leeworthy et al., Linking the Economy and the Environment of Florida(VISITOR PROFILES: FLORIDA KEYS/KEY WEST 2007-08), Jun. 2010,p.77. http://sanctuaries.noaa.gov/science/socioeconomic/floridakeys/pdfs/full_visitor_08.pdf (2012.5.22)

3) 상게서, p.22

전통적인 상업적 활동들이 계속되는 것을 허용하게 한다.

NOAA에서 1995년에 채택한 'Florida Keys Marine Sanctuary 관리계획'은 지역의 관광적인 이용 관리를 위하여 다양한 범주의 전략들을 갖고 있다. 이러한 전략들의 근간은 5개 용도 구역의 수립으로 이러한 규제적 접근법은 특정 용도에 대하여 특정 지역을 지정해 준다. 야생관리지역(Wildlife Management Area)는 위험하거나 위협받는 종들과 그 서식지들의 보호를 위하여 접근이나 활동들을 제한한다. 자원 보충적 보호구역(Replenishment Reserve)은 인간의 영향을 최소화시키고 수산과 같이 채취 활동을 제한하여 산란장이나 성육장들을 보호한다. 생태계 보전구역(Sanctuary Preservation Area)은 비채취적 이용 활동(Non-extractive Activities)을 가능케 하면서 보호하는 구역이다. 특별이용구역(Special Use Area)은 자연과학적 연구와 같은 특별한 목적을 위해 지정된 구역이다. 기존 관리구역(Existing Management Area)은 기존 관리제약들 하에서 지속되는 활동들을 허용하여 준다.

관리계획에서 도출된 추가적인 행동계획(Action Plan)에는 항로표시(Channel Marking, 물리적 접근법), 접안 부이(Mooring Buoy) 조치계획(물리적 접근법), 규제적인 행동계획(규제적 접근법), 집행행동계획(규제적 및 경제적 접근법), 교육행동계획(교육적 접근법)들과 수질, 연구 및 모니터링, 수몰 문화자원 및 자원 봉사 등이 포함되며, 이들은 4가지 접근법들을 모두 포함하고 있다.

Florida Keys 지역은 관광을 위해 광범위하게 활용되는 큰 지역이다. 이런 지역들에서는 다양한 관리전략들을 갖는 종합적인 관리계획이 해양자원 관리전략으로 흔히 쓰인다.

6) 관리목표

기본적인 수준에서 해양관광을 위해 고안된 관리전략의 목표는 2가지이다. 첫째, 해로운 영향으로부터 해양환경을 보호하는 것이고, 둘째, 즐길만한 여행 체험을 제공하고 촉진하는 일이다. 이러한 목적을 달성하기 위해서는 관광객들이 단순히 즐거운 시간을 가졌다는 것 이상으로 느끼도록 하기 위해 다소간에 환경 등에 기여하는 무엇인가를 하도록 해야만 한다. 더욱이 중요한 것은 상업적 운영자들은 자기들의 자원에 대한 책임을 이익 못지않게 중요한 것으로 생각해야 한다는 것이다. 자기들의 사업에 활용되는 자원의 건강성과 생존성(viability)에 무엇인가 기여하는 것이 자기들의 역할이라고 생각해야 한다. 이렇게 된다면 관광의 기반이 되는 환경은 오히려 관광으로부터 혜택을 보게 될 것이다.

예를 들어 영국의 크루체스터쇼어(Groucestershire)에 있는 야생조류기금(Wildfowl Trust)은 많은 위험에 처한 조류 종의 발견에 크게 도움을 주었고, 현재는 위협받는 야생 집단을 보호하기 위하여 자금을 지원받아 이들을 야생으로 돌리는 작업을 하고 있다. 이러한 프로그램은, 관광객들에 의해 큰 자금 지원을 받아 더욱 더 인기를 얻고 있다. 더욱이 손상될 수 있었던 많은 서식지들이 그들의 관광적 가치 때문에 야생공원으로 지정되어 여기에서 많은 이득을 얻고 있다.

사실 많은 관광객들이 자연보존을 위하여 그들의 시간과 돈을 기꺼이 지원하려고 하고 있다. 그러므로 이러한 관리체계의 성공은 이러한 목적들을 위하여 얼마나 효과적으로 관광객들의 체험이 쓰이고 또 그들이 이것을 느끼느냐 하는 측면에서 측정되어야 한다.

우선 관광객들의 변화와 생활양식을 변화시키고, 이리하여 그들의 행동이 관광체험 중이나 체험 후에도 더욱 환경친화적으로 바뀌도록 해야 한다. 둘째로는 환경에 직접적으로 도움이 되는 관광객 행동을 촉진시켜야 한다. 예를 들어 연구사업을 도와주거나 서식지 복원 프로그램이나 쓰레기 제거 관리를 위한 자원 봉사, 지역 경찰업무 협조 등 관광객들의 행동이 환경에 해가 되지 않도록 관광객이 직접 지원하는 것이다. 관리전략의 목적들은 [그림 13-1]과 같다.

이 장의 앞에서 언급된 현행 관리전략들 중 최근 자연환경에 대한 영향을 줄이는 가장 좋은 전략으로서 교육적 기법에 상당한 중점이 주어지고 있다. 이러한 교육기법에 대한 낙관론이 실증적으로 테스트되지는 않았으나 대개 관광객들에 대한 효과적인 해설 프로그램을 통해 보다 나은 관광으로 유도한다는 견해는 누구나 공감하고 있다. 즉 교육적 기법에 기반을 둔 관리전략이 더욱 바람직한 관광을 유도한다는 것은 상당한 지지를 받고 있다.

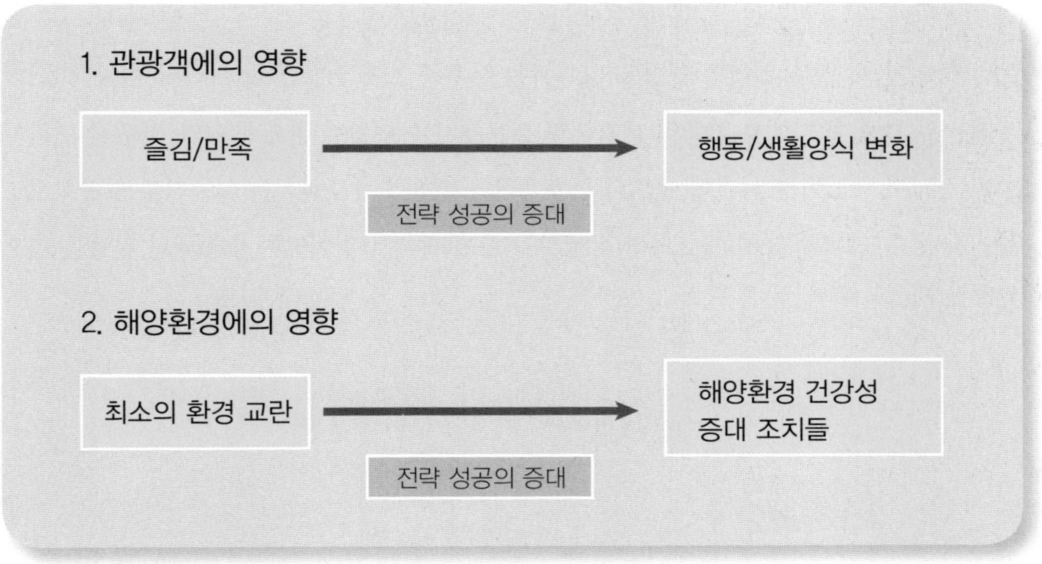

〈그림 13-1〉 해양관광 관리전략의 목적

자료: Mark Orams, 상계서.

7) 관리영향의 측정

[그림 13-1]에 나타난 관광의 목적들에 대한 관리전략의 성공을 측정하기 위하여 다수의 지수가 선정되어야 한다. 이러한 성과지수들은 [그림 13-2]에 나타나 있다. 이 그림은 일련의 과정을 나타내며 관광 후 바람직한 형태로 얼마큼 변화했는가를 보여주고 있다. 첫 단계로서 관광객들의 만족과 즐김에 대한 관점에서 관리체계가 평가될 수 있다. 그러나 이것만이 전략들의 기본 목표로서 간주되어서는 안 된다. 보다 더 복합적이고 교육적이며 행동적인 목적들이 동일한 비중으로 주어져야 한다. 실제 행동의 변화를 가져다주는 최종목표의 중간적 단계로, 먼저는 교육과 학습이 용이하면서 이에 따라 태도와 신념이 환경적이고 생태적으로 건전하게 바뀌어야 하는 것이다. 따라서 만족/즐김, 교육/학습, 태도/신념의 변화 그리고 행위/생활양식의 변화 등이 하나의 연속적인 과정으로서 행동변화 달성이라는 관리전략의 효과를 측정하기 위하여 고안될 수 있는 범주들이다.

이러한 결과달성도 측정에서 사용되는 평가도구는 참여자 관찰, 질문서 작성 및 면담 등과 같은 것들을 포함한다. 특히 행위변화를 평가하는 데 중요한 것들은 관광객들이 집으로 돌아간 일정 시간 후 체험의 영향을 평가하는 사후적 조사(follow-up survey)이다. 이러한 목적들을 위해 첫 단계로 사후적 면담이나 설문조사가 수행될 필요가 있다. 행위를 변화시키려는 의도가 있어도 이것이 반드시 실제행위의 변화를 유도하지는 않는다고 일반적으로 알려져 있다. 사후적 조사는 요망하던 행위 변화가 실제로 일어났는지에 대한 정보를 얻으려는 것이다.

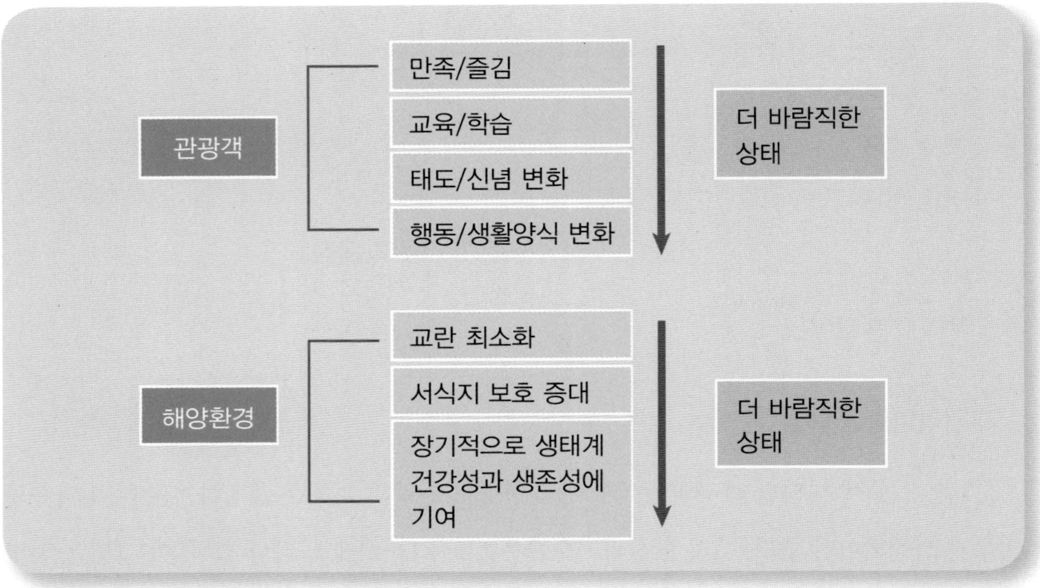

〈그림 13-2〉 성과 지표들

자료: Mark Orams, 상계서.

두 번째 단계는 해양환경에 대한 관광객들의 행동이 주는 영향을 측정하는데 도움이 되는 것들이다. 이들의 목적은 관광객들이 단순히 환경에의 해로운 영향을 극소화시킨다는 수동적인 차원에서 실제로 환경의 건강성과 생존성에 기여하는 적극적인 변화를 유도하려는 것들이다. 이들은 ①해로운 영향을 극소화시키고, ②서식지의 질을 개선하고 ③생태계 전체 시스템의 장기적인 건강성과 생존성에 종합적으로 기여하는 것이다. 이러한 3가지 범주는 측정도구를 만들기조차 쉽지 않다. 이 지표들은 사례별로(case-by-case) 작성되어야 한다.

관광의 기반이 되는 각 환경은 다르더라도 원하는 상태로의 진전을 모니터하기 위한 지표들은 신중하게 선정되어야 한다. 먼저, 자연생태 변화에서 어떤 유형과 어느 정도 수준의 변화가 허용가능한지를 먼저 결정해야 한다. 둘째로는 이러한 변화를 모니터하기 위하여 어떤 중요한 지수를 쓸 것인가 결정해야 한다. 셋째로는 그러한 배경 여건에 대하여 어떤 인문적 조치가 적정하고 부적정한지도 결정되어야 한다. 이러한 결정을 위하여 여러 가지 기법이 쓰일 수도 있다. 예를 들어, 이용자원에 대해 적절한 자연과학적 지식이 이용가능하다면 가장 중요한 지수는 이미 알 수 있게 된 것이나 다름없다. 실제로, 이러한 사례는 극히 드물다.

대중의 참여를 포함한 여러 방안들도 쓰일 수 있으며, 지수에 대한 의견의 일치를 보기 위하여 전문가 패널이 활용될 수도 있다. 이러한 방식으로 자연환경의 교란 수준을 테스트하는 가설들이 개발될 수 있다.

여행객들의 행동이 서식지의 질을 개선하거나 보호하는지 여부를 평가하는 것은 그리 어려운 일이 아니다. 관광객들이 자기들이 방문하는 자연자원의 관리, 보호 및 개선에 직접적으로 도움이 되는 재정적 지원이나 노동력을 제공한다면 그들은 이러한 목적을 달성하고 있는 셈이다. 관광객들의 방문시 재정, 노동력 및 전문지식을 지원하고 기여하는 지속적인 프로그램이 존재한다면 상황은 더욱 바람직하게 전개될 것이다. 이러한 것을 측정하는 지수들은 관광객들의 참여를 용이하게 하려고 수립된 특정 관광 프로그램의 관리체계를 평가하는 데 도움이 된다.

8) 해양관광 관리를 위한 개념적 모델

이 절은 해양관광을 관리하기 위하여 가능한 전략들의 범위를 검토하기 위한 것이다. 여기에서 관리전략들을 단순히 부정적인 영향을 극소화시키는 것 이상으로 보고자 한다. 이 모델은, 관리기법들을 성과지수들과 결합하여 해양관광 관리를 고려하는 개념적 구조를 제공한다. 이 구조는 논의되고 있는 해양관광 기회의 계층(Spectrum of Marine Recreation Opportunities), 인간의 선택가능 한 관리대안들(Management Options Available), 그리고 추구하는 성과지표들(Outcome Indicators)을 명백히 하는 데 유용한 것이다. 이 모델은 서로 다른 관리체계들의 효과를 이해하고 평가하는데 기초로 이용할 수 있는 개념적인 구조를 나타낸다.

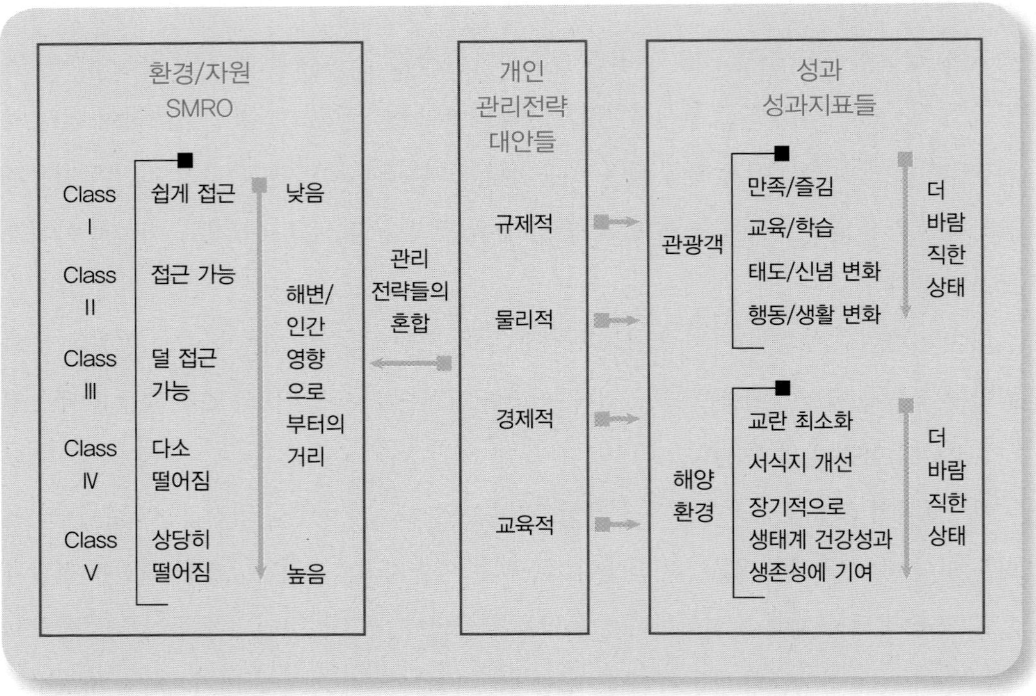

〈그림 13-3〉 해양관광 관리전략들의 개념 모형

자료: Mark Orams, 상게서.

3 해양공원(Marine Park)의 관리

가. 배경

해양자원 관리의 또 다른 방법으로 해양보호구역이나 해양공원(Marine Park)의 지정이 있다. 자원의 보호와 이들의 관광적 이용을 용이하게 하기 위하여 사용되는 가장 인기 있고 성공적인 관리전략 체계의 하나가 해양공원의 지정이다. 이러한 제도는 여러 가지 다양한 형태로 나타난다. 하나의 극단은 해양 국립공원에서 나타나는 바와 같이 해양생물에 대한 교란이나 채취를 전혀 못하게 하는 no-take 유형의 해양공원 지정이다. 반대의 극단은 해양자원에 대한 특별한 보호나 관리활동은 없고 지역의 공공소유 도서를 관리하는 활동만 이루어지게 하는 것이다. 이러한 양 극단 사이에는 해양자원과 해양레크리에이션 관리를 위한 제도적인 규정에 다양한 차이가 있다. 가장 인기 있는 것은 다용도(multi-use) 해양보호구역(marine protected area)이다. 이러한 해양공원은 해양자원의 관광적 이용과 상업적인 이용을 관리하면서 수용 불가능한 손상으로부터 그들을 보호하려는 것이다. 이러한 것 중에서도 가장 인기 있는 기법은 광범위한 지리적 용도구역제(zones)를 수립하는 것이다. 이것은 제12장에 나온 호주의 GBRMP에서 보는 바와 같다.

이러한 기법은 자연과학과 정책에서 모두 광범위한 지지를 받아 오고 있다. 1992년 1월 미국은 조지 부시(I 세) 대통령이 미국에서는 해양보호구역(Marine Sanctuary)과 다른 보호구역들이 해양환경 보호에 가장 좋은 도구들이 되고 있다고 선언한 적도 있다. 그러므로 해양공원은 관광객들의 행위를 포함하여 해양환경의 지속가능한 이용이 되도록 보장하기 위해 적용되는 여러 가지 기법들 중에서 가장 중요한 체계의 하나로 인정되고 있다. 세계에서 가장 큰 해양공원은 호주의 대산호초공원(Great Barrier Reef Marine Park, GBRMP)이며, 우리나라에서는 앞에서 언급한 대로 다도해, 한려, 태안 등 해상국립공원이 지정되어 관리되고 있으며, 이들 모두 용도구역제를 도입하고 있다.

나. 사례 연구: 호주의 대산호초공원(Great Barrier Reef Marine Park)

앞의 장에서 언급된 바와 같이 Great Barrier Reef(GBR)는 세계에서 가장 큰 산호초 시스템으로서 호주 퀸즈랜드 북서연안 쪽으로 연장 2,000여 km에 뻗혀 있다. 산호초는 실제로 크기가 다른 2,600여 개의 개별적인 산호초로 구성되어 있다. 이 지역에는 다양한 해양생물이 살며 여기에는 2600종의 산호초, 1,500여 종의 어종, 350종의 경산호, 240종의 새들이 살고 있다. 1975년에 호주 정부는 Great Barrier Reef Marine Park(GBRMP)를 설립하였으며, 이 공원은 Great Barrier Reef Marine Park Authority(GBRMPA)에 의하여 관리되고 있다. 그러나 GBRMPA는 퀸즈랜드 주와 공원관리의 책임을 공유하고 있다. 공원에서 사용하는 관광과 레크리에이션의 광범위한 관리 도구들은 다양한 용도지역 계획들, 관리계획들, 규정들, 특별구역 지정, 인허가 및 교육 등이다.

용도지역 계획은 상당한 공적 협의를 필요로 하고 각 구역들에서 허용된 용도들을 수립한다. 예를 들어 어떤 지역들에서 영구적인 구조물들의 구축을 금지하고 어떤 관광활동들의 인허가가 요구되는가를 제시한다.

관광을 위해 중요한 이용들이 이루어지는 이러한 용도계획들이 호주의 GBR 지역에 어떻게 활용되는가는 앞장에서 설명한 바와 같다. 역사적으로 관광으로 인한 영향관리는 주로 상업적 운영자들에 대한 인허가의 활용으로 통제되어 왔는데, 이는 다른 관리계획들이 개발에 즉각적으로 대응하기 어렵거나 느리기 때문이다.

공원의 설립 초기에 공원자원의 이용과 영향 사이의 관계는 잘 밝혀지지 못하였다. 그래서 인허가가 영향을 관리하는 수단으로 선호되어 왔는데 왜냐 하면 자원관리에 유연성을 요구하기 때문이다. 그러나 시간이 지남에 따라 활용되는 인허가의 수나 복합성은 극적으로 증대되었다. 인허가의 허용이나 갱신과정도 또 다른 불만들 때문에 느려졌다. 이에 동일한 상업적 시설이나 면허가 이미 있는 곳에서는 추가적인 활동이 허용되지 않았다.

GBR의 고이용(高利用)지역들에 대해 공원기구(GBRMPA)가 영향을 줄이기 위하여 많은 물리적 방법들을 채택하였다. 1989년에 4개의 대형선박 계류시설(Moorings)과 6개의 소형선박 계류시설을 잠수지역 인근에 설치하였다. 이들은 선박 닻의 설치에 의하여 산호초가 손상되는 것을 막기 위하여 고안되었다. 그리고 지역의 대구류(Potato cod)를 보호하기 위하여 일부 지역에서의 어획은 제한되었다. 이리하여 1992년에 길이 300m인 어떤 지역에서는 보존을 통해 해양에의 영향을 줄이면서 연 3만 회의 잠수가 이루어지는 등 이용이 증대되기도 하였다.

GBR을 위하여 상업적 운영자들에 의하여 자체적인 관리안도 채택되었다. 1992년에 그들은 산호초 관리자 협회(Reef Operator's Association)를 결성하였다. GBRMPA의 도움으로 그들은 자율규제의 수준을 확립하였다. 예를 들어 그들은 선박 크기, 특정 산호에서의 체제시간 및 물고기 먹이 주기에 대하여 규제를 만들었다. 후에 이 기법들은 상업적 운영이 주는 나쁜 영향을 줄이기 위한 효과적인 방안들임이 입증되었다.

교육적인 기법들은 GBRMPA에 의하여 강조되어 왔다. 수많은 연구들이 이러한 기법들이 효과적임을 입증하였다. 예를 들어 스쿠버 잠수객들을 교육시키는 것으로 이들이 산호초에 미치는 영향을 줄인다는 것이 증명되었다.

GBR은 급속히 이용과 영향이 급속히 증대되는 자원이다. 그래서 해양공원의 설정을 통하여 종합적으로 그러한 자원들의 이용을 관리하는 기관도 갖게 되었다. 이 조직의 구조와 다양한 관리기법들의 활용이 해양환경을 어떻게 지속가능하게 관리하도록 하는가에 대한 중요한 모델이 되고 있다.

4 해양관광과 지속가능성(sustainability)의 도입

가. 지속가능성

자연자원관리에서 지속가능성의 목표는 최근에 널리 활용되어 오고 있다. 1977년에 발표된 영향력 있는 Bruntland보고서(United Nations World Commission Environment and Development)에서 제기되고, 1992년 리우 정상회의에서 비준된 지속가능성의 개념은 광범위한 자원관리에 대한 입법정책에서 지도적인 원칙이 되어 왔다. 지속가능성은 "무한히 유지될 수 있는 과정이나 상태의 특성"으로서 정의된다. '지속가능한 이용'은 "재생가능한 범위 내에서 일정율로 유기체, 생태계, 기타 다른 자원들의 활용"으로 정의된다. 관광은 지속가능성의 원칙에 맞추어 고려되어야 하고 잠재적으로는 지속가능한 산업으로 간주되어 왔다.

지속가능한 관광(sustainable tourism) 개념은 지속가능한 개발(sustainable development) 개념에서 유래한다. 지속가능한 개발은 자연이나 문화자원을 고갈시키거나 환경을 훼손하지 않고 개발목적을 달성하는 접근방법으로서 경제성장과 환경정책을 통합시킨 개념이며, 생태계를 파괴하지 않고 환경을 훼손하지 않는 범위 내에서 경제의 지속적 성장을 보장하는 개발방식이라 할 수 있다. 지속가능한 개발은 현세대뿐만 아니라 미래세대의 이용과 향유를 위해서 자원을 보전하는 것을 의미하며, 생태적 · 사회문화적 · 경제적 지속가능성에 기반하고, 전지구적 차원에서 인간사회의 지속성을 확보하기 위한 패러다임이다.

세계관광기구(WTO)는 지속가능한 관광을 3가지 차원으로 구분하고 있다. 첫째, 환경적으로 지속가능한 관광(environmentally sustainable tourism), 둘째, 사회 · 문화적으로 지속가능한 관광(socially and culturally sustainable tourism), 셋째, 경제적으로 지속가능한 관광(economically sustainable tourism)이다. 이들은 각 차원에서 지속성을 유지하도록 요구되고 있다.

지속가능한 관광의 구분에 따라 지속가능한 관광의 원칙과 조건을 정리한 것이 〈표 13-3〉이다.

표 13-3 지속가능한 관광의 원칙과 조건

구분	원칙	목표	지속가능한 개발의 조건
경제적 측면	효율성 (Efficiency)	지역경제 활성화 및 지역주민 삶의 질 향상	• 지역사회의 특성을 반영하는 관광사업의 활성화 • 외부투자자들에 의한 사업보다는 지역민 투자사업의 활성화 • 새로운 개발을 통한 급속한 성장보다는 기존자원 · 시설을 활용한 개발촉진 • 지역주민의 소득 및 고용의 증진 • 지역사회 전반에 걸친 수익배분(수익배분의 형평성) • 이러한 활동을 위한 공공정책의 실시 · 추진 • 관광영향에 대한 지속적인 감독 · 평가

사회적 측면	형평성 (Equity)	개발의 형평성 촉진	• 지역주민의 요구를 지속적으로 수렴 • 의사결정과정에 지역주민의 참여 보장 • 지역사회의 전통유지 • 지역간 교류의 증진 및 개발 도모 • 자원이용과 환경관리의 비용 · 편익 형평성 배분 • 관광영향에 대한 지역주민과의 지속적인 의사소통
환경적 측면	보전 (Conservation)	생물다양성 보전	• 지속가능한 방식으로 자연환경을 활용 • 자연자원 및 생태계 적정수용력 유지 • 관광개발사업에 생태 시스템 도입 • 자연환경 보호 · 보전활동을 촉진하기 위한 제도의 도입 • 환경에 대한 영향 및 변화에 대한 감시 · 평가 • 환경에 대한 인식고양을 위한 교육

지속가능한 개발을 위해서는 보존과 이용의 적정한 균형을 유지하게 하는 것이 필요하다. 과거의 관광 개발이 보존보다는 이용개발에 치중하였다면서 지속가능한 개념 시스템에서는 최소한 보존과 이용의 균형을 취하려는 노력이 필요하다. 반면 해상국립공원 등 보존지역에서는 자원의 희소성이나 생태적 중요성을 고려하여 이용보다는 보존에 치우치는 것이 일반적이다. 앞으로는 지속가능한 개발 개념을 도입하여 최소한도 보존과 이용의 균형을 취하여 자원의 지속적 이용이 가능하도록 하여야 한다.

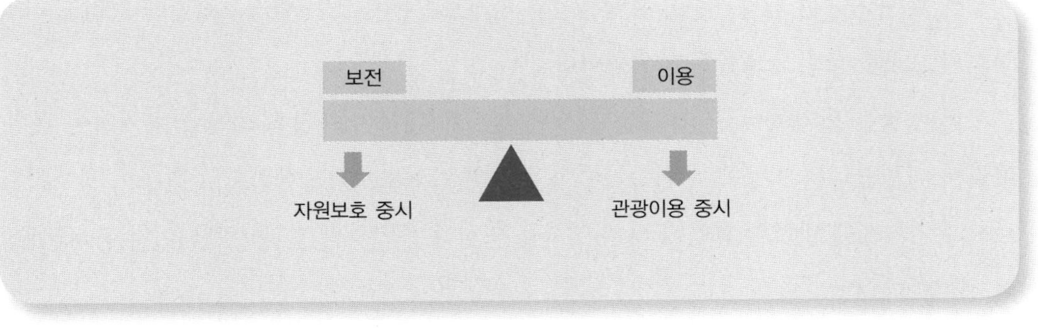

〈그림 13-4〉 지속가능한 관광개발

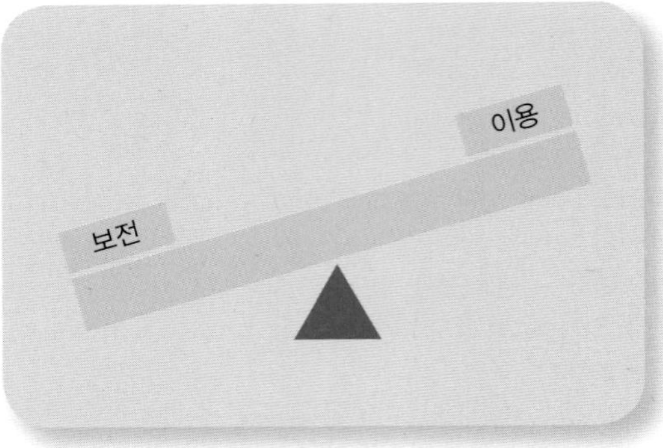

〈그림 13-5〉 보존지역의 경우

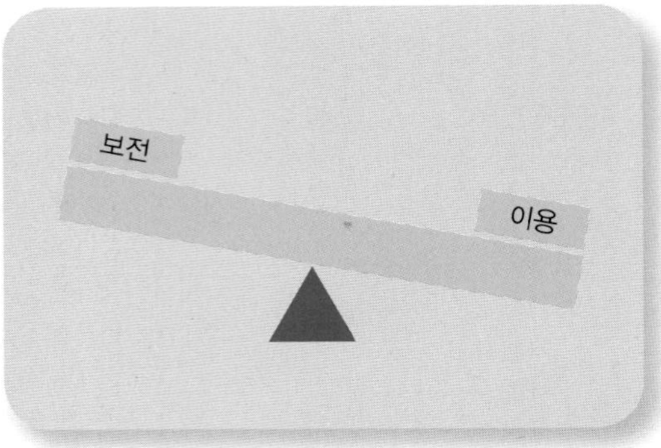

〈그림 13-6〉 기존 관광개발의 경우

해양관광개발과 해양관광활동의 새로운 패러다임이 되는 지속가능한 관광개념이 추구하는 주목적은 다음의 3가지이다.

첫째, 지속가능한 해양관광이 환경의 질을 보호하고, 지역사회의 삶의 질을 향상시키면서 관광객에게는 양질의 경험을 제공하게 하기 위함이다.

둘째, 지속가능한 해양관광이 자연자원의 지속성을 보장할 뿐만 아니라 지역사회문화의 지속성을 보장하게 하기 위함이다.

셋째, 지속가능한 해양관광이 관광사업과 환경보존론자 또는 환경보전단체 그리고 지역사회의 요구를 조화시키게 하기 위함이다.

그러나 많은 학자들이 관광업이 지속가능한지에 대하여는 많은 의문을 제기하여 왔다. 따라서 자원관리와 이용에서 지속가능성 유지의 일환으로, 또 한편으로 관광이 장기적으로 지속가능성에 반하여 환경에 나쁜 영향을 미친다는 인식의 결과로 생태관광 등 제 개념이 생겨났다.

새로운 패러다임을 수용하는 지속가능한 관광의 구체적인 유형으로는 생태관광(ecotourism), 녹색관광(green tourism), 책임 있는 관광(responsible tourism), 자연관광(nature tourism), 통제된 관광(controlled tourism), 연성 관광(soft tourism), 모험관광(adventure tourism), 체험관광(participation tourism) 등이 있다. 이 중 가장 각광을 받는 것이 생태관광이므로 이에 대하여 구체적으로 살펴보면 다음과 같다.

나. 생태관광(Ecotourism) 개념의 도입

9장에서 본 바와 같이 생태관광은 네거티브한 관광개발에 대한 답으로서 제시되었으며, 장기적으로는 유일한 지속가능한 관광개발이 생태관광이라고 주장한다. 관광이 활용하는 자연자원의 건강성, 활력에 관광이 기여해야 한다는 개념은 상당히 호소력이 있는 것이다. 그러나 많은 운영자들과 국가들이 이러한 상당히 고상한 소망과 상표를 표방하는 것에 대하여 비판도 많이 하고 있다. 이들은 생태관광을 매력적인 상표로 재포장된 것으로 볼 뿐이다.

어떤 이들은 생태관광이라는 상표가 시장에서의 녹색화(Greening)의 이점을 이용하고 여행과 관광을 생태로 포장하면서 마케팅하는데 이용되고 있다고 경고한다. 때로는 생태관광이 시장의 점유율을 늘리기 위하여 기존의 관광 매력물을 포장시키는 새로운 마케팅 방안들에 불과하다고도 주장한다. 녹색화(Greening)로 포장하면 잘 팔린다는 것은 의문의 여지가 없다.

생태(Eco)라는 말이 앞에 붙은 어떤 용어도 관심과 판매를 증대시킨다. 그래서 과거 수년간 생태관광(Eco-tour), 생태여행(Eco-travel), 생태휴가(Eco-vaca- tion), 생태적으로 민감한 모험들(Ecologically Sensitive Adventures), 생태탐험(Eco(ad)venture), 생태크루즈(Eco-cruise), 생태사파리(Eco-safari), 생태탐사(Eco-expedition) 등으로 여행업계가 관광을 확산시키고 있다.

어떤 경우에는 국가 혹은 국제적 개발에 대하여 생태관광, 소프트 패스 관광(Soft-path Tourism), 혹은 지속가능한 개발이라는 용어를 붙여 이 상표로 자기들 계획을 판촉하고 자금을 조성한다. 많은 국가들과 기관들이 생태관광을 경제적이고 보존적 목적 모두에 대한 해답으로 바라보지만, 많은 이들이 그러한 방식이 환경을 보호하고 경제활동을 지원하는 만병통치약일 것이라고 생각하지 않는다. 그러므로 앞으로 생태관광이 지속가능하게 하는지 검토하면서 자연시스템에 대한 인간들의 부정적 영향 최소화에 어떤 관리체계와 전략들이 채택될 수 있는지 충분한 검토가 이루어져야 할 것이다.

5 각국의 해양관광 관리운영 정책

가. 미국

미국 인구의 절반은 연안의 자치주에 살고 있으며 수백만 명의 관광객들은 해양, 연안, 5대호에서 뱃놀이, 낚시, 수영, 자연관찰, 다이빙 등 휴양을 위해 매우 중요한 장소로 보고 있다고 한다.[4] 매년 1억 1천만 명이 해변에서 휴가를 보내고 2천백만 명이 바다낚시를 즐긴다고 한다.[5]

1998년 해양의 해(The Year of The Ocean)에 발표한 해양관광 보고서(일명 YOTO 보고서[6])에 의하면 지속가능한 연안관광 개발은 다음 해양관광 같은 요소들에 의존한다고 한다.[7]

- 훌륭한 연안관리 관리로서 인프라 위치와 접근로 보장[8] 등에 크게 의존
- 청정한 공기와 수질, 및 건강한 생태계 시스템 확보
- 안전하고 완벽한 해양레저 환경으로서 특히 해양 재해 및 수영, 보트타기 및 기타 해변레저를 위한 적정한 안전 수준 확보 등
- 비치의 레저성과 경관성 등을 높이기 위한 비치 정비 및 기타 노력들, 또한 연안 생태 및 서식지 보호를 위한 건전한 정책들 등

---

4) KMI 번역자료집, 『미국의 해양정책: 백악관 해양정책추진팀 최종 권고안』, 2010.7, p.1

5) NOAA, 『Economic Statistics for NOAA』, April 2006(5th Edition), pp.35-36

6) Year of the Ocean(YOTO) 토론논집(Discussion Papers), 미국 해양관련 프로그램을 갖는 연방기구들 준비, Washington D.C. 1998.

7) Biliana Cicin-Sain, Robert W. Knecht, "Coastal Tourism and Recreation: The Driver of Coastal Development", 『Industry-Driven Changes and Policy Responses』, 1999, pp.73-75.

8) 미국에서는 사적 소유의 연안 비치가 많아 호텔, 개인 주택 등에 의해 공공해수욕장에의 접근 제한이 커서 접근성 개선을 위해 Coastal Zone Management Act 등을 시행하고 있는 있다. 반면 우리나라에서는 이러한 측면은 적으나 해수면상의 어업권 등이 있어 레저보트나 잠수 등의 행위를 많이 제한하고 있다.

미국의 연안레저와 관광과 관련되는 프로그램들은 세 분야에 다음과 같은 것들이다.[9)]

- 연안 관리 및 계획 : 미 해양대기국(NOAA) 산하 OCRM(Office of Ocean and Coastal Resources Management)와 34개주의 프로그램들로서 특히 연안관리 프로그램들중 3개 부분이 해양관광에 중요하다.
  - 연안개발 관리를 위한 조항들
  - 해변가의 접근성 개선을 위한 조항들
  - 연안 환경을 보호하고 회복시키려는 조항들
- 청정 수질 및 건강한 생태 시스템의 관리 : 환경보호청(EPA)의 청정수질법(Clean Water Act), 미 해양경찰청의 1990년 유류오염법(Oil Pollution Act), 그리고 각주와 협력하여 해양대기국(NOAA)의 비점오염원(Non- Point Source)[10)] 관리
- 연안 재해 관리 : 국가홍수보험제도(National Flood Insurance Program) 및 연안관리법에 의해 홍수 및 침식 보호, 및 건축 후퇴라인(setback lines)[11)]을 실시하고, 연안경비대(Coast Guard)는 연안에서의 안전과 사고 예방 프로그램을 운영중이고 지역 정부와 미 육군공병단(The Army Corps of Engineers)이 비치 회복 · 정비 사업[12)] 등을 추진

미국에서의 해양레저 프로그램들의 문제점으로서는[13)] 첫째, 연방 정부 간에 개발을 상호 간에 연계시키고 조정할 기구가 없고 중앙과 주, 시군간 연계도 어려운 상황이라 이런 연계 조직 체계 수립이 필요하다. 둘째, 현재 연안 지역에서 관광 개발을 위한 여러 가이드라인, 예를 들어 각종 기준(Standards), 행위 규범들(Codes of Conduct), 매뉴얼 등이 부족하여 이러한 차원에서 연방 정부의 역할이 필요하다. 셋째, 해양관광 자원 중 연안 비치의 수요가

9) Biliana Cicin-Sain, Robert W. Knecht, 1999,p.74.

10) 비점오염원이란 공장폐수처럼 한 장소에서 일시적으로 많이 방출되는 적 오염원과 달리 농사나 개인 시설에서 흩어져서 배출되는 산발적인 오염원을 일컫는다. 흩어져 있는 만큼 오염 통제가 어렵다.

11) 해변에서 해일이나 파도 등에 의해 건축물을 보호하기 위해 해안선에서 일정 거리만큼 건축물 설치를 규제하는 건축후퇴선

12) 해수욕장 등의 모래 사장이 침식되는 것을 막고 모래를 다시 퇴적되게 하는 회복시키는 사업들

13) Biliana Cicin-Sain, Robert W. Knecht, 1999, pp.74-75.

높은데 표준화된 해수욕장 인증 프로그램으로 쓰이는 Blue Wave Award 등의 개선과 더불어 수질환경 정화, 비치 회복 방안 등의 지속적인 시행이 요망된다.[14)]

나. EU 제국

EU지역에서는 기본적으로 해수욕장의 중요성을 인정하여 Blue Flag Program을 해수욕장 인증시스템으로 도입하여 운영 중이다. 프랑스는 지중해 랑독 루시옹 해양관광 리조트를 1960년대 말부터 관 주도로 개발하였고 스페인은 민간 자본을 유치하여 코스탈 델 솔 등 지중해 지역의 해양관광 리조트를 개발하였다. 바덴해(Wadden) 갯벌은 독일, 네덜란드, 덴마크가 공동으로 국립공원 수준으로 관리하고 있고 보존과 관광적 이용을 동시에 도모하고 있다. 영국은 해상위락 잔교공원이 전국에 20개 이상에 달하여 잔교문화가 가장 발달하였다. EU에서는 요트산업이 발달하여 요트제조업, 마리나 건설 등이 잘 이루어지고 있다.

다. 호주

호주에서는 기본적으로 해수욕장과 마리나 환경관리의 중요성을 인정하여 Keep Australia Beautiful Program을 해수욕장 및 마리나 인증시스템으로 도입하여 운영중이다. 골드코스트가 대표적 해양관광 리조트로서 개발되었고 시드니 워터프런트는 구항을 일대 정비하여 해양박물관, 수족관, 친수공원 및 위락시설 등을 관주도로 개발하였다. 앞에서도 언급된 바와 같이 그레이트 배리어 리프 해상국립공원(GBRMP)은 세계최대의 해상국립공원으로서 1975년 지정 이후 크루즈, 해양스포츠, 레저잠수, 낚시 등으로 이용되며 해양국립공원 관리운영의 세계적인 모범 사례로서 평가받고 있다.

라. 일본

현재 레저보트 28만 척에 보트운전면허자 약 270만 명, 570여개의 마리나 건립 등으로서 해양관광이 '70년대 이후에 활성화되었다. 또한 '70년대부터 해상국립공원 혹은 국정공원

14) 해수욕장 인증 프로그램 등 해수욕장에 대하여는 제3장 해수욕장 부분을 참조하기 바란다.

해역에 해중공원을 지정하여 운영 중이다. 환경성에서 모범해수욕장 88선 등 해수욕장 인증제를 실시하고 있으며 70여개의 수족관, 120여개의 해양테마박물관이 운영 중이다. 동경의 디즈니씨, 나가사키의 하우스텐포스 등 해양테마파크도 운영되고 있다. 이외에 해상낚시 공원이 전국 40여개소에 건립되어 있는 등 일본은 해양관광 기반 시설이 비교적 잘 갖추어져 있다.

기타 각국별 해양레저산업 동향은 부록 2를 참고하기 바란다.

제 14 장

해양관광 사업의 추진

본 장에서는 해양관광 사업추진을 위한 개발유형 검토와 자금조달 방안, 해양관광 사업시의 문제점들과 관련 법제도를 검토하고 해양관광 참여촉진을 위한 해양관광정보시스템의 구축에 대하여 검토한다.

1. 관광개발 주도 유형

관광개발은 정부와 지방자치단체가 주체가 되는 공공주도형, 민간주도형, 또는 지역주민 주도형으로 대별할 수 있다.

가. 공공주도형 관광개발

공공주도형 관광사업개발은 국가, 지방자치단체, 혹은 한국관광공사와 같은 법인이 직접 또는 간접으로 개발의 주체가 되며, 국토개발 및 관광자원의 효율적인 보존이 강조되면서 관광시설과 기반시설을 설치하는 공익성이 우선되는 개발사업이다. 한국관광공사의 제주 중문단지, 해남 화원관광단지, 안동 유교문화권 개발사업 등이 이에 해당된다.

표 14-1 공공주도형 관광개발 유형

방식	내용	비고
직영 개발 방식	주로 지방자치단체가 개발주체가 되어 사업을 추진하며, 독립채산제에 의해 직영하고 있는 형태임. 사업조건이 양호하지 않을 경우에 경영면에서 적자를 면하기 어렵고, 경영이 정상궤도에 오르기까지는 상당한 년수(年數)를 요함	
공사 개발 방식	법률상으로 법인으로 설립되며 정부가 직접 출자하는 공사제도에 의해 관광지 개발과 관광의 진흥사업을 수행토록 하는 것임. 이는 한국관광공사가 그 좋은 예임	지방(관광)공사가 수행하는 경우도 있음
협동 출자 방식	지방자치단체가 민간부문의 자본과 공동출자하여 회사를 설립하는 제도임. 이는 공동부문에서 겪는 자금부족을 민간부문을 통하여 조달할 수 있으며, 사업을 능률적으로 수행할 수 있음	
대행 개발 방식	지방자치단체가 국유지를 무상으로 제공받아서 관광지를 개발하는 방식임. 예를 들어 일정한 면적의 국유지를 무상으로 제공받아서 그 지역 내 별장지를 조성하여 제3자에게 매각하는 방법임. 일본은 이와 같은 수탁개발사업 중의 이익금의 절반 정도를 그 지역에 필요한 도로, 상 · 하수도시설, 발전시설비 등에 환원하도록 하고 있음	토지매입방식과 반대됨

대개 공공개발 방식은 대규모 토지에 기반시설의 건립에 이어 이 토지를 분양하여 민간자본으로 하여금 호텔 등 각 단위시설 개발에 참여케 하는 방식이다.

공공주도형 개발사업은 대상지역의 토지취득과 토지수용의 권한을 행사할 수 있으나, 사업예산에 의한 경직성과 운영면에서 비능률이 크다. 이 제도는 정부기관에 의한 개발과 공사에 의한 개발방식 그리고 개발주체의 협동출자방식 등으로 분류된다. 이 중 협동출자방식은 관광지 개발계획의 주체로서 지방자치단체와 공공기관, 민간 등 복수의 기관이 개발 주체가 되어 각각 기능을 결합하여 종합적인 개발기능을 발휘하는 것이다. 예를 들면 산림 부서가 국유림을 개발하여 국영스키장을 개설하고, 시도에서 도로를 건설하고, 철도공사와 도로공사가 운송과 홍보를 담당하고 스키장의 리프트(lift), 숙박시설(lodge) 등 시설을 공동출자한 민간관광개발회사가 건설하고 운영하는 경우이다.

나. 민간주도형 및 주민주도형 개발방식

1) 유형

우리나라에서의 관광개발은 민간주도 방식이 주류를 이룬다. 일반적으로 민간주도형 개발은 위락시설, 숙박시설, 상점과 같은 상업시설 개발을 하는 것이다. 주민주도형도 거의 유사한 형태를 띠나 자본력이 약한 경우가 많아 주로 소규모 상업시설의 건립과 개발에 이용된다.

민간주도형 개발방식은 관광수요에 대처하여 관광시설의 건립 · 확장 · 운영의 측면에서 효율성이 뛰어난 장점을 지니고 있으나, 자연보호와 환경보존과 공공분야에 대한 투자는 등한시하는 단점도 있다. 또한 기업의 영리성만 추구하다 보면 지역주민의 혜택과 지역발전이라는 측면을 외면하여 지역사회와 마찰이 발생하는 경우도 있다.

따라서 최근에는 민간자본 주도의 개발시에도 주민이 계획입안에 참여하거나 일부 지역주민의 자본참여를 유도하여 이러한 문제를 해결하기도 한다. 즉 최근에는 관광개발에 계획 시부터 주민을 참여하게 하거나 직접투자를 가능하게 하여 기업과 지역의 조화에 의한 개발방식이 차츰 정착화되고 있다. 또한 지역주민의 창안과 자본투자에 의한 직접적인 주민주도형 개발도 크게 증가되는 추세이다.

민간주도의 경우 참여유형은 참여기업 수에 따라 단독이나 다수기업 참여 방식이 있다. 후자는 사업 규모가 커지고 다양한 노하우의 조달이 필요하여 컨소시엄 형태로 이루어지는 경우이다. 지역의 특정프로젝트의 수행을 위하여 다수의 당사자들이 컨소시엄에 참여하는 경우가 이에 해당한다. 민간개발시 과거에는 민간 단독의 사업추진이 많았으나 최근에는 다양한 공동참여 방식도 많이 나타나고 있다.

참여방식으로서 개발을 위해서는 토지를 매입하여야 하나, 토지 소유자가 공동 참여를 원하는 경우에는 토지가를 감정하여 이를 지분으로 인정하여 공동참여시키는 방안도 있을 수 있다. 기술참여나 현물이나 건설공사 참여 등도 가능하다. 부산 해운대 수족관의 경우에는 호주의 자본과 더불어 국내 S건설에서 시설 건설에 참여하여 이를 지분으로 인정받아 공동개발을 하였다.[1)]

표 14-2 민간주도형 개발의 유형

유형		내용	비고
형태	방식		
민간 주도형	1개 회사가 독자 개발하는 방식	관광지 조성사업과 같은 대규모 지방공공단체가 민영기업인 1개 회사와 계약을 체결하여 민간기업으로 하여금 집중적으로 개발토록 하는 방식임	
	다수기업 참여 개발하는 방식	여러 기업이 개발대상지역을 몇 개의 구간으로 나누거나 분야별로 분담하여 개발에 참여토록 하는 것임	
민간 주도시 지역 참여 정도	전적인 민간기업 주도	개발하는 민간이 전적으로 개발에 임함	과거의 방식
	지역주민과 이해 조정	관광개발지에 기업을 유치함에 있어서 항시 문제가 되는 것은 외래기업에 대한 현지주민의 반대와 마찰임. 이는 관광지개발에 따른 주민들의 생활환경과 자연환경이 파괴되는 경우가 발생되며, 주민들이 바라는 방향으로 개발이 되지 않는 경우도 있음. 따라서 지역주민의 의사를 관광지계획에서 반영토록 하고, 지역사회의 경제적 발전을 도모하고, 자연환경보전을 위한 관계법규의 보완과 제정이 요구됨	최근 급증
	지역 주민 개발 자본 참여	지역의 주민을 참여시켜 현지주민의 반대와 마찰을 극소화시키면서 부족한 자본이나 토지 등을 현지에서 조달하는 방법임	
지역 주도	지역주민 주도형 개발방식	지역의 행정단위, 번영회, 조합(농협, 수협), 어촌계, 지역관광협회 등이 중심이 되어 조합, 혹은 개발주체를 구성하여 지역 내 주민들이 소유한 토지에 숙박시설, 식당, 상점, 혹은 민박시설을 건설하는 방법임. 한편 전기 · 통신시설, 주차장, 상 · 하수도시설 등도 개발대상이 되며, 이러한 관광기반시설이 미흡한 지역에서는 시설개발시 지역주민의 소유자본의 영세성과 자금조달의 어려운 점을 들 수 있음. 여기에는 전적인 주민 주도, 일부 외지 민간자본의 참여, 지역공공기관의 참여 등 다양한 방법이 있을 수도 있음	〃

1) 최근에 성격이 틀린 업체들이 각각의 특징을 살려 공동으로 참여하려는 경우도 생겨나고 있다.

2) 사업비 조달 기법

최근에 민간기업이 스스로 자기자금을 투입하기도 하나 지정된 관광특구 등에서는 관광진흥개발기금법에 의하여 관광진흥기금을 보조 혹은 융자받아 투자 재원을 일부 조달할 수 있다. 최근 다양한 투자기법이 개발되고 있는 바 실제로 사업비의 조달을 위하여 쓰이는 기법은 아래와 같다.

– 리츠 방식

- 부동산 투자회사법에 의해 부동산 투자회사를 설립하여 부동산 투자회사의 자본금으로 개인으로부터 주식을 공모하여 조달한다. 이 자본금으로 지역의 개발투자 대상지를 매입하여 개발하게 되며 특히 주요 핵심(core) 시설 개발은 민간 지정개발업자에 의한 소규모 투자자들의 자본 공모를 통해 이루어질 수 있다.
- 부동산 투자회사법 상의 리츠 관련 내용은 다음과 같다.

표 14-3 리츠(Reits)의 형태

구 분	내 용	비고
설 립	국토교통부 장관 인가	
회사형태	실체있는 영속회사	
업 무	부동산 매입 · 관리 · 개발 · 처분	
자본금	500억 원 이상	
자금 모집	주식 발행	
투자 대상	모든 부동산	
구 성	총자산의 70% 이상 부동산에 투자	
개발사업	자기자본의 30% 이내 허용	
차 입	원칙적으로 금지하되 일정한 경우에만 허용	
업무위탁	내부 · 위탁관리	
수탁기관	부동산투자자문회사(건교부인가)—자본금 30억 원, 전문인력 5인	
배 당	주주에게 90% 이상 배당	
영속성 여부	일부 실체 있는 영속회사	
감 독	국토교통부 인가 · 감독	

자료: 국토교통부.

– 인터넷 자본 공모

- 개발업체에서 관광개발사업 시 소액투자가 모집에 적합하며 향후에 시설을 이용할 대상들에게 홍보를 미리 한다는 이점도 있다.

• 현재 영화산업 등에서 많이 응용되어 성공하고 있으며, 향후 문화사업 등에 광범위하게 응용될 것으로 보이며 관광사업에서도 이 방법의 활용이 예상된다.
• 투자 금액 : 주식을 배분하여 유통시킬 수도 있다.

– 회원권 분양

• 사업에 착수하면서 회원권을 분양하여 개발자금을 확보하고 건설 후 운영 · 관리한다. 시설의 30% 개발이 진척되면 법적으로 회원권 분양이 가능하다.
• 예 : 콘도, 골프장 등

– 사채발행

• 공공기반을 조성하기 위한 사업에 대하여 사업수행기관인 공사에서 지방채 등의 공채를 발행하는 것에 대하여 민간부분에서는 사채발행을 통한 자금조달도 가능하다. 이 경우 기업은 자기신용을 담보로 향후의 투자수익을 발생시켜 이를 통하여 원리금을 상환하게 된다. 다만 이러한 사채는 기업의 공신력이 높은 기업의 경우에 용이하며 영세한 기업의 경우에는 상당한 어려움이 따른다.

– 외자유치

• 특수시설인 수족관 등 해양테마시설, 해양치료시설, 호텔 등 숙박시설 등 자본의 부족과 기술의 부족이 있는 경우에는 적극적으로 외자를 유치하여 개발을 촉진할 수도 있다. 이때는 일정 규모의 이상인 경우에는 법률에 따라 외국인 투자촉진지역으로 지정하여 각종 조세 감면 등 인센티브 조치를 받도록 하는 것이 투자유치에 유리하다.

– 투자펀드 결성

• 사업이나 부문별로 투자펀드를 결성하여 자금을 유치토록 한다. 이때 투자 프로젝트별로 투자펀드를 결성하여 사업이 시행되도록 유도하는 것이 필요하다.

구분	리츠	부동산펀드	비고
공통점	일반투자자로부터 자금을 모아 투자운용한다는 점		
투자 방식	부동산투자회사법에 의한 부동산간접투자	자본시장과 금융투자법률에 의거, 일종의 수익증권	
대상	수익형 부동산, 개발사업	수익형 부동산, 개발사업 외에 부동산 개발, 법인 대출도 가능	
의사결정 참여	투자자가 자산운용에 미참여, 자산회사 의존	투자자가 의총에 참여하여 자산운용 결정에 참여	

– 특수사업자 모집 : 아래의 특수사업은 사업을 영위할 수 있는 자가 한정되어 있으므로 사업이 가능한 자를 개별접촉하여 투자 참여를 유도해야 한다.

• 해상호텔

• 선상 레스토랑

• 유람선업 등

3) 민간투자법에 의한 투자

민간자본활용의 개념은 정부 또는 지방자치단체가 사회간접자본시설의 확충, 지역경제 발전, 지역사회의 공공서비스 제공 등에 있어서 민간기업이나 주민의 다양한 참여를 유도하고 이들의 재원을 활용하는 것을 의미한다. 정부 및 지방자치단체의 공공서비스를 공급하기 위해 민간자본의 참여 및 경영기법의 도입으로 비효율적인 투자, 방만한 경영을 지양하고 양질의 서비스를 신속하고 효율적으로 공급할 수 있는 장점이 있다.

관광시설과 같은 사회간접자본시설의 경우도 공공서비스의 성격이 강하기 때문에 수익성이 없거나, 있다고 하더라도 충분한 수익성을 맞추기 어려운 경우가 많아 민간의 참여를 유도할 수 있는 적극적인 유인책과 지원이 필요하다.

이와 관련하여 우리나라의 '사회간접자본시설에 대한 민간투자법'에 의하면 사회간접자본시설에 대한 민간의 투자를 촉진하여 창의적이고 효율적인 사회간접자본시설의 확충 · 운영을 도모함으로써 국민경제의 발전에 이바지하도록 하고 있다. 사회간접자본시설이라 함은 각종 생산활동의 기반이 되는 시설, 당해 시설의 효용을 증진시키거나 이용자의 편의를 도모하는 공공시설 및 국민생활의 편익을 증진시키는 시설로서, 다음 각목의 하나에 해당하는 시설을 말하며 관광시설도 제2종시설에 포함된다.

① 제1종시설 : 도로 및 도로부속물, 철도, 도시철도, 항만시설, 공항시설, 다목적댐, 수도, 하수도 및 종말처리장, 하천부속물, 어항시설, 폐기물처리시설, 전기통신설비 등 12개 시설

② 제2종시설 : 전원설비, 가스공급시설, 집단에너지시설, 전산망, 유통단지, 물류시설 중 화물터미널 및 창고, 여객자동차터미널, 종합여객시설, 관광지 및 관광단지, 노외(路外)주차장, 도시공원, 폐수종말처리시설, 분뇨처리시설 및 축산폐수공공처리시설, 재활용시설, 생활체육시설, 청소년수련시설, 도서관, 박물관 및 미술관, 국제회의시설 등 19개 시설

위와 같이 관광과 관련되는 시설은 관광지 및 관광단지시설 외에도 박물관, 체육시설 등으로서 이들은 주로 제2종시설로 분류되어 민자유치가 가능하다. 이 경우 이 법에 입각하여 각종 혜택의 부여가 가능해진다.

4) 민자조달에 의한 공공사업 시행

과거에 민자유치에 의한 사업비 조달과 건설(Build), 시설운영권(Operate), 소유(Own)의 방식에 따라 다음과 같이 나뉘었다.

- BOO(Build-Own-Operate) 방식 : 사회간접자본시설의 준공과 동시에 사업시행자에게 당해시설의 소유권을 인정, 높은 수익성 시설
- BTO(Build-Transfer-Operate) 방식 : 시설의 준공과 동시에 당해시설의 소유권이 국가 또는 지방자치 단체에 귀속되며, 사업시행자에게 일정기간의 시설관리운영권을 인정, 약간의 수익성 시설
- BOT(Build-Own-Transfer) 방식 : 시설 준공 후 일정기간 동안 사업시행자에게 당해시설의 소유권이 인정되며, 그 기간 만료 시 시설소유권이 국가, 지방자치단체에 귀속, 공공성은 높으나 비수익성 시설

과거에는 공공예산이 부족하여 재원이 부족한 공공사업의 경우, 민자를 유치하여 시설을 건설(Build)하고 국가에 소유권을 넘기고(Transfer) 민간이 이를 운영하여(Operate) 사업비를 회수하는 방식(BTO)이 많았다. 사업의 경제성이 없으면 이러한 민자 사업을 시행하기가 어려웠다. 그러나 공공성이 강한 사업의 경우 경제성이 떨어져도 민자를 유치할 수 있는 사업 방식이 2005년부터 도입되었다. 이것이 소위 최근에 정부에서 시행 중인 BTL(Build-Transfer-Lease) 방식이다. 이것이 민간이 시설을 짓고 정부가 이를 임대해서 쓰는 민간투자 방식으로서 그 내용은 다음과 같다.

- 민간이 자금을 투자해 공공시설을 건설(Build)한다
- 민간은 시설완공시점에서 소유권을 정부에 이전(Transfer)하는 대신 일정기간동안 시설의 사용 · 수익권한을 획득하게 된다.
- 민간은 시설을 정부에 임대(Lease)하고 그 임대료를 받아 시설투자비를 회수한다.

이러한 BTL사업은 다른 민간투자방식에 비해 이런 점에서 구별된다.

- 민간이 건설한 시설은 정부소유로 이전(기부채납)된다. ⇒ 자기가 건설 (Build)한 후 민간이 시설소유권을 갖는 BOO(Build-Own-Operate) 방식과 구별된다.
- 정부가 직접 시설임대료를 지급해 민간의 투자자금을 회수시켜 준다. ⇒ 자기가 건설 후 시민들에게 시설이용료를 징수해서 투자자금을 회수하는 BTO(Build-Transfer-Operate)방식과 구별된다.
- 정부가 적정수익률을 반영하여 임대료를 산정 · 지급하게 되므로 사전에 목표수익률 실현을 보장한다. ⇒ 시민들로부터의 이용료 수입이 부족할 경우 정부재정에서 보조금을 지급(운영수입 보장)해 사후적으로 수입을 실현하는 BTO방식과 구별된다.

표 14-4 BTO/BTL 방식 비교

추진방식	Build-Transfer-Operate	Build-Transfer-Lease
① 대상시설 성격	- 최종 수요자에게 사용료 부과로 투자비 회수가 가능한 시설	- 최종 수요자에게 사용료 부과로 투자비 회수가 어려운 시설
② 투자비 회수	- 최종 사용자의 사용료	- 정부의 시설임대료 지급
③ 사업리스크	- 민간이 수요위험 부담	- 민간의 수요위험 배제

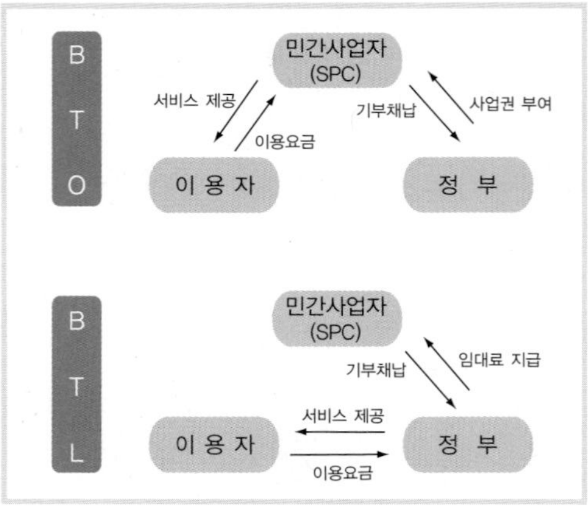

이 방식에 의한 대상 사업은 다음과 같다. 정부가 국민에게 기초적 서비스 제공을 위해 의무적으로 건설 · 운영해야 하는 국 · 공립시설이 우선 대상이 된다. 일반시민에 대해 시설이용료 부과가 어렵거나, 시설이용료 수입으로는 민간투자비 회수가 어려운 시설이 대상이 된다. 시설이용료 수입으로 투자비 회수가 가능한 시설은 BTO사업 방식으로 추진된다.

즉 BTL산업대상은 사업편익이 크고, 시설의 조기확충이 시급하나 투자가 더디게 이뤄지고 있는 시설이어야 한다.

이 방식으로 정부가 제시한 대상 사업 중에는 관광 등과 유사하거나 관련되는 박물관, 미술관, 과학관, 청소년 수련시설, 문화시설 등이 가능하다. 이 경우의 민간 참여 체계는 다음과 같다.

- 정부가 민간투자를 유치할 시설을 선정하고 사업기본계획을 만들어 민간사업자를 모집한다.
- 민간사업자는 특정시설을 건설 · 운영하는 것을 목적으로 하는 프로젝트회사 (SPC: Special Purpose Company)를 설립해 사업에 참여한다.

• 사업자로 선정된 SPC가 자기책임 하에 '설계-자금조달-건설-운영(유지보수)'기능을 담당하게 된다.

정부는 약정기간 동안 시설을 임차해 사용하면서 SPC에게 임대료를 지급해서 시설투자비와 운영비를 보전해 주게 된다. 이 경우 단위사업은 건설 · 운영상 규모의 경제가 실현될 수 있도록 적정규모 (예시: 총사업비 500억 원 수준)로 설정된다. 소규모시설들은 지리적 접근성, 주무관청의 관할 범위 등을 감안해 1개의 사업으로 묶인다.

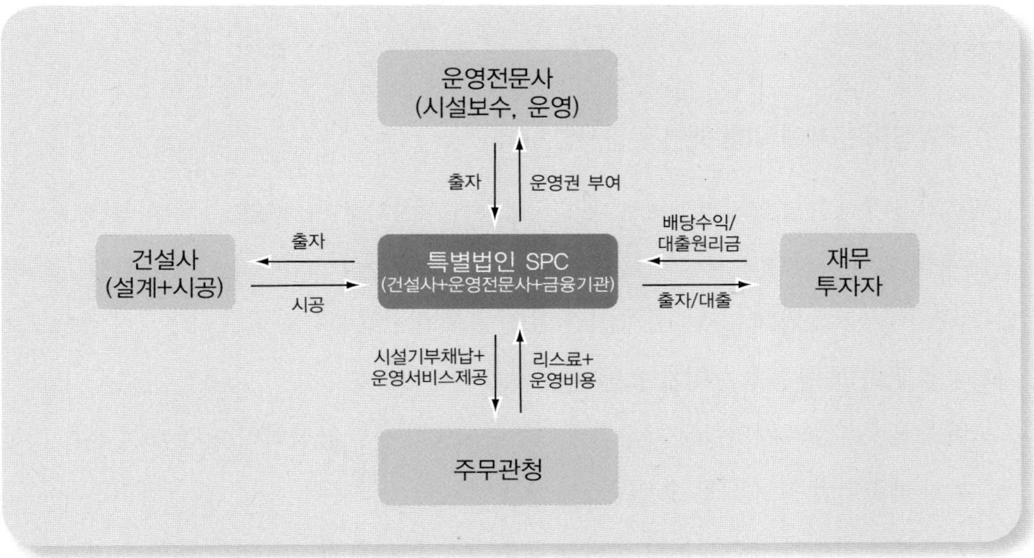

〈그림 14-1〉 BTL의 사업 방식

특히 이 사업에서는 대개 복합화 방식으로 시설이 개발된다. 기능적으로 연관되는 시설들을 동시 입주시켜 활용하는 복합시설 형태로 개발된다.

(예시) 학교시설의 경우 학교부지 내 교사, 체육관, 공연장, 주차장 등이 동시에 입주하는 복합시설로 개발

(예시) 지역교육청, 시 · 군 · 구 공동으로 학교와 문화 · 복지시설이 동시 입주하는 시설물 건설

2. 해양관광 관련 문제점 및 법제도

가. 일반적인 문제점

연안에서 각종 해양관광 시설을 개발할 경우에는 기본적으로 육상에서 생기는 문제점 외에도 해역관련 법률이나 제도에 의하여 상당히 특수한 문제들이 많이 발생할 수 있다. 여기에서는 먼저 문제점들이 무엇인지 살펴보고 아울러 개발 시 고려해야 할 법률 등을 살펴보고자 한다.

1) 국방상의 문제에 의한 해변 관광사업 규제

해변의 경우에는 취약지역으로서 대개 국방관련 시설의 배치가 많아 군사시설 보호구역으로 묶여 있어 해양관광 시설의 설치 시 대개 지역부대장의 승인을 받아야 가능한 경우가 많다(군사시설보호법 제10조). 현재 야간 영업 규제, 야간입출항 불허로 사업성이 낮으므로 야간항해 완화 등 융통성 부여가 요망된다.

- 현재 해수욕장의 사업장은 개장기에 관할부대장의 승인을 득하여 야간 10시 혹은 12시까지 제한적인 영업을 할 수 있음.
- 유도선의 경우에는 야간운항 장비를 갖춘 경우를 제외하고는 대개 일몰 후 30분에서 일출 30분 전까지는 운항이 어려움.

또한 해안에 쳐 놓은 철책선, 경비 방주 등으로 인해 해안선의 미관을 해쳐 이를 완화하기 위한 보완책 마련이 필요한데 이를 위해서는 미관 철책으로 대체하거나, CCTV 혹은 감시 로봇 등의 도입으로 변화시키고 있다.

2) 수산어업권 등 타 기득권과의 상충문제

연안에서의 각종 개발사업에는 이해 당사자들의 동의가 사업 시행전 이루어져야 하나 이것이 어려운 경우 사업은 난관에 봉착하게 된다. 특히 연안 개발 시 마을어업권 소지자나 양식업자들의 동의가 필요한데 동의가 이루어지지 못할 경우 개발을 둘러싸고 많은 갈등이 촉발되고 있다.[2)] 수상레저업 등 해양스포츠 사업, 해변관광단지 개발 등을 위해 공유수면 점사용[3)] 등을 할 경우에도 이러한 문제 때문에 어업인들의 협조를 얻기가 상당히 어려운 편이다. 이러한 경우 사업자는 어업인 혹은 지역민에게 이익이 돌아가도록 상호 공존하는 방안 마련이 필요하다.

3) 각종 보호구역에 의한 개발 제약

가) 수산자원보호구역 지정

「국토의 관리이용에 관한 법률」(제40조)에서 보호구역으로 분류되고 있는 수산자원보호구역 내에서는 국가에서 수산자원의 보호를 위하여 필요하다고 인정하는 시설 이외에는 관광 등 일반적인 시설의 설치는 금지되어 동 보호지구 내에서는 관광개발 사업이 원천적으로 불가능하다.

2017년 말 전남(1,510.072km^2), 경남(1,207.732km^2), 충남 천수만(145.377km^2) 등 총 2,863.181km^2(해상2,495km^2)로서 남해안 지역에 집중되나 2010년 말에 육상지역의 70.3%인 875km^{2}가 해제되는 등 일부 구역 조정이 이루어졌고, 정책적 규제완화도 있었다.[4)]

나) 해상국립공원 내에서의 행위 및 이용·개발 등

해안 · 해상국립공원에서는 보존과 이용의 완충지대인 자연환경지구의 비율이 전체 공원구역의 93%에 달한다. 또한 해상의 경우 모두 자연환경지구로 지정되어 각종 해역 이용 · 개발 행위에 제약이 많이 따른다(지정 현황은 제12장의 해상국립공원 참고).

---

2) 공유수면관리법 제7조 1, 공유수면매립법 제11조1항에 의한 이해당사자 동의 항목 이행시

3) 공유수면 점사용은 공유수면 위에 공작물을 설치하여 이용하는 수면 점용 · 사용 등 행위

4) 경기일보, 2017.8.1. 2017년 8월부터 경관이 수려한 연안에서 「동 · 서 · 남해안 및 내륙권 발전 개발촉진법」에 의거, 각종 규제가 완화되는 '해양관광진흥지구'로 지정돼 수산자원보호구역과 겹치더라도 음식점이나 야외공연장 등을 유치할 수 있다. 우선 해양관광진흥지구는 해안선에서 1㎞ 이내 지역으로 제한되고, 난개발을 막기 위해 지구 면적은 10만㎡ 이상, 민간투자 규모는 200억원 이상이 되도록 하한이 정해졌다. 지구 내에 수산자원보호구역이 포함돼 있더라도 마리나, 수상레저시설, 야외공연장, 음식점 등 집객시설이 들어설 수 있다. 수산자원보호구역의 숙박시설 높이 제한은 21m에서 40m로 높아지고, 건폐율과 용적률의 최고 한도도 계획관리지역 수준인 40%와 100%로 각각 완화된다.

다) 기타 보전지구에 따른 제약 요인들

앞에서 언급된 수산자원보전지구, 국립공원 이외에도 문화재보호구역(문화재보호법), 습지보호구역(습지보전법), 해양생태계 보전지구(해양생태계보전법) 등 다양한 보전지구의 설정으로 개발 행위에 제약을 받게 된다. 습지보호지구로 무안, 진도, 순천, 옹진 등에 지정되어 향후 지정된 지구에서의 개발 제약이 예상되고, 문화재보호법에 의하여 각종 철새 등 생물 서식지, 유적지 등이 지정되어 그 인근 500m 주변지역까지 개발 시 상당한 규제를 받게 된다.

라) 연안관리계획 등의 규제

최근에는 연안관리법에 따라 지역 연안관리계획이 수립되고 있어 이에 따라 연안지역은 4개 지역으로 구분 · 관리되며, 이 중 보전지역으로 지정될 경우 관광 개발이 어렵게 된다.

4) 기타 제반 문제점들

가) 해양기상 정보의 융통성 부여

현재 우리나라는 광역예보체계를 취하고 있어 광역해역예보로 인해 정온한 만 등 연안 정온수역까지 선박운항 금지가 이루어져 가항일수가 줄어든다. 향후 해역 기상예보 구역의 세분화가 필요하다. 이와 같은 선박운항 제약으로 해역에의 교통접근성이 크게 떨어지고 관련 비즈니스의 수익성도 크게 떨어진다. 예를 들어 우리나라 잠수관광선의 가항일수는 220~250일/년이나, 국지 기후 발령이 이루어지면 가항일수가 많게는 약 300일/년 전후로 늘어나 연중 2개월여(60여 일)의 영업기간 증대효과가 있는 경우도 있다.

따라서 앞으로 각종 유람선, 관광잠수정 등의 취항을 고려하여 광역기상정보를 지역별로 보다 세분화시킨 연안국지예보로의 전환이 요망된다.

나) 연안 양식장 등의 밀집

해양공간을 둘러싸고 허가면적 외로 시설된 불법 수산양식장의 확산으로 모터보트 등 유선을 이용한 해양 레저활동에 상당한 제약과 상호갈등이 증대되는 경우도 많이 나타나고 있다. 일본과 같이 향후 해상공간이용 상충에 따른 해역이용 조정시스템의 도입이 이루어져 레저활동과 어업간의 분쟁이 미연에 방지되도록 해야 하고 불법양식장의 제거 등으로 관광레저 항로가 확보되게 하여야 한다.

나. 주요 업종별 문제점

1) 요트업(수상레저업)

「마리나항만의 조성 및 관리에 관한 법」이 2009년 신설되어 그동안 계획에 의거, 요트업을 위한 마리나 등의 기본시설이 많이 개선되어 오고 있다. 그러나 아직 국내에 이런 시설이 부족하여 어항 등이 이용되나 어업인들의 사용 반대로 마찰이 크게 증대되고 있다. 일본의 피셔리나와 같이 어업인들과 레저객들이 공동으로 이용 가능한 레저 어항을 많이 개발할 필요가 있다. 또한 증가하는 마리나 수요에 따라 국가나 지자체의 마리나 건설 촉진이 요망되고 개발 지원 강화, 마리나 30% 건설 시 회원권 분양이 가능토록 개선이 요망된다.

2) 해수욕장

「해수욕장 이용 및 관리에 의한 법」이 2014년 제정되어 관리의 개선이 상당히 이루어져 왔으나 아직도 수질관리, 침식 문제, 해수욕장 배후의 송림, 사구 등의 훼손이 심하게 발생하고 있다. 해수욕장의 쓰레기 처리, 난개발 완화가 필요하고, 수상안전 등을 전담할 경찰 및 전문인력의 보강 대책이 요망된다.

3) 레저다이빙

어장 이용시 어업인들과의 마찰이 심하고 잠수훈련을 위한 전용수역이 없으며, 전용 훈련시설도 부족하여 관련 시스템의 도입이 필요하다.

- 해중의 경관을 즐길 수 있도록 레저잠수훈련시설, 해중전망시설, 반잠수정 등의 조성
- 어업인과 상호 협약에 의한 레저공간 확보 촉진 필요
- 잠수객 이동시 낚시어선 이용이 불법화되고 있어 합법적인 어선 이용 방안 마련

4) 낚시어선(바다낚시)

납, 떡밥 등의 무단투기로 어장환경의 문제가 심각하고 낚시어선의 안전 수칙 무시 등으로 안전사고가 빈발하고 있다. 낚시객에 의한 자원고갈도 문제가 되는 등 이러한 제반 문제의 해결을 위하여 낚시 면허제의 제도화가 거론되고 있다. 「낚시어선법」에 의해 등록된 어선을 이용할 경우 화장실, 좌대 등 편의시설, 안전장치의 보강, 안전 수칙 준수 강화도 요망되며 낚시 전용선의 건립도 필요하다.

5) 해상레저 시설(건축)물

육상 시설물로서 토지 위에 시설을 할 경우에만 「건축법」에 의거하여 등기가 가능하여 각종 재산권 행사를 할 수 있다. 그러나 해상호텔 등은 토지 위가 아닌 수면 상의 시설로서 관련 근거법이 없어 건축물로서 등기가 어려워, 사업 인허가, 담보대출 등 사업 시 상당한 난항을 겪는 경우가 발생하였다. 따라서 이를 반영할 수 있는 「건축법」 개정이나 별도의 해양건축법 제정 등 법제도 개선이 요망된다.

3 개발을 위한 관련 법제도 검토

연안지역에 해양관광 시설을 설치하거나 개발하는 경우에는 법률적으로 다양한 문제들이 검토되어야 한다. 이하에서는 개발 시 관련되는 기본적인 내용을 중심으로 살펴보고자 한다.

가. 계획지역 용도 검토

개발지의 토지용도에 관하여 관광개발이 가능한지를 검토할 필요가 있다. 이와 관련하여 가장 중요한 법률은 「국토의 계획 및 이용에 관한 법률」이며 이 법에 의해 일반도시지역의 경우 개발진흥지구 등에 관광 · 휴양시설의 설치가 가능하다. 또한 「도시공원및녹지에관한

법」에 의하여 공원구역에 운동 · 위락시설 설치가 가능하다. 아울러 과거에 준농림지로서 모텔 등 각종 관광시설이 난립하였던 지역도 현재는 계획관리구역으로 지정된 지역에 한하여 계획에 의한 관광 · 유흥시설 개발이 가능하게 되었다.

아울러 「관광진흥법」에 의하여 관광(단)지로 지정되어야 체계적 관광시설 개발이 가능하게 된다. 이 경우에는 관광지 지정, 시설계획 수립, 환경영향 평가 등의 절차를 거쳐야 한다.

해역인 경우에는 「항만법」이나 「어촌어항법」 상에 항만(어항) 구역 내에서 레저공간 관련시설 구역으로 지정되어 있어야 한다. 항만이나 어항 이외의 해역에서는 「연안관리법」 상 보전 구역 이외의 구역이어야 개발이용이 가능케 된다.

나. 관광지 지정 검토

지정 관광지는 「관광진흥법」 상 자연적 또는 문화적 관광자원을 갖추고 있어 관광 및 휴양에 적합한 지역으로서 이 법의 규정에 의하여 지정된 곳을 말한다. 관광지 또는 관광단지를 관할하는 도지사는 조성계획을 작성하여 문화관광부장관의 승인을 얻어야 한다. 따라서 이와 같은 절차를 거쳐 조성계획의 승인을 받아 시행자를 지정하여 체계적인 개발계획을 실행에 옮길 수 있다.

그러나 어느 지역이 관광지 지정을 받기 어려울 경우에는 사업부분별로 차례로 개발승인을 취득한 뒤 어느 일정규모 이상의 관광개발이 이루어져 당해 지역이 단지화가 된 상태에서 관광지로 지정을 받는 경우도 있다.

- 개별법에 의한 사업승인을 취득한 후에 일괄적으로 관광지로 지정을 받는 경우: 홍천의 국민관광지, 수원의 원천국민관광지 등
- 「관광진흥법」 규정에 의한 관광지 지정을 받는 경우: 중문,감포 등 처음부터 관광지 지정을 하여 조성하는 각종 관광단지 등

「관광진흥법」에 의한 관광지 지정이 되면 문화관광부장관은 관광에 관한 사업을 하는 지방자치단체, 관광사업자단체 또는 관광사업자에게 대통령령이 정하는 바에 의하여 보조금을 지급할 수 있도록 규정도 하고 있다(관광진흥법 제53조 제1항).

다. 유치가능 시설 검토

「관광진흥법」 규정에 의한 시설 종류는 [표 14-5]와 같으며, 주로 공공편익시설, 숙박시설, 상가시설, 운동 · 오락시설, 휴양 · 문화시설 등으로 구분하고 있다. 해양분야 중에서는 이 법에 의거 해 수상관광호텔법, 관광유람선업 등의 인허가가 가능하다.

표 14-5 관광진흥법 상의 관광 사업체계

업종	사업 종류	세부 사업 종류	비고
여행업	일반여행업, 국외여행업, 국내여행업		
관광숙박업	호텔업	관광호텔업, 수상관광호텔업, 한국전통호텔업, 가족호텔업, 소형호텔업, 의료관광호텔업	
	휴양콘도미니엄		
관광객 이용시설업	전문휴양업, 종합휴양업, 야영장업(일반야영장업, 자동차야영장업), 관광유람선업(일반관광유람선업, 크루즈업), 관광공연장업, 외국인관광 도시민박업		
국제회의업	국제회의 시설업, 국제회의 기획업		
카지노업			
유원시설업	종합유원시설업, 일반유원시설업, 기타유원시설업		
관광편의시설업	관광진흥음식점업, 관광극장유흥업, 외국인전용 유흥음식점업, 관광식당업, 관광순환버스업, 관광사진업, 여객자동차터미널업, 관광펜션업, 관광궤도업, 한옥체험업, 관광면세업		

「도시공원및녹지에관한법」에 의한 도시공원구역에서는 화단 · 분수 · 조각 등 조경시설, 휴게소 · 장의자 등 휴양시설, 그네 · 미끄럼틀 · 사장 등 유희시설, 정구장 · 수영장 · 궁도장 등 운동시설, 식물원 · 동물원 · 수족관 · 박물관 · 야외음악당 등 교양시설, 기타 공원관리시설 등이 개발될 수 있다.

또한 「체육시설설치및이용에관한법률」에서는 체육시설의 신고 및 등록에 관한 규정이 있는 바, 요트장(마리나), 카누장, 오토캠핑장 등의 시설 사업은 이 법에 의거하여 등록하거나 신고하여 사업추진을 할 수 있다.

육상 시설물로서 토지 위에 시설을 할 경우 건폐율, 용적률 등이 「국토의 이용및관리에 관한법」에 의거하여 용도 지구별로 규제를 받게 되고 허가, 등기 등은 「건축법」에 의거하여 이루어지게 된다. 그러나 앞에서 언급된 대로 해상호텔 등은 수면 상의 시설로서 「건축법」에 의거한 건축 허가, 등기 등을 할 수 없어 해양관광관련법 등 별도의 법제 규정 정비가 요망된다.

표 14-6 관광시설 중 관광지 지정 및 비지정에 의한 설치가능 여부

시설지구	제안시설	관광지 지정에 의한 관광진흥법상 설치가능여부	관광지 미지정시 관광진흥법상 설치가능여부	관광지 미지정으로 인한 개별법에 의한 사업승인시 적용가능한 법
숙박시설	관광호텔	○	○	관광진흥법
	리조트호텔	○	○	〃
	유스호스텔	○	×	〃 청소년기본법
	콘도미니엄	○	○	관광진흥법
	관광마을	○	○	〃
운동·오락시설	수상스포츠시설	○	○	〃
	실내물놀이시설	○	○	〃
	골프퍼팅장	○	×	체육시설설치 및 이용에 관한 법
	골프훈련장	○	×	〃
	대형관람석	○	○	관광진흥법
	야외공연장	○	○	〃
	승마장	○	×	체육시설설치 및 이용에 관한 법
	요트장(마리나)	○	×	〃
	가족위락시설	○	○	관광진흥법
	물새관찰시설	○	○	〃
휴양·문화시설	해양박물관	○	○	〃
	수족관	○	○	〃
	유람선시설	○	×	유선 및 도선사업법
	휴양시설	○	○	관광진흥법
	온천장	○	×	온천법

라. 토지수용 및 환경영향평가 검토

「관광진흥법」 상 조성계획의 승인을 얻으면 「토지수용법」에 의한 사업 인정을 받은 것으로 의제규정을 두고 있다. 「관광진흥법」 상의 토지수용의 내용을 보면 「관광진흥법」 상 사업시행자(한국관광공사 등)는 관광지 조성사업 시행시 필요한 토지와 법에 명시된 물건 또는 권리를 수용 또는 사용할 수 있도록 하고 있다.

한편 관광진흥법상 관광지등(관광단지 포함)의 조성사업 중 면적이 10만 m^2(약 3만 평) 이상인 것은 환경영향평가를 받도록 하고 있다.

마. 자본유치 관련 법제도

1) 외국인투자촉진법

「외국인투자촉진법」에서는 다음의 조건에 부합되는 지역이면 외국인 투자지역으로 지정할 수 있도록 규정하고 있다.

- 외국인 투자비율이 100분의 50 이상인 외국인 투자기업으로서 신규 상시 고용인원이 1,000명 이상인 경우
- 외국인 투자는 투자금액이 미화 5,000만 달러 이상인 경우
- 기존 개발완료된 국가산업단지 또는 지방산업단지의 일부 또는 전부를 외국인 투자지역으로 지정할 시 투자금액이 3,000만 달러 이상이고 신규의 상시 고용규모가 300명 이상인 경우
- 관광진흥법시행령에 의한 관광호텔업의 경우 외국인 투자 금액이 2,000만 달러 이상
- 관광진흥법시행령에 의한 종합휴양업으로서 제주도는 기획재정부령이 정하는 지역 내로서 5,000만 달러 이상 투자가 가능한 지역 등

외국인 투자지역으로 지정되면 다음과 같은 조세감면, 국공유재산임대 매각 조건 완화, 민원처리 간소화 등의 지원혜택이 있으며, 기타 자세한 사항은 「외국인투자유치법」을 참조하기 바란다.

- 법인세, 소득세, 취득세, 등록세, 재산세, 종합토지세의 감면 규정
- 관세, 특별소비세, 부가가치세의 면제 규정
- 임대시 : 50년까지 가능토록 규정하고 있음
- 매각시 : 연기 또는 분할납부 가능

2) 사회기반시설에 대한 민간투자법

본 법에서는 사회간접자본시설로서 각종 생활활동의 기반이 되는 시설 및 당해 시설의 효용을 증진시키거나 이용자의 편의를 도모하는 시설과 국민생활의 편익을 증진시키는 시설로 정의하고 있다(법 제2조의 1). 최근에는 「관광진흥법」 상의 관광지와 관광단지의 시설

도 제2종 사회간접자본시설로 규정하여(법 제2조의 1) 토지, 물건, 권리의 수용이 가능하며 민간투자시 각종 혜택을 부여하고 있다.

바. 기타 관련시설에 대한 법규

1) 해운업법, 유선및도선에관한법(일명 유도선법) : 여객선, 도선, 관광유람선 운항 노선 인가

「해운업법」, 「유선및도선에관한법」 등 관계 규정에 의거 여객선, 도선, 유선 등 관련 운항허가 취득이 가능하다.

- 「해운업법」 : 해상여객운송업 규정(제3조 1~4항)에 의거 13인 이상 정원의 선박으로 국내외 여객운송 사업이 가능하고 순항여객운송사업(동법 제4조 4항)에 의거 크루즈 등 관광여객운송사업 가능
- 「유도선법」 : 해운업법의 적용을 받지 않는 선박 대여 및 여객 승선(유선)이나 사람과 물건을 운송하는 사업(도선업)

2) 군사시설보호법

군사보호구역 안에서의 주택 기타 구조물의 신축 또는 증축, 토지의 개간 또는 지형의 변경 등의 일정한 사항에 대하여 관할부대장 등과 협의를 하도록 하고 있다. 대통령이 정하는 일정한 보호구역 내 공유수면매립법에 의한 공유수면매립지, 기타 작전에 미치는 영향이 경미하면서 지역사회발전 및 주민편익을 도모할 수 있는 지역에서는 관할행정기관의 장에게 위탁할 수 있도록 규정하고 있다.

3) 공유수면매립 및 관리에 관한 법률

공유수면에 관한 기본규정이자 일반규정으로 '공유수면 관리 규정'이란 공유수면법 제2장(공유수면의 관리 등)에 관한 규정, 그리고 '공유수면 매립 규정'이란 공유수면법 제3장(공유수면의 매립)에 관한 규정으로 구성되고 이에 따른 '업무처리규정'을 두고 있다.

먼저 관리 규정에서는 해상 잔교의 설치, 선상 호텔 및 레스토랑, 부잔교, 해수풀장, 마리나 개발 등 공유수면의 개발을 해야 하는 경우 동법 제8조에 의해 점용 · 사용허가를 받아

야 한다. 이를 위하여 협의 또는 승인하는 경우 공유수면 관리 규정이 정하는 권리자가 있으면 권리자의 동의를 사전에 받아야 한다. 따라서 위에서 언급한 여러 해양관광 개발들의 경우에도 이러한 사전 동의가 필요하다. 특히 공유수면 관리 규정에 의하여 공유수면에 인공구조물을 설치하거나 점용 · 사용하는 경우에는 공히 공유수면 상태를 유지하여야 되고 원상회복이 전제된다.

공유수면 매립에 관한 규정은 공유수면의 매립이 수반되는 해양관광지의 조성 등의 경우 동법 제28조에 의거, 해양수산부 장관의 매립 면허를 받아야 한다. 도시계획구역 안이나 지정항만구역 내의 공유수면 매립은 정부 투자기관이 매립하도록 하고 있다. 또한 공유수면 매립공사를 위한 어업인 등 권리자의 동의 및 매립절차 등도 이 규정에 따른다.

4) 지방공기업법: 지역 내 전담 관광사업단 기구 설치

이 법에 의거 필요시 지방관광공사를 조직하여 사업수행이 가능하다. 최근 경기도 등 여러 지자체의 경우 관광개발 등을 수행하는 지방개발공사(혹은 지방관광공사) 등의 새로운 조직을 구성하여 운영 중이다.

5) 항만법/어항법

항만구역 내에서 항만법에 의거, 다음의 각종 친수시설의 설치가 가능하다. 그러나 선박 등을 이용한 해상레스토랑 등의 시설 설치시 항만(혹은 어항) 관리청과의 협의가 요구된다.

○ 항만친수시설

(1) 낚시터 · 유람선 · 낚시어선 · 모터보트 · 요트 및 윈드서핑 등의 수용을 위한 해양레저용 기반시설

(2) 해양박물관 · 어촌민속관 · 해양유적지 · 공연장 · 학습장 · 갯벌 체험 장 등 해양문화 · 교육시설

(3) 해양전망대 · 산책로 · 해안녹지 · 조경시설 등 해양공원시설

(4) 인공해변 · 인공습지 등 준설토를 재활용하여 조성한 인공시설

어항친수시설도 어촌어항법에 항만법과 유사한 어항친수시설, 어촌문화관광시설 등에 관한 규정들이 있어 이들의 개발이 가능토록 하고 있다.

6) 환경정책기본법 : 청소료 등의 수수료 부과

동법(구 환경보전법) 제7조에서 자기의 행위 또는 사업활동으로 인하여 환경오염 또는 환경훼손의 원인을 야기한 자는 그 오염 · 훼손된 환경을 회복 · 복원할 책임을 지며, 환경오염 또는 환경훼손으로 인한 피해의 구제에 소요되는 비용을 부담함을 원칙으로 하고 있다. 이를 이용하여 해수욕장, 갯벌이나 어촌 생태지역 등에서 환경처리 비용에 준하는 수수료를 징수할 수도 있을 것이다.

7) 지역특화 발전 특구에 대한 규제 특례법

2004년에 제정된 이 법에 의해 지정된 구역에서는 국립공원, 수산자원 보호구역 등 각종 규제사항의 의제처리가 가능케 되어 관광사업 개발의 촉진이 기대되고 있다. 실제로 지역별로 관광, 교육, 산업 등 각종 특구가 지정되어 개발이 추진되고 있다.

8) 기업도시개발특별법

2006년 2월에 제정된 이 법에 의해 대규모의 관광기업도시 개발이 가능해지게 되었고, 실제로 이 법에 의해 몇몇 기업도시의 개발이 추진되고 있다. 특히 해남 · 영암의 서남해안관광레저기업도서(일명: J-project), 무주, 태안 등 3개의 관광형 기업도시가 추진되고 있다.

사. 기타

현행의 법률에는 항만이나 어항구역 밖의 마리나 시설 개발, 해중경관지구의 개발과 보전에 관한 부분, 해상호텔 등 해양건축물의 등록제도 수립, 관광잠수를 위한 해역 설정 등 새로운 해양관광 수요 증대에 대비한 관련 법규들의 보강이 요망된다.

4 해양관광 정책 추진체계

가. 전체 체계

일반적인 관광 · 체육업무는 정부조직법상 문화관광부가 주무부처이다. 그러나 문화관광부는 관광의 기본 방향을 제시하고 관광개발과 진흥시키는 정책을 추진하고, 실질적인 해양관광 업무는 주로 해양수산부가 담당하고 있다. 해양수산부는 해양수산발전기본법에 과 낚시관리법, 해수욕장관리법, 마리나항만 조성 및 관리에 관한 법, 해운법(크루즈업 등), 항만법(항만친수공원 등), 어촌어항법(어항친수공원 등) 등에 근거하여 해양관광 육성을 지원하고 있으며, 해양경찰청이 수상레저안전법에 의거하여 해양레저스포츠의 안전관리를 담당하고 있다.

표 14-7 주요 부처별 해양관광 관련 업무

구분	기능	관련법률
문화관광부	• 해양레포츠를 포함한 체육 육성 전반의 주무부처 – 국민체육진흥에 관한 기본시책 수립 · 시행	• 관광진흥법 – 관광지 지정 및 개발 – 관광시설 인허가 등 • 국민체육진흥법 – 국민체육진흥에 관한 기본시책을 수립 · 시행, 국민체육진흥기금의 설치 · 운영 • 체육시설의 설치 및 이용에관한 법률 – 체육시설의 적정설치를 국가 · 지자체의 책무로 규정
해양수산부	• 해양관광육성의 일환으로 해양레포츠 활성화 추진	• 해양수산발전기본법 – 해양에서의 관광활동, 레저 · 스포츠 진흥을 위한 필요시책 마련 · 시행을 위한 정부의 책무 규정 (선언적 의미로 이해됨) • 항만법 – 요트 등의 수용을 위한 레저시설을 항만시설 중 항만친수시설로 규정 • 어촌어항법 – 어항친수시설 설치 규정 – 모터보트 · 요트 등의 수용을 위한 레저용 기반시설을 어항시설 중 관광 · 레저시설로 규정 • 유선및도선에 관한법, 낚시관리 및 육성법, 해수욕장이용관리법, 마리나항만조성 및 관리에 관한 법 등 운용

해양경찰청	• 수상레저 전반에 대한 안전관리	• 수상레저안전법 – 동력수상레저기구(최대출력 5마력 이상)에 대한 조정면허 취득, 수상레저 안전준수 – 수상레저사업자 등록, 사업자의 보험가입, 안전검사 의무를 규정

자료: 필자 정리.

이를 업무별로 나누어 보면 다음과 재분류될 수 있다.

표 14-8 해양관광 업무와 소관 부서(처)

추진방안	주관부서	협조부서
해양관광 정보관리시스템 구축	해양정책실(해양레저관광과)	
해양레저 · 스포츠 활성화	해양정책실(해양레저관광과)	항만정책국(항만정책과)
갯벌 생태체험관광	해양환경정책관실(해양보전과), 어촌양식정책관(어촌어항과)	
해수욕장 환경개선	해양정책실(연안계획과)	
연안친수공간 확충	해양정책실(연안계획과)	
어촌 · 어항관광 활성화	어촌양식정책관(어촌어항과)	
등대시설의 관광명소화	해사안전국(항로표지과)	
항만구역내 친수공간 확충	항만국(항만정책과)	해운물류국(물류기획과)
섬 관광 활성화	유인도: 행자부, 무인도: 해양정책실(해양영토과)	특정도서: 환경부
크루즈관광 활성화	해양정책실(해양레저관광과)	해운물류국(해운정책과), 항만국(항만정책과)
해양관광 중장기계획 수립	해양정책실(해양레저관광과)	
해양국립공원	환경부	
해양레저기구 개발	산업자원부	해양수산부
마리나항만 개발 및 관리	해양정책실(해양레저관광과)	어촌양식정책관(어촌어항과)
해안누리길	해양정책실(해양레저관광과)	문화관광부(해파란길)
수상레저 안전, 레저보트 면허, 레저보트 등록 · 검사 · 관리 등	해양경찰청	

자료: 필자 작성. 참고: 실국별로 표시된 것은 해양수산부의 소속 업무, 기타는 부처별 업무.

나. 부처별 해양 관광 관련 계획 업무

1) 해양수산부

해양수산부에 수립하는 해양관광진흥기본계획은 「해양수산발전기본법」 제28조 제6조에 따른 해양수산발전기본계획의 하위계획이며, 동법 제28조에 따른 해양관광 진흥시책 수립을 위한 기본계획으로서 해양관광 진흥을 위한 각종 계획을 담은 계획이다. 기수립되어 시행된 '제1차 해양관광진흥기본계획'('04)이 '13년으로 시효가 완료되고, 따라서 2014년 이후 해양관광뿐만 아니라 해양레저스포츠 활성화 중장기 대책을 포함한 '제2차 해양관광진흥기본계획'(2014-2023)이 수립되어 시행되고 있다. 그 내용을 요약해 보면 다음과 같다.

가) 계획의 비전

'동북아 해양관광허브 실현'

나) 계획의 목표

제2차 해양관광진흥기본계획은 앞으로 10년간 일자리 3만5000개를 창출하고 2023년 해양여행 이동총량 5억 일을 달성한다는 목표를 잡고 있다.

다) 계획의 과제들

다음 그림에 나타난 바와 같이 전략과제로는 '휴식과 회복이 있는 행복한 바다관광' 등 5개 분야로 나누어 각 전략별 세부 과제가 수립 · 추진되고 있다.

표 14-9 제2차 해양관광진흥기본계획 체계도

비전	품격과 매력이 넘치는 동북아 해양관광허브 실현
정책 목표	◈ 해양레저문화 확산을 통한 국민행복 실현 * '23년까지 해양여행이동총량 5억일 달성 ◈ 해양레저 · 관광산업 육성을 통한 창조경제 발전 * '23년까지 해양관광분야 신규일자리 3만5천개 창출

전 략 과 제	세 부 추 진 과 제
휴식과 회복이 있는 행복한 바다관광	• 해수욕장의 사계절 이용 촉진 • 해양치유관광 육성 • 해양휴양공간 조성 · 정비 • 노후항만의 해양친수공간화
체험과 학습이 있는 즐거운 바다관광	• 생태관광 활성화 • 해양레저스포츠 저변 확대 • 마리나산업 고도화

문화와 예술이 있는 아름다운 바다관광	• 해양문화자원 발굴 및 산업화 • 해양문화시설 확충 • 해양문화도시 브랜드 개발
생활 속 이야기가 있는 정겨운 바다관광	• 어촌의 관광자원화 • 테마가 있는 연안 조성 • 섬관광 활성화
세계인이 찾아오는 글로벌 바다관광	• 동북아 크루즈 허브 실현 • 국제 마리나 네트워크 구축 • 여수박람회장의 국제해양관광허브화 • 국제대회 및 행사 참여 · 유치

자료: 해양수산부 보도자료, 2014.4.8. 및 제2차 해양관광진흥기본계획

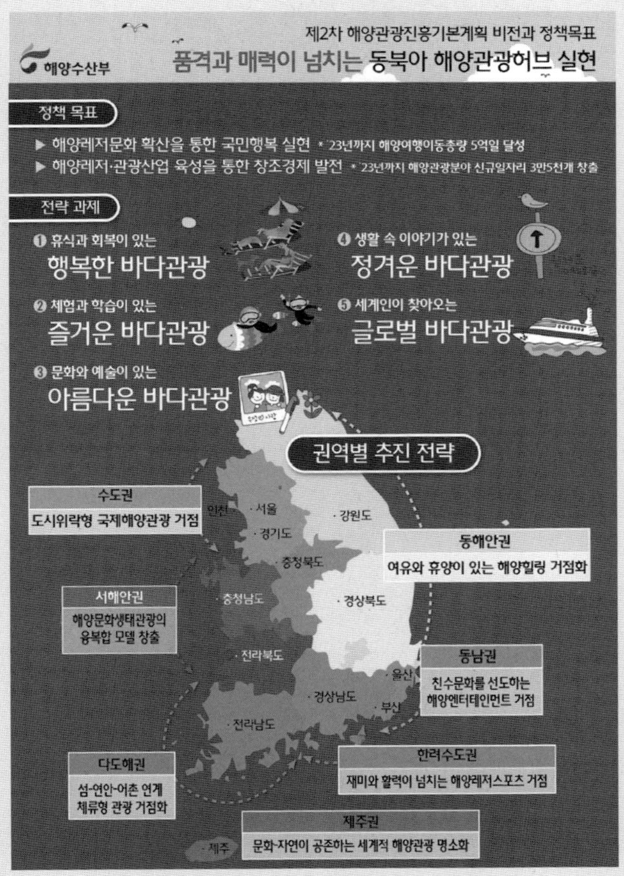

〈그림 14-2〉 우리나라 해안별 발전 전략

자료: 해양수산부 보도자료, 2014.4.8.

2) 문화관광부

문화관광부에서는 관광진흥법에 의거하여 10년 단위 관광개발기본계획을 수립 · 시행하고 있는데 특히 제3차 관광개발기본계획(2012-2021)에서는 광역지자체의 범위를 넘는 '초광역 관광벨트'를 설정하여 각 해안을 중심으로 서해안 관광벨트(수도 · 충청 · 호남), 동해안 관광벨트(강원 · 대구경북 · 부울경), 남해안 관광벨트(부울경 · 호남)를 설정하여 다음과 같이 추진하고 있다.

□ 동해안의 자연환경과 문화자원을 결합한 '동해안 관광벨트'
- 설악권, 경주권 중심 동해권 국제관광거점 조성
- 동해 청정해안과 백두대간을 연계한 휴양 · 헬스케어 관광 육성

□ 역사문화와 해양레저를 융합한 '서해안 관광벨트'
- 인천-태안-새만금-목포 연결 해양관광 네트워크 구축
- 경인 아라뱃길 연계루트 개발을 통한 해양레저관광 활성화

□ 남해 다도해를 연계하는 '남해안 관광벨트'
- 해안권-제주-중 · 일 등 근해 및 세계 주요지역을 연결하는 국제크루즈 항로를 개설하고 국제선사 유치 및 관광상품 개발
- 남중권(여수 · 순천 · 광양 · 사천 · 하동 · 남해)을 중심으로 동서 통합 및 지역발전 거점 육성

이와 관련하여 문화관광부에서는 초광역권 개발차원에서 기획재정부 · 행정안전부 등 관계부처와 함께 '동 · 서 · 남해안권 초광역개발 기본구상'을 다음과 같이 구상하여 추진하고 있다.

- 남해안, 新경제 · 물류 · 휴양허브 선벨트 개발
- 동해안, 에너지 · 관광벨트 조성
- 서해안, 지식 · 첨단 산업의 융복합 육성

2007년 말 제정된 '동 · 서 · 남해안권발전 특별법'에 따라 수산자원보호구역, 해상국립공원 등 중복규제로 개발제한이 많았던 해안권의 개발이 가능해지고 개발계획이 승인되면 수산자원보호구역 등에 대한 도시관리계획의 변경절차도 간소화된다. 아울러 개발부담금 등 5개 부담금이 감면되고 첨단과학기술단지와 투자진흥지구를 지정 · 조성할 수 있는 등 적극적 지원을 받게 된다.[5)]

그러나 이 법은 2020년까지 한시적으로 운영되며 광역권 계획이라서 기존 도 · 시 · 군들의 권역별 관광개발계획을 모아 놓은 형태여서 투자 유치 활동 등이 이어지긴 하나 효과가 미미하여 비판을 받아오고 있다.

---

5) 한경닷컴, 2008 6 23.

제 15 장

해양관광 서비스 관리 및 해양관광의 발전방향

본 장에서는 먼저 해양관광 서비스 품질 관리에 대하여 살펴보고 우리나라의 해양관광을 권역별로 평가하고 미래 변화 전망을 통해 발전전략을 살펴보고자 한다.

1. 해양관광에서의 서비스 품질

가. 관광서비스와 서비스 품질

일반적으로 서비스의 사전적인 뜻은 타인을 위하여 혜택을 주는 활동을 총칭한다. 즉, 다른 사람에게 무엇인가 이익이나 혜택을 주기 위한 활동을 서비스라 한다. 이에 대한 학문적 정의는 '인간의 욕구와 욕망을 충족시켜서 이익 또는 만족에 도달하게 하는 모든 활동'이다. 경제학에서도 서비스는 토지 · 자본 · 노동이라는 각 생산요소나 정부 등이 재(財)를 생산하거나 또는 직접 인간의 욕망을 충족시키고자 하는 활동을 가리킨다.[1]

이러한 서비스에 대해 과거 아담스미스 시대에는 생산품 이외의 것은 상품으로 취급하지 않고 이에 부속된 것으로 보았다. 특히 19세기부터는 재화의 가치는 효용에 있다고 보아 서비스도 효용을 창출하는 것으로 생각하게 되었다. 20세기에 들어 '만족'의 개념이 중시되면서 재화와 서비스의 동시적 필요성이 요구되면서 서비스는 '인간의 욕구를 충족시 켜주는 독립된 활동'으로 정의되었다.

교육, 행정, 법률, 배달 등 일반 서비스와 마찬가지로 관광서비스의 경우 다음과 같은 특성을 갖는다.[2)]

① 고객참여(customer participation)

- 관광에서 고객은 서비스의 생산과정에 직접 참여하여야 함

② 소멸성(perishability)

- 서비스는 창고에 보관하고 저장 불가하며 제공 즉시 소멸

---

1) 도미경, 「관광서비스의 이해」, 2003. 서울, p30-35. 네이버 백과사전, http://100.naver.com/100.nhn?docid=118446

2) 도미경, 상게서, p73-74. http://blog.naver.com/polaris0106?Redirect=Log&logNo=30012995814, 서비스 특성으로 무형성(Intangibility): 형태의 부재, 비분리성(Inseparability): 생산과 소비의 동시 발생, 소멸성(Perishability): 보관의 불가능, 이질성(Heterogeneity): 품질을 형성하는 다수 요인의 존재 등 약간씩 설명에 차이가 있다.

③ 편의성(convenience)

- 서비스는 일반적으로 고객이 원하는 시간과 장소에 제공

④ 노동집약성(labor)

- 서비스의 생산과정은 노동집약적 성격이 강하고 따라서 고용효과가 큼

⑤ 무형성(intagibility)

- 서비스의 품질은 고객의 지각과 기대에 의존
- 동일한 서비스라 할지라도 기대가 서로 다른 고객이라면 상이하게 평가.

이러한 관광 서비스도 하나의 상품으로서 품질 관리에 의한 관리가 요망된다. 서비스 품질의 구성은 다음과 같으며[3] 이하에서는 관광 서비스 품질에 대하여 검토하고자 한다.

① Internal Qualities : 사용자에게 보이지 않는 내부적인 품질

② Hardware Qualities : 사용자의 눈에 보이는 외부적인 하드한 품질

③ Software Qualities : 사용자의 눈에 보이는 소프트한 품질

④ Time Promptness : 서비스의 시간, 신속성

⑤ Psychological Qualities : 심리적으로 느끼는 품질

ISO8402에[4] 의하여 품질관리는 "품질 시스템 내에서 품질 정책, 목표 및 책임들을 결정하고 품질계획, 통제, 인증 및 개선을 수행하는 전체적인 관리 기능 관련의 모든 활동"으로 정의된다. 서비스 품질은 관광에서 관광객의 만족을 의미한다. 즉 만족하는 여부에 따라 서비스[5] 품질의 좋고 나쁨과 질적인 수준이 결정되며 개선의 여부나 필요성이 논의될 수 있다. 품질의 내용은 실질적으로 관광객이 도착하여 서비스 받는 목적지의 각종 속성으로 볼 수 있으며 평가자의 측면에서 보면 주관적인 특성이 강하다. 이는 일련의 품질 체인(Quality

3) http://km.naver.com/list/view_detail.php?dir_id=80801&docid=32003400

4) 국제표준화기구 [國際標準化機構, International Organization for Standardization], 1987년 최초로 ISO 9000 시리즈를 제정하는 등 설립 이래 2000년 현재 1만 2000건 이상의 광범위한 분야의 국제표준을 제정, 공표하였다.

5) 서비스의 내용은 ①무엇인가 남에게 혜택을 주는 것, ②친절과 환대 정신, ③상품에 부가적인 것 이것이나 독립적인 것으로 모두 다른 사람에게 편리함이나 이익 또는 혜택을 제공하는 활동이며, 과정이고 그 성과를 일컫는다.

Chain)으로 구성되어 있고 여행운영자, 외부여행 대행업체, 여객운수업자, 숙박업자 등으로 구성되어 있다. 따라서 관광 목적지에 대한 만족도 평가는 이들을 엮는 통합적 시스템 접근법이 요망된다. 이를 위해서는 방문객의 초기 방문에서 복귀까지를 포함하는 모든 관련 시스템에 대한 평가를 해야 할 필요가 있다고 본다. 이러한 의미에서 관광 목적지에 대한 통합품질관리가 요망된다.

나. 통합품질관리(Integrated Quality Management, IQM)[6)]

여행목적지에 대해 품질은 내적 품질(Internal Quality) 및 외적 품질(External Quality)로 나뉜다. 먼저 내적 품질(Internal Quality)은 관광객들이 사후 서비스를 받기 전에, 그들이 받은 초기 정보로부터 관광 경험의 체인을 통해 그들이 받는 가치이다. 이 체인은 사적 체인(시장 가격으로 직접 구입하는 사적 서비스)을 포함한다. 여기에는 홍보, 도로 관리, 수자원 관리, 청결, 안전 등이 있다. 이러한 내적 품질은 주로 단기적인 목적들로서 단기적인 경제적 개선을 목적으로 한다.

반면 외적 품질(External Quality)은 각종 문제들을 해결하기 위하여 토지, 에너지, 수자원, 자연자원, 문화유산 등과 같은 합리적이고 재생가능한 자원 활용으로 지속가능한 관광을 개발하는 것을 의미한다. 이것이 목적은 장기적인 균형 개발이고 체계적인 지역 개발에 대한 요청으로 볼 수 있다. 목적지에 대한 체계적인 통합품질관리(IQM)는 하나의 일관된 관광체계적 관리이고 상대적으로 새로운 것으로서 대부분의 연구 내용들은 주로 1990년 초에 시작된 것이다. 이것은 1980년대에 개발된 품질관리 이론에 기반하고 있다. 이 기법의 선택은 ①통합적 개념의 도입, ②서비스 정의를 위한 동적인 체계, ③목표 집단(Target Group)의 확인 등에 기반한 것이다.

이러한 면을 출발점으로 하여 목적지 품질 분석을 위해 먼저 두 가지 효율적인 경영관리의 방법을 선택하였다. 하나는 이하에서 설명될 EFQM모델이고 나머지 하나는 품질 루프

6) 본 글은 EU에서 2000년에 발간한 『Toward Quality Coastal Tourism: Integrated Quality Management, (IQM) of Coastal Tourist Destinations』의 내용을 요약하여 제시한 것임을 밝힌다.

(Quality loop)이다. 이 두 가지를 채택하고 이 모델들을 동시에 고려하여 연안 여행 목적지를 위해 특별한 접근법인 '통합품질관리차트(Chart of the Integrated Quality Management)'를 만들어 활용하고자 한다. 이를 활용한 케이스 스터디를 통해 서비스 제고를 위한 '좋은 관습(good practices)'을 확인하고 분석하고자 한다.[7)]

다. 연안 여행 목적지를 위한 품질 루프 : 품질 차이(gap)을 확인하고 메우는 방안

이 모델은 E. Deming이[8)] 개발한 품질 루프를 통하여 기대되고(expected), 인지되고(perceived), 제공되고(provided), 바람직한(desired) 품질 수준을 확인하고 이들간 차이(gap)를 메우기 위한 역동적인 개선 방안을 제공한다.

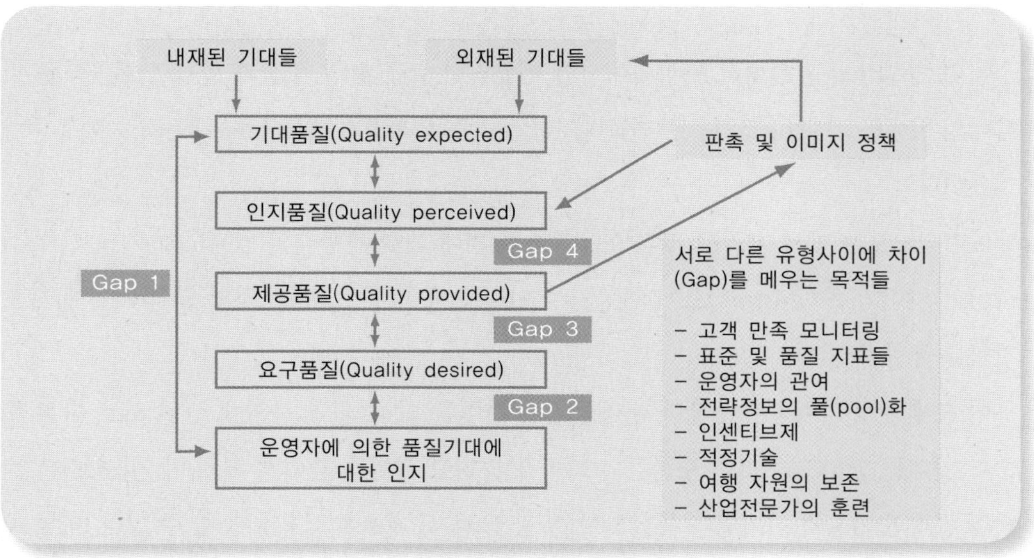

〈그림 15-1〉 Quality Loop

7) 이하는 EU에서 발간한 전게서 내용 일부를 발췌 · 요약한 것임.

8) 1900~1993. 제2차 세계대전의 패전국 일본을 부흥시키는데 결정적인 기여를 한 사람은 공교롭게도 승전국인 미국의 에드워드 데밍 박사이다. 데밍박사는 먼저 일본에서 유명해진 다음에 비로소 미국에서 인정받게 된 독특한 역정을 거친 사람이다. 전후 일본의 경제부흥이 경제학자나 경영학자가 아니라 데밍이라는 통계학자에 의하여 동기가 유발되었다.

다이어그램에서 보여 주듯이 품질 루프에 입각한 품질 관리의 목적은 서비스를 고객의 기대에 지속적으로 부응하도록 하여 품질 차이를 메우려는 것이다. 이러한 차이들은 유형과 타입에 따라 적절한 방법으로 나누어 볼 수 있다. 관광객이 기대한 서비스 수준과 서비스 제공자의 수준 차이인 차이1(gap1)이 존재한다. 관광객이 기대하는 서비스 품질 수준은 내재적 혹은 외재적 기대에 의해 나타나며 이는 관련된 고객의 리조트에서의 경험들에 의존한다. 서비스 품질에 대한 고객의 기대와 인지는 활발한 의사소통이나 목적지의 마케팅 정책에 의하여 수정될 수도 있다.

다른 차이도 확인되고 분석되어지는데 예를 들어 차이2(gap2)는 운영자의 기대에 대한 인식도와 목표로의 전환(요망되는 품질, quality desired) 사이의 차이로서 이런 종류의 전략적 선택은 품질 계획에 나타날 수 있다.

서비스 생산의 관점에서 목적지에서의 바람직한 요구 품질 수준과 실제로 제공되는 것 사이의 차이는 차이3(gap3)을 보면 된다. 이 차이는 목적지가 어느 정도 작동하는지에 대한 지표이다.

마지막으로 실제로 제공된 것과 이용가능한 것에 대한 관광객의 인지(quality perceived) 사이의 차이가 차이4(gap4)로서 관광지 이미지에 대한 홍보, 정보 정책 및 캠페인 등으로 격차를 줄일 수 있다.

이 모델은 동적이면서 관광객과 제공자의 관점을 밝혀 준다. 품질에 관한 서로 다른 수준과 기대를 밝히고 이러한 수준간의 차이를 밝히고 격차를 줄이게 해 준다. 이 모델은 지역의 공적인 기관과 사기업을 통합하여 '관광 목적지' 체계에 적용 가능할 수 있다. 또한 지속적인 개선에 대한 전략이 형성되고 영구적 기반 위에 서 있는 경우, 지속적으로 반복되는 품질 관리에 필수적인 메커니즘을 만들어 낼 수 있다.

라. EFQM 모델 : 품질 관리의 평가를 위한 모델

유럽의 EFQM(European Fountain for Quality Management)는 미국의 맬콤브릿지(Malcom Bridge)나 일본의 데밍프라이스(Deming Price)와 유사하며 자가 평가를 하는 많은 공사기

업에서 활용되고 있다. EFQM 모델은 3단계로 나누어진다.

- 전략(Strategy) : 프로젝트를 지도하는 전체적인 방향과 관리 구조를 포함하며 이 구조는 인적자원관리에 특별한 관심을 두면서 최적적으로 가용자원을 개발하기 위한 목적들과 정책들을 정형화하는 구조들이다.
- 실제적인 조치들(Practical Measures) : 이것은 서로 연계된 테마들(편의시설, 교통, 기타)을 위한 초안들과 계획들로서 이를 통해 첫 단계에 그려진 정책들과 목적들이 달성될 수 있다.
- 결과들(Results) : 측정 도구나 고객이나 관광 종사원의 만족들에 대한 지표들로서 넓은 의미에서 사회에 대한 영향도 포함한다.

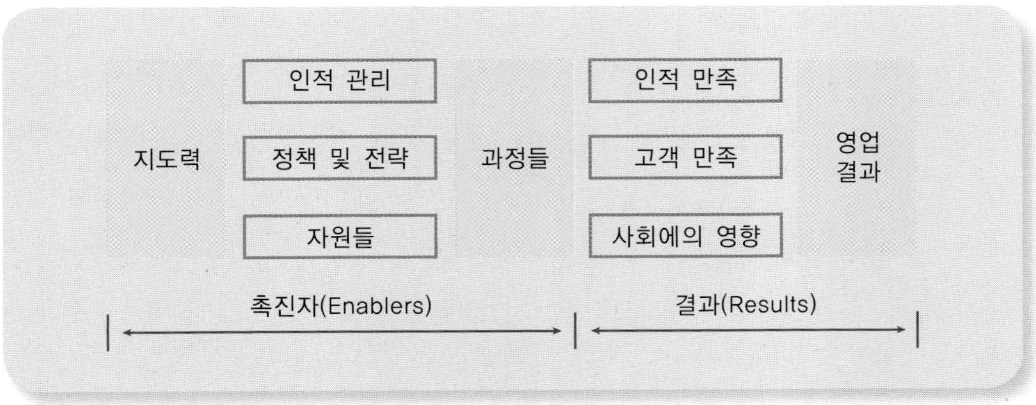

〈그림 15-2〉 EFQM 모델

EFQM 모델은 품질관리의 9개 요소를 포괄하며 모델 지표들은 가중(weighted)은 되나 서열화 되지는(ranked) 않는다. 이러한 주요 요소들은 관광지의 사례 연구를 위하여 채택되어지고 분석될 수 있다.

위의 두 모델은 결코 진단적이거나 표준을 도출해 내는 것은 아니다. 다시 말해 무엇이 이루어져야 하나 혹은 어떻게 할 것인가는 나타내지는 않는다. 그러나 품질 차이(gap)나 자가평가(self-evaluation)를 통해 품질 관리에서 무엇이 성공의 요인인지를 말해 줄 수는 있다.

실제 관광 목적지에서의 성공요인을 확인하기 위한 설문조사지 수립을 위하여 이 모델들이 활용되었다. 또한 사례지에서의 좋은 관행(good practice)을 연구하기 위한 구조를 제공하는 분석 틀을 잡는 데에도 활용되었다. 이들은 몇 차례의 조정만 하고 나면 연안여행 목적들을 위한 '통합품질관리차트(chart of the integrated quality management)'를 만들고 테스트해 보는 것을 가능케 한다. 이것은 하나의 실제적인 것을 나타내는 수단으로서, 요구되는 결과를 달성하기 위해 여러 단계를 거쳐야 하는 방법론들과는 다른 것이다. 이것이 실제적으로 사례연구 지역에서 실제 사용되는 다른 방법론들과 다를 수도 있다.

마. IQM 접근법의 연안 여행 목적지에의 적용

위에서 언급된 모델들과 이론을 실제와 비교한 후에 여행목적지에 대한 '통합품질관리법(The integrated quality management)'은 다음 그림과 같이 나타낼 수 있다. IQM접근법은 여

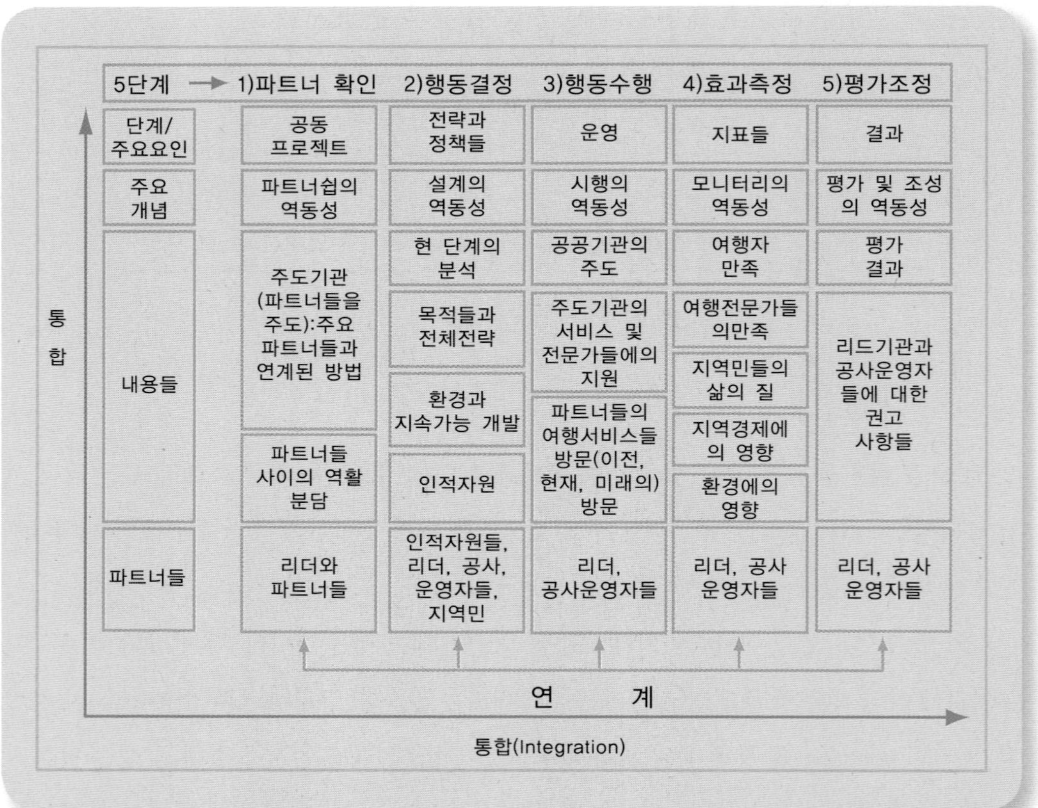

〈그림 15-3〉 연안 여행목적지를 위한 IQM 접근법 차트

행목적지에 적용되는 품질관리 고리들을 밝혀내는 서로 다른 다섯 과정을 관련짓고 통합하며 각 단계별로 그것의 동력(Driving Force), 그것의 내용, 관련 기관과 인물 등을 밝혀내려고 한다. 그러므로 이것은 수직적 통합과 수평적 통합을 제공하며 이를 필요로 하기도 한다.

- 수직적 통합(vertical integration) : 구성되는 요소가 긴밀히 연계되지 않는다면 어떤 단계도 기능할 수 없다.
- 수평적 통합 : 다섯 단계가 연속적이고 순환적인 과정에 의해 연계될 때만이 기능할 수 있고 이러한 연계를 통해 접근법 상의 모든 요소들이 획득된 결과에 기반하여 수정될 수 있다.

이러한 접근법의 장점은 여러 가지이다. 첫째로 목적지에서 모아진 정보의 분석을 가능케 한다. 둘째로 사례 연구에서 나온 발견들을 정리하고 실제적인 추천 가능한 교훈을 확립하는 구조를 갖고 있다. 셋째로 연안 여행 목적지를 위한 통합품질관리 목적의 모든 조치들에 대한 방향 조정 및 자가 평가를 하는 것이 가능케 하는 것 등이다.

바. 사례: 유럽[9)]

본 고에서는 유럽에서 IQM접근법을 통해 유럽에서 분석을 한 예를 제시하고자 한다. 유럽에서는 연안 목적지들이 가장 인기 있는 목적지들이 되고 있다. 유럽인들의 휴가지에 대한 유럽 사례 연구에 따르면 휴가자의 63%가 연안 지역을 선호하는 것으로 나타나고 있다. 연안 관광이 유럽의 가장 오래된 휴가 유형의 하나이지만 그중에서도 건강에 좋은 해수욕이 가장 좋은 소재가 되어 왔고 따라서 연안이 급속히 휴가와 휴식을 위한 장소로 부각되었다.

연안 여행 목적지라도 다음 두 가지 유형의 목적지로 크게 분류된다.

- 기존의 소형 및 중형 구조를 갖는 마을 주변의 목적지들로서 어촌, 농촌의 소도시나 마을 및 행정타운들이며 결국 관광이 주된 활동이 되는 집합도시들이다.
- 해변에 세워진 해변 리조트들이다. 이들은 레저 상품과 서비스(숙박 및 편의시설)의 생산과 분배를 위한 체계로 정의될 수 있다.

9) EU의 전게서에서는 13개 지역의 사례가 연구되었으나 본서에서는 편의상 3개 지역의 내용만 싣는다.

해변 리조트들은 마을과 병행하여 운영되기도 하고 인문적이거나 자연자원(바다, 기후, 스파 등)을 최대로 이용하는 사회경제적 활동의 운영 체계를 갖는다. 연안 관광 목적지들은 크기, 위치, 기후, 지형 등이 다르고 일반적인 경제 상황, 거주자의 수 등도 차이가 난다.

이들은 긴 과거를 갖거나 최근에 개발되었으며 이러한 것이 시설의 상태나 인프라 등에 커다란 영향을 미치기도 한다. 연안 목적지들은 계절적인 관광 활동에 크게 의존하기도 한다. 본서에서는 유럽의 이러한 연안 관광지들 중에서 가급적 유형별로 유럽의 3곳을 추출하여 [그림15-3]에서 제시된 다섯 단계별로 살펴보고자 한다.

1) 블랙 풀(Black Pool)

서부 영국의 해변가 랭카셔 군의 해변 리조트로 18세기에 작은 마을이던 것이 빅토리아 여왕시대에 급속히 발전하여 현재는 다양한 레저 활동을 지원하는 영국내 최대의 해변 리조트이다. 시설은 주로 불랙풀 프레져 비치, 위락공원 및 레저단지로서 해안선이 8km에 달한다. 연간 7.2백만 명이 방문하고 바닷가 입지하여 많은 사람들이 방문하고 있다. 또한 영국에서 컨벤션 장소로서 크게 인기가 높은 지역이다. 이 지역의 IQM 상의 분석은 다음과 같다.

– 계획

• 여행을 인식하고 개발할 필요성을 유발시킴

• 시의 강력한 리더쉽와 컨소시엄의 창출

– 전략과 정책들

• 1997-2002 계획 및 책임과 업무의 서술: 개인 파트너쉽, 주요 지역들, 전략적 선택들

• 공공기관 주도의 벤치마킹적인 비교 연구에의 참여

• 관광에 종사하는 위원회 스탭들의 교육

– 운영

• 쓰레기 핫라인

• 숙박을 위한 품질 모델

• 전산화된 예약 시스템

• 고객과 공공교통과의 대화와 통합

– 지표들

- 동기, 행위, 비교 및 만족에의 세부 연구
- 의견 측정 시스템
- 접촉비용 측정 모델
- 불만 접촉 과정

– 결과들

- 목적들을 향한 진척에 관한 년차 보고

2) 캘비아

스페인 캘비아는 지중해의 연안에 있는 선도적인 여행 목적지의 하나로서 12만개의 침실이 있다. 말로르카(Mallorca)섬에 위치하며 54km 연안선과 붐비는 23개 비치로 구성되어 있다. 48km의 생태적 산림에 둘러싸여 있기도 하다. 인구 32천명의 인구로 16개의 떨어진 도심 센터로 구성되어 있고 캘비아는 그중에 문화적 역사적 중심 마을이다. 몇 개의 도심 센터는 마리나들이고 이들은 그 어느 지역보다 인구 증가가 빠르며 인구는 도서 내 여타 지역보다 더욱 젊어지고 활동적이고 이질적이다. 거주자 중 연금수령자나 관광산업에 일하기도 하는 젊은이들을 포함하여 10% 이상이 스페인 밖에서 온 유럽인들이다.

– 계획

- 상품 및 환경이 질적 하락에 대처하기 위한 새로운 정책안들에 의해 유발됨
- 공공기관인 지역기업에 의한 관광 관리의 철저한 통제
- 탁월성 계획(Excellence plan)과 캘비아 선언

– 전략과 정책들

- 품질 개선 및 재창조의 지속적 과정과 지속가능한 개발의 목적들
- 지역 아이젠다 21 (리조트에 적용된 최초의 케이스)
- 목적으로서의 정책 통합
- 교육훈련기관인 IFOC의 설치, 종사원들을 위한 년중 훈련 계획 수립
- 노조와의 다기능 협의

• 1995-99의 시 모델 계획

– 운영

• 건축물 외부 개조를 위한 인센티브

• 마리나의 영향을 평가

• 지역민들의 참여

• 호텔 및 관광객 아파트의 품질관리 시스템 : 품질 관리자 고용

• 요금 구조화 조정

• 동식물 상에 대한 혁신적인 생태 방안들

– 지표들

• 방문객 만족도 조사

• 지역민들과의 지속적인 협의

• 관광전문가들로부터의 지원

– 결과들

• IFOC의 조치 효과

• 호텔 및 관광객 아파트의 품질관리 시스템의 효과

• 세부적인 예산안

3) 캡다쥬(Cap d'Agde)

프랑스 지중해 연안 리조트인 캡다쥬는 1963년 랑독 루시옹 개발 때 시설되기 시작하여 1970년대 론강 델타와 스페인 국경지역 사이의 지중해 연안 재개발 때에 개발되었다. 현재는 이 지역에서 가장 잘 알려진 4개의 마을로 이루어진 리조트이다. 여기에는 워터스포츠 센터, 해양치료시설(탈라소), 관광과 연구를 위한 수족관, 다양한 워터파크, 스포츠 시설, 놀이시설, 박물관 등이 있다.

– 계획들

• 제공된 서비스를 고객이 요구하는 것에 맞추기 위한 필요성 제기

• 1991년 품질 계획을 세운 프랑스 최초의 해양 리조트

• 관광사무소에 의한 강력한 관리

• 지역 시의 네트워킹 지원 및 도시 간 현장 채택

– 전략 및 정책들

• 상품과 서비스에 대한 진단적 조사 실시

• 목적지의 모든 요소를 고려한 완벽한 품질 계획

• 토론회 및 관광개발 계획

• 관리와 사업운영에 의한 환경에의 관심

• 언어 능력의 훈련

– 운영

• 이동성, 청결, 토지개발의 고려

• 내적인 소통과 정보에 대한 과정들

• 아이디어 교환과 훈련을 위한 멀티미디어센터

• 충성도 제고 노력

• 관광객에게 가능한 많은 정보와 예약 방법들

• 숙박 개선을 위한 파일럿트 계획

• 테마 기반 고객들을 위한 다양한 계획들

• 위생을 제고하기 위한 건강 및 안전 위원회

• 광범위한 안전 계획

• 마케팅을 위한 예약 변경안

– 지표들

• 간판에 대한 자문

• 지역관광 관측소 설치

• 명성과 이미지 연구

– 결과들

• 도시간 행동 결과로서 강한 통합

• 품질과 환경과의 강한 통합

아. 연안 관광지에서의 통합품질관리(IQM) 방안

1) 파트너쉽 형성 : IQM접근법을 위한 길

연안관광목적지에서 품질계획의 성공적인 도입을 위한 만능통치약은 없다. 몇 가지 기본적 조건이 만족된다면 지속가능한 품질 개선은 이루어질 수 있을 것이다. 일반적으로 IQM은 반복적이고(repetitive) 참여적인(participatory) 과정이다.

연안 관광 목적지에서 이 과정들은 통합된 관리정책을 수반하며 관광 기본 서비스와 부차적인 관광 서비스 관련 종사원들에게 모두 관련이 된다. 다음의 여섯 가지 기준이 관련자들 사이에 파트너쉽을 창출하고 유지하고 발전시키는데 도움이 된다.

① 행동, 자치권, 책임 등을 위한 자원을 갖는 강력하고도 잘 구조화된 관리체계와 공적 및 사적 기관과 지역민들의 지원

② 계획 형성에서부터 수행의 점검(monitoring)까지 시군, 도, 중앙단위에서 관련되는 당사자 사이에 친근하고 일관된 협력에 기반한 파트너쉽을 형성하고 이에 입각하여 시너지 효과, 각종 조치로부터의 유발효과 및 규모의 경제를 이용케 되는 것

③ 관련기관과 지역민에 자문함으로 공동의 비전을 위하여 일하고 그럼으로써 고도의 효율적인 정보유통의 내적 시스템을 구축하는 것

④ 관광객, 산업전문가와 종사자 및 지역민들 사이에 관광개발의 긍정적 효과를 균형되게 배분하는 것을 추구한다. 모든 이들에게 부가가치를 주는 긍정적인 결과를 위한 기반을 구축할 필요성이 있다.

⑤ 일관된 계획을 수립하고 관광객들과 지역 목적지에 중요한 각종 관광서비스 활동을 조정하는 것

⑥ 관광의 질을 높이기 위해 투자를 조장하고 민간의 계획을 자극하는 인센티브를 도입하는 것. 이러한 인센티브는 건설적이며 조세 경감, 보조 및 지원, 정보 제공 및 판촉 지원, 수상 및 보상, 훈련 등의 다양한 형태임.

전략계획에는 파트너에 대한 것이 포함되어야 한다. 이 경우 파트너를 확인하는 것이 중요한 문제인데 이에는 중앙, 도, 시군 등 모든 수준의 행정기관 대표들, 공사기관(공적 여행기관, 전문협회, 기업의 보유자 및 관리자들 등), 시민기구의 대표로서 비정부기관, 지역민 대표기구, 지역민들 등이 포함된다.

여러 파트너들의 공동된 행동, 자문 및 정보 유통을 위한 구조를 수립하고 워킹구룹화, 인근간의 회합, 결과의 감시나 평가를 위한 방안 등 운영의 방안을 기술할 것이 요망된다. 또한 전략계획에서는 IQM의 각 단계에서 수행되어야 할 파트너들의 역할, 책임 및 권리를 정확히 정의하여야 한다.

2) IQM 설계

가) 전략적 계획 및 목적들

목적들의 선택은 상황과 관련된 요소들이나, 관광목적지의 관광개발 정책의 위치와 방향과 관련된 요소들에 의존한다. 이상적인 것은 이러한 정책들이 지역의 개발계획과 보조를 맞출 수 있도록 형성되어야 한다. 연안 관광목적지들에서 IQM을 실행할 때는 다음에 대한 심층 연구가 필요하다.

① 현재 상황의 분석

연안 관광 목적지에서 일하는 파트너들은 시장 추세, 지속가능한 개발에 대한 잠재력과 한계, 이들의 긍정적인 영향과 제약요인들에 관하여 관광의 위치에 대한 SWOT 분석이 상세하게 이루어져야 한다.

② 접근법의 목적과 총체적인 전략들의 정의

공사(公私) 파트너들과 지역 사회의 기대에 좌절감을 주는 것을 피하기 위하여 IQM접근법을 도입하는 이유를 명쾌하게 도출하여야 한다. 이러한 이유들은 부정적이고 사후 교정적인(corrective) 것 보다는 긍정적이고 예방적인 것이어야 한다.

목적들은 운용이 가능하고 평가 가능하며 시간에 따라 변동될 수 있어야 한다. 그 숫자가 적으면 보다 쉽게 의사소통이 되게 하여 파트너들의 연계가 쉽게 하고 목적지의 내부적 변동이 쉽게 해 준다.

③ 환경과 지속가능한 개발

이러한 목적들은 연안 목적지의 총체적 전략들의 일부로서 지역의 사회경제적 영향을 최대로 이용하고 현재와 미래 세대를 위한 삶의 질을 최적화시키려는 것이다.

④ 인문자원과 훈련 체계

연안 관광 목적지의 성공에 주요한 것이 인적 요소이다. 방문객들이 친구들과 가족들에게 자주 기억하고 말하는 것은 바로 방문객들의 관광의 질이다. 목적들에는, 훈련과 작업조건들의 개선을 지속하는 정책을 통하여 다양한 개인적 향상의 기회를 만들어 종업원들의 만족을 고려하여야 한다.

3) IQM 수행 방안

가) 공공기관 주도

IQM 계획을 수행할 때에 연안 목적지들은 자신들의 우선순위를 선택할 것이다. 이러한 선택들은 다양하고 실질적인 형태를 취하며 다음 분야에서 특히 공공기관의 주도가 요구된다.

① 환경과 지속가능한 개발

관광을 개발하기 위한 정책은 목적지들에 대한 다양한 면들을 포괄하는 실질적인 조치들을 포함하여야 하고 환경보호와 관리에 대한 일반정책과 보조를 취하여야 한다. 이러한 조치들은 특히 쓰레기 수집, 관광기반 개발 사이의 연계들 혹은 연안 보호 프로그램 및 도시계획 등과 같은 것을 포함하여야 한다.

② 접근성 및 이동성

시간적으로나 공간적으로 집중되기도 하는 개인적 차량들의 사용으로 생긴 연안 관광지 흐름은 연안 목적지 내에서 교통과 오염 문제를 일으키고 이런 문제는 더욱 해결하기가 어려워지고 있다. 지역 기관들은 인센티브와 반촉진제(deterrents)을 이용하여 총체적인 접근법을 개발할 필요가 있다. 이러한 접근법은 다음의 것들을 포함하여야 한다.

- 고품질, 경쟁가능한 가격의, 다양한 공공교통기관
- 공공교통기관을 사용토록 관광객과 거주민들을 자극하는 상품과 서비스의 판매
- 주차-운행(park-ride)의 체계 및 접근과 교통이 제한되는 지역 등의 운용
- 장애인들에 대한 특별 배려 시설

③ 안전

목적지의 안전을 위한 실질적이고 주체적인 개선은 그 지역 이미지와 관광객에의 호소력을 높인다. 예방적인 조치들, 범죄 희생자에 대한 도움 서비스, 관광객을 돕는 지역 경찰 훈련, 불평의 신속한 처리는 안전에 대한 개념을 개선하는데 도움이 된다.

나) 주도기관의 서비스 및 전문가들에 대한 지원

IQM을 수행하는 연안 목적지들은 다음을 포함하는 다양한 전문가들에 대한 지원을 하여야 한다.

① 홍보 및 외적인 의사소통

모든 관광목적지들은 다음의 두 가지로 홍보의 정책을 개발하여야 한다.

- 신기술이나, 인터넷 사이트, 기타 수단들을 통하여 관광 전문가들이 항시 관광 목적지들을 알고 있을 것
- 목적지들이 지역 홍보자들이나 홍보대사(경찰관들, 택시운전사, 대중교통기사들, 거래자들, 기타) 등에 의하여 잘 대표되고 있게 하는 것

② 신정보 및 의사소통 기술

연안 목적지들의 지도자들이 관광 전문가들로 하여금 신정보 및 의사소통 기술을 쓰도록 해야 할 것이다.

- 자동적으로 혹은 온라인상에서, 목적지 내외의 유용한 정보를 제공할 것
- 상호대화식 예약시스템의 방안을 강구할 것
- 관광객이나 지역민들의 불만과 코멘트를 기록하여 대화를 촉진할 것

③ 훈련

각종 기술을 병합하고 대인간 소통 기술과 방문객 서비스 질의 향상을 도모하도록 주도 기관이 지역 산업 종사원들을 유도해야 할 것이다. 훈련은 고객 관리, 개인적 몰입, 동기유발, 외국어 구사, 지역 자원의 지식 및 행사 등을 포함한 다양한 분야에서 필요하며 이로 인해 관광객들이 일정을 세우는데 도움이 될 것이다.

4) 관광객 서비스

IQM접근법에서는 관광객들이 방문계획 시부터 돌아갈 때가지 그들의 필요에 부응하여 특별한 관심이 요망된다.

① 정보 및 고객 서비스

목적지에서 신기술을 이용하여 혹은 여러 파트너들로부터 정보가 언제라도 이용 가능해야 한다. 이는 일관되고 완전하며, 매력적이고 고객의 필요에 맞아야 한다. 또한 고품질 고객서비스로서 다음과 같아야 한다.

- 목적지의 모든 전략적 포인트에서 고품질 서비스가 나타나야 할 것
- 친절하고 숙련된 관광전문종사원들의 배치
- 지역민들의 능동적 참여에 의해 통합된 관리
- (지불수단, 정보에 발신 및 접근, 기타 등에서) 신기술을 이용할 것

② 숙박 및 편의 제공

숙박 및 식당 서비스의 품질은 연안 관광객들에게 목적지의 긍정적 이미지를 창출하는데 매우 중요하다. 그래서 다음의 사항들을 관리에 도입하여야 한다.

- 국가 및 지역적인 분류(호텔 등급, 모범 식당 등)
- 품질 라벨 및 행위 코드
- 상대적 분류 평가 시스템

또한 다음과 같은 것을 도입하여야 한다.

- 목적지나 지역의 음식 문화 향상

• 호텔이나 식사시설 종사원의 고객 관리를 위한 특별 훈련
• 장애인들의 특수성에 맞추는 수정사항들

이러한 요인들은 목적지들의 긍정적인 이미지들을 심는 요소들이며 여행객들은 숙박 및 식당 품질과 범위를, 조용히 그리고 확신에 차서 평가해 볼 것이다.

③ 매력물, 이벤트 및 혼합상품들

연안 관광 목적지들의 자원의 다양성과 이벤트들 사이에 연계 능력은 관광의 호소력과 긍정적인 영향을 결정하는데 크게 기여한다. 따라서 통합적이고 다양한 접근법에는 다음과 같은 것들이 요구된다.

• 연안 목적지들 자원들의 향상
• 목적지 내에서의 흐름의 통제와 유통
• 방문객들과 거주자들을 위한 최적 접근성
• 서로 다른 목표 구룹들을 위한 체계화된 방문

5) 모니터링

IQM은 반복의 원칙에 의거한 것이다. 만족에서 얻어진 결과, 상황에서의 변화들, 그리고 새로운 추세들에 관련된 정보들은 정규적으로 과정들 속에 피드백 되어져야 한다.

가) 관광객 만족

여러 가지 종류들의 지표들이 고안되어야 하며 관광객들의 관광 전후의 가능한 많은 정보와 수치적 자료들이 수집되어져야 한다. 방문 전후의 1차 조사 자료는 다음에 도움이 되어야 한다.

• 연안 관광 시장에서 주요 추세를 예상하고 이러한 추세에 맞춘 목적지의 위치(Position)를 결정할 것
• 방문객들의 특성과 행동을 확인할 것
• 방문 혹은 예상방문객들의 마음에 목적지의 이미지를 심어 넣을 것
• 방문 혹은 예상방문객들의 기대를 알아 낼 것

• 여론주도자나 관광회사들이 방문 혹은 예상방문객들에게 가하는 목적지 이미지를 검토할 것

다음의 2차적인 조사는 방문 출발 시나 후에 수행되어야 하고 다음과 같은 것을 포함해야 한다.

• 방문객의 기대를 만족하는 정도와 그들의 만족 수준을 평가할 것
• 목적지의 이미지가 방문에 의하여 변화되었는지 여부를 검토할 것
• 이러한 이미지 변화가 고객 만족에 미치는 영향을 측정하고 그들이 친지들에게 어떤 말을 할 것인지를 검토할 것
• 방문객들의 코멘트와 제안들을 속히 모을 것

나) 관광 전문가들의 만족

다음과 같은 목적을 위하여 질적이고 양적인 지표들이 고안되어야 한다.

• 방문객들과 서비스 제공자의 분류에 따라 관광 섹터의 성과 평가
• 관광의 여러 분야에서 협회나 IQM을 수행하는 기관에서 정한 표준이나 품질 수준을 맞추기 위한 관광전문가들의 노력 측정
• 고용 계약과 섹터에서의 종사원들에 개방된 경력 기회의 질을 평가

다) 경제, 환경 및 거주자 생활의 질에 대한 관광의 영향 평가

질적 및 양적 지표들이 필요하며 이를 통해 무엇보다 다음 사항들을 측정할 수 있다.

• 관광의 효과, 결점 및 효익에 대한 지역민들의 인지도
• 관광의 결과로서 사회경제적 효과, 직업과 부의 창출, 새로운 기반시설 조성, 공공시설과 서비스의 개선
• IQM에 의해 목적지와 인근지역의 거주민들이 느끼는 실제적이고 주관적인 생활의 질에의 긍정적인 효과
• 관광 개발이 환경 질에 미치는 긍정적이고 부정적인 효과와 지속가능한 개발법의 영향

이러한 주객관적인 영향의 측정은 어떤 파라메터를 고려할 것인가, 어떤 지표가 가장 관련되는가, 수집자료를 어떻게 정책이나 전략으로 피드백할 것인가를 상세히 고려해야 한다. 특별히 인근 시골지역에서도 이러한 지표들로 영향이 측정되어져야 한다.

6) 접근 요소들의 평가와 조정

지속적인 개선 과정에서 품질관리 피드백과 반복의 원칙에 의하여 품질관리가 이루어진다. 그러므로 품질의 측정이 IQM이라는 특별한 과정을 영속적인 시스템으로 변화되게 하는 단계이다. 질적 및 양적 지표들에 의하여 제공된 영향의 측정은 다음을 위해 평가되어야 한다.

- 적절한 조정 조치를 취해야 한다.
- 관련 파트너들에게 그들의 성과에 대하여 제시하여야 한다.
- 평가는 IQM접근법이 영속적으로 자리잡게 해야 한다.

자. 결언

주도기관의 임무는 다음과 같다.

- 연안 관광 목적지에서 IQM 접근법을 주도한다.
- 일치된 행동과 자문을 위한 체계를 수립하여 여러 파트너를 통합한다.
- 서비스 질 및 방문객들에 제공된 제품들을 개선할 특별 조치들을 주도한다.
- 이러한 접근법을 목적지와 인근지역의 광범위한 일반 개발 구조에 통합시킨다.
- 목적지의 최적 자원 활용에 기반한 지속가능한 관광 개발 정책을 밀고 나간다.

모든 서비스 제공자들은 다음과 같이 하여야 한다.

- IQM접근법을 설계하고 수행하며 모니터하기 위하여 공공기관과 함께 일해야 한다.
- 표준과 품질 수준 혹은 환경과 규격에 따르고 관광객에게 제공되는 서비스와 상품을 개선하기 위하여 지속적으로 노력해야 한다.
- 재 고려할 것이나 IQM을 위한 피드백을 위해 방문객들과 종사원에 대하여 주의를 기

울여야 할 것이다.

- 개인적이고 집단적인 안을 통해 목적지의 소구력(appeal)을 개선하여야 한다.
- 방문객들이 연안 목적지들에 대하여 긍정적인 이미지를 갖게 하고 특별한 성격을 이해하도록 해야 한다.

지역민들은 다음과 같이 행동을 하여야 한다.

- 지역민들은 IQM 과정을 통하여 공공기관이 주도하는 자문회의나 조사에 참여하여야 한다.
- 그들의 태도, 관광객에의 친숙함 및 도움 등을 통해 방문객 서비스 개선에 능동적으로 참여해야 한다.
- 청결, 교통, 환경, 안전, 건물 복구 등 분야에서 공공기관이 주도하는 규칙이나 조치들을 지키고 이행하는데 도움이 되어야 한다.

이러한 목적을 위해 관광객들은 책임있게 행동해야 하고 다음을 고려하여야 한다.

- 지역민들의 복지에 대하여 이해하고 이를 존중해야 한다.
- 목적지 거주민들의 전통과 문화적 특성들을 존중해야 한다.
- 관광객 흐름이 환경에 미치는 부정적 영향을 최소화하는 조치들을 지켜야 한다.

이상과 같이 관광 서비스의 특성을 이해하고 IQM 방식과 같은 관광 서비스 개선책이 적용된다면 관광객, 관광지역, 관광지 주민들이 상호공존할 수 있는 해양관광 목적지로서 발전해 갈 수 있을 것이다.

2 해양 관광전망 및 발전 방향

가. 해양관광 정보시스템의 개요

관광에서 관광 홍보와 마케팅의 중요한 부분은 정보의 발신이다. 이를 통해 관광 공급자와 수요자는 자연스럽게 연계되고 수요가 자연스럽게 증대되는 역할이 이루어지진다. 현재 해양에서의 해수욕장, 섬, 어촌 등 일부 관광 정보서비스는 한국관광공사, 어촌어항협회, 해운조합, 국립공원관리공단, 국립해양조사원 등의 홈페이지 정보 사이트에서 제공되고 있다. 이중 한국해운조합의 "가보고 싶은 섬"은 비교적 호응도가 높은 웹사이트이고 어촌어항협회는 해양관광지와 어촌, 어촌체험에 대한 소개 사이트를 운영하고 있다. 아울러 국립공원관리공단은 해양국립공원에 대한 소개를 하고 있고 국립해양조사원은 해수욕장의 해양관측 자료를 중심으로 제공하고 있다. 지방에서는 부산, 강원도 등 일부 지자체 홈페이지나 지역 해양박물관 등의 기관에서 지역 해양관광 관련 사항을 소개하고 있다.

표 15-1 우리나라 해양관광 정보사이트

기관(사이트)	내 용	비 고
한국관광공사 (http://korean1.visitkorea.or.kr/kor/bz15/where/where_tour.jsp?cid=129254)	우리나라 관광지에 대한 소개가 폭넓게 제공되고 있는 관광공사 홈페이지에는 관광지 소개를 위한 '대한민국구석구석'에서 해수욕장과 섬을 소개하고 있음	
한국해운조합 (http://www.haewoon.co.kr/island/index.html)	섬 여행 정보, 여객선 이용정보, 참여광장(여행상담정보)을 운영, 전국 섬에 대한 정보제공과 함께 전국 주요 항구도시의 지부, 출장소에서 도우미를 운영하고 있음	
국립공원관리공단 (http://www.npa.or.kr/kor/parks/parks_main.asp)	전국 국립공원 중 해상지역에 속해있는 4개 지역의 국립공원 소개와 탐방안내 프로그램에 대해서 제공하고 있음	
바다여행 (http://www..seantour.com)	순수어업인등 해양분야 종사자들이 자료관리의 주체가 되는 정보제공자 형식으로 사이트를 분양하여 순수 아마추어 관광정보를 제공, 기존 관광정보사이트의 단편 나열식 정보제공의 불편함을 해소하고, 우리나라 해양어촌관광 정보만을 서비스하기 위한 사이트임.	2004년 해양수산부 개설, 어촌어항협회 운영 중
국립해양조사원 http://m.khoa.go.kr/beach/	해수욕장 상태를 해양관측 자료 데이터의 현재와 미래를 예측하여 그 상황을 제공 중	
기타	갯벌탐사, 철새탐조 등을 중심으로 한 생태관광의 도입과 함께 몇몇의 환경단체와 여행사에서 이에 관한 정보를 제공하고 있음.	

자료: 필자가 취합 정리.

해양관광실태조사('12)에 따르면 해양관광객의 주된 정보습득경로는 '친구/(53.5%), 인터넷(29.8%), TV/라디오 방송(7.9%)' 순으로 나타나[10] 일반인들이 해양 관광 정보를 얻을 수 있는 정규 정보 소스가 부족함을 알 수 있다. 따라서 해양 관광 DB를 구축하여 이를 통해 신뢰성 있는 관광 정보가 제공되어야 할 것이다.

해양관광 정보시스템의 구성을 위해서는 여러 가지 다양한 해양관광 정보의 정리 및 체계화가 요구된다. 특히 이상춘 · 노창현의 연구(2004)에서 제시된 해양관광정보 시스템과 구성 내용을 하나의 사례로 소개하면 [그림 15-4]와 같다.

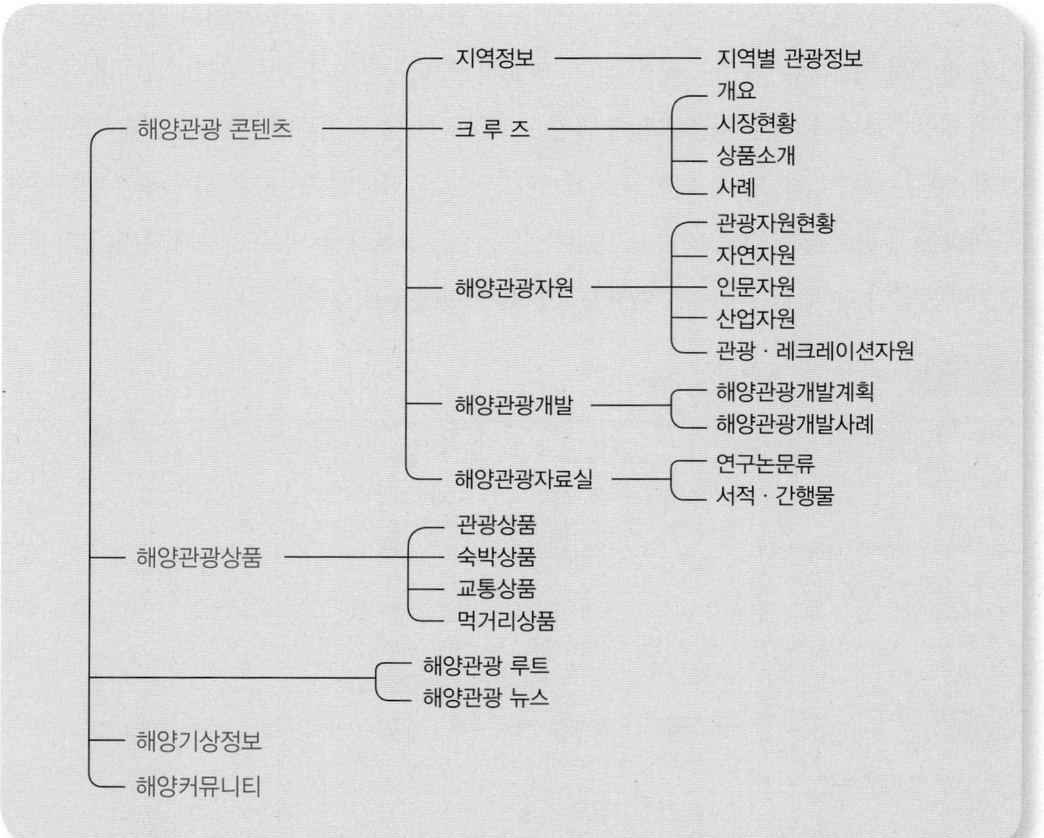

〈그림 15-4〉 해양관광정보 시스템과 구성 내용(사례)

자료 : 이상춘 외, 「해양관광의 이해」, 2004.8.

---

10) 해양수산부, 「제2차 해양관광진흥계획」, 2014. 3, p.71

이들에 의한 해양관광정보 시스템의 구축 과정은 대분류로 Contents와 Commerce 및 Community의 3가지 형태로 구축하고, 중분류는 지역정보, 크루즈, 해양관광자원, 해양관광 개발, 해양관광자료실, 관광상품, 숙박, 교통, 먹거리, 해양관광루트, 해양관광뉴스의 11개로 설정되며, 중분류이하 소분류는 콘텐츠 중심으로 구축되어 있다.

나. 자료 및 정보의 수집

이러한 종합해양관광 정보의 제공시 중요한 것은 기초적인 자료의 조사이고, 이때 각 관련정보 주체의 적시적인 자료 제공이 요구된다. 특히 해양관광에서의 정보 제공 주체들은 〈표 15-2〉과 같이 규모가 작고 잠수 등 특수여행 그룹만 취급하여 장소적인 분산성이 심하여 여러 가지로 일반관광의 주체들과는 다른 측면을 가지고 있다. 따라서 해양관광정보 시스템 수립 시에는 이들의 적극적인 협조에 의한 상시적인 자료의 보완 · 개선이 요구된다. 따라서 정보시스템 구축 초기에는 이러한 사정을 고려한 정보의 전략 수립계획(Information Strategy Planning, ISP)이 크게 중요하다.

표 15-2 일반관광과 해양관광에서 정보제공 주체

구분	일반관광	해양관광
숙박	호텔, 콘도 등	민박, 여관 등
시설	골프, 스키장, 테마파크 등 대규모	잠수다이빙, 어촌체험마을, 해수욕장 등
접근성	고속도로, 국도, 철도	농어촌도로, 항로, 벽지어촌
Agent	일반여행사	특수전문, 전문여행사, 동호인 그룹 등
대상	국보, 문화재 등	비지정문화재/기념물, 천연관광자원

자료: 필자 작성.

해양스포츠가 크게 활성화되지 못한 우리나라에 문제되는 것은 아직까지 바다낚시, 스킨스쿠버, 모터보트, 요트와 관련된 제조업체와 동호회, 취미활동을 하는 일부 개인들이 관련 정보를 제공하고 있는 수준이다. 또한 바닷가의 경우 숙박시설의 규모 및 운영의 영세로 정보 발신력이 떨어져 정보/자료 수집에 난점이 많다. 연안 현지에서의 상세한 정보의 발신이 크게 필요한데 이를 위해 어업인, 소규모 숍(shop) 등 정보 운영 주체에 대한 지속적인 정보 발신 의식 고취 및 관련교육 등이 필요하다.

연안지역 등에서는 관광과 관련하여 기존 활용 가능한 자료가 거의 전무하고 해양관광을 위한 정형화된 자료파일도 거의 없어 신규 구축 노력도 필요하다. 따라서 전체 정보화 과업의 상당 부분이 완벽한 DB 구축에 의존하게 되며 이에 따라 종합 해양관광 정보시스템의 성패가 갈릴 수 있게 된다.

해양특성에 맞는 특수정보의 발신도 필요한데 예를 들어 기상, 폭풍우, 파랑 등에 대한 정보 발신도 요망된다. 일본의 경우 해역/해구별 관광기상정보 발신을 하고 있으나 우리는 해양관광 기상정보 발신이 전혀 이루어지지 않고 있다. 해수욕장의 경우 즉시적인 수질환경이나 안전정보의 온라인 제공이 요망되기도 한다.

이미 언급된 바와 같이 해양관광 정보시스템에서 가장 중요한 부분은 데이터이나 이러한 등록된 자료의 부족이 가장 큰 문제이므로 〈표 15-3〉와 같이 먼저 분야별 DB의 구축을 통한 관련 관광자료 획득이 선행되어야 한다.

표 15-3 분야별 자료 항목

구 분	서비스 항목
해양관광지	해수욕장 및 도서정보
	어항어촌관광지
	어촌체험마을
해양스포츠	바다낚시
	윈드서핑
	요트
	스킨스쿠버
해양교육홍보	사이버 해양박물관
	등대박물관
	어촌민속전시관
	해양 국토종단점
해양생태체험	철새탐조
	갯벌관광
	어업생태관광
축제/이벤트	해산물시장탐방, 어시장정보
	월별 추천관광지 소개
	월별 해양이벤트 소개
기타	연안 기상 정보
	지역별 해황정보
	조류 · 조석 등 물 때 정보
	기타 지역 정보

자료: 필자 작성.

다. 정보시스템 구축

자료 · 정보들이 수립되면 이를 정보시스템으로 구축하는 일반적인 과정을 거쳐 정보공급이 이루어지게 된다.

정보시스템 구축시에는 다음과 같은 측면이 고려되어야 한다.

- 한 관광지를 중심으로 한 연계관광지 검색
- 지정된 관광지까지 출발지에서의 최적 루트의 시간, 비용 등의 개략적 추정
- 지정지역에서 주어진 기간, 비용에 의한 개략 프로그램 수립 가능
- 지정지역에서의 바다낚시선, 숙박시설 등의 예약시스템 운영
- 기상 등 변동 정보의 상시적 지원 가능으로 시스템 대응 능력 강화
- 해양과 육상의 내륙 관광지의 연계 정보 검색 가능 등

이외에도 관광객(고객)에 대한 모바일 앱 서비스 등 각종 맞춤형 서비스가 제공된다면 그 활용도가 크게 제고될 것이다.

3 해양관광 변화 전망과 여건 평가

앞으로 1인당 국민소득 4-5만 달러가 되면 현재 해양관광의 주력이 되고 있는 해수욕장 중심의 해양휴양형 뿐만 아니라 해양스포츠형이나 해양크루즈형, 해양연관형 등의 활동도 상당히 늘어날 것으로 판단된다. 현재 및 미래의 여건상 계속 해양휴양형이 위주가 될 것이지만, 이용패턴이 현재의 여름형에서 다계절형으로 바뀌어 갈 것으로 판단된다. 즉 지금의 여름 중심 휴가패턴에서 주52시간제에 따른 휴가 시간의 증가에 의해 이용패턴이 다양해지면서 다계절화될 것으로 예상된다. 특히 기존 해수욕 중심에서 바다낚시, 갯벌로 대표되는 생태관광으로 확산되는 등 해양휴양형의 변화와 해상국립공원, 도서 주위 해상경관을 감상하는 해양유람형이 부상할 것으로 예상된다. 또한 해양스포츠형도 소득, 휴가시간 증대에

따라 늘어나기 시작하고 연안에서 휴양, 체험 등 각종 활동이 늘어나는 등 해양연관형도 크게 증가할 것으로 평가된다. 그러나 이 중에서도 권역마다 어느 부분을 먼저 특화시켜 나갈 것인가를 평가하여 이를 집중적으로 개발해 나가는 전략이 필요하다고 본다.

표 15-4 해양관광 유형과 패턴

유형			주 계절	주 소득층	미래 예상	비고
해양 의존형	스포츠형		여름	중상류	증가	남쪽일수록 유리
	휴양형	해수욕	여름	전 계층	정체	
		생태, 낚시 등	봄, 가을	〃	생태 증가, 기타정체	전 기후지역 가능
	크루즈형		봄, 가을	중상류	증가	겨울 불리
해양연관형			사계절	전 계층	증가	전 기후지역 가능

주: 유형별 활동 내용은 제2장 참조 요망.

먼저, 도서가 많은 지역의 경우를 보면 이를 이용한 연안 크루즈 산업이 발달한 것을 볼 수 있다. 따라서 많은 도서가 있는 지역의 중심도시는 이들 도서 지역 내 크루즈 모항으로서 역할을 하는 곳도 많다. 아울러 도서가 많은 지역은 도서 경관이나 인문자원을 그대로 활용하거나 인위적으로 조성된 도서관광 자원을 중심으로 관광을 하고 있다.

우리나라에 대한 해양관광에서의 발전방향을 분석하기 위하여 기후대별 해양 관광 활동을 조사해 보면 〈표 15-5〉과 같이 나타난다.

표 15-5 기후대별 해양관광 활동 사례

지역	지역	중심 활동	비고
열대	태평양 제도: 하와이, 괌, 사이판, 하이난도 (중국)	해양레포츠, 도서별 특화 관광	사계절형
	동남아: 필리핀, 태국, 베트남 등	해양레포츠	
	마이애미, 싱가포르	크루즈 모항(인근 도서군)	
	베트남 하롱베이	도서 크루즈	
	호주 대산호초 해양공원	크루즈, 해양레포츠	
아열대	오키나와, 홍콩, 제주	해수욕, 레저잠수 중심의 해양스포츠	5~11월 시즌
지중해성	지중해, 미국(캘리포니아) 등	해변활동, 해양레포츠, 크루즈 등	해수욕장이 발달
	미국 워싱턴 주 시애틀	알래스카 크루즈 모항	캐나다 밴쿠버 등도 유사

아열대성 온대	일본: 규슈, 세토내해 등	해변 활동, 해양공원, 크루즈, 해양레포츠	

열대, 아열대 지역에서는 해상에서의 해양레포츠가 왕성한 편이다. 반면에 온대, 지중해성 연안에서는 해양공원의 조성과 해수욕 등을 통한 각종 해변 레저 활동이 이루어지고 일부 해양레포츠 활동도 일어난다. 이러한 것이 온대지역인 우리나라 해양관광에 상당한 시사점을 던져 주고 있다. 우리나라는 현재의 하계해수욕 위주에서 벗어나 봄, 가을 해변관광 활동이 늘어나면서 소득증대에 따라 해양레포츠 활동이 일부를 차지하는 형태가 될 것으로 전망된다. 해외사례 분석 내용을 염두에 두고 우리나라 해양관광에 대한 전반적인 SWOT 분석을 실시하면 다음과 같다. 여기에서 약점과 위협요인들을 제어하면서 기회와 장점을 잘 살려 미래 해양관광 발전전략을 수립해 나가야 할 것이다.

표 15-6 우리나라 해양관광의 SWOT 분석

(Strong points)	(Weak points)
- 자연 경관자원 풍부 - 유지보존이 잘 됨	- 편의시설 부족 - 접근성 부족 - 겨울이 춥고 길어 기후 상 취약
(Threats)	(Opportunities)
- 해변활동 위주로 타지역과 유사테마 주도권 경쟁 격화 - 사드, 남북 대치 등 높은 지정학적 위험	- 교통 발달로 접근성 개선 - 노동 시간 단축 등 휴가 증대 - 중국, 인도, 동남아 등 신흥국 발전

가. 해양관광 전망

세계 관광활동인구는 향후 연평균 4%의 성장세가 지속될 것으로 전망되며, '30년에는 '12년(10억명, 시장규모는 1조2천억 달러로 추산) 대비 80% 증가한 18억명으로 증가가 예상된다. 세계관광기구(World Tourism Organization, WTO)가 발표한 '미래 10대 관광 트렌드' 중 해변관광, 스포츠, 크루즈 등 6개가 해양관광과 관련되는 것으로 나타났다. 따라서 전체 관광 중 해양관광이 차지하는 비중은 계속 증가할 것으로 전망된다.

해양수산부의 제2차해양관광진흥계획(2014-2023)에 따르면 여가문화 확산에 따라 국민

국내여행이동총량은 '10년 3.4억일에서 '23년 약 7.7억일로 증가가 전망된다. 이 중 해양관광은 '15년 약 3억일 수준에서 '23년에는 국민 국내여행이동총량 대비 65%인 약 5억일에 이를 것으로 전망된다(연평균 성장률 약 8.6%).

표 15-7 해양관광 현황 및 경제적 효과 분석('15년 9월 조사 기준)

구분	해양 관광지 방문 횟수	해양 관광지 방문 총 일수	해양관광 소비지출액	총생산 유발효과	부가가치 유발효과
수치	1억 5,755여만 회	2억 9,839만일	23조 34억원	42.2조원	16.6조원

자료: 홍장원, 『해양레저 · 관광의 사회경제적 파급효과와 지표개발에 관한 연구』, KMI, 2015.12. 전국 1514명을 대상으로 조사한 결과.

표 15-8 해양관광 증가 전망

구분	2010년	2015년	2020년	2023년
국내여행이동총량	339백만일	407백만일	675백만일	765백만일
해양관광분야	169백만일	298백만일	406백만일	497백만일
비중	50%	73.2%	60%	65%

* 한국해양수산개발원(KMI) 해양관광실태조사('13)와 홍장원, 『해양레저 · 관광의 사회경제적 파급효과와 지표개발에 관한 연구』(KMI, 2015.12) 의거 '10년, '15년 산출, 나머지는 제2차 해양관광진흥계획의 추정치임.

해양 관광 활동별 수요는 쉽게 작성하기 어려워 기존의 설문 조사 내용을 통하여 성장율을 전망해 보면 다음과 같이 나타난다.

표 15-9 선호하는 해양관광 활동 선택 설문 응답 결과에 의한 향후 수요 성장률 전망

1순위	1-3순위까지	활동 종목	성장률 판정	년간 예상 성장률
10% 이상	30% 이상	크루즈	고성장군	6%
10% 이상	20% 이상	바다낚시		
7% 이상	30% 이상	수산물 시식		
7% 이상	20% 이상			
7% 이상	15% 이상	스킨스쿠버	중성장군	3-6%
6% 이상	20% 이상	해수욕, 도서 여행, 해안경관/드라이브		
6% 이상	15% 이상	갯벌/습지/철새관찰		
4.5% 이상	20% 이상	관광유람선, 해안축제 참가		
3% 이상	10% 이상	해양생물관찰	저성장군	3% 미만
2% 이상	10% 이상	모터보트/요트		
1% 이상	5% 이상	서핑/윈드서핑, 해양카약/카누		
1% 이하	5% 이상	해양박물관/전시관, 견인형해양레저기구		

자료: 다음 설문 자료에 의거하여 필자가 재구성함; 홍장원, 『해양레저 · 관광의 사회경제적 파급효과와 지표개발에 관한 연구』, KMI, 2015.12., p.53(N=1,514)

이 표에 따르면 앞으로 크루즈, 바다낚시, 수산물 시식 활동 등이 크게 증가할 것으로 전망된다.

4 권역별 평가 및 개발 방안

가. 권역 설정

연안의 관광권역은 문화관광부에서 기수립한 관광권역을 최대한 존중하고, 해상 교통권, 숙박시설 및 편의시설의 이용, 자연 및 인문자원이나 기타 자원상의 동질성을 최대한 고려하여, 통일된 테마를 가질 수 있도록 기능을 설정하여야 할 것이다. 또한 해양수산부에서 수립한 통합 연안역 계획상의 권역도 함께 고려하여 권역 설정이 이루어져야 한다. 해양수산부 제2차 해양관광진흥 계획에서는 지역적 여건을 고려하여 7개 권역별로 나누어 [그림 15-5]와 같이 권역을 나누어 제시하고 있다.

나. 해역 및 권역별 평가

우리나라 해양권역별 해양관광의 특징과 시설 내용을 살펴보면 〈표 15-10〉과 같다. 먼저 서해권을 타 지역과 비교하면 자원은 상당히 보유하였지만, 일부지역의 접근성과 숙박시설 등 편의시설은 크게 떨어지는 편이다. 따라서 이러한 측면에서의 보강이 크게 요망된다. 최근 호남 KTX가 목포까지 완전 개통하여 기간교통망은 어느 정도 정비되었으나, 도서나 일부 어촌, 갯벌지역 등으로의 접근성은 크게 떨어지는 편이다. 특히 도서 등이 많은 관계로 해운선박편의 보강이 크게 요망되고, 기존의 남북 방향 위주의 도로 개발로 연안과 연계되는 동서의 해안 · 내륙 연계도로가 미약하므로 이의 보강이 요망된다.

남해안권의 경우 현재 다양한 관광 사업을 진행시키고 있지만, 각종 만, 비치, 도서 등에 대한 접근성이 부족하고 숙박 등 기반시설이 크게 부족하다. 그러나 2012년 여수 Expo,

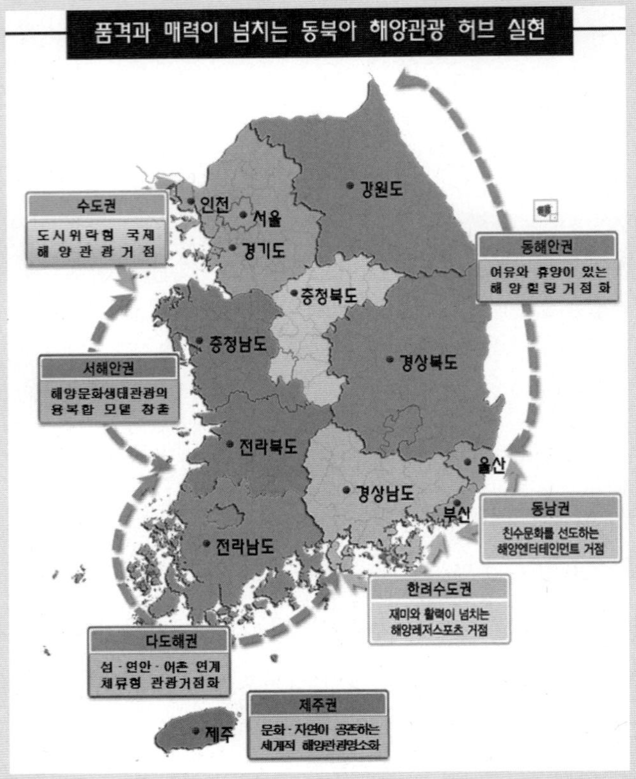

〈그림 15-5〉 권역별 해양관광 기본구상도

2013년 순천 정원박람회 개최 등으로 남해안에 대한 교통 인프라 증대와 민간의 관광 투자가 크게 늘어 관광객들의 방문이 크게 늘어나고 있다.

동해안권의 경우 전국 해수욕장의 반 이상이 이 지역에 밀집된 관계로 하계 휴가지인데다 2018년 평창동계올림픽 개최, 서울-강릉 KTX 및 서울양양고속도로 개통 등으로 각종 인프라 시설을 잘 갖추어 집객력이 뛰어난 곳이다. 그러나 일출, 바다 경관 등의 테마 외에 하계 해수욕장, 봄, 가을 관광이 설악산 등 산악에 의존하는 등 테마 다양성 부족으로 점차 경쟁력이 떨어져 향후 새로운 해양관련 테마 개발과 다양한 시설 도입이 요망된다.

표 15-10 해안권 관광구조 분석

권역	주요 관광 자원	개발방향	주기능	접근성	숙박 시설
수도권 · 인천해안권	강화도, 서포리, 백령도, 영종도	휴양, 수상활동, 접근성 제고	대도시권 1일 휴식	△	△
태안해안권	안면도, 대천, 덕산온천	수변위락시설, 해양스포츠	해양관광, 휴양	○	△
변산해안권	해수욕장, 국립공원	해양위락, 스포츠	해양관광	○	△
서다도해권	국립공원, 홍도, 흑산도	체류형 해양위락, 스포츠	해양 · 도서관광	×	×
남다도해권	국립공원, 거문도, 백도	수변체류, 위락시설	해양 · 도서관광	×	×
한려해상권	국립공원, 해금강	수변환경 조성, 위락, 체류시설	해양 · 도서관광	×	△
경북해안권	해수욕장, 산악공원	해수욕, 해양스포츠	해양 · 내륙관광	×	×
속초강릉권	내륙국립공원	수변위락 시설, 해수욕, 해양스포츠	내륙 · 해양관광	○	○
제주권	해안경관, 설악산	해양스포츠, 휴양	해양 · 산악관광	△	○

5 해양관광의 발전단계와 중단기적인 발전전략 및 방향

가. 해양관광의 발전단계

해양관광의 발전단계를 보면 먼저 연안의 접근성이 높은 지역을 중심으로 수요가 증대되어 각종 해변관광시설이 개발된다. 현재까지 강원도는 수도권 주민들이 가장 선호하던 해안관광지였으며, 이는 해수욕장 등 훌륭한 연안 관광자원의 부존과 수도권에서의 접근성이 좋았기 때문이다. 그러나 서남해안 등 접근성이 나쁘던 지역도 점차적으로 접근성이 개선되어 이 지역 수요도 증대되면서 해변관광 시설도 증대되고 있다.[11] 특히 서해안 고속도로의 개통이후 서남해안 보령, 안면도 등 지역의 해변관광지가 크게 활성화되는 모습을 보이는 것과 유사한 맥락을 보이고 있다. 1960년말 프랑스 정부는 모기가 들끓고 버려진 습지로 이루어진 쓸모없던 남프랑스 랑독 루시옹 지역을 공항, 고속철도, 고속도로 등과 연계하여

11) 이와 유사하게 서남해안의 경우 J-프로젝트, 무주, 태안 등 관광형 기업도시 개발 사업으로 새로운 변화가 예상된다.

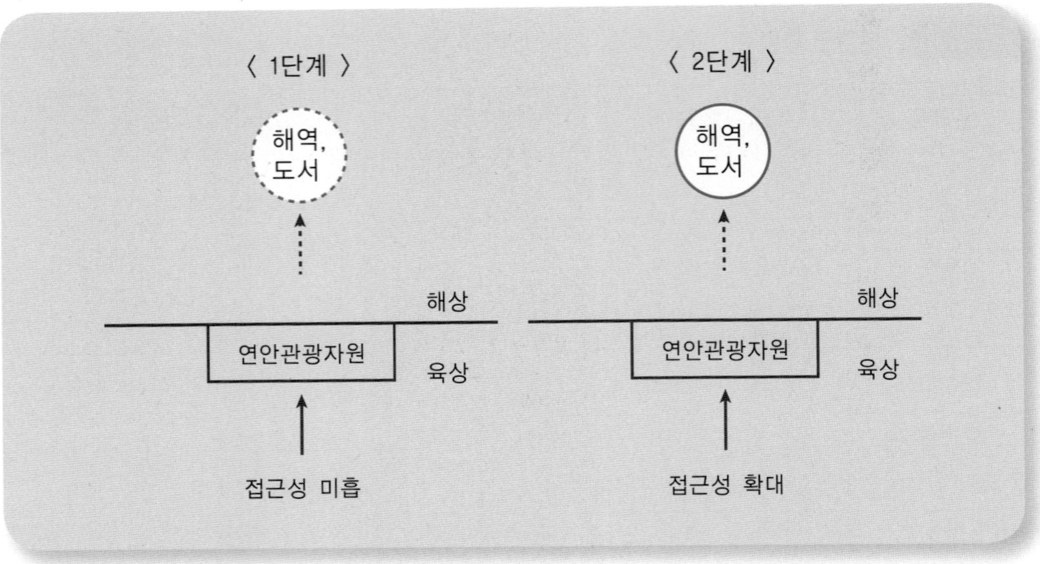

〈그림 15-6〉 해양관광 발전단계

해변에 대규모 관광도시를 조성하고 활성화하였다.

이와 같은 발전으로 해변 방문객이 많아지고 더불어 해상과의 접근성이 좋아지면 해역의 도서나 해중경관들을 활용한 관광이 점차 활성화되는 단계로 이행한다. 이것은 해변에 몰리는 관광수요를 해상으로 다변화 시킬만한 여력이 늘어난다는 것을 의미한다. 서귀포시나 속초시 등 해변지역 관광이 활성화된 지역에서 해상유람선이나 마리나 사업 등의 관광이 시작되는 것도 이러한 해변관광의 높아진 집객력을 바다의 해상 수요로 끌어들이는 단계로 이해할 수 있다. 특히 크루즈관광이나 도서관광, 레저 잠수 관광 등은 해변에서 일어나는 관광수요의 2단계적인 확산 과정으로 이해할 수 있다. 이러한 발전개념을 염두에 두고 발전 전략을 수립해 나가야 한다.

이러한 측면에서 다음의 중단기적이고 단계적인 해양관광 개발전략이 설정되어야 한다.

나. 중단기적인 발전방안

– 1단계 : 해변지역 관광 개발 활성화

– 2단계 : 해상관광의 활성화

- 각종 해상관광 및 도서의 개발, 크루즈 등
- 해상레스포츠, 바다낚시 등 해상관광 활동의 확산

1) 1단계: 해변지역 관광개발 활성화

앞의 논의를 바탕으로 해양관광 발전 방향과 전략을 설정하면 먼저 1단계로 해변지역의 관광 활성화가 선행되어야 한다. 해변지역은 지중해나 일본의 남부 해변과 같이 해변 레저 활동이 가능한 각종 관광시설을 조성할 수 있다. 해변공원, 수족관이나 해양박물관, 마리나, 비치시설, 전망시설, 어촌관광시설 및 생태체험시설, 각종 놀이시설 등과 해변에 풍부한 역사문화자원도 함께 상품화시킬 수 있게 될 것이다. 이러한 해변자원을 개발하는 것은 우리나라의 동해안처럼 초기에 낮은 수익성 때문에 중단기적으로 중소규모의 시설이 위주가 되나 정부나 지자체의 강력한 추진정책이 있는 경우에는 프랑스 랑독 루시옹이나 멕시코 칸쿤처럼 대규모로 개발될 수도 있다. 이것은 해상, 해중관광의 촉매제로 작용하게 된다.

2) 2단계: 해상관광 활성화

가) 동해안, 제주

동해안과 같이 도서의 발달이 거의 없는 지역의 경우에는 해양관광이 일어나는 해역과 연안 관광지간의 연계 개발이 중요해진다. 레저잠수해역, 어선체험, 해상스포츠 등 해상에서 일어나는 스포츠는 연안의 어항이나 리조트에 중심을 두고 여기에서 숙박하고 쉬면서 배를 이용하여 출항하여 각종 레저를 즐길 수 있게 된다. 현재 동해안의 속초나 울진 연안의 왕돌암과 같이 레저 잠수가 많이 이루어지는 해역의 경우에는 연안항에서 잠수전용선이나 기타 선박을 이용 · 출발하여 레저잠수를 즐기고 되돌아오는 패턴이 형성되고 있다. 또 속초와 같이 해상 · 해저를 즐기기 위한 해상유람선 · 요트타기 등도 가능할 수 있다. 이 경우에는 배후의 숙박시설 등 편의시설, 그리고 산악관광지나 역사문화관광지 등 배후관광지와의 연계도 가능하다.

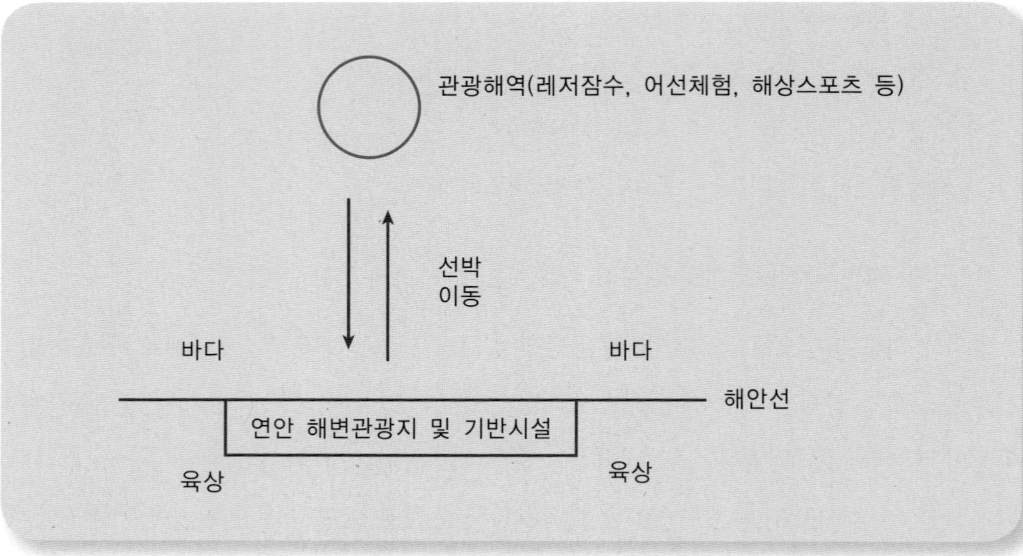

〈그림 15-7〉 해상관광 발전 모델

(해역 중심: 동해안, 제주도)

나) 서남해안

도서가 많은 서남해안 지역의 경우에는 각 도서를 나름대로의 특색 있는 테마로 개발하는 것이 요망된다. 관광 섬들 간에 차별화가 이루어지지 않으면 그만큼 집객력도 떨어진다. 호주의 대산호초 도서 개발과 같이 해양경관 등 자연자원을 그대로 이용하거나 거제 외도와 같이 인공테마를 조성하여 개발을 도모할 수 있다. 제7장의 거제 외도 예에서 본 바와 같이 도서의 관광적 흡인력이 클 경우 도서 개발-크루즈 개발이 연계하여 일어날 수 있고, 이 경우 인근의 해변 관광지와도 연계가 가능해진다.

아울러 도서가 발달한 지역에서는 초기에 섬과 연안 사이를 연계하는 연안 크루즈의 활성화가 요망된다. 이 경우 뛰어난 자연경관을 갖는 도서가 크루즈에 이용되므로 섬 자체가 커다란 매력물이 되도록 관광 상품으로 개발해야 한다. 도서는 대개 배편으로 1시간 이내에 도달할 수 있는 거리여야 개발과 이용이 용이하므로 이를 고려한 개발가능 지역 선정이 되어야 한다. 크루즈의 방법으로는 선박 이외에 수상비행기(seaplane), 헬리콥터, 경비행기 관광 등도 함께 고려될 수 있다.

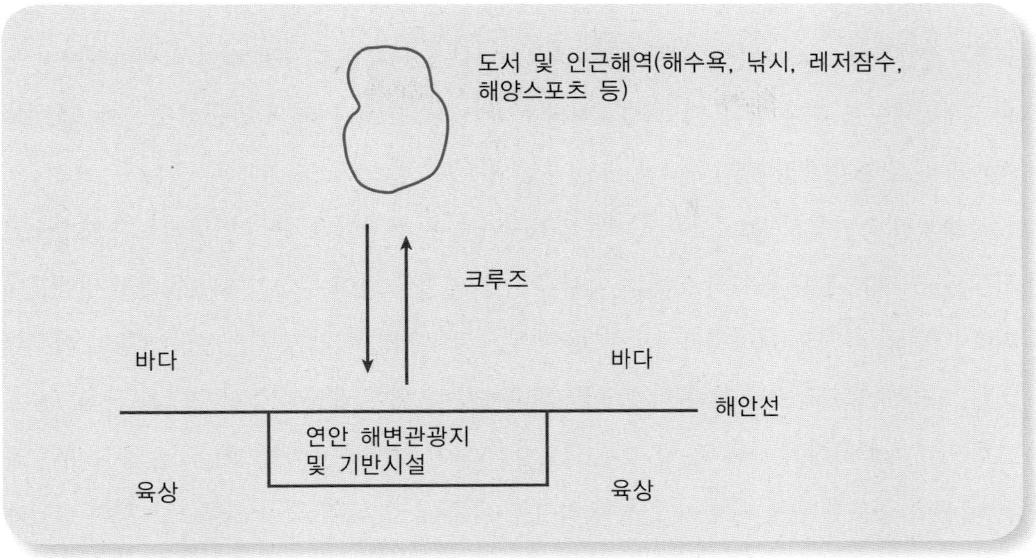

〈그림 15-8〉 해상관광 발전 모델

(도서 중심: 서남해안)

또한 연안 크루즈를 위해서는 도서가 많은 경우 권역별로 나누어 발전시키는 것이 요망된다. 남해안을 예로 들면 남해의 동부는 통영항, 남해 중부는 여수항을, 그리고 남해 서부는 목포항을 중심으로 크루즈 활동을 특화시킬 수 있을 것이다. 이렇게 하면 마리나 등 중심항 개발, 숙박 등 편의시설의 집중투자가 가능해진다.

다. 장기적인 발전방향

우리나라 해양관광에서 장기적으로는 다음과 같은 전략이 요구된다.

- 대규모 해변 테마파크의 유치
- 동북아 크루즈 중심화
- 해양레포츠의 발전

현재 해변지역은 숙박시설 등 편의시설이 부족하므로 이러한 시설을 보완하여 편리성을 증대시키면서 해양테마를 강화해 나가야 한다. 이를 위해서는 아직 우리나라에 없는 해양성 테마파크의 건설도 필요하다. 즉 앞으로는 연안 중심지역에 미국의 씨월드나 일본 도쿄의 디즈니 씨(Disney Sea), 일본 규슈 하우스텐보스와 같은 대규모 해양성 테마파크가 유치 · 개발되도록 해야 한다. 다만 경제성의 문제가 있으므로 지역의 관광객 규모에 맞는 테마파크의 조성이 요망된다.

국제적인 측면에서 보아 크루즈는 부가가치가 높은 관광이다. 특히 기항지보다 모항으로서 역할을 하는 항은 물자의 조달 등에서 중요한 역할을 하여 부가가치가 높아지기 때문에 더욱 그렇다. 아직도 우리나라에서는 제주, 부산 등에서만 국제크루즈 선석 개발이 이루어졌다. 따라서 전략적으로 보아 현재에서 더 나아가 각 해안 권역의 중심 항구를 국제크루즈 모항으로 개발하여야 한다. 특히 크루즈 모항이 되기 위해서는 각종 항만시설의 구비는 물론 배후에 풍부한 관광 자원이 있어야 하므로 이를 고려, 해역 중심 크루즈 모항의 발전계획을 수립하여 추진해 나가야 한다. 장기적으로는 우리나라가 해양에서 갖는 전략적인 위치를 고려하고 중국의 급속한 경제발전 등을 반영하여 일본, 중국, 러시아 등 동북아를 아우르는 환황해, 환동해, 환태평양의 크루즈 중심국가로 추진해 나가야 한다. 이를 위해 적극적인 크루즈 관련 인프라 확충과 관련 법제도적 지원이 요망된다.

해양레포츠에 있어서는 앞에서 언급된 것처럼 장기적으로 소득의 증대에 따른 수요증대가 예상되어 향후에 마리나, 레저잠수 체험장 등 해양레포츠 기반시설이 지속적으로 확충되도록 해야 할 것이다. 특히 요트 등 해양레포츠 수요증대에 대비하여 항만, 어항시설 등을 활용한 마리나 개발이 우선 필요하다. 나아가 권역별로 지역을 대표하는 거점마리나를 조성하여 권역을 오가는 레포츠선들의 휴식과 위급시 피항이 가능토록 해야 할 것이다.[12)]

---

12) 프랑스 랑독루시옹 개발 시 거점마리나는 매 30마일마다, 보조마리나는 10마일마다 건설하여 휴식과 피항이 가능케 하였다.

6 해양관광사업의 발전 방향

해양관광사업을 새로운 성장산업으로서 발전시키기 위해서는 장기적이고 종합차원에서 사업발전에 필요한 기본계획이 작성되어야 하고, 이러한 기본틀 하에서 구체화된 세부계획이 단계별로 수립되어야 한다. 이러한 해양관광사업이 발전하기 위한 방향을 보면 다음과 같다.

가. 공공기관의 주도적인 추진력 필요

해양관광시설개발이나 산업발전에는 공공부문과 민간부문의 역할정립이 필요한데, 관광은 공공재적인 성격이 강하고, 개발에는 많은 시간과 기술 및 재원투입이 필요하므로 공공기관의 주도적인 추진력이 절대적으로 필요하다. 공공부문에서는 해양관광개발이나 해양관광 사업발전에 따른 선도적 재정지원, 법적 · 제도적 · 행정적 뒷받침을 적극적으로 해야 한다. 이를테면 마리나 및 레저선박 개발, 해양관광단지 개발, 해양공원 건설 등에 대한 지원, 해중전망탑 설치, 관광수족관 사업 지원 등 다양한 부분이 여기에 해당된다.

나. 국내외 민자유치와 해외 기술도입의 적극적인 추진

우리나라에서는 현재 지방자치단체나 민간관광개발업체가 해양관광단지 개발계획을 경쟁적으로 추진하고 있으나, 기술과 자본력 부족으로 인하여 구상으로만 끝나거나 사업추진이 부진한 경우가 대부분이다. 따라서 이러한 개발계획을 구체화하기 위해서 국내외 민자유치와 해외의 우수한 기술도입 등 보다 적극적인 추진이 요구된다. 특히 아직 국내기술이 미진하고, 초기투자자본의 규모가 큰 부분일수록 선진기술과 투자제휴가 반드시 필요할 것이다.

대규모 해양관광단지에는 마리나 등 수익성보다 공공성이 강한 시설과 수족관 등과 같은 다소 수익성 있는 시설이 혼합되어 있으므로 중앙과 지방정부, 민간기업의 투자가 공동으로 결합된 제3섹터 그리고 지역민까지 포함되는 제4섹터 방식의 개발이 바람직하다. 또한 공공기관이 부지를 제공하거나 도로건설 등 인프라를 제공하고, 조세감면 등 혜택을 주어 민간투자를 촉진하는 방식 등 역할 분담이 요구된다.

다. 해양관광에 대한 각종 이벤트 추진 및 적극적인 홍보

해양관광의 진흥을 위해서는 해양에 대한 인식을 새롭게 하는 해양홍보가 활발히 이루어지게 하고, 아메리카스컵대회, 한중일 요트레이스 등 각종 국제해양레포츠 경기대회, 참여로 국민들의 눈높이가 높아지게 해야 한다. 각종 주제의 해양축제, 도서문화축제, 각종 물놀이대회, 어촌민속경연 등 해양홍보 측면의 각종 해양이벤트 개최가 필요하며, 이에 관민 모두가 적극적으로 참여하여 활성화시켜야 한다. 또한 국제모터보트쇼, 조선해양산업전 등 각종 산업 이벤트의 적극적 추진도 요망된다.

또한 관광행정기관 중 해양관광과 직접적으로 연관된 부서(문화관광부나 해양수산부 등)가 주축이 되어 공동 협력시스템을 갖추고 보다 장기적이고 지속적인 레포츠교육과 홍보 전략을 구사하여야 한다. 해양관광 정보시스템의 수립도 체계적으로 이루어져야 한다.

라. 해양관광사업의 복합화로 수익성 제고

해양관광사업은 계절적 편중과 주제의 단순성도 극복해야 할 과제이다. 수족관, 마리나 등 해양위주의 단위사업으로 수익성을 맞추기보다는 사업복합화로 수익성을 제고하고 기후변화도 여름이 길어진 것을 고려하여 다계절 이용이 가능토록 하여야 할 것이다. 예를 들면 미국 씨월드의 경우도 단순한 관람형식의 수족관 운영방식에서 관점을 달리하여 해양동물 쇼와 수상스키 묘기 쇼 등 다양한 주제를 도입하여 다양한 볼거리를 제공하고 있다. 나아가 관람객들을 고래와 수영하기, 상어 먹이주기 등 각종 체험활동에 참여시켜 새로운 수요 창출과 반복 방문을 유도하고 있다.

따라서 해양관광지에는 활동에 필요한 해상호텔, 카지노, 놀이시설이나 동 · 식물원, 케이블카, 전망대 등 전혀 다른 성격의 시설도 혼합하여 시설의 연중 이용과 관광활동의 다양화 · 다각화를 도모하는 등의 전략도 요구된다.

부록

부록 1 : 우리나라의 해양축제[1)]

우리나라의 해양축제를 서남해역(전남북), 동남해역(부산, 경남, 경북, 포항), 서해해역(서울, 경기, 충청), 동해해역(강원), 제주해역으로 구분하여 해역별로 분류하여 제시하면 다음의 표와 같다.

표 16-1 서남해역 해양축제

축제명	지역	주제구성	최초 개시일	개최 시기	기간	주관단체
법성단오제	전남 영광군 법성포	전통민속	고대부터	음 5.5 단오절	3일	영광군/법성포 단오 보존회
진도영등축제	전남 진도군 고군면 회동	전통민속+ 여성민중영웅	고대부터	5.22~25	4일	진도군/ 영등축제 추진위원회
위도 띠뱃놀이	전북 부안군 위도	전통민속	고대부터	음 1.3	1일	위도띠뱃놀이보존회/ 부안군
여수진남제	전남 여수시	이순신추모+ 전통민속	1967년	5.3~8	6일	전남제전보존회
줄포 연날리기	전북 부안군 줄포	전통민속놀이	1978년	정월 보름	1일	줄포청년회의소/ 부안군
남해안 생선요리축제	전남 여수시 오동도	해산물+ 음식문화 +전통문화	1996년	5.3~10	8일	여수시/ 한국음식업중앙회 여수지부
강진 청자문화제	강진군 청자도요지	청자 +전통문화	1996년	7.28~8.3	7일	강진군/ 향토축제추진위원회
완도 장보고 축제	전남 완도군 완도읍	해양경제영웅 +해양문화	1996년	5.31~6.3	4일	완도군
향일암 일출제	전남 여수시 돌산읍 향일암	관광 +신년맞이	1996년	12.31~1.1	1일	여수시/ 향일암일출제추진위원회
신안 게르마늄 갯벌축제	전남 신안군 증도면 우전	갯벌 +해양문화	1996년	7.29~31	3일	신안군
영암 왕인 문화축제	전남 영암군 군서면 구림	해양문화영웅 +전통문화	1997년	4.6~10	5일	영암군
광양 전어축제	광양시 진월면 망덕포구/선소마을 일원	해산물 +전통민속	1998년	9월말	3일	광양시

1) 해양수산부, 「해양축제와 해양엑스포: 진남제와 장보고축제를 중심으로」, 2001.

영광군 염산 수산물, 소금, 젓갈 대 축제	영광군 염산면 설도포구	수산물+소금 +젓갈 +전통민속	1999년	9.12~20	9일	영광군 염산 수산물, 소금, 젓갈대축제 추진위원회 (수산물상인)

표 16-2 동남해역 해양축제

축제명	지역	주제구성	최초 개시일	개최 시기	기간	주관단체
한산대첩 축제	경남 통영시	이순신 추모제	1962년	8.14~17	4일	통영시/한산대첩기념제전위원회, 해군작전사령부, 해병대
옥포대첩 기념제전	경남 거제시	이순신 추모제	1962년	음 5.7	5일	옥포기념제전위원회/참여단체
진해 군항제	경남 진해시	이순신추모제 +해양문화	1963년	4.1~10	10일	(사)이충무공 호국정신선양회
울릉도 우산 문화제	경북 울릉군	지역 문화행사	1965년	10월초	2일	울릉문화원/울릉군
처용 문화제	울산광역시	가면축제(공업축제에서 문화축제로)	1967년	10월경	3일	처용문화제추진위원회
해운대제	부산광역시 해운대구	해양문화제	1983년	7월말~ 8월초		해운대지구번영회/예무리기획
광안리해변 문화관광대 축제	부산광역시 수영구	봄맞이축제	1995년	4월초		수영구
부산 바다 축제	해운대, 광안리, 다대포 등 부산시내 6개 해수욕장	관광	1996년	8.1~4	4일	(사)부산문화관광축제 조직위원회
기장 해변 축제	부산광역시 기장군	관광+해양놀이	1996년	8월	2일	기장군/해변축제추진위원회
부산자갈치	부산 자갈치시장	해산물+관광	1996년	10.19 ~22	4일	(사)부산자갈치문화관광 축제위원회
남해벚꽃 축제	경남 남해군	관광+봄맞이	1996년	4월중순	9일	남해문화원/남해군
영일만축제	경북 포항시	민속놀이	1996년	10월경	7일	포항시/포항문화원

표 16-3 서해 해양축제

축제명	지역	주제구성	최초 개시일	개최 시기	기간	주관단체
황도 붕기풍어제	충남 태안군 안면읍 황도	전통민속	고대부터	음 1.2~3	1일	황도붕기 풍어제보존회
강도문화제	인천광역시 강화군	전통민속 +지역문화	1971년	격년제 10월초		강화군
강경전통맛깔젓 축제	충남 논산시 강경	젓갈판매 +전통민속	1977년	10월		강경전통맛깔젓축제 추진위원회
광천토굴 새우젓 및 조선김 대축제	충남 홍성군	젓갈, 김판매+민속행사	1996년	10월	5일	광천특산물상인조합
남당 대하축제	충남 홍성군 남당항	대하,해산물판매 +민속+이벤트	1996년	9월 중순	10일	남당대하축제 추진위원회
백사장 대하축제	충남 태안군	대하판매+이벤트	1997년	10 월 중	5일	백사장대하축제 추진위원회
보령 모드축제	충남 보령시	머드이벤트	1998년	7월 중		보령머드축제 추진위원회
수산물축제 및 바다 낚시대회	충남 태안군	이벤트	2000년	5월 중순	5일	수산물축제 및 바다낚시대회 추진위원회
"황해21" 인천바다축제	인천광역시 연안부두 친수공간	민속이벤트	2001년	5.31~6.5	6일	인천해양수산청/ 인천광역시/ "황해21"인천바다축제추진위원회/ 서해안풍어제보존회/ 민예총인천지부/ 인천문화원

표 16-4 동해 해양축제

축제명	지역	주제구성	최초개시일	개최 시기	기간	주관단체
강릉단오제	강원도 강릉시	전통민속	고대부터	음 5.5 (단오)	5일	강릉 단오제보존회
동해무릉제	강원도 동해시	전통민속 +지역이벤트	1984년	10월 첫주	3일	동해 무릉제위원회

표 16-5 제주 해양축제

축제명	지역	주제구성	최초 개시일	개최 시기	기간	주관단체
성산일출제	제주시 남제주군 성산포	관광+문화이벤트	1993년	12.31~1.1	1일	성산일출제 조직위원회
한여름밤의 해변축제	제주도 제주시	관광+문화이벤트	1994년	7~8월	1개월	제주시
서귀포70리 국제바다축제	제주도 서귀포시	관광+문화이벤트	1995년	9.20~24	5일	서귀포시
서귀포 바다축제	제주도 서귀포시	관광+문화이벤트	1999년	6월		서귀포시 관광협의회
2001 제주 세계 섬문화축제	제주도 제주시	세계민속 +문화관광이벤트	2001년	5.19~6.17	1개월	(사)제주세계섬문화 축제조직위원회

부록 2 : 선진각국의 해양레저산업 동향

미국해양제조협회(NMMA, National Marine Manufacturers Association)에 따르면 세계 해양레포츠시장은 50조원에 육박한다고 추산하고 있다. 해양레저 선진국들은 요트산업의 중요성을 인식하고 일찍부터 시장에 뛰어들어 높은 기술력과 영업력을 갖추고 시장을 선점하고 있다.

현재 요트를 포함한 전 세계 레저보트 보유척수 2,900만척에 달하는데 이 중 미국이 70%, 유럽이 15%를 차지하고 있다. '12년 전세계 레저보트 생산 척 수는 총 2,840만 척으로 미국 2,100만척(74%), 유럽 540만 척(19%), 호주 140만 척(4.9%), 동아시아(중국, 대만) 29만 척(1%) 등의 순이고 생산 금액은 445억 달러로 나타나고 있다[2]. 마리나도 미국이 11,000개소, 유럽이 10,000개소로 전 세계 요트 및 마리나 시장을 북미, 유럽이 주도하고 있는 것이다.

최근 호주, 뉴질랜드, 남아프리카 공화국 그리고 아시아에서는 대만이 요트 관련 산업 육성에 역점을 성장해 왔다. 특히, 대만은 정부 주도로 요트산업 클러스터를 구축해 최고급 호화요트를 만드는 기술력을 갖추고 있다. 이에 유럽의 유명한 요트업체로부터 주문자 생산방식(OEM)으로 연간 2억불의 해양레저선박을 제조 · 수출하며 세계 5위의 마리나 산업

2) ICOMIA 2012.

국가로 급부상했다.

중국도 등록대수 기준으로 한국보다 적지만 중국 업계는 재력가들의 기호에 집중하는 전략을 펴고 있으며 영국, 이탈리아 등 고급 요트 회사의 지분을 상당부분 매입하고 있는 것으로 알려졌다. 중국은 칭다오(1466척), 샤먼(1450척), 하이난의 산야(600척) 등에 대형 마리나항만을 개발 중이며 싱가포르 정부는 부지 무상임대, 방파제 구축 등 민간투자 사업을 파격적으로 지원하고 있다. 대형요트 선호 추세로 슈퍼요트(24m 이상 호화요트) 시장이 급성장하면서 2017년께는 1만척을 상회할 것으로 전망된다(파이낸셜 뉴스, 2016.8.17). 중국은 럭셔리 슈퍼요트 시장에서 세계 5~6위까지 성장하였다.

표 16-6 세계의 해양레저 산업 현황

국가	레저보트 수 (천 척)	마리나 수	해양기업 수	종업원 수(명)	매출액 (백만 유로)	비고
미국	13,092	11,000	29,370	293,175	62,685.7	
캐나다	4,300	–	4,465	67,400	5,835.3	
호주	957.7	450	2,090	26,820	5,295	
프랑스	514.4	370	6,630	35,407	3,859	
독일	505.8	2,700	3,560	20,000	–	
영국	551.6	565	4,400	31,450	4,046	
이탈리아	465.6	432	–	18,230	2,475.4	
일본	325.5	570	32			선박건조기업 24
네덜란드	508	1,160	4,200	20,300	2,100	〃 950
뉴질랜드	317	211	1,160	5,386	784.9	
노르웨이	864	–	349	2,300		
폴란드	68.9	1,300	150	40,000		
스페인	183.6	360	304	16,115	3,448	
스웨덴	881	1,500	80	1,500		선박건조기업
터키	86.1	67	1,550	11,100	499	
스위스	10.0	–	295	1,250	149	
크로아티아	102.5	–	134			
핀란드	807.0	1,770	227	2,350	295.5	
체코	22.6	32	91	698		
그리스	164.9	22	1,150	9,240	157	
브라질	59.0	556	193	8,920	744.3	
알젠틴	191.2	253	160	7,100		
중국	1,420	92				
아일랜드	27.0	24	102	820	47	
한국	24.9	34				'17 기준

자료: ICOMIA 2013 및 한국마리나산업협회 홈페이지

부록 3 : 해양경관지 및 인문자원 자료

○ 기암괴석 및 해안절벽

- 경기도의 백령도 및 연평도 지역, 충남의 태안, 전북의 변산반도~위도, 다도해해상국립공원의 홍도~흑산도, 조도, 거문도-백도, 금오도, 한려해상국립공원의 남해안의 거제도 해금강, 제주도 서귀포 지역, 울릉도 등

○ 일출 및 일몰 경관지

- 일출 : 동해안과 남해안 동부에 주로 분포, 동해안의 경포대, 정동진, 영일만, 여수 향일암, 제주도 성산포 등
- 서해안은 일몰 감상이 대부분 가능하나 충남 당진군 석문면 교로리 왜목마을, 서천군 서면 마량리는 일출 · 일몰 동시 감상 가능

○ 어부림

문 화 재 명	구 분	소 재 지	면적(㎡)	문화재 번호
외연도 상록수림	어부림	충남 보령시 오천면 외연도리	32,727	충남 136
주도 상록수림	어부림	전남 완도군 완도읍 군내리	17,190	전남 28
예송리 상록수림	어부림	전남 완도군 보길면 예송리	3,901	전남 40
완도 미라리 상록수림	방풍림	전남 완도군 소아면 미라리	16,000	전남 339
완도 맹선리 상록수림	방풍림	전남 완도군 소안면 맹선리	8,506	전남 340
까막섬 상록수림	어부림	전남 강진군 대구면 마량리	14,479	전남 172
고흥 봉래면 상록수림	어부림	전남 고흥군 봉래면 신금리	12,900	전남 362
미조리 상록수림	어부림	경남 남해군 삼동면 미조리	1,732	경남 29
물건 방조상록수림	어부림	경남 남해군 삼동면 물건리	23,438	경남 150
목도 상록수림	어부림	울산 울주군 온주면 방도리	15,054	울산 63

○ 신비의 바닷길

- 전남 진도군 회동리는 바다갈라짐 현상을 이용하여 매년 영등축제 개최
- 이 밖에 경기도 제부도, 충남 무창포-석대도, 여수의 사도-낭도 지역 등

ㅇ 권열별 해양문화시설 현황

해안권	시설유형	공급주체	관할기관	지역명	시설명	비고
동해안	박물관	공립	강릉관광개발공사	강원 강릉	함정 및 안보전시관	
		공립	강원도 고성군	강원 고성	화진포해양박물관	
		공립	동해시시설관리공단	강원 동해	고래화석박물관	
		공립	삼척시	강원 삼척	삼척어촌민속전시관	
		공립	울릉군	경북 울릉	독도박물관	
		국립	국토해양부	경북 포함	국립등대박물관	
		공립	울산시	울산 남구	장생포고래박물관	
		공립	영덕군	경북 영덕	영덕어촌민속전시관	
	과학관	공립	경상북도	경북 울진	국립해양과학교육관	
서해안	박물관	공립	안산시	경기 안산	안산어촌민속박물관	
		사립		충남 서천	서천해양박물관	
	과학관	공립	충청남도	충남 당진	당진삽교호해양테마과학관	
		공립	인천광역시	인천 중구	인천해양과학관	추진중
		공립	충청남도	충남 보령	서해갯벌생태과학관	
		국립	국토해양부	충남 서천	국립해양생물자원관	
남해안	박물관	공립	거제시	경남 거제	거제조선해양문화관	
		공립	부산광역시	부산 동래	부산해양자연사박물관	
		국립	문화체육관광부	전남 목포	국립해양유물전시관 (국립해양문화재연구소)	
		공립	순천시	전남 순천	순천만생태관	
		공립	신안군	전남 신안	증도갯벌생태전시관	
		공립	완도군	전남 완도	장보고 기념관	
		공립	완도군	전남 완도	완도어촌민속전시관	
		공립	진도군	전남 진도	진도해양생태관	
		사립		전남 해남	땅끝해양자연사박물관	
		사립		전남 함평	갯벌미술관	
		국립	국토해양부	부산 영도	국립해양박물관	
		공립	목포시	전남 목포	목포어린이바다과학관	추진중
	과학관	공립	경상남도	경남 통영	통영수산과학관	
		국립	농림수산식품부	부산 기장	수산과학관	
		공립	전라남도	전남 여수	해양수산과학관	
		국립	국토해양부	전남 여수	여수해양과학관	
제주권	박물관	공립	서귀포시	제주서귀포	하멜상선전시관	
		공립	제주특별자치도	제주제주	해녀박물관	
		사립		제주서귀포	세계조가비박물관	
	과학관	공립	제주도	제주제주	제주해양과학관(수족관 전환)	전환

* 해양문화시설 대상: 해안 인접시군에 위치한 해양관련 문화시설

자료 : 문공회, 문화관광연감, 2010, 교육과학기술부 내부자료, 국토해양부 해양정책국 내부자료

ㅇ 마리나 기본계획 대상지 현황(2014년 기준)

권역	대상지	척수	비고	권역	대상지	척수	비고
수도권 (1,700)	왕산	300	운영중	경남권	하동	100	계획
	방아머리	300	계획		명동	50	계획
	제부	300	조성중		삼천포	42	운영중
	흘곶	300	계획		사곡	–	10척 운영
	전곡	300	200척 운영		충무	60	107척 운영
	김포아라	200	196척운영	부산권 (648)	부산북항	100	계획
	덕적도	100	계획		백운포	100	계획
충청권 (600)	석문	400	계획		수영만	448	운영중
	오천	100	계획	경북권 (736)	두호	200	계획
	홍원	100	계획		호포	300	계획
	보령	–	50척 운영		고늘	100	계획
전북권 (300)	고군산	200	계획		진하	100	계획
	비응	100	계획		양포	36	운영중
서남권 (277)	화원	100	계획	강원권 (296)	속초	100	30척 운영중
	팽목	100	계획		덕산	100	계획
	목포	57	운영중		강릉	36	33척 운영중
	함평	20	조성중		수산	60	운영중
전남권 (300)	완도	100	계획	제주권 (428)	강정	33	계획
	남열	100	계획		김녕	25	29척 운영중
	소호	100	계획		도두	25	25척 운영중
경남권 (552)	구산	100	계획		중문	15	운영중
	당항포	100	계획		이호	30	조성중
	물건	100	25척 운영		신양	300	계획

자료: 해양수산부 보도자료, "마리나항만 조성사업 활성화 탄력받는다", 2014.2.3.
주: 운영 중: 17개소(1,504척), 조성 중 6개소(850척), 계획: 23개소(3,483척), 총 46개소(5,837척)

부록 4 : 해양관광 관련 법령

▣ 해양수산발전기본법(해양관광부분 발췌)

제28조(해양관광의 진흥) ① 정부는 국민의 건강 · 휴양 및 정서생활의 향상을 위하여 해양에서의 관광활동 및 레저 · 스포츠(이하 이 조에서 "해양관광"이라 한다)의 진흥을 위하여 필요한 시책을 마련하고, 이를 시행하여야 한다.

② 해양수산부장관은 해양관광의 진흥을 위하여 바닷속 경관이 뛰어나고 생태계가 보전되어 있는 해역을 대통령령이 정하는 바에 따라 해중경관지구로 지정할 수 있다.

이 경우 해중경관지구로 지정하고자 하는 해역이 자연공원법 제2조제1호의 규정에 의한 자연공원에 해당하는 때에는 환경부장관과 미리 협의하여야 한다.

③ 해양수산부장관은 국민의 건전한 정서함양, 도시 · 어촌간의 교류확대 및 어촌의 소득증대를 위하여 어촌을 특성 있는 관광지로 개발하는 어촌특화관광을 위한 시책을 마련하고, 이를 시행하여야 한다.

④ 국가는 제3항의 규정에 의한 어촌특화관광의 개발을 위하여 필요한 경우 문화시설 등을 설치 · 운영하거나 지역문화행사를 개최하는 등에 필요한 지원을 할 수 있다.

⑤ 해양수산부장관은 해양에서의 레저스포츠 활동을 지원 · 육성하기 위하여 해양레저스포츠진흥계획을 수립 · 시행하여야 한다.

▣ 해양수산발전기본법시행령(해양관광부분 발췌)

제19조(해양관광의 진흥) 법 제28조 제1항의 규정에 의한 해양관광의 진흥을 위한 시책은 다음 각호와 같다.

1. 해양관광의 진흥을 위한 기본정책의 수립
2. 해양관광의 진흥을 위한 제도의 개선
3. 해양관광의 진흥을 위한 시설의 확충
4. 해양관광의 진흥을 위한 사업의 발굴 · 보급
5. 그밖에 해양관광의 진흥을 위하여 필요한 사항

제20조(해중경관지구의 지정) ①해양수산부장관이 법 제28조 제2항의 규정에 따라 해중경관지구를 지정하고자 할 때는 관할 광역시장 · 도지사의 의견을 들어야 한다.

② 해양수산부장관이 해중경관지구를 지정하는 때에는 다음 각호의 사항을 고시하여야 한다.

1. 해중경관지구의 명칭
2. 해중경관지구의 위치 또는 범위
3. 해중경관지구의 면적
4. 해중경관지구 지정의 목적 및 근거법령

5. 해중경관지구 안의 주요자원의 명칭, 위치 또는 범위와 규모

6. 지정연월일 · 고시번호 및 고시기관명

기타 법령은 〈표14-6〉의 내용을 보고 국회법령사이트를 검토해 보십시오.

찾아보기

ㄴ

ㄷ

ㅇ

ㅈ

참고문헌

〈국내문헌〉

건설교통부, 『건설교통통계월보』, 각월호.

경남 고성군, 『당항포 해양리조트 · 유람선 사업 타당성 분석 및 기본계획』, 2005 1.

공우석, "도서지역 육상자원을 활용한 섬의 보전과 개발", 「연안도서지역의 정주여건 개선 및 경제 활성화 방안 정책토론회 자료집」, 2017.9.12, pp.17-27

국립공원관리공단, 『국립공원 기본통계』, 2017.

국립공원관리공단, 『탐방객 현황자료』, 2003.

국무총리실 · 해양수산부, 『1999년도 해양환경 업무편람』, 1999. 4.

국승기, "수상레저안전법령 개정:안전성 확보와 산업의 건전한 발전 도모", 『현대해양』, 8월호, 협동문화사, 2005, p.66.

국제산업정보연구소, 『해양리조트 개발』, 1990.

국토해양부, 「우리나라 크루즈 부두 개발수요 전망」, 2009.3.

국토해양부, 제1차 마리나 항만 기본계획, 2010.

국토해양부, 해안권별 사업 현황 분석 자료, 2011.

국토해양부, 『제2차 해양관광진흥계획(안)』, 2011 6.

국토해양부, 『해양관광 통계 기반 구축 및 프로그램 개발 연구용역』, 2010.

김상무, "국가균형발전과 문화관광의 역할과 과제", 『문화관광자원 개발 포럼 자료집』, 문화관광부 등, 2004. 11.

김상무외 7인, 『관광사업경영론』, 2001.

김성귀, "해양관광 상품화 전략", 『해양도서의 관광진흥을 위한 세미나 프로시딩』, 한국해양수산개발원, 1998. 4, pp.44-46.

김성귀, 홍장원, "어촌 소득 증대 방안에 관한 연구: 어업외 소득을 중심으로", 『수산경영론집』, Vol. 35, No. 2, 2004. 12.

김성귀, 『우리나라 해양관광 현황 및 개발방향에 관한 연구』, 한국해양연구원, 1992.

농림부, 『어촌지역 관광 개발에 관한 연구』, 1996, pp.31-51.
농림수산식품부, 『농어업 · 농어촌 및 식품산업 년차동향에 관한 보고서』, 2011.
도미경, 「관광서비스의 이해」, 서울, 2003.
『동아일보』, 2005. 08. 29일자.
『동아일보』, 2006. 2. 7일자.
마문식 · 황기형, 『주민참여에 의한 어촌관광개발 활성화 방안』, 1999.
문공회, 「문화관광연감」, 2010.
문화관광부, 「국민여행 실태 조사」, 2015/2016
문화관광부 등, 『문화관광자원 개발 포럼 자료집』, 2004. 11.
반석호, "해양레저 장비 기술개발 현황", 『해양레저장비기술연구회 정기세미나 프로시딩』, 부산, 2003. 12. 8.
부산발전연구원, 『부산의 수상공간 시민여가 및 관광기능 창출에 관한 연구』, 2003.
부산발전연구원, 『부산의 해양관광 실태분석 및 발전방안에 관한 연구』, 2004.
부산시, 『부산크루즈 발전방안』, 2004.
신원섭, 『야외휴양관리』, 1999.
아키오 쿠로야나기 원저, 김남형, 이한석 공역, 『해양성 레크리에이션 시설』, 도서출판 과학기술, 1999.
엄서호, 『레저산업론』, 서울: 학현사, 1998.
윤인주 등, 『북한지역 해양생태관광 협력 방안 연구』, KMI 기본과제, 2017.12
이데일리, 2009.12.02.
이미혜, 『관광개발론』, 서울, 대왕사, 1999 7.
이상춘 외, 『해양관광의 이해』, 2004.
이재민, 『관광계획 개발론』, 1993.
이재천, 『관광어촌』, 서울:백산출판사, 1994. 10.
전승수, "우리나라 갯벌의 특성과 갯벌선진국의 예를 접목한 활용극대화 방안", 『갯벌의 보호 및 관광활성화 방향정책토론회 자료집』, 2006. 11. 21.

정석중 외,『해양관광론』, 2004.

정지호, "해양용도구역제 해외사례 분석 및 국내 활용방향",「해양국토21」, 2010 2월호, pp.27-65.

중구청,『송도해수욕장 중간보고(요약)』, 2005. 9.

중소조선연구원,『해양레저클러스터 세미나 프로시딩』, 2005. 10. 6.

중앙일보, 2005. 5. 14.

지삼업, "해양스포츠산업의 발전 방향: 국민적 양질의 해양친화교육을 통한 저변확대",『현대해양』, 8월호, 협동문화사, 2005.

진형식 등,「리조트개발의 경영」. 형설출판사, 서울, 2006.

최지연 등,『해역의 효과적 관리를 위한 도서 활용 방안』, KMI 기본과제, 2017.12

통계청,『도시가계연보』, 2004.

포항시,『포항시 해수욕장 특화 및 해안선 개발계획』, 2004.

한국관광공사,『남해안관광벨트 개발계획』, 1999. 12.

한국관광연구원,『주5일 근무제 도입에 따른 관광정책 대응방안』, 2001. 12.

한국레저산업연구소,『레저백서』, 2004.

한국무역협회 등,『남해안 관광개발전략』, 2004. 12.

한국문화관광연구원,『해양관광 사례 연구: 국내외관광사례(Ⅱ)』, 2007.

한국수산경영학회, "미국 연안관광과 레크리에이션 정책",『수산경영논집』 제37권 제3호, 2006 12, pp.131-155.

한국해양수산개발원,『2002년 전국교통BD구축사업 해상교통조사 및 기초분석』, 2002.

한국해양수산개발원(KMI),『동향분석』Vol.10/Vol.27, 2017.1/2017.5

한국해양수산개발원,『연안 · 해양보호구역 통합관리체제 구축방안 연구』, 2004. 12.

한국해양수산개발원,『크루즈 관광산업 발전기반 조성방안』, 2006 12.

한국해양수산개발원,『해상국립공원의 합리적인 관리방안 연구』, 2002.

한국해양수산개발원,『해양레저사업의 법제 개선방안』, 2002. 11.

한국해양수산개발원,『해운통계요람』, 각년도

한국해양수산개발원, KMI월간동향 vol.69, 2018.1

한국해양연구소, 『연근해역의 효율적 개발방향 연구』, 1991. 4.

한국해운물류학회, "항만 내 마리나 개발 방안", 해운물류학회지, Vol. 25 No. 1, pp.145-166.

해경 통계연보 각년.

해양수산부, '해류와 우리나라 주변을 흐르는 해류의 종류의 특징' - 네이버 지식iN.

해양수산부, 국립해양박물관 설명 자료, 2006.

해양수산부, 주5일 근무제 대책자료, 2002.

해양수산부, 「제1차 크루즈산업 육성 기본계획」, 2016.8

해양수산부, 「제2차 해양관광진흥기본계획」, 2014.3.

해양수산부, 『국립해양박물관 건립을 위한 예비타당성 연구』, 2000. 5.

해양수산부, 『노후항만의 항만시설 재구축 방안 연구』, 2002. 5.

해양수산부, 『도시 · 어촌 교류를 통한 어촌지역 관광활성화 방안 연구』, 2005. 6.

해양수산부, 『수산업 동향에 관한 연차보고서』, 2005.

해양수산부, 『수산행정기본자료』, 2002.

해양수산부, 『어촌관광 중장기 발전계획 수립에 관한 연구』, 2001. 11.

해양수산부, 『어촌관광 중장기 발전계획 수립에 관한 연구』, 2001. 11.

해양수산부, 『제2차 항만재개발 기본계획수립』, 2016.10.31.

해양수산부, 『주요 업무 추진현황』, 2016.5

해양수산부, 『친수성 항만공간 개발 실시계획검토 및 기본구상』, 1998.

해양수산부, 『해양수산 핵심통계 참고자료』, 2016.6

해양수산부, 『해수욕장 및 공유수면 관리제도 개선방안 연구』, 2002 12.

해양수산부, 『해수욕장 유형별 관리 · 평가 모델 개발 연구』, 2005. 11.

해양수산부, 『해양관광 진흥을 위한 종합계획 수립연구』, 2000. 4.

해양수산부, 『해양관광현황 및 진흥방안』, 1998.

해양수산부, 『해양문화시설의 지역별 입지 적정성 연구』, 2013.12.

해양수산부, 『해양축제와 해양엑스포; 진남제와 장보고축제를 중심으로』, 2001.

행정자치부, 「제3차 도서종합개발계획」, 2008.

행정자치부, 『제2차 도서종합개발계획(안)』, 1997.

홍장원 등, "국내 해수욕장 관리, 패러다임 변화 모색 필요", 『KMI 주간 동향분석』Vol.38, 2017.7

홍선기, "섬 지역 생활, 환경개선과 활성화를 위한 대안"(토론자료), 「연안도서지역의 정주 여건 개선 및 경제 활성화 방안 정책토론회 자료집」, 2017.9.12, pp.117-119

홍장원, 『해양레저 · 관광의 사회경제적 파급효과와 지표개발에 관한 연구』, KMI, 2015.12

홍장원 등, 『해양관광 활성화를 위한 해양문화콘텐츠 활용방안 연구』, KMI기본과제, 2010 12,

황기형 · 이승우, 『주민들의 어촌관광 참여방안 연구』, 2000. 12.

Asiana Airlines, 『ASIANA CULTURE』, Vol. 17, No.3, March 2005.

KMI, 『99회 KMI 해양정책 포럼 자료집』, 2009 6.

KMI 번역자료집, 『미국의 해양정책: 백악관 해양정책추진팀 최종 권고안』, 2010 7.

KMI, 2010 부산해양전망대회 자료집, 2010 1.

KMI, 월간 항만과 산업, 2012. 3월호

Travel Chosun, 해당월호.

World Cruise Watch, 2012년도.

〈일본문헌〉

畔柳昭雄, 『海洋觀光 計劃論』, 1997.

染谷昭夫, 藤森泰明, 森繁 泉 著, 『マリ-ナの 計劃』, 鹿島出版會, 1992.

日本觀光協會, 『觀光計畫手法』, 1979.

日本觀光協會, 『海洋 觀光地の 案內』, 1987.

日本港漫協會, 『マリ-ナ開發の展望と 課題』, 昭和 49年

日本海事廣報協會 발행, 『海洋性 レクリエ__シヨソの　現狀と 展望』, 1999.

日本テトラボッド(株) 等,『ザ・マリーナとビーチ』, 1989.

田村正美,『"ウォーターフロント", Process : Architecture』, 제52호, 1984. 11.

横内憲久,『ウォーターフロントの 計劃 ノート』, 共立出版, 1996.

ブロセス ア_キテクチユア,『AQUASCAPES Ⅱ: 水の 造景』(I 판, 일어판), 東京, 1994.

<서양문헌>

Biliana Cicin-Sain, Robert W. Knecht, "Coastal Tourism and Recreation: The Driver of Coastal Development",『Industry-Driven Changes and Policy Responses』, 1999, pp73-75.

Cambers, Gillian ,『Planning for coastline change』, 1998.

Conlin, M. V. et al Cedited by,「Island Tourism」, John Wiley & Sons, New York, 1995.

EU,「Toward Quality Coastal Tourism; Integrated Quality Management(IQM) of Coastal Tourism Destination」, Brussell, 2000.

Hubert Farke,「THE NATIONALPARK LOWER SAXONY WADDEN SEA ; 20 Years of experience in Nature Protection and Management of A Coastal Marine Park in Germany」,『갯벌의 보호 및 관광활성화 방향정책토론회 자료집』, 2006 11 21.

ICOMIA,『Boating Industry Statistics』, 2001, 2002.

ISL,『Shipping Statistics and Market Review』, 1999.

Mark Orams,『Marine Tourism : Development, impacts and management』, London, 1999.

NOAA, Economic Statistics for NOAA, April 2006(5th Edition).

Oh, Chi-Ok et al., "U.S. Coastal Tourism and Recreation Policy; A Federal, State, and Local Perspective",「The Journal of Fisheries Business Administration」, Vol. 37 No.3, Seoul, 2006, 12. pp. 131-155.

Pearce, Philip L., et al.,『Tourism : Bridges Across Continents』, McGraw-Hill, 1998.

The George Washington University, Adventure Tourism Market Report, Aug. 2010.

The Magazine Divers Trust,『Scuba Diving』, 2007, 2.

Tim Goodhead et. al(edited by), 『Coastal Recreation Managemen』, London, 1996.

Tore, L. Azeo, 『Waterfront Development』, 1989.

U.S. Commission on Ocean Policy, 「An ocean blue print for 21st century」, Washington D.C., 2004.

United Airlines, 『Hemispheres』, Sept. 2005.

USDA Natural Resources Conservation Service, 『The Practical Streambank Bioengineering Guide』, 1998.

Vernon R. Leeworthy et al., Linking the Economy and the Environment of Florida(VISITOR PROFILES: FLORIDA KEYS/KEY WEST 2007-08), Jun. 2010.

Victorian Coastal Council, 『Siting & Design Guideline for Structure on the Victorian Coast』, 1998.

Year of the Ocean(YOTO) 토론논집(Discussion Papers), 미국 해양관련 프로그램을 갖는 연방기구들 준비, Washington D.C. 1998.

『Boating』, Sept, 2005.

김성귀

- 서울대학교 사범대학 수학과(이학사) 및 서울대 대학원 경영학과(경영학 석사)
- 경영학박사(연세대학교 대학원 경영학과)
- 전 한국해양연구원 책임연구원
- 전 한국해양수산개발원 해양연구본부장
- 전 한국해양수산개발원 원장

경력

- 전 문화관광부 남해안 관광벨트 평가 자문위원
- 전 대통령자문 농어업 · 농어촌특별대책위원회 농산어촌복합생활공간조성 특별위원회 위원
- 전 대통령자문 동북아위원회 인천특별위원회 위원
- 전 해양수산부 해양관광자문위원회 위원
- 전 문화관광부 '가고 싶은 섬' 전문위원회 위원
- 전 국회바다포럼 운영간사위원
- 레저잠수 자격증 소지(SSI)
- 제2차 해양수산발전계획(OK21) 연구책임('09)
- 전 한국해양관광학회 부회장
- 전 마리나 · 레저보트 연구회장

주요저서 및 논문

- 2006 7. 『해양관광 기반조성 연구』, 해양수산부.
- 2006 6. 『농촌계획의 이론과 실제(어촌편 저술)』, 대한국토 · 도시계획학회.
- 2005 6. 『어촌지역 관광 활성화 방안 연구』, 해양수산부
- 2002 12. 『해수욕장 및 공유수면 관리제도 개선방안 연구』, 해양수산부.
- 2002 6. 『미래형 해양복합생활공간 조성 방안 연구』, 해양수산부.
- 2000 4. 『해양관광진흥을 위한 종합계획 수립 연구』, 해양수산부.
- 1997~2007 『어촌 종합개발 기본계획 수립 연구』, 해양수산부.
- 2013. 『도시와 항만』, 블루&노트(해양관광 분야 집필)
- 2016 8. 『일반 해양관리론』, 블루&노트
- 기타 다수의 연구 보고서 및 논문